녹문집

한국고전번역원 한국문집번역총서

녹문집 1
鹿門集

임성주 지음
任聖周

이상현 옮김

일러두기

1. 이 책의 번역 대본은 한국고전번역원에서 간행한 한국문집총간 228집 소재 《녹문집(鹿門集)》으로 하였다. 번역 대본의 원문 텍스트와 원문 이미지는 한국고전종합DB(http://db.itkc.or.kr)에서 확인할 수 있다.
2. 내용이 간단한 역주는 간주(間註)로, 긴 역주는 각주(脚註)로 처리하였다.
3. 한자는 필요한 경우 이해를 돕기 위하여 넣었으며, 운문(韻文)은 원문을 병기하였다.
4. 맞춤법과 띄어쓰기는 한글 맞춤법과 표준어 규정을 따랐다.
5. 이 책에서 사용한 부호는 다음과 같다.
   ( ) : 번역문과 음이 같은 한자를 묶는다.
   〔 〕: 번역문과 뜻은 같으나 음이 다른 한자를 묶는다.
   " " : 대화 등의 인용문을 묶는다.
   ' ' : " " 안의 재인용 또는 강조 부분을 묶는다.
   「 」: ' ' 안의 재인용을 묶는다.
   『 』: 「 」 안의 재인용을 묶는다.
   《 》: 책명 및 각주의 전거(典據)를 묶는다.
   〈 〉: 책의 편명 및 운문·산문의 제목을 묶는다.

차례

녹문집 제1권

서 書

녹문집 제2권

서 書

녹문집 제3권

서 書

녹문집 제4권

서 書

해제

《녹문집(鹿門集)》과 임성주(任聖周)의 철학

손홍철 | 안양대학교 교수

1. 머리말

조선 성리학은 임진왜란과 병자호란을 거치면서 초기의 개혁정신이 퇴색하고, 국가 사회의 지도이념으로서의 역할이 미미해졌다. 이러한 상황에서 당시의 학자들은 성리학의 사유체계를 심각하게 반성하고 아울러 그것을 보완하고 대체하며 극복할 수 있는 새로운 사유체계를 찾고 있었다. 병자호란 이후 서양문물의 전래와 더불어 주자학적 사유체계가 변동하는 구체적인 모습은 세계관, 인식론, 학문관, 역사관 등 다양한 영역에서 변화의 추구로 나타났다. 이러한 변화와 더불어 성리학 본연의 문제 해결에 천착하여 이론적 정합성을 확보하고 그 현실적 실천을 강조하는 학풍도 함께 일어났다. 이것이 율곡학파를 중심으로 진행된 호락논쟁(湖洛論爭)이다.

호락논쟁은 기호학파(畿湖學派)에 속한 많은 학자들이 장기간에 걸쳐 깊이 있게 진행하였다. 이러한 호락논쟁의 문제를 종합적으로 정리한 이가 녹문(鹿門) 임성주(任聖周)[1]이다. 이 논쟁은 그 자체로도 매우

1 임성주(任聖周) : 1711~1788. 기당(幾堂) 현상윤(玄相允, 1893~1950?)은 《조선유학사》에서 임성주를 서경덕(徐敬德), 이황(李滉), 이이(李珥), 기정진(奇正鎭), 이진상(李震相) 등과 함께 조선 성리학 육대가(六大家)의 한 사람으로 꼽았다. 《朝鮮儒學史, 玄音社, 1986, 66쪽》

철학적이면서 사회정치적 의미가 있음에도 불구하고 근현대의 학자들로부터 그다지 긍정적인 평가를 받지 못하였다. 그리고 임녹문의 철학에 대한 연구도 다음 몇 가지 면에서 미흡한 점이 있다. 첫째, 일찍부터 임녹문의 철학을 기론(氣論), 주기론(主氣論), 유기론(唯氣論) 등으로 규정하는 바람에 녹문의 철학에 대한 정확한 이해가 이루어지지 않았을 뿐만 아니라 이러한 견해가 무비판적으로 전승되었다. 둘째, 성리학에 대한 연구가 지나치게 퇴계(退溪)와 율곡(栗谷)에게 집중되어 있어 녹문의 철학에 대한 통시적(通時的)이고 철학사적(哲學史的)인 관점의 연구가 미흡하였다. 이 때문에 녹문의 철학이 율곡학파의 이론을 발전적으로 계승하였다는 점을 전혀 부각시키지 못하였다. 셋째, 그동안 조선 시대 여러 성리학자들의 문집에 대한 번역이 진행되었으나 《녹문집(鹿門集)》의 번역은 제대로 이루어지지 않아 녹문의 사상에 더 접근하기가 어려웠다.

이러한 상황에서 《녹문집》의 완역(完譯)은 녹문의 철학 사상에 대한 연구의 새로운 전기(轉機)가 되리라 생각한다.

2. 《녹문집(鹿門集)》의 구성과 주요 내용

현재의 《녹문집》은 녹문의 동생인 운호(雲湖) 임정주(任靖周)[2]가 주도하여 녹문 사후 6년인 1794년(정조18)에 간행하였다. 《녹문집》은 모두 26권 13책으로 이루어져 있다. 권1에서 권11까지는 서간집(書簡

2 임정주(任靖周) : 1727~1796. 자는 치공(穉恭)이고 시호는 문경(文敬)이다.

集), 권12에서 권19까지는 잡저(雜著), 권20은 잡저(雜著)·서(序)·기(記), 권21은 제발(題跋)·논설(論說), 권22는 명(銘)·잠(箴)·찬(贊)·축문(祝文)·제문(祭文), 권23은 제문(祭文)·애사(哀辭)·묘지명(墓誌銘), 권24는 묘지명(墓誌銘)·표(表)·갈(碣), 권25는 행장(行狀)·유사(遺事)·공이(公移), 권26은 시(詩)로 되어 있다. 이 중 잡저에는 녹문의 주요 철학 사상이 담겨 있다. 임정주는 녹문의 저작에 대해 《녹문집》〈행장〉에 자세하게 서술하였다.

행장에 따르면, 1734년(영조10)에 《중용(中庸)》을 가지고 화양산(華陽山)으로 들어가 보름 동안 정좌(靜坐)하고 독서한 뒤 그 내용을 요약하여 기록한 것이 《의의(疑義)》이고, 1736년 겨울에 송명흠(宋明欽, 1705~1768)·송문흠(宋文欽, 1710~1752) 형제와 송능상(宋能相, 1710~1758)·김원행(金元行, 1702~1772)·김양행(金亮行, 1715~1779) 등과 함께 회덕(懷德)의 옥류각(玉溜閣)에서 《대학(大學)》을 강독한 뒤에 그 내용을 정리한 것이 《옥류강록(玉溜講錄)》이다.

그 후에도 녹문은 이들과 많은 편지를 주고받으면서 학문을 토론하였으며, 특히 《대학》에 대해서는 자신이 스스로 주석을 붙임과 동시에 무려 세 차례나 다시 고쳐 쓸 정도로 큰 관심을 가지고 연구하여 자신의 학문적 지침으로 삼았다.

녹문의 저작 활동은 주로 경전에 대한 주석을 중심으로 이루어졌는데, 그의 핵심 사상을 담은 저작인 《녹문집》에서의 소재(所在)를 정리하면 〔표 1〕과 같다.

〔표 1〕 녹문(鹿門)의 핵심 사상과 저작

핵심 사상	《녹문집》의 쪽수, 권수, 당시 녹문의 나이
경학 사상	《심경》(228쪽, 권12, 17세) 《소학》(239쪽, 권12, 17～18세)
	《논어》(249쪽, 권13, 18세) 《중용》(258쪽, 권13, 25세)
	《의례》(275쪽, 권14, 30～31세) 《주역》(286쪽, 권14, 31～32세)
	《상서》(294쪽, 권15, 54～55세) 《대학》(316쪽, 권16, 70세)
	《한천어록(寒泉語錄)》(332쪽, 권17, 19～23세)
	《옥류강록(玉溜講錄)》(336쪽, 권17, 25세)
이기·심성론	《녹려잡지(鹿廬雜識)》(369쪽, 권19, 48～49세)
	《산록(散錄)》(383쪽, 권19, 17～73세)
	《여미호김공(與渼湖金公)》(16쪽, 권2, 24～26세)
	《답김유도(答金幼道)》(53쪽, 권3, 50～52세)
	《차미호신기음삼편재첩인족성심성잡영(次渼湖神氣吟三篇再疊因足成心性雜詠) 36수》(527쪽, 권26, 58세)
	《답이백눌(答李伯訥)》(82～93쪽, 권5, 74～75세)
	《옥류강록》(336쪽, 권17, 25세)
인물성동이론(人物性同異論)	《녹려잡지》(369쪽, 권19, 48～49세)
	《인물성도병설(人物性圖竝說)》(393쪽, 권20, 40세)
	《여미호김공》(16쪽, 권2, 24～26세)
	《답김유도》(53쪽, 권3, 50～52세)
	《차미호신기음삼편재첩인족성심성잡영 36수》(527쪽, 권26, 58세)
	《답이백눌》(82～93쪽, 권5, 74～75세)
강론	《서연강의(書筵講義)》(349쪽, 권18, 40세)
인심·도심	《답송시해(答宋時偕)》(61쪽, 권4, 18～19세)
예론과 예절	《답김백고(答金伯高)》(100·106～108·111·115·118쪽, 권6, 37～54세)
	《남당예설변(南塘禮說辨)》(389쪽, 권20, 70세)
	《거가의절(居家儀節)》(391쪽, 권20, 24세)
	《답이백눌》(94쪽, 권5, 75세)
기·기질·사재(渣滓)	《여미호김공》(16쪽, 권2, 24～26세)
	《답이백눌》(66～69·71·82～93·102쪽, 권4～5, 75세)
	《김유도일원분수설첨(金幼道一原分殊說籤)》(406쪽, 권20, 75세)
부록	〈행장〉(가계, 생애 등 주요 행적을 동생 임정주가 씀.)

위의 저작들 가운데 주요 내용을 선별하여 설명하면, 《서연강의(書筵講義)》는 녹문이 경연관의 임무를 수행할 때 강연한 내용을 종합하여 정리한 책이고, 《녹려잡지(鹿廬雜識)》는 녹문이 인물성동론(人物性同論)에서 상이론(相異論)으로 관점을 바꾼 뒤 10년이 더 지나 저술한 책이다. 여기서 녹문은 성리학의 중심 내용인 리기론 · 인성론 · 지식론 · 수양론 등을 종합적으로 정리하였다.

《녹문집》에는 철학 사상 외에 많은 시와 산문 · 잠(箴) · 논설 · 발(跋) 등이 있는데, 그 가운데 《남당예설변(南塘禮說辨)》은 그의 예설을 대표하는 저술이다. 그리고 녹문은 회암(晦庵) 주희(朱熹, 1130~1200), 즉 주자(朱子)의 〈감흥시(感興詩)〉에 감명을 받고 그 내용을 〈감흥시집람발(感興詩集覽跋)〉로 재정리하여 학업과 수양의 요결(要訣)로 삼았다.

《소학》의 본주(本註)는 하씨(何氏)의 집성(集成)으로 나타나 있는데도 읽는 사람들이 살피지 못하여 주자가 쓴 것임을 모르고 있었는데, 녹문은 송문흠과 더불어 고증하고 점검하여, 그것을 새롭게 정리하여 세상에 유포시켰다. 그리고 주자의 《주역본의(周易本義)》에서 《소학》의 본주를 여씨본(呂氏本)에 따라, 고경(古經)의 12편으로 되돌려 놓았다. 그런데 《영락대전(永樂大全)》에는 왕필본(王弼本)과 합쳐서 전의(傳義)를 하나로 묶어 놓았다. 녹문은 이 때문에 후학들이 주자의 참뜻을 모르는 것을 안타깝게 여기고, 주자의 여러 학설을 고증하여 다시 이를 바로잡았다.

《주서차의(朱書箚疑)》는 우암(尤庵) 송시열(宋時烈, 1607~1689)의 저작이나 그 초고(草稿)가 아직 손질되지 않았는데, 수암(遂庵) 권상하(權尙夏, 1641~1721) 등이 미처 수정하여 완성하지 못한 것을 녹문이 손수 《송자대전(宋子大全)》에서 본차(本箚)를 베껴 미비한 내용을 보충하고 미진한 것을 바로잡아 10여 년 동안 공을 들인 끝에 제목을 《차의보(箚疑補)》라고 하였다.

3. 임녹문의 생애와 활동

녹문(鹿門) 임성주(任聖周)는 1711년(숙종37) 7월 17일 묘시(卯時)에 충청도(忠淸道) 청풍(淸風)[3]의 노은동(老隱洞)에서 태어나 1788년(정조12) 78세로 세상을 떠났다. 자는 중사(仲思), 호는 녹문(鹿門), 시호는 문경(文敬)이다. 헌종(憲宗) 11년(1845)에 대사헌(大司憲)에 추증(追贈)되었다. 만년에 공주(公州)의 녹문동(鹿門洞)에 살았으므로 녹문 선생이라 불렸다. 《녹문집》 〈행장〉에 따르면 녹문의 가계(家系)는 본관이 풍천(豐川)이고, 시조 온(溫)은 본래 중국의 소흥부(紹興府)인 지금의 복건성(福建省) 자계현(慈溪縣) 사람으로, 고려 때 은자광록대부(銀紫光祿大夫)로서 동쪽으로 건너왔다. 녹문은 시조로부터 22세손이며 함흥 판관(咸興判官)을 지낸 노은(老隱) 임적(任適, 1685~1728)의 5남 2녀 가운데 둘째 아들로 태어났다.

녹문은 겨우 말을 배우자마자 곧 글자를 배워 세 살 때 벽에 쓰기를 "임모(任某) 소자(少字) 사동(獅同)은 배 안에 500자가 있다."라고 할 정도로 기억력과 총명함이 남달랐다. 일찍부터 성인(聖人)을 지향하는

3 청풍(淸風) : 현재 충청북도 제천시 청풍면이다. 기록에 의하면 고구려 때 지명은 사열이현(沙熱伊縣)이었고, 신라 때 이름이 바뀌었다. 1914년에 제천군으로 편입되었다. 청풍명월(淸風明月)이 여기서 기원하였다고 한다.

학문관을 확립하였고 '사물의 이치를 밝히는〔明其理〕' 격물궁리(格物窮理)와 '유학의 도를 다하는〔盡其道〕' 수기(修己)라는 정통 성리학의 문제에 깊이 천착하였으며, 진부한 명분에 얽매이거나 이론에 치중하는 것이 아니라 당면한 현실 문제를 성리학을 통해 해결하고자 하였다.

녹문은 학문적 목적을 달성하기 위하여 당시 낙론(洛論)의 대표 학자인 도암(陶庵) 이재(李縡, 1680~1746)를 스승으로 모시고 과거(科擧)보다는 위기(爲己)의 학문을 닦을 것을 다짐하였다. 그리하여 "조금 더 장성하여서 거칠게나마 옛사람〔古人〕은 '성인이 되기 위한 수양 공부〔爲己之學〕'를 하였음을 알고 난 뒤, 과거에서 이름을 떨치는 데 뜻을 두지 않았습니다. 또한 마음속으로 '선생님께서 세상에서 이름을 날리는 까닭은 그 덕(德) 때문이며, 문장은 다만 그 영화가 겉으로 드러난 것일 뿐이다. 그러므로 사람이 공부를 할 때는 역시 근본을 알아야 한다.'라고 하고, 비로소 전날의 생각이 옳지 않음을 깨달았습니다."[4]라고 하였다.

이로부터 녹문은 도암에게 수학(修學)하며 학문 연구에 전념하였고, 이후 평생 도암을 스승이자 정신적 지주로 생각하였다. 녹문이 도암 이재와 1730년(영조6)에서 1734년까지 약 5년 동안 함께 질문하고 토론한 내용을 정리한 책이 《한천어록(寒泉語錄)》이다. 이 책의 주요 내용은 학문의 자세와 사서삼경에 대한 부분적 토론과 《심경(心

4 《녹문집》 권1 〈도암 이 선생에게 올리는 글〔上陶庵先生〕〉에 나온다.
及稍長粗聞古人爲己之學, 而志不在於科名, 則又竊自語於心曰, 先生之所以名於世者, 以其德也, 文章特其榮華之發於外者耳. 然則人之所以學之也, 亦當知所本矣. 始覺前日之思非.

經)》의 칠정(七情)에 관한 견해 등이 수록되어 있다.

녹문은 1737년(영조13)에 여강(驪江)으로 이사하여 1743년 서울 근교로 이사할 때까지 주경야독하며 김원행, 민우수(閔遇洙, 1694~1756) 등과 학문을 토론하며 함께 인격도야에 힘썼다. 녹문은 오로지 과거만을 위한 공부를 반대하여 말하기를 "후세에는 사람을 등용하는 데 오로지 과거로만 말미암으니, 비록 이윤(伊尹)과 부열(傅說) 같은 재능이 있어도 과거가 아니면 그 뜻을 행할 수 없다."[5]라고 하였다. 이에 녹문은 대과(大科)를 포기하고 학문에 전념하며 두 가지 목표를 정한다.

첫째, 성인이 되는 학문을 추구한다. 녹문은 15세 때 "사람으로서 마땅히 그 이치를 밝히기를 추구하고, 그 도(道)를 다하기를 추구함으로써 성인에 이르고자 하는 것을 어찌 그만둘 수 있겠는가. 양자강(揚子江)과 한수(漢水)의 강물에 씻어 뜨거운 햇볕에 말린 것처럼 맑고 깨끗한 성인의 덕은 밝은데, 나는 이처럼 오염되었다. 구름을 보는 것처럼 그리워하고 태양을 우러러보는 것처럼 성인의 도는 높은데, 나는 저와 같이 비천하다."[6]라고 하였다. 실로 15세의 청소년기에 쓴 글이라고 믿기 어려운 내용이다. 16세 때는 율곡의 저서를 읽고 다음과 같이 말하였다.

이에 육경에서 구하여 그 근본을 탐구하고, 사서에서 고찰하여 그

5 《녹문집》 부록 〈행장(行狀)〉에 나온다.
後世用人專由科目, 雖有伊傅之才, 非此無以行其志.

6 《녹문집》 권20 〈자서(自序)〉에 나온다.
然則爲人者之所以求明其理, 求盡其道, 以期至於聖人者, 烏可已乎? 濯江曝陽, 聖人之德之昭也, 而我則若是其汚也, 望雲就日, 聖人之道之高也, 而我則如彼其卑也.

요지를 넓히고, 백가(百家)의 여러 서적을 참고하여 그 동이(同異)를 정정(訂正)하여 그 귀결되는 것을 통하게 하니, 시비의 분별과 의리의 변론이 가슴에 환하게 되고, 수기치인(修己治人)의 중요 도리와 성인을 갈구하고 하늘을 갈구하는 지극한 공(功) 또한 그 방책을 살펴볼 수가 있어서 숨길 수 없었다.[7]

녹문은 1725년(영조1) 14세 때 부친이 함흥 판관(咸興判官)으로 부임할 때 함께 가서 1727년에 서울로 돌아왔다. 1727년은 녹문이 16세가 되는 해로 그의 학문 인생에서 중요한 의미가 있다. 그는 "열여섯 살 때 율곡의 글을 보고 깨달음이 있었고 하늘과 사람이 하나로 합치하는 묘리를 알았으며 큰 뜻을 세웠다."[8]라고 하며 성리학 연구를 주요 임무로 삼아, 최고 이념인 성학(聖學)과 성인을 향한 구도(求道)의 길을 추구한다. 앞에서도 보았지만 율곡의 학문은 녹문에게 하나의 길잡이가 되었다.

둘째, 천하, 즉 인간사를 연구하는 일이다. 〈행장〉에는 "예를 들면, 삼대(三代)의 옳고 그름의 기준〔經界〕, 인재등용〔貢擧〕, 예법과 음악〔禮樂〕, 형사와 행정〔刑政〕에서 한(漢)·당(唐)·송(宋) 그리고 우리나라의 제도·문물에 이르기까지 모두를 이해하고 융회 관통하여 그

7 《녹문집》 권20 〈자서〉에 나온다.
於是求諸六經, 以探其本, 考諸四書, 以遠其指. 參之以百家諸書, 以訂其同異, 以通其歸趣焉, 則是非之分, 義利之辨, 了然於胸中, 而修己治人之要道, 希聖希天之極功, 亦可得而考之方冊, 而不可掩矣.

8 《녹문집》 부록 〈행장〉에 나온다.
年十六時, 因看栗翁語有省, 知天人合一之妙, 而大志立.

득실을 가려내지 아니한 것이 없었다."[9]라고 기록하고 있다. 녹문은 자신이 학문적 관점을 정립하던 시기에 활동했던 성호(星湖) 이익(李瀷, 1681~1763)이나 다산(茶山) 정약용(丁若鏞, 1762~1836)이 주자 성리학적 관점과 다른 경학의 정립에 열중한 것과는 달리 정통 성리학의 관점에서 사서삼경을 비롯한 경학 연구와 주석에 열중하였다. 곧 《녹문집》에 드러난 문제의식과 철학적 관심은 사서삼경과 송·명 시대의 정주학(程朱學)과 조선의 성리학에 집중되어 있다.

녹문의 이러한 학문관은, 그가 도학을 추구하면서 정통 성리학을 연구하는 사유(師儒)로서도 당시의 문제를 해결하고 진정한 도덕성의 회복을 실현하기 위해 노력한 것이라고 평가할 수 있다. 왜냐하면 그가 몇 차례의 목민관을 지낼 당시의 위민활동(爲民活動)에서 이러한 가치관을 실천하려고 노력하였기 때문이다.

녹문은 16세 때 학문에 뜻을 새롭게 하면서 과거 공부보다는 성인의 학문에 일생을 바치기를 결심하지만, 주위의 청을 뿌리칠 수 없어 22세인 1733년(영조9) 사마시(司馬試), 즉 진사시(進士試)에 응시하여 〈대귀신문(對鬼神問)〉으로 입격하였다. 당시 고관(考官) 조명리(趙明履, 1697~1756)는 "큰 선비가 아니면 할 수 없는 말이다."[10]라고 칭찬하였다.

9 《녹문집》 부록 〈행장〉에 나온다.
如三代之經界貢擧禮樂刑政, 以至漢唐宋我國之制度文爲, 無不理會融貫, 辨其得失. 여기서 '文爲'는 아마도 '文物'의 오기라 생각된다.

10 《녹문집》 부록 〈행장〉에 나온다.
非大儒, 不能也.

녹문의 관직 활동은 크게 세자(世子)의 시강(侍講)과 지방 관리, 두 가지로 구분된다. 녹문은 대부분 지방관으로 벼슬 생활을 하였으나, 두 번이나 세자의 보도(輔導)를 맡았다. 처음 1750년(영조26)에 사도세자(思悼世子)[11]의 익위사 세마(翊衛司洗馬)가 되었다. 1752년에는 음보(蔭補)로 시직(侍直)에 부임하였는데, 당시 시강관(侍講官)들이 그의 학문을 존중하여 세자의 스승이 되도록 하였다. 1754년 가을에 임실 현감(任實縣監)으로 부임하여 정사를 돌보면서 '자신을 바르게 하고, 사물의 이치를 바르게 아는 것〔正己格物〕'을 내세웠으며, 보민청(補民廳)을 설치하여 난민(難民) 구호에 힘쓰고, 군자당(君子堂)을 설치하여 학문을 장려하고 풍속을 교화함으로써 학풍을 진작시켰다.

1756년에 둘째 형이 죽고 1757년에 셋째 형이 잇따라 죽자 녹문은 1758년에 공주의 녹문동으로 돌아와 학문에만 힘썼다. 그 뒤 1762년에 사도세자가 죽고 세손(世孫)이 세자로 책봉됨에 따라 녹문은 다시 동궁을 보위하는 직책을 제수받았다. 당시 조야(朝野)의 여론을 보면, 대부분의 대신들이 번갈아 가며 녹문을 조정에 천거하면서 "경학(經學), 예학(禮學)과 학행(學行)이 당세에는 견줄 사람이 없으니 청컨대 이 사람에게 책임을 위임하십시오."라고 하니, 영조가 이를 재가하고 공(公)을 불러 본 뒤 산야(山野)의 기상이 있다고 칭찬하고 "진심으로 세손을 바르게 보도(輔導)하라."라고 하여, 그 책임을 맡았다. 그러나 1년 만에 병으로 사직하였다. 그 뒤 1767년 태창 주부(太倉主簿), 1769년 위솔(衛率), 1770년 사옹원 주부(司饔院主簿), 1771년 양근 군수

11 사도세자(思悼世子) : 아들 정조가 즉위한 해인 1776년에 장헌세자(莊獻世子)로 추존(追尊)하였다.

(楊根郡守), 1773년 전주 판관(全州判官), 영주 군수(榮州郡守)를 제수받았으나 모두 몇 달 만에 그만두었다.

1774년(영조50) 녹문동으로 돌아와 성학(聖學)에 몰두하다가 1782년(정조6) 봄에 온 집안이, 여동생 임윤지당(任允摯堂, 1721～1793)이 있는 원주(原州)의 산호(山湖)로 이사한 다음, 5년 뒤 다시 녹문동으로 돌아와 1788년 3월 6일에 78세를 일기로 세상을 떠났다. 그 후 1845년(헌종11)에 좌의정 권돈인(權敦仁, 1783～1859)의 상주(上奏)에 따라 대사헌 겸 성균관좨주(大司憲兼成均館祭酒)를 추증하여 그 덕을 본받게 하였다.

녹문이 세상을 떠나자 그와 활발하게 학문을 논한 상와(常窩) 이민보(李敏輔, 1720～1799)는 녹문의 동생인 임정주에게 편지를 보내 "우리나라에 수백 년 동안 아름다운 덕과 도학을 지닌 여러 현인이 있었지만 그 이치를 보는 것이 정미(精微)한 사람은 오직 선중씨(先仲氏 임성주)뿐이다."[12]라고 하였다.

녹문은 원칙에 충실하면서도 자애로웠다. 그는 "하늘이 사람을 나게 한 까닭과 사람이 사람답게 되는 까닭은 오직 인(仁)에 있다. 인을 구하는 길이 하나의 실마리만 있는 것은 아니지만 그 요체는 책을 읽고 이치를 밝혀서 몸소 실천하는 데 있다."[13]라고 하였다. 또 "아전과 노예 또한 나의 어린 자식이다. 가르친 다음에 죄를 주는 것이 옳다."[14]라고

12 《녹문집》 부록 〈행장〉에 나온다.
德懿道學, 我國數百年, 固有諸賢, 而若其見理精微, 則惟先仲氏而已.

13 《녹문집》 부록 〈행장〉에 나온다.
天之所以生人, 人之所以爲人, 不過曰仁而已. 求仁之道, 固非一端, 而其要又在讀書明理, 而躬行踐其實而已.

하였다. 원칙은 실천을 위주로 해야만 의미가 있으며, 인간애가 곧 인(仁)이라는 의식을 보여 주는 것이니, 자기 원칙에만 충실하고 남의 허물 잡기에 골몰하는 것을 반성하고 스스로 힘써 인을 실천하여야 한다. 나아가 다른 사람의 허물을 바로잡기 위해서는 먼저 그 허물을 알도록 깨우치는 것이 중요함을 강조하였다.

4. 임녹문의 학맥(學脈)과 학문 경향

녹문이 활동했던 시기는 영조(英祖)와 정조(正祖) 대였다. 이 시기 노론(老論)과 소론(少論)은 격렬한 당쟁을 전개하였으며, 그 와중에서 사도세자가 비운의 죽음을 당하였다. 영조는 당파 싸움을 해소하고자 탕평책(蕩平策)을 실시하였다. 녹문은 탕평의 방법을 다음과 같이 설명하였다.

> 붕당은 예로부터 면할 수 없다. 대개 음양이 있으면 사(邪)와 정(正)이 없을 수 없다. 이미 사와 정이 있으므로 붕당이 없을 수 없다. 이것이 필연의 추세다. 다만 세속에서는 '붕당'이라는 두 글자를 편견을 가지고 매우 좋지 않게 논하고 있다. 이 두 글자를 버리고자 하지만, 단지 사와 정을 논하기만 하면 된다. 주자는 말하기를 "붕당을 싫어해서 그것을 버리고자 하면 가끔 나라를 잃는 경우

14 《녹문집》 부록 〈행장〉에 나온다.
吏隸亦吾赤子也, 教而後罪之可也.

가 있다."라고 하였다. 그러므로 붕당을 버린다는 것은 정말 어려운데, 왜 하필이면 버리는 것을 일삼으려고 하는가. 다만 사와 정을 가리는 데 말과 행동이 분명하기만 하면 스스로 진정한 탕평을 볼 수 있을 것이다.[15]

녹문의 판단으로는 붕당은 없을 수 없는 것인데, 굳이 붕당을 완전히 없앨 필요가 없으며, 무리하게 붕당을 없애려고 하다가는 나라가 망하기도 한다는 것이다. 그러므로 녹문이 보기에 사악함과 올바름을 분명하게 가리기만 하면 붕당의 문제는 자연히 해결된다는 것이다. 이 사악함과 올바름의 구별은 곧 '사악함을 파하고 올바름을 드러냄〔破邪顯正〕'을 의미한다. 녹문은 붕당 그 자체가 문제가 아니라 개인이나 집단의 행동과 말의 정의로움이 중요하다고 보았다.

녹문이 살았던 시기의 정치·사회적 주요 특징을 정리하면, 예론(禮論)을 중심으로 한 당쟁의 격화, 호락논쟁의 전개, 실학의 형성이다. 이러한 시대 상황은 녹문의 생애에도 많은 영향을 미쳤으며, 특히 호락논쟁은 그의 철학적 문제 형성에 직접적인 영향을 미쳤다. 녹문이 살았던 18세기 전후 조선 사회의 정치·사회적 사건과 주요 학자 등 인물들의 연표를 정리하면 〔표 2〕와 같다.

15 《녹문집》〈한천어록(寒泉語錄)〉에 나온다.

曰朋黨自古不能免. 盖旣有陰陽則不能無邪正, 旣有邪正則不能無朋黨, 此必然之勢也. 但世俗偏論二字甚不好, 去此二字而只以邪正論之可也. 朱子曰 "惡朋黨而欲去之者, 往往亡人之國." 然則去固難矣. 亦何必去爲哉? 但卞其邪正, 擧措惟明, 則自可見眞蕩平矣.

〔표 2〕 녹문의 생애와 시대 환경

1674	
1607	숙종(肅宗) 재위
	우암(尤庵) 송시열(宋時烈)
1622	
	반계(磻溪) 유형원(柳馨遠)
1641	
1673	
1674	남인(南人) 집권(執權)
1677	한수재(寒水齋) 권상하(權尙夏)
	외암(巍巖) 이간(李柬)
1680	경신대출척(庚申大黜陟, 남인 축출, 서인 집권)
1681	성호(星湖) 이익(李瀷)
1682	
1683	서인의 노론(老論)·소론(少論) 분당
	남당(南塘) 한원진(韓元震)
	도암(陶庵) 이재(李縡)
1689	기사환국(己巳換局, 송시열 제주 유배 사사, 남인 집권)
1694	갑술옥사(甲戌獄事, 소론 집권)
1711	
	녹문(鹿門) 임성주(任聖周)
1720	
1721	노론 사대신(老論四大臣) 귀양, 전국 각시 민란
	경종(景宗) 소론 집권(신임사화)
1724	
1725	영조(英祖) 탕평책(蕩平策). 소론 사대신(少論四大臣) 귀양 노론 진출
1727	정미환국(丁未換局, 소론 진출)
1728	소론파 이인좌(李麟佐)의 난. 소론 몰락
1746	영조(英祖) 재위
1751	
1758	해서(海西)·관동(關東) 지방 천주교 성행
1762	사도세자(思悼世子) 죽음(임오화변)
1763	
	다산(茶山) 정약용(丁若鏞)
1776	규장각(奎章閣) 설치
1784	이승훈 세례 받음
1785	김범우 명례방사건, 천주교 금압령
1788	
1798	정조(正祖) 재위
1800	
1836	노사(蘆沙) 기정진(奇正鎭)
1876	

녹문은 조선 후기 당쟁이 심화되고 조선 성리학이 학파 사이 또는 관점의 차이에 따라 치열한 논쟁을 벌이던 시대 상황에서 당파와 학맥을 뛰어넘어 '자신의 인격적 수양을 위한 학문〔爲己之學〕'의 목표를 정립하고 학문 연구에 매진하며, 어려운 시대를 살아가는 올곧은 선비로서의 자세를 보여 주었다. 녹문의 학문적 배경과 성숙 과정을 알아보기 위하여 먼저 사승 관계를 살펴보면 〔표 3〕과 같다.

〔표 3〕에서 보듯이 녹문은 율곡 계열의 낙학파(洛學派)에 속하며 조선 중기 이후의 당파로 보면 노론 계열에 속한다. 곧 사계(沙溪) 김장생(金長生, 1548~1631)은 조선 시대 예학의 선구자이며, 송시열(宋時烈)은 노론의 거두이며 예송(禮訟)으로 예론을 주도하였다. 그리고 권상하(權尙夏)의 문하인 외암(巍巖) 이간(李柬, 1677~1727)과 남당(南塘) 한원진(韓元震, 1682~1751) 사이에는 호락논쟁이 벌어졌다. 바로 호락논쟁과 예학논쟁의 문제와 경향이 그대로 녹문의 학문적 배경이 된다.

그런데 녹문은 비록 율곡학파 가운데 노론-낙학파와 사승 관계를 맺기는 하였지만 그냥 맹목적으로 학파적 관점을 묵수(墨守)하지 않고 자신의 학문적 소신을 지켰다. 그것은 그의 철학을 살펴보면 잘 알 수 있다.

5. 임녹문의 철학

임녹문의 철학은 18세기 조선의 성리학을 종합 정리하였다고 할 수 있다. 그러나 녹문의 철학은 객관적으로 올바르게 평가받지 못하고

〔표 3〕 녹문의 사승(師承) 관계[16]

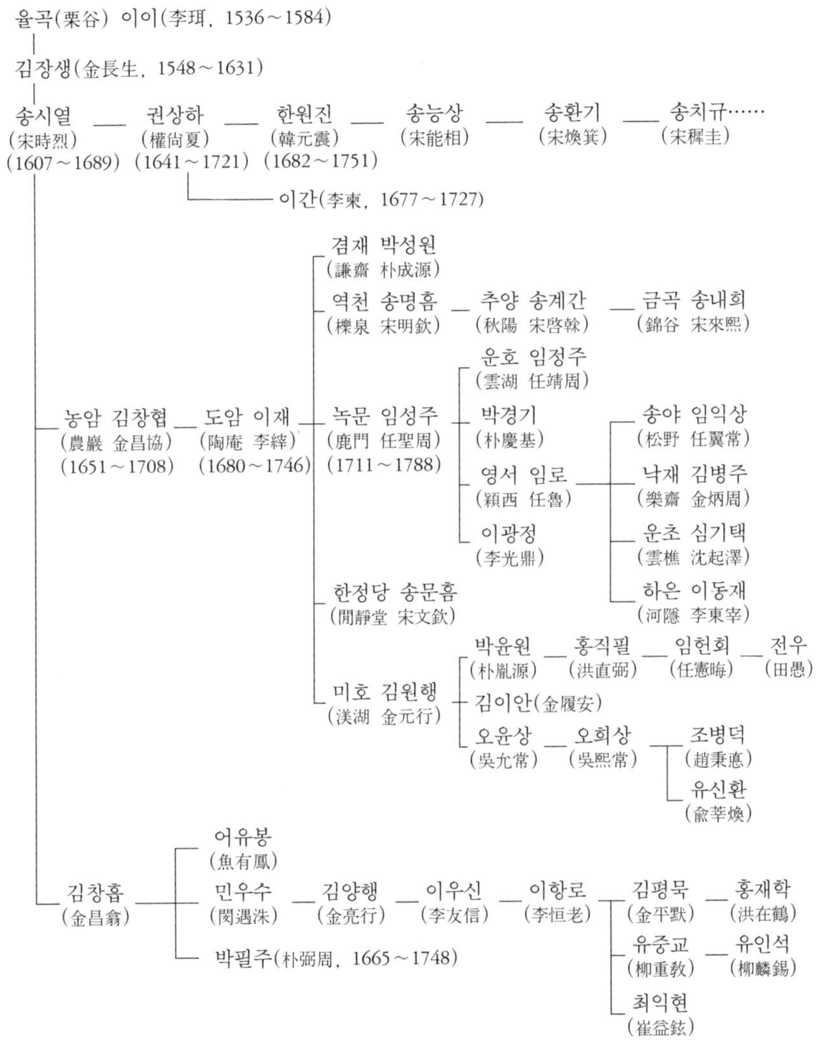

16 《崔完基, 韓國性理學의 脈, 느티나무, 1989, 204쪽》〔표 4〕〈洛論性理學의 脈〉과 韓國東洋哲學會 第31次 夏季學術會議(1998년 8월 19~20일, 대구 계명대학교)의 발표문과 《鹿門 任聖周 唯氣哲學과 그 학술사적 의의, 32쪽》〈도식 6 : 녹문을 중심으로 하는 사승관계〉 참고.

있는데, 그 주요 원인은 리기론에서 비롯된다. 그동안 대부분의 연구 논문에서는 녹문의 리기론을 기론(氣論), 주기론(主氣論), 유기론(唯氣論) 등으로 규정해 왔다. 그러나 《녹문집》 전체를 잘 살펴보면 결코 그렇게 볼 수는 없다. 특히 이 《녹문집》의 완역(完譯)이 이루어지면 더 잘 알 수 있을 것이다. 녹문의 리기론을 중심으로 그의 철학을 간단히 정리하면 다음과 같다.

1) 리기동실(理氣同實)의 리기론(理氣論)

녹문은 이천(伊川) 정이(程頤, 1033~1107)의 '체용일원 현미무간(體用一源 顯微無間)'과 주자의 '리기불가분개(理氣不可分開)'를 바탕으로 자신의 리기관을 확립하였다. 자세하게 말하면 녹문은, 주자가 말한 '리와 기는 결단코 두 가지 사물〔決是二物〕'이라는 말을 리와 기가 진실로 두 개의 물사(物事)가 아니라는 뜻으로 해석하고 "리기를 논할 때 반드시 같은 실(實 본질(本質))로 보아야 한다."[17]라고 하여 '리기동실'을 리기론의 대전제로 삼았다.

녹문의 이러한 주장을 결코 주기론(主氣論)이라고 볼 수는 없다. '리기동실'의 논리적 의미는 리와 기는 일원(一源)에서나 분수(分殊)에서 서로 동연개념(同延概念)[18]이 되어, 리와 기가 내포하고 있는 각각의 개념은 다르지만 가리키는 외연(外延)이 서로 같다는 것을 의미한

17 《녹문집》 권5 〈이백눌에게 답하는 글〔答李伯訥〕〉에 나온다.
論理氣, 則必以理氣同實.

18 동연개념(同延概念) : 내포(內包)는 다르지만 외연(外延)은 일치하는 개념을 말한다.

다. 다시 말하면 일원과 분수 사이의 다양한 유개념(類槪念)들에서 각각 그에 상응하는 동위(同位)의 개념으로서 불상리(不相離)・불상잡(不相雜)의 관계로 대대(待對)하여 있다는 말이다. 《녹문집》에서 그 내용을 정리하면 다음과 같다.

1. 하늘이 사물을 낼 때 한 근본[一本]에서 나오게 하였다. 일본(一本)은 리만 일(一)이 아니라 기도 일(一)이다.[19]

2. '통(通)'과 '국(局)' 두 글자는 반드시 리와 기로 분속(分屬)할 필요는 없다. 대개 일원(一源)의 곳으로부터 말하면 리만 일이 아니라 기도 일이다. 일(一)은 통(通)이다. 만수(萬殊)의 곳으로부터 말하면 기만 만(萬)이 아니라 리도 만이다. 만(萬)은 국(局)이다.[20]

3. 음양・오행・만물을 각각 나누어 말하면 '만수'라고도 하고 '소덕(小德)'이라고도 한다. 기가 이와 같고, 리도 이와 같다. 기(器) 역시 도(道)이며, 도(道) 또한 기(器)이다.[21]

4. 무릇 기의 밖에 리가 없으며, 성(性) 밖에 사물이 없다. 기를 위주로 말하면 만자(萬者)는 진실로 기이니, 일자(一者)만 홀로 기가 아니겠는가. 리를 위주로 말하면, 일자는 진실로 리이니 만자라

19 《녹문집》 권5 〈이백눌에게 답하는 글[答李伯訥]〉에 나온다.

天之生物使之一本, 一本者, 不但理之一, 氣亦一也.

20 《녹문집》 권19 〈녹려잡지〉에 나온다.

通局二字, 不必屬分理氣. 盖自其一原處言之, 則不但理之一, 氣亦一也. 一則通矣. 自其萬殊處言之, 則不但氣之萬, 理亦萬也. 萬則局矣.

21 《녹문집》 권19 〈녹려잡지〉에 나온다.

分陰陽五行萬物而各言之, 則曰萬殊 曰小德. 氣也如此, 理也亦如此. 器亦道 道亦器也.

고 홀로 리가 아니겠는가. 아! 리기를 갈라 둘로 된 것이 오래다.[22]

이상의 인용문 내용을 '리기동실'의 의미로 정리하면 아래의 표와 같다.

- 理
  - 一本・一・通・一者・純
  - 萬殊・萬・局・萬者・不純
- 氣
  - 一本・一・通・一者・純
  - 萬殊・萬・局・萬者・不純

이런 이유로 녹문의 리기론을 기론(氣論)・주기론(主氣論)・유기론(唯氣論)이라고 규정하는 것이 합당한 판단이라고 할 수 없다.

한편 사람의 도덕적 본성을 무엇으로 규정하는가에 대해서도 녹문은 '성즉기(性卽氣)'라고 규정하지 않는다. 녹문은 "정자(程子)의 '성이 곧 기며, 기가 곧 성이다.〔性卽氣, 氣卽性.〕'라는 말은 '기(器) 역시 도(道)이며, 도 또한 기이다.〔器亦道, 道亦器.〕'라는 말과 같으며, 그로써 리와 기가 서로 떨어지지 않는 묘리를 밝혔을 뿐이다. 대개 본성을 말할 때 아래 문장에서 성(性) 가운데 원래 이 두 개의 사물이 상대하여 생긴 것이 아니라고 한 것을 보면 알 수 있다. 기(氣)로써 성(性)을 가리키지 않은 것은 '성즉리(性卽理)'의 예와 같다."[23]라고 하였다. '성

22 《녹문집》 권19 〈녹려잡지〉에 나온다.
夫氣外無理, 性外無物. 主氣而言, 則萬者 固氣也, 一者 獨非氣乎? 主理以言, 則一者 固理也. 萬者獨非理乎? 噫! 理氣之判而爲二也, 久矣.

즉기(性卽氣)'라는 말이 성리학의 불변의 명제인 '성즉리'를 대신하는 말이 아니라 녹문은 '리와 기는 서로 분리되지 않음[理氣不相離]'의 묘리를 밝힌 것이라고 이해한다. 그리고 녹문은 "기로써 성(性)을 가리키지 않은 것은 성즉리의 예와 같다."라고 하였다. 만약 녹문을 기론자(氣論者)로 규정하려면 명백하게 '성즉기'라고 해야 하는데, 위의 인용문을 보면 그렇게 규정하기 어렵다는 것을 알 수 있다.

2) 리일분수(理一分殊)·기일분수(氣一分殊)

리일분수론(理一分殊論)은 성리학의 리기론의 중요 문제를 종합적으로 내포하고 있는 형이상학이다. 일찍이 이천(伊川)과 주자는 각각 리일분수와 리동기이(理同氣異)의 논리를 통하여 성리학의 우주론과 인성론의 틀을 정립하였으며, 이를 통하여 자연세계의 특수성과 보편성을 설명하고, 최고의 가치인 인(仁)을 실천하는 방법론을 제시하였다.

그리고 율곡(栗谷) 이이(李珥, 1536~1584)는 리통기국론(理通氣局論)을 주장함으로써 리일분수론에서 제기된 문제를 새롭게 해석하였다. 그리고 성리학적 문제의 외연을 확대하였다. 이 외연의 확대가 바로 조선 중기의 호락논쟁(湖洛論爭)이다. 호론과 낙론은 각각 분수와 리일(理一)을 중심으로 율곡의 리통기국론을 해석하고 이를 통하여 인성과 물성의 동이를 설명하고, 나아가 인간 본성의 선악 문제를 해명하고자 하였다.

23 《녹문집》〈잡저〉〈산록(散錄)〉에 나온다.
程子性卽氣氣卽性. 如云器亦道道亦器. 所以明理氣不相離之妙耳. 蓋亦只是說本性, 以下文不是性中元有此兩物相對而生云者觀之, 可知也. 非以氣訓性. 如性卽理之例也.

그런데 리일분수와 리통기국론을 종합하여 새로운 이론을 주장한 사람이 녹문이었다. 그는 리기동실의 리기론을 바탕으로 리일분수(理一分殊)가 가능하면 기일분수(氣一分殊)도 가능하다고 보았다. 녹문의 이러한 주장은 리일분수론의 발전에 새로운 전기를 제시한 것이었다.

> 이제 사람마다 '리일분수'를 해석하기를 "리는 같은데 기는 다르다."라고 하는데, 그것은 리의 일(一)은 곧 기의 일(一)에 따라서만 드러남을 알지 못하기 때문이다. 진실로 기의 일이 아니라면 무엇으로부터 그 리가 반드시 일임을 알겠는가. '리일분수'란 말은 리를 주로 하여 말한 것으로 '분(分)' 자도 마땅히 리에 속해야 하는 것이다. 만약 기를 위주로 말한다면 '기일분수'도 불가함이 없다.[24]

즉 만상의 만리와 음양·오행·원기·태극 등은 기로써 드러나므로 기를 기준으로 말한 것이며, 리의 일은 기의 일에 따라서 드러나고 리의 분수는 기의 분수에 따라 드러나므로, 일원과 분수를 기의 측면에서 말하면 기일분수도 가능하다는 말이다. 다시 말하면 리일분수 그 자체가 잘못되었다는 것이 아니라, 리는 일이어서 통(通)이고 분수(分殊)는 기의 만수(萬殊)로 국(局)이라는 발상이 잘못되었다는 것이다. 따라서 일원과 분수의 관계에서 리일분수는 마땅히 리의 측면에서 리일(理一)과 리분수(理分殊)로 이해되어야 하고, 기의 측면에서는 기일

24 《녹문집》 권19 〈녹려잡지〉에 나온다.
今人每以"理一分殊", 認作"理同氣異", 殊不知理之一, 卽夫氣之一而見焉. 苟非氣之一, 從何而知其理之必一乎? "理一分殊"者, 主理而言, "分"字亦當屬理. 若主氣而言, 則曰"氣一分殊", 亦無不可矣.

분수라고 할 수 있다는 말이다. 이러한 기일분수론은 녹문의 탁견이라고 할 수 있다. 이로부터 녹문은 율곡의 리통기국론을 비판하였다.

> 율곡 선생은 리기의 원두(源頭)에 조예가 깊어 독자적으로 얻음이 있고, 알아낸 것이 극히 밝고 투철하며, 논설이 매우 영롱(玲瓏)하여, 주자 이후 이만한 이해에 이른 사람은 거의 없었으나, 다만 기의 근본이 '하나'라는 곳에서는 오히려 혹 아직 다 밝히지 못한 것이 있다. 그가 "리의 근원은 하나뿐이며 기의 근원도 하나뿐이다."라고 한 말과 또 "도심(道心)은 본연의 기(氣)이다."라고 한 것 역시 강구(講究)하지 않고 여기에 이르렀다고 말할 수는 없다. 그러나 리통기국론(理通氣局論)에서 오로지 기를 만수(萬殊)로 귀결시키고, 또 담일청허(湛一淸虛)한 기가 부재(不在)한 곳이 많다고 생각한 것은 그 종말의 귀결점을 추구하면 리기를 두 가지 사물로 본 의심을 면할 길이 없다.[25]

먼저 녹문은, 율곡이 리와 기의 근원을 하나로 본 것이나 도심을 본연의 기로 본 견해는 탁월하다고 평가한다. 그러나 율곡의 리통기국론에 대한 녹문의 비판점은 두 가지로 정리할 수 있다. 하나는 리와 기를 일(一)과 만(萬)에 분속(分屬)하여 리와 기를 분리하여 보았다는

25 《녹문집》 권19 〈녹려잡지〉에 나온다.
栗谷先生於理氣源頭, 深造獨得, 見得極明透, 說得極玲瓏, 朱子以後, 殆未有臻斯理者也. 獨於氣之本"一"處, 猶或有未盡瑩者. 其曰"理之源一而已 氣之源亦一而已", 又"以道心爲本然之氣"者, 亦不可謂不講究到此. 而乃於理通氣局之論, 專以氣歸之萬殊, 又以爲湛一淸虛之氣, 多有不在, 究其歸, 終未免於二物之疑.

의심을 면할 수 없다는 것이다. 녹문은, 율곡의 리통기국이 현상의 구체적 사물에서 리가 만수로 되는 직접적 원인을 기의 국(局)으로 규정한 것은 일원을 리로, 분수는 기로 나눈 것이 분명하다고 보았다. 녹문의 이러한 주장에도 당연히 '리기동실'과 '리기원불상리(理氣元不相離)'의 원칙이 전제되어 있다. 다른 하나는 율곡이 "담일청허의 기는 존재하지 않는 곳이 많다.〔湛一淸虛之氣, 多有不在.〕"라고 하여 화담(花潭) 서경덕(徐敬德, 1489~1546)을 비판한 것은 기의 담일(湛一)을 이해하지 못하였다는 말이다. 왜냐하면 녹문은 리일(理一)의 보편적 원칙을 실현하기 위해서는 실현자인 기의 담일(湛一)이 개개의 사물 속에 보편적으로 존재해야 한다고 보았기 때문이다. 녹문은 "담일은 기(氣)의 본이다. 기의 본이 과연 없다면, 이 기 밖에 어떤 사물이 있고, 기 밖에 어떤 사물이 있으면 성 밖에 또한 어떤 사물이 있게 된다."[26]라고 하였다. 리(理)의 근본인 리일이 있으면, 기도 마찬가지로 기의 근본이 있어야 하며, 이 기의 근본이 곧 담일이라는 말이다. 이 담일이 리일(理一)의 순선(純善)을 실현하는 공능(功能)을 가진다. 그리고 녹문은 "리로부터 말하면 리는 본래 순일(純一)하므로 기는 스스로 순일하다. 기로부터 말하면 기의 순일이 곧 리의 순일이다. 리가 불순(不純)하면 기는 진실로 스스로 순일함이 없다."[27]라고 하였다. 그

26 《녹문집》 권19 〈녹려잡지〉에 나온다.

湛一氣之本, 氣之本果有不在, 則是氣外有物, 氣外有物, 則是性外亦有物.

27 《녹문집》 권26 〈미호의 '신기(神氣)를 노래하다'의 3편에서 차운(次韻)하다……〔次渼湖神氣吟三篇……〕〉에 나온다.

自理而言, 則理本純, 故氣自純. 從氣而言, 則氣之純, 卽理之純. 理之不純, 則氣固無自以純矣.

리고 기의 국(局)은 겉으로 드러난 현상일 뿐 현상의 사물들 속에는 언제나 이 '가장 맑고, 깨끗하고, 순수한 기의 본체〔湛一淸虛之氣〕'가 관통해 있으므로 '없는 곳이 없다〔無所不在〕'고 할 수 있다.

녹문의 이러한 관점은 일원(一源)과 분수(分殊)를 리기불가분개(理氣不可分開)의 관점에서 논리적 일관성을 가지고 철저하게 분석하였다는 점에서는 긍정적 평가를 할 수 있다고 생각된다. 왜냐하면 원리로서의 리와 그 원리를 실현하는 주체인 기의 통(通)과 국(局)이 적어도 리통(理通)과 기통(氣通)으로 일치되지 않으면, 실현되지 않는 원리〔理〕와 원리에 따르지 않는 실현자〔氣〕가 생기는 논리적 모순이 생길 수 있기 때문이다. 그리고 리의 통(通)만 인정하면, 그것은 실상(實像) 없는 그림자에 지나지 않는다는 녹문의 주장은 인간의 도덕적 실천의 능동성을 강조한 것이다. 그리고 이천이 리일분수의 논리를 처음 제기할 때부터 도덕·윤리의 실천을 중심으로 펼쳤으므로 리일분수는 현실의 다양성이 지향해야 할 통일성과 최고선을 중시하였다면, 녹문의 리기동실의 리일분수와 기일분수의 논리는 다양한 사물, 특히 인간이 통일성과 최고선을 실천하는 내재적 근거를 마련하였다고 할 수 있다.

3) 인물성상이론(人物性相異論)

녹문의 철학적 문제 형성에 직접적인 영향을 준 것은 호락논쟁이다. 곧 그의 철학은 호락논쟁에서 시작하여 호락논쟁으로 끝났다고 해도 지나친 말이 아니다. 그가 스승으로 모신 도암(陶庵) 이재(李縡)가 낙론의 권위자였고, 그가 평소 교류한 대부분의 인물들이 호락논쟁과 관련 있었으며, 또한 그들과 많은 편지를 주고받으며 논쟁을 벌였다. 따라서 그는 호락논쟁의 해결을 일차적 학문의 목표로 삼는다. 그리하여 그는 종래의 그 논쟁의 쟁점과 관점을 엄밀하게 검토하고 연구한 뒤 리기론에서 율곡의 견해를 전체적으로는 긍정하지만, 가장 중심 이론인 리통기국은 리를 중시하여 결국 이와 기를 두 가지로 나눈 것이라고 비판하였다. 인물성동이(人物性同異)에 관한 입장에서도 일반적으로 낙학(洛學)이 '인물성동론(人物性同論)'의 관점을 취하나 녹문은 '인물성상이(人物性相異)'를 주장하며 새롭게 자신의 학문을 정립한다. 녹문의 이러한 학문적 성숙 과정은 경학과 깊은 관련이 있다. 실제로 녹문은 37, 8세 때부터 낙론의 '인물성동론'에 의심을 품고 《맹자》의 생지위성장(生之謂性章)에 나타난 성(性)의 개념을 새로운 관점으로 파악한다. 그는 50세인 1761년(영조37)에 호락논쟁의 문제에 대하여 다음과 같이 말한다.

> 이른바 심성(心性)의 설에 대하여, 대개 스스로 어려서부터 한남당(南塘 한원진(韓元震))과 이외암(巍巖 이간(李柬)) 두 공(公)의 왕복 편지를 보았으며, 외암 이공(李公)의 설에 계합(契合)함이 있어 주장과 수용이 절반쯤 생겼다. 10여 년 전 우연히 《맹자》의 생지위성장에서 명도(明道)가 성설(性說)을 리기의 대원(大源)에서 논한 것을 읽고, 자못 이에 암묵적으로 이해함이 있는 것 같아 비로소 이공(李公)의 심(心)에 대한 견해가 곧 진실로 의심할 수 없으나, 성(性)에 대해서 헤아려 생각한 것은 오히려 합당한 것이 많지만, 도리어 심설(心說)과 모순됨이 있음을 알았다.

녹문은 어려서부터 당시 치열한 논쟁이 전개되던 호락논쟁에 깊은 관심을 가졌다. 그리고 처음에는 외암의 '인물성동론'을 대략 옳다고 생각하였다. 그런데 37, 8세 무렵《맹자》의 생지위성장의 성(性) 개념에 대하여 명도(明道) 정호(程顥, 1032~1085)가 리기의 근원으로 설명한 내용을 읽고 성의 개념을 새롭게 이해하였다. 여기서 외암의 성론이 그의 심설과 모순이 있다는 말은, 외암이 성을 본연지성(本然之性)과 기질지성(氣質之性)으로 구분하여 본연지성만을 중심으로 '사람과 사물의 성이 모두 같다'고 주장한 것이 잘못이라는 뜻이다. 즉 외암의 견해를 검토하여 외암이 심을 '미발심체본선(未發心體本善)'으로 설명한 것은 의심할 수 없이 분명하지만, 성을 '인물성구동(人物性俱同)'이라고 한 주장은 심설과 모순이라는 말이다.

녹문은, 성은 본래 하나이므로 기질지성이 곧 본연지성이라고 보고 기질지성을 해명하는 데에 노력하였다. 녹문은 리의 보편성만을 본성이라고 하고 현실의 구체적인 사물의 성을 기질지성이라고 하면 본연지성과 기질지성은 서로 분리되며, 현실의 구체적인 사물과 분리된 본연지성은 공허한 허상에 지나지 않는다고 보았다. 이에 녹문은 '인물성동론'을 주장했던 초기의 관점을 버리고 독자적인 연구를 진행한 뒤 '인물성상이론'으로 전환한다.

4) 예론(禮論)

《녹문집》에는 예론에 대한 많은 의론이 실려 있다. 자세히 보면 녹문은 철저히 경전의 고증에 근거하여 자신의 예론을 주장하였다. 〈행장〉에는 "공(公)은 주자가 《예기》와 《춘추》를 명백하게 훈석(訓釋)하지 않은 것을 천고의 한으로 여겨 만년에도 의미를 밝혀 주자가 다 마치지 못한 사업을 미루어 보충하고자 하였다."라고 기록하고 있다.

녹문은 소론(少論)의 중심 인물인 남계(南溪) 박세채(朴世采, 1631~

1695)의 황극탕평설(皇極蕩平說)을 비판하였고, 또한 노론의 거두인 송시열과 한원진의 예론(禮論)을 비판하였다. 그러나 그가 함께 학문을 토론하고 교류한 학자들 가운데 송명흠·송문흠 형제는 송시열과 함께 노론의 중심인물이었던 송준길(宋浚吉, 1606~1672)의 후손이며 녹문과 이종사촌 사이였으나 낙론을 지지하였다. 그럼에도 녹문은 예론으로써 당쟁에 참여하지 않았다.

당시 조정에는 예론을 중심으로 당파 간에 매우 살벌하고 날카로운 대립이 진행되고 있었다. 이 소용돌이 속에서 녹문이 68세 때인 1779년(정조3)에 정언(正言) 이양재(李亮載, 1731~?)가 녹문을 탄핵할 것을 상소하였으나, 정조는 근거가 없다고 하여 받아들이지 않아 당쟁의 화를 입지 않았다.

녹문이 당쟁의 화를 피할 수 있었던 것은 바로 순수한 학문 정신이 있었기 때문이다. 만약 편견에 치우치거나 정치적 술수나 목적을 위하여 문장을 견강부회하였다면 한 번쯤 화를 당하였을지도 모른다.

6. 《녹문집》 번역의 의의

이상에서 《녹문집》의 주요 내용과 임녹문의 생애 그리고 그의 철학을 살펴보았다. 임녹문의 철학은 조선 성리학사에 한 획을 긋는 중요한 의미가 있다. 그럼에도 불구하고 처음부터 녹문 철학을 부분적으로 이해하는 데에 그쳤기 때문에 그 학문적 의미와 유학사적 가치가 제대로 평가되지 않았다.

이제 《녹문집》 전체에 대한 역주(譯註)가 완성된다면 더 넓은 연구를 촉진시킬 수 있을 것이다. 그리고 《녹문집》 역주본의 출판을 계기로 임녹문의 철학에 대한 재평가가 이루어져 조선 성리학 연구의 저변이 확대되기를 기대한다.

* 편집자 주 : 해제에 쓰인 성리학 용어가 본문과 다른 것이 있으나 해제자의 의견에 따라 그대로 표기하였다. 예 : 리기설(理氣說) 등.

녹문선생문집 서문 鹿門先生文集序文

낙민(洛閩)의 학문[1]이 나온 이후로 의리(義理)가 크게 밝아져서 더 이상 밝힐 것이 없을 정도가 되었다. 그러나 인지(仁智)에 따라 견해가 달라지면서[2] 언어에 집착하여 본지(本旨)를 잃는 경우가 거의 대부분이었다. 이렇게 해서 고묘(高妙)한 곳으로 치달리기를 힘쓰는 자는 형기(形器)를 도외시하여 방탕(放蕩)한 데로 돌아가고, 옛날의 자취만을 그대로 따르는 자는 방소(方所)에 떨어져서 고루(固陋)한 폐단을 면치 못하였다. 그런데 고루하지도 않고 방탕하지도 않으면서 독득(獨得)의 경지에 깊이 나아가 여러 다양한 주장들을 절충(折衷)하며 말없이 정주(程朱)의 본지에 계합(契合)한 이가 있었다. 그는 바로 몇 년 전에 작고하신 녹문(鹿門) 선생 임공(任公)이시다.

공은 세상에 드문 총명(聰明)과 예지(睿智)의 소유자였다. 성동(成童 15세)의 나이에 이미 학문에 뜻을 두었으며 노년에 들어서는 더욱 독실하였다. 침잠(沈潛)하고 완역(玩繹)하여 터득하지 않으면 그냥 놔두지 않았으며, 60년을 하루같이 이 일을 계속하였다. 대개 온축(蘊蓄)한 것이 두텁고 견해가 투철하였기 때문에 언어 문자로 드러낸 것 거의

1 낙민(洛閩)의 학문 : 정주학(程朱學)을 말한다. '낙(洛)'은 낙양(洛陽)의 정호(程顥)·정이(程頤) 형제를 가리키고, '민(閩)'은 민중(閩中)의 주희(朱熹)를 가리킨다.

2 인지(仁智)에……달라지면서 : 똑같은 사물에 대해서도 각자 취하는 입장에 따라 견해를 달리하는 것을 말한다. 《주역》 〈계사전 상(繫辭傳上)〉에 "인자가 보면 인이라고 하고, 지자가 보면 지라고 한다.〔仁者見之謂之仁 智者見之謂之智〕"라는 말이 나온다.

모두가 종횡으로 주밀(周密)한 가운데 초예(超詣)하고 융탈(融脫)하였다. 천인(天人) 조화(造化)와 이기(理氣) 무간(無間)의 오묘함에 대해서 말할 때에는 본말(本末)을 끝까지 환히 밝혔고, 인물(人物) 오상(五常)과 성범(聖凡) 허령(虛靈)의 논변에 대해서 말할 때에는 극히 미세한 부분까지 분석하였다. 그리고 상수(象數)[3]의 이치와 경곡(經曲)[4]의 변화에 이르기까지 전인(前人)이 미처 다 말하지 못했거나 중론(衆論)이 하나로 정해지지 않은 것들도 공에게 오면 상호 검증을 거쳐 단안이 내려져서 마치 손바닥을 가리키는 것처럼 명료하게 되었다.

대저 공의 학문은 성명(性命)의 원두(源頭)에 대해서 먼저 큰 것을 확립해 놓고[5] 언의(言意)의 저 너머에 있는 것까지 말없이 융회(融會)

3 상수(象數) : 《춘추좌씨전(春秋左氏傳)》 희공(僖公) 15년의 "귀(龜)는 상(象)이요, 서(筮)는 수(數)이다. 물(物) 이후에 상(象)이 있고, 상 이후에 자(滋)가 있고, 자 이후에 수(數)가 있게 된다.〔龜 象也 筮 數也 物生而後有象 象而後有滋 滋而後有數〕"라는 말에서 기인한 것으로, 즉 역(易)에 나타나는 상과 수를 말한다. 상(象)은 천(天)·일(日)·산(山)·택(澤)과 같은 종류를 말하고, 수(數)는 초(初)·상(上)·구(九)·육(六)과 같은 것을 말하는데, 송(宋)나라 소옹(邵雍)의 《황극경세서(皇極經世書)》에서 상수학이 집대성되었다는 평가를 받고 있다.

4 경곡(經曲) : 기본적인 대강령의 경례(經禮)와 구체적인 소절목의 곡례(曲禮)를 말한다. 《예기(禮記)》 〈예기(禮器)〉에 "경례가 3백 가지요, 곡례가 3천 가지인데, 그 정신은 하나이다.〔經禮三百 曲禮三千 其致一也〕"라고 하였다. 《중용장구(中庸章句)》 제27장에도 "크고 넉넉하도다. 예의가 3백 가지요, 위의가 3천 가지로다.〔優優大哉 禮儀三百 威儀三千〕"라는 말이 나온다.

5 먼저……놓고 : 《맹자》 〈고자 상(告子上)〉에 "먼저 큰 것을 확립해 놓으면 작은 것에 의해서 뺏기는 일이 없을 것이니, 이렇게 하면 바로 대인이 되는 것이다.〔先立乎其大者 則其小者不能奪 此爲大人而已矣〕"라는 말이 나온다. 여기에서 큰 것은 마음을 가리키고, 작은 것은 이목(耳目)의 욕구를 가리킨다.

하였다. 그렇기 때문에 경전의 본래 뜻이나 성현의 가르침과 명확하게 일치하지 않는 경우가 드물었으니, 이 어찌 구구하게 귀로 듣고는 곧바로 입으로 내놓는 자[6]가 끼어들 수 있는 것이겠는가. 앞으로 세월이 오래 흐르는 동안, 가령 자운(子雲)과 요부(堯夫)[7]와 같은 자가 나와서 공의 글을 읽는다면, 필시 얼음이 녹듯 의심이 해소되면서 마음에 거리낌이 없게 될 것이요, 갑론을박(甲論乙駁)하며 두 갈래로 나뉘어 다투는 논의도 여기에서 결론을 낼 수가 있게 될 것이다. 아, 지혜로 높이는 일〔知崇〕과 예법으로 낮추는 일〔禮卑〕[8]은 원래 두 가지 일이 아닌데, 공이 상달(上達)하는 도(道)의 측면에서 이와 같이 할 줄을 참으로 알았고 보면, 이 도가 밖으로 드러난 실제 행동이 어떠했을지는 굳이 말할 필요가 없을 것이다.

나는 본디 무디고 거칠어서 공의 인품을 알아보기에 부족하지만, 그래도 종유(從遊)한 50여 년 사이에 공의 어묵동정(語默動靜)을 말없이 살펴보건대, 이들 모두가 법도 아닌 것이 없었다. 그리하여 만년(晚

6 귀로……자 : 학문이 천박한 자를 비유한 말이다. 《순자(荀子)》 〈권학(勸學)〉의 "소인이 공부하는 것을 보면, 귀로 듣고는 곧바로 입으로 내놓는다. 입과 귀의 거리는 불과 네 치일 따름이니, 일곱 자나 되는 이 몸을 어떻게 아름답게 할 수가 있겠는가.〔小人之學也 入乎耳 出乎口 口耳之間則四寸耳 曷足以美七尺之軀哉〕"라는 말에서 나온 것이다.

7 자운(子雲)과 요부(堯夫) : 자운은 한(漢)나라 양웅(揚雄)의 자(字)이고, 요부는 송(宋)나라 소옹(邵雍)의 자인데, 보통 당대(當代)에는 알아줄 사람이 없어서 후세에 제대로 평가해 줄 만한 식견이 높은 사람을 기다린다고 할 때 거론되는 인물들이다.

8 지혜로……일 : 《주역》 〈계사전 상(繫辭傳上)〉의 "지혜는 높이는 역할을 하고, 예법은 낮추는 역할을 하는데, 높이는 것은 하늘을 본받은 것이요, 낮추는 것은 땅을 본받은 것이다.〔知崇 禮卑 崇效天 卑法地〕"라는 말에서 나온 것이다.

年)에 이르러서는 함양(涵養)하는 공부가 완전해져서 정수(精粹)한 기운이 얼굴과 모습에 환히 드러났으니, 한번만 보면 공이 순명(純明)하고 독후(篤厚)한 군자라는 것을 알 수 있었다. 그런데 애석하게도 밝은 시대의 유일(遺逸)이 되는 일을 끝내 면하지 못한 결과, 임금과 백성을 요순(堯舜)의 시대로 인도하려는 뜻을 조금이라도 세상에 드러낼 수 없었으니, 천 년 뒤에 상론(尙論)하는 인사[9]가 나오면 이 점을 한스럽게 여길 것이 분명하다.

공의 아우 경주(敬周)는 자호(自號)를 청천(靑川)이라고 하였다. 문장에 뛰어난 재질을 보였는데, 불행하게도 싹을 틔우고는 꽃을 피우지 못하였다.[10] 여동생은 신씨(申氏)의 부(婦)로, 천성적으로 경(經)에 대한 식견이 탁월하여 성리(性理)와 인의(仁義)를 논한 것을 보면 또 고금(古今)의 규합(閨閤 부녀(婦女)) 중의 첫째가는 인물이었다. 한 시대의 청숙(淸淑)한 기운이 한집안에 이처럼 모였으니, 어떻게 해서 그토록 성대하고 기이한 현상을 보이게 되었단 말인가. 내가 공의 선고

9 상론(尙論)하는 인사 : 옛 시대로 올라가서 옛사람과 벗하며 평론하는 사람이라는 뜻이다. 《맹자》 〈만장 하(萬章下)〉의 "이 세상의 훌륭한 선비와 벗하는 것으로 충분하지 못하면 다시 옛 시대로 올라가서 옛사람을 논한다. 그의 시를 낭송하고 그의 글을 읽으면서도 그가 어떤 사람인지 모른대서야 말이 되겠는가. 그렇기 때문에 당시의 그의 삶을 논하게 되는 것이니, 이것이 바로 옛 시대로 올라가서 벗하는 것이다.〔以友天下之善士爲未足 又尙論古之人 讀其書誦其詩 不知其人可乎 是以論其世也 是尙友也〕"라는 말에서 나왔다.

10 싹을……못하였다 : 《논어》 〈자한(子罕)〉에 "싹을 틔우고는 꽃을 피우지 못하는 경우도 있고, 꽃은 피었건만 열매를 맺지 못하는 경우도 있다.〔苗而不秀者 有矣夫 秀而不實者 有矣夫〕"라는 공자의 말이 나온다. 이에 대해서 황간(皇侃)은 공자의 제자 안회(顔回)가 대성(大成)하지 못하고 일찍 죽은 것을 비유한 것이라고 하였다.

(先考)인 노은공(老隱公 임적(任適))의 유집(遺集)을 읽어 보건대, 그 문장(文章)과 재학(才學)이 짝을 찾기 어려울 정도였다. 지란(芝蘭)의 뿌리에서는 평범한 풀이 나지 않는 만큼 공의 형제가 있게 된 것이 당연하다는 사실을 나는 그때 비로소 알게 되었다.

공이 세상을 떠난 지 7년이 되는 해에 공의 막냇동생 정주(靖周)가 호중(湖中 충청도)의 작은 고을의 수령으로 있으면서 활자(活字)를 마련하여 네 사람의 유고(遺稿)[11]를 모두 간행하였으니, 이 또한 하나의 기이한 일이라고 하겠다. 그러고는 나에게 서문(序文)을 지어 달라고 부탁하기에, 내가 그 성의에 감격하는 한편 사문(斯文)이 자뢰(資賴)할 수 있게 된 것을 다행으로 여겨, 마침내 사양하지 않고 전말을 갖추어 서문을 짓게 되었다.

숭정(崇禎) 삼갑인(三甲寅)[12] 중구일(重九日)에 숭정대부(崇政大夫) 판돈녕부사(判敦寧府事) 연안(延安) 이민보(李敏輔)[13]는 삼가 적는다.

11 네 사람의 유고(遺稿) : 녹문의 부친인 임적(任適)의 《노은집(老隱集)》과 임경주의 《청천자고(青川子稿)》와 신씨(申氏)의 부(婦)인 누이의 《윤지당유고(允摯堂遺稿)》와 《녹문집》을 말한다.

12 숭정(崇禎) 삼갑인(三甲寅) : 숭정은 명나라의 마지막 황제인 의종(毅宗)의 연호로, 1628년(인조6)에서 1644년까지이다. 삼갑인은 그로부터 세 번째 갑인년이라는 말이니, 1794년(정조18)으로, 청나라 건륭황제(乾隆皇帝)인 고종(高宗) 59년에 해당한다. 청나라 연호를 쓰기 싫어서 이렇게 표현한 것이다.

13 이민보(李敏輔) : 1720~1799. 정조(正祖) 대의 문신이다. 자(字)는 백눌(伯訥), 호(號)는 상와(常窩)·풍서(豐墅), 시호(諡號)는 정효(貞孝)이다. 〈충역변(忠逆辯)〉·〈상와고(常窩稿)〉를 지었다.

범례
凡例

1. 경례(經禮)와 차록(箚錄)이 뒤섞여 나와서 소속됨이 없이 산만한 것과 내용이 잡다하여 별도로 편집할 수 없는 것들은 모두 모아 하나로 엮어서 산록(散錄)이라고 이름하였다.
2. 시문(詩文)은 선생에게는 여사(餘事)에 불과하였고 그 수도 많지 않기에 《정서(程書)》[1]의 예에 따라 문집의 말단에 편집하였다.
3. 다른 사람을 대신해서 지어 준 글들은 모두 생략하고 수록하지 않았다.
4. 당초의 주장을 만년(晩年)에 개정한 것과 삼읍(三邑)의 절목(節目)[2] 가운데 원편(原篇)에만 기록된 것과 지명 가운데 읍리(邑里)의 이름을 밝히지 않은 것들은 모두 간략하게 주(註)를 달아서 고열(考閱)에 편리하게 하였다.
5. 경의(經義)·어록(語錄)·강록(講錄)·강의(講義) 등 여러 편(編)은 한결같이 연월(年月)의 선후(先後)에 따라 차례로 배열함으로

1 정서(程書) : 송(宋)나라 정호(程顥)·정이(程頤) 형제의 문집인 《이정전서(二程全書)》를 송시열(宋時烈)이 분류하여 엮은 《정서분류(程書分類)》를 말한다. 30권 13책으로 되어 있다.

2 삼읍(三邑)의 절목(節目) : 삼읍은 임실(任實)과 양근(楊根)과 영천(榮川)을 말한다. 녹문은 1754년(영조30)에 임실 현감, 1771년에 양근 군수, 1773년에 영천 군수가 되었는데, 이 세 고을의 수령으로 있으면서 이례(吏隷), 사창(社倉), 양사(養士), 향약(鄕約), 고마(雇馬), 세운(稅運), 징부(徵賦) 등의 절목을 마련하여 시행하였다.

써, 독자가 한번 보면 어느 때의 글인지 바로 알 수 있게 하였다. 기타 연조(年條)를 찾을 수 있는 저술들도 각 편(編) 안에서 이 방식에 따라 시대 순으로 배열하였으며, 서독(書牘)의 경우 역시 각 사람들별로 이와 같이 연월의 순서대로 배열하였다.

6. 연보(年譜)는 미처 완성하지 못했기 때문에, 행장(行狀)을 문집 말미에 부록(附錄)으로 붙여서 보는 이들이 선생의 전말(顚末)을 알 수 있게 하였다.

녹문집

제1권

書서

도암[1] 이 선생에게 올리는 글

上陶庵李先生

이름은 재(縡)이다.

정미년(1727, 영조3) 12월 20일에 서하(西河 풍천(豐川))의 임성주(任聖周)는 삼가 목욕재계(沐浴齋戒)하고 글을 올리며 도암(陶庵) 노선생(老先生) 좌하(座下)에 재배(再拜)하는 예(禮)를 받아 주시기를 청합니다.

소생이 선생을 사모하며 뵙기를 원한 지가 오래되었습니다. 어려서 나름대로 사람들에게 듣건대, 모두 말하기를 "오늘날 문장이 뛰어나고 도덕이 높아서 한 세상의 종주(宗主)로 우러름을 받을 분은 오직 선생 한 사람이 있을 뿐이다."라고 하였습니다. 그런데 그때는 소생이 기운이 왕성하고 뜻이 아직 정해지지 않은 가운데 원하는 것은 단지 과거에 급제하는 것뿐이었습니다. 그래서 혼자서 가만히 생각하기를 '나는 지금 문장 실력이 뛰어나지 못한 것이 걱정이다. 만약 출세하여 높은 자리에 오르고 나서 선생의 도덕의 여파(餘波)에 적신다 하더라도 그 효과를 바로 기대할 수 있을 것이다.' 하였습니다.

1 도암(陶庵) : 이재(李縡, 1680~1746)의 호이다. 이재는 한천(寒泉)이라는 다른 호가 있다. 자는 희경(熙卿)이고, 시호는 문정(文正)이다. 농암(農巖) 김창협(金昌協)의 문인으로, 《율곡전서(栗谷全書)》를 산정하였고, 서화(書畫)에도 능하였다. 조선 후기 성리학(性理學)의 대가로, 인물성동론(人物性同論)을 주장한 낙학파(洛學派)의 이론을 뒷받침하였다. 녹문이 그를 스승으로 모시면서 학문 형성에 적지 않은 영향을 받았다. 저서에 《도암집(陶庵集)》이 있다.

그러다가 조금 장성하여 옛사람의 위기지학(爲己之學)[2]에 대해 대략 듣고서 과거 급제에 뜻을 두지 않게 되어서는 또 혼자서 가만히 마음속으로 생각하기를 '선생이 세상에 이름을 떨치게 된 것은 그 도덕 때문이요, 문장은 단지 그 영화(榮華)가 밖으로 드러난 것일 뿐이다. 그렇다면 사람이 학문을 함에 있어서도 당연히 그 근본이 되는 것을 알아야 할 것이다.' 하였습니다. 그러고는 예전에 생각했던 것은 선생을 사모하는 것이 되지 못한다는 사실을 비로소 깨닫게 되면서, 우러러 흠모하는 정성과 속수(束脩)[3]를 바치고 싶은 소원이 또 전일과는 비교할 수가 없게 되었습니다.

그리하여 매양 뜻을 떨치고 몸을 빼어 한번 문하에 나아가서 대군자(大君子)의 성대한 도덕과 빛나는 의표(儀表)를 우러러뵙고 평생의 소원을 푸는 것은 물론이요 직접 눈으로 확인하고서 감화를 받는 효과를 거두고 싶었습니다. 그런데 다만 나이가 어리고 자질이 비루한 까닭에 선생이 유액(誘掖)하는 수고를 욕되게 해 드릴까 걱정이 되기에, 예전처럼 미적거리며 주저하기만 할 뿐 지금까지 감히 실행에 옮기지 못하였습니다.

그러다가 얼마 전에 함경도에서 어버이를 따라 남쪽으로 돌아오고 나서, 선생의 덕업(德業)이 날이 갈수록 더욱 융성해지고 성명(聲名)이

2 위기지학(爲己之學) : 남이 알아주기를 바라면서 공부하는 위인지학(爲人之學)에 반대되는 말로, 오직 자신의 덕성을 닦기 위해서 공부하는 것을 말한다. 《논어》〈헌문(憲問)〉에 "옛날의 학자들은 자신을 위한 학문을 하였는데, 오늘날의 학자들은 남에게 보여 주기 위한 학문을 한다.〔古之學者爲己 今之學者爲人〕"라는 공자(孔子)의 말이 나온다.

3 속수(束脩) : 처음 스승을 뵐 적에 가지고 가는 포육(脯肉) 등의 예물을 말한다.

날이 갈수록 더욱 전파되는 것을 볼 수 있었습니다. 그리하여 일방(一邦)의 안에 살고 있는 자로서 배우고 싶어 하는 뜻이 있는 자들은 모두 발을 싸매고 양식을 싸 들고서 다투어 문하에 달려가고 있었습니다.

그렇다면 소생처럼 평소에 마음속으로 뵙고 싶어 하였고, 또 거하는 곳이 다행히 수십 리의 거리 안에 있는 자가, 어떻게 스스로 용렬하다고 비하하기만 할 뿐, 끝내 선생의 마당을 청소하는 일을 한 번도 해 보지 못한 채, 그저 〈책심(責沈)〉의 글만을 암송하면서[4] 취도(就道)[5]의 가르침을 저버릴 수가 있겠습니까.

대개 생각건대, 소생은 본디 자질이 편벽되고 잡스러운 데다가 또 물욕(物欲)에 휩쓸렸던 까닭에 일찍이 성리(聲利)에 물들기만 하였을

4 책심(責沈)의 글만을 암송하면서 : 남들은 모두 도암 이재(李縡)를 잘 아는데 자기만 모른다는 뜻의 자괴감(自愧感)을 표현한 말이다. 〈책심〉은 심저량(沈諸梁)을 나무란다는 뜻으로, 송(宋)나라 진관(陳瓘)이 자신의 과루(寡陋)함을 부끄러워하며 지은 글 이름이다. 그 내용은 대략 다음과 같다. "섭공(葉公) 심저량이 자로(子路)에게 공자에 대해서 물으니 자로가 대답하지 않았다. 섭공은 당대의 현자(賢者)인데, 노(魯)나라에 중니(仲尼)가 있다는 것을 알지 못했으니, 자로가 대답하지 않은 것도 당연한 일이다. 내가 29세 때에 범공 순부(范公醇夫)와 대화를 나누다가 백순(伯淳)을 일컫는 말을 듣고 백순이 누구냐고 물으니, 범공이 한참 동안 아무 말도 하지 않다가 '정백순(程伯淳)이 있다는 것도 알지 못하는가.'라고 하였다. 내가 부끄러워하면서 범공에게 사과하였다." 섭공의 물음에 자로가 대답하지 않은 것은 《논어》 〈술이(述而)〉에 나온다. 백순은 명도(明道) 선생 정호(程顥)의 자(字)이다.

5 취도(就道) : 도 있는 이에게 나아가서 질정(質正)하는 것을 말한다. 《논어》 〈학이(學而)〉에 "음식은 배부름을 구하지 않고, 거처는 편안함을 구하지 않으며, 일은 민첩하게 행하고 말은 신중히 하며, 도가 있는 이를 찾아가서 질정한다면, 배우기를 좋아한다고 이를 만하다.〔食無求飽 居無求安 敏於事而愼於言 就有道而正焉 可謂好學也已〕"라는 공자의 말이 나온다.

뿐 실지(實地)에는 뜻이 없이 17년의 세월을 허송하는 동안 본심(本心)을 거의 대부분 잃어버리고 말았습니다. 다행히 근년 이래로 하늘의 신령 덕분에 지난날의 잘못을 조금 깨닫고서 변화되는 공부를 해 보려고 나름대로 생각은 하고 있습니다마는, 통로가 없이 꽉 막혀서 혼자서는 뚫고 나갈 길이 없고, 경적(經籍)이 엄청나게 많아서 어디로 들어가야 할지도 모르는 형편입니다. 그러니 비록 성인의 위인유기(爲仁由己)[6]의 가르침을 믿고 동요함이 없이 굳게 서서 기필코 자기 스스로 얻는 점이 있도록 노력해야 한다고 하더라도, 맹자(孟子)가 많은 스승〔餘師〕이 있으리라고 한 말에 대해서는 왕왕 의심이 없을 수가 없었습니다.[7]

그래서 머리를 들고 먼저 깨달으신 분의 앞에 나아가 한번 호소하면서 평소에 의문을 가졌던 입도(入道)의 순서에 대해서 여쭈어 보고도 싶습니다마는, 소생이 워낙 비루하고 천박한 까닭에 선생의 가르침을 귀찮게 해 드리기에는 부족하다는 것을 절감하고 있습니다. 그런데

6 위인유기(爲仁由己) : 인을 행하는 것은 자기가 하기에 달려 있는 것이지 남의 힘을 빌릴 수는 없다는 말로, 《논어》〈안연(顏淵)〉의 "사욕을 이기고 예로 돌아가는 것이 인이다. 하루라도 사욕을 이기고서 예로 돌아가면 천하가 그 인을 허여할 것이다. 인을 행하는 것은 자기에게 달려 있다. 어찌 남을 통해서 하는 것이겠는가.〔克己復禮爲仁 一日克己復禮 天下歸仁焉 爲仁由己 而由人乎哉〕"라는 공자의 말에서 나온 것이다.

7 맹자(孟子)가……없었습니다 : 맹자는 선생을 찾아보면 많이 있을 것이라고 했지만, 녹문 자신이 볼 때에는 이 세상에 도암 이재(李縡) 외에는 스승다운 스승이 없다는 뜻으로 비유한 말이다. 《맹자》〈고자 하(告子下)〉에 "도는 대로와 같은 것이니, 어찌 알기 어렵겠는가. 사람들이 찾지 않는 것이 병일 뿐이다. 그대가 돌아가서 찾아본다면 많은 스승이 있을 것이다.〔夫道若大路然 豈難知哉 人病不求耳 子歸而求之 有餘師〕"라는 말이 나온다.

추기급인(推己及人)[8]의 정신을 발휘하여 중(中)으로 부중(不中)을 길러 주는 것[9]이야말로 가르치기를 게을리하지 않는 군자의 지의(至意)라고 할 것이니, 지금 선생께서도 필시 우하(愚下)라고 하여 물리치지 않고 무식하다고 하여 버리지 않으실 것이 분명합니다. 그리고 어리석은 소생의 말을 듣고 비천한 정상을 살피신다면 또 반드시 측은한 생각이 들어 그만두실 수가 없을 것입니다. 삼가 원하건대 선생께서는 앉아서 제자의 절을 받아 주시고 찾아온 뜻을 저버리지 말아 주소서. 그리하여 바른길로 이끌어 주시어 새사람으로 만들어 주시면 다행이겠습니다. 삼가 글을 장명자(將命者)[10]에게 먼저 바치고 문간 밖에 서서 진퇴(進退)의 처분을 기다리겠습니다.

8 추기급인(推己及人) : 내가 그 입장에 처했으면 과연 어떻게 했을까 하는 생각으로 남의 처지를 이해해 주려고 노력하는 것을 말한다.

9 중(中)으로……것 : 《맹자》 〈이루 하(離婁下)〉의 "중도를 행하는 사람은 그렇지 못한 사람을 길러 주고, 재주 있는 사람은 그렇지 못한 사람을 길러 주는 법이다. 그러므로 사람들은 어진 부형을 둔 것을 즐거워하는 것이다.〔中也養不中 才也養不才 故人樂有賢父兄也〕"라는 말을 발췌한 것이다.

10 장명자(將命者) : 명령을 받들어 전달하는 자라는 뜻으로, 상대방을 직접 언급하지 않고 아랫사람을 대신 거론하여 공경하는 의미로 쓴 표현이다.

도암 이 선생에게 올리는 글 경술년(1730, 영조6) 10월

上陶庵李先生 庚戌十月

주자(朱子)가 설하기를 "또 '출입(出入)'이라는 두 글자에는 선한 것이 있고 악한 것이 있으니 모두 놓아 버려 없어진 소치라고 말해서는 안 된다.〔兼出入兩字 有善有惡 不可皆謂舍亡所致〕"[11]라고 하였습니다. 예전에 내가 이 글을 볼 때에는 '출(出)'을 악(惡)에 소속시키고 '입(入)'을 선(善)에 소속시키고는 더 이상 그 사이에 의심을 두지 않았습니다. 그런데 뒤에 우옹(尤翁 송시열(宋時烈))의 설을 보건대, 그만 '출'과 '입'에 모두 선과 악이 있다고 하면서, '비벽(非辟)해지는 마음이 들어온다〔非辟之心入之〕'[12]는 말을 인용하여 '입'에도 악이 있다는 증거로 삼았습니다. 이에 비로소 내가 다시 더 추구(推究)해 보았으나, 감히 우옹의

11 또……된다 : 《회암집(晦菴集)》 권42 〈답석자중(答石子重)〉에 나온다. 석자중은 주자의 문인으로, 이름은 돈(𡼖)이고 호는 극재(克齋)이다. 《심경부주(心經附註)》 권3 우산지목장(牛山之木章)에도 소개되어 있다. 출입(出入)은 마음이 나가고 들어온다는 뜻으로, 《맹자》 〈고자 상(告子上)〉에 인용된 "붙잡으면 있다가도 놓아 버리면 없어지고, 출입이 일정한 때가 없이 어디로 가는지 종잡을 수가 없는 것, 이것이 바로 마음이라는 것이다.〔操則存 舍則亡 出入無時 莫知其鄕 惟心之謂與〕"라는 공자의 말에서 인용한 것이다.

12 비벽(非辟)해지는 마음이 들어온다 : 《예기(禮記)》 〈악기(樂記)〉에 "마음속이 잠시라도 화락(和樂)하지 않으면 비사(鄙詐)해지는 마음이 들어오고, 외모가 잠시라도 장경(莊敬)하지 않으면 이만(易慢)해지는 마음이 들어온다.〔心中斯須不和不樂 則鄙詐之心入之矣 外貌斯須不莊不敬 則易慢之心入之矣〕"라는 말이 나온다. 《예기》 〈옥조(玉藻)〉에도 "이 때문에 잘못되고 편벽된 마음이 어디에서도 들어올 수가 없다.〔是以非辟之心 無自入也〕"라는 말이 나온다.

설이 옳지 않다고 확신할 수는 없었습니다.

그런데 상고해 보건대, 정자(程子)가 이에 대해서 "마음이 어찌 출입하는 일이 있겠는가. 이는 또한 조사(操捨)[13]의 측면에서 그렇게 말한 것일 뿐이다.〔心豈有出入 亦以操捨言之耳〕"라고 하였습니다. 그 뜻은 아마도 마음의 본체(本體)야 당초 출입을 말할 것이 없겠지만, 맹자(孟子)가 운운하며 인용한 것은, 단지 보통 사람의 마음은 조사가 무상한 만큼 혹은 존(存)하고 혹은 망(亡)하는 현상이 있게 되는데 바로 이것을 두고 혹은 출하고 혹은 입한다고 말한 것이라고 하였을 것입니다.

그리고 정자가 범녀(范女)를 논한 설을 보면 또 "이 여자가 맹자는 몰랐으나 마음은 제대로 알았다.〔此女雖不識孟子 却能識心〕"라고 하였습니다.[14] 여기에서 맹자를 몰랐다고 한 것은 맹자가 조사의 측면에서 그렇게 말한 것임을 몰랐다는 말일 것이고, 마음을 제대로 알았다고 한 것은 마음의 본체는 출입이 없음을 제대로 알았다는 말일 것입니다. 주자도 이에 대해서 말하기를 "이 여자는 마음이 실제로 어수선하지 않았을 것이다. 그래서 출입이 없다고 말한 것이다. 사람들의 마음에 출입이 있는 것을 알지 못하는 것은 병이 없는 자가 병에 걸려 신음하는 사람의 사정을 알지 못하는 것과 같다.〔此女當是實不勞擾 故云無出入

13 조사(操捨) : 붙잡으면 있게 되고 놓아 버리면 없어진다는 '조즉존 사즉망(操則存舍則亡)'의 준말이다. 사(捨)는 사(舍)와 통한다.

14 정자가……하였습니다 : 범녀(范女)는 송(宋)나라 범순부(范純夫)의 딸을 말한다. 그녀가 《맹자》에 나오는 "조즉존……(操則存……)"이라는 글을 읽고서 말하기를 "맹자는 마음을 몰랐다. 마음이 어찌 출입이 있는 것이겠는가.〔孟子不識心 心豈有出入〕"라고 하였는데, 정이천(程伊川)이 그 말을 듣고서 이렇게 평한 말이 《심경부주》 권3 우산지목장(牛山之木章)에 나온다. 출입과 관련하여 녹문이 인용한 주자와 정자의 말은 모두 《심경부주》 권3 우산지목장에 수록되어 있다.

而不知人有出入 猶無病者不知人之疾痛也〕"라고 하였습니다. 여기에서 출입이 없다고 말한 것은 그 마음이 항상 나의 내면에 들어 있어서 치달리거나 휘날리는 걱정이 없다는 말일 것이고, 사람들의 마음에 출입이 있다고 한 것은 타인의 마음은 이 여자와 같지 않아서 사망(舍亡)[15]이 없을 수 없다는 말일 것입니다.

이 몇 가지 조목에 근거해 본다면, 주자가 출(出)과 입(入)을 존(存)과 망(亡)으로 간주한 것이 의심할 여지가 없이 분명하다고 할 것입니다. 그렇다면 그가 "선한 것이 있고 악한 것이 있다.〔有善有惡〕"라고 말한 것도 어찌 유독 이것과 다르다고 하겠습니까.

이에 대해서 내가 나름대로 추리해 보건대, 자중(子重)이 '출입이 일정한 때가 없이 어디로 가는지 종잡을 수가 없는 것〔出入無時 莫知其鄕〕'은 모두 사망의 소치라고 오해하였기 때문에, 주 선생이 이를 해설하면서 "'출입'이라는 두 글자를 보면 하나는 악한 것이 되고 하나는 선한 것이 된다."라고 말해 주었을 것입니다. 여기에서 악한 것이란 물론 사망을 가리키는 것이겠습니다만, 선한 것까지 어떻게 모두 사망으로 귀결시킬 수가 있겠습니까. 이것은 그 어의(語意)를 보면 또한 명백한 것 같습니다. 지금 만약 출(出)에도 선과 악이 있고, 입(入)에도 선과 악이 있다고 한다면, 정자의 설에 합치되지 않을 뿐만 아니라, '출입'이라고 말한 두 개의 글자도 귀착(歸着)될 곳이 없어질 듯싶습니다.

지난번에 하교(下敎)를 받들고 살펴보니, 그 내용이 또한 우옹(尤翁)의 설을 위주로 한 것이었는데, 물러나서 아무리 생각해 보아도 끝내 납득할 수가 없었습니다.-하교에 "주자가 만약 선과 악을 출과 입에 나누어

15 사망(舍亡) : 사즉망(舍則亡)을 말한다.

소속시켰다면, 반드시 '혹은 선하고 혹은 악하다.〔或善或惡〕'라고 말했을 것이요 '선한 것이 있고 악한 것이 있다.〔有善有惡〕'라고 말하지는 않았을 것이다."라고 하였다. 이것도 물론 타당한 말이지만, 선배의 문자에도 조금 소홀한 대목이 없을 수는 없는 일이요, 또 '혹(或)' 대신에 '유(有)'라는 표현을 썼다고 하더라도 뜻이 이루어지지 않는 것은 아니다. 그러니 이것으로는 단안(斷案)을 삼기에 부족할 듯싶다.- 그래서 감히 사연을 갖추어 품달(稟達)하게 되었으니, 삼가 바라건대 통렬히 변석(辨析)하여 가르쳐 주십시오.

글을 일단 작성했으나 인편이 없어서 보내지 못하고 있던 차에 다시 주자(朱子)가 유성지(游誠之)에게 준 글을 얻어서 보니, 거기에 "출이라는 것은 놓아 버려서 없어진 것이고, 입이라는 것은 붙잡아서 있게 되는 것이다.……〔出者亡也 入者存也……〕"라는 말이 있었다. 대개 주 선생이 동시에 자중(子重), 하숙경(何叔京), 여자약(呂子約), 유성지 등 4인에게 답하였는데, 유성지에게 답한 것이 이와 같고 보면, 자중에게 답한 그 뜻이 어찌 유독 다르다고 하겠는가. 그러고 보면 우옹의 설은 굳이 논변을 하지 않아도 옳지 않다는 것을 알 수 있다.-주자가 어떤 사람에게 준 글 중에 또 "유성지에게 답한 것이 가장 명백하다."라는 말이 있다.-

공야장 피혐(公冶長避嫌)에 대한 설은 물론 정자(程子)가 배척한 그대로입니다[16]만, 여기에 하나의 설을 덧붙일 수 있을 것입니다. 만약

16 공야장 피혐(公冶長避嫌)에……그대로입니다 : 공자가 제자 공야장(公冶長)에게는 자기의 딸을 시집보내고, 제자 남용(南容)에게는 형의 딸을 시집보냈는데, 이에 대해서 어떤 사람이 공야장의 사람됨이 남용보다 못했으므로 공자가 그렇게 한 것이니,

그 딸들은 인품의 현부(賢否)와 나이의 장유(長幼)가 똑같고, 사위가 될 자는 우열(優劣)이 있어서 예컨대 공야장과 남용(南容) 혹은 범문정(范文正 송(宋)나라 범중엄(范仲淹))이 논한 장(張)과 부(富)와 같은 종류의 사람[17]일 경우에는, 응당 형을 우선하고 자기는 뒤로 미뤄야 할 듯싶습니다. 다만 형을 우선하는 것이 피혐하는 마음에서 나온 것이라면 안 될 것입니다. 만약 그 마음이 순수해서 단지 형이 자기보다 중하다는 것만을 알고서 하는 일이라면, 무슨 상관이 있겠습니까.-이 경우도 딸들의 현부가 똑같아야만 이렇게 할 수 있는 것이다. 만약 자기의 딸이 형의 딸보다 훌륭하다면 오직 그 재능을 헤아려서 짝을 구해야 할 것이다.-

이는 형에게 후하게 하고 자기에게는 박하게 한 것이라는 피혐의 설을 주장하였다. 이 주장에 대해 정자가, 성인은 본래 지극히 공정하니 어찌 혐의를 피할 일이 있겠느냐면서 이는 자신의 사심(私心)을 가지고 성인의 마음을 엿본 것이라고 배척하였다. 이 내용은 《논어집주(論語集註)》 〈공야장(公冶長)〉 첫머리의 본문과 주석에 나온다.

17 장(張)과……사람 : 재덕(才德)이 남보다 훨씬 뛰어난 인물을 말한다. 부(富)는 부필(富弼)을 가리킨다. 《송사(宋史)》 권313 〈부필열전(富弼列傳)〉에 "범중엄이 부필을 보고 기특하게 여겨 '왕을 보좌할 인재이다.'라고 하고는, 부필의 글을 왕증과 안수에게 보여 주니, 안수가 그의 딸을 부필에게 시집보냈다.〔范仲淹見而奇之 曰王佐才也 以其文示王曾晏殊 殊妻以女〕"라는 말이 나온다. 장(張)에 대한 고사는 미상이다.

도암 이 선생에게 올리는 글 정사년(1737, 영조13) 3월
上陶庵李先生 丁巳三月

윤장(尹丈)에게 답하신 글을 보건대, 상하(上下)의 어의(語意)가 정절(精切)하여 완전히 갖추어진 만큼 더 이상 의심할 것이 없습니다만, 중간에 '전적으로 기만을 가리켜 말한다면……〔單指氣……〕'이라는 한 조목은 끝내 타당하지 못하다는 느낌이 듭니다.[18]

대저 마음〔心〕과 기질(氣質)은 본디 똑같이 기(氣)입니다. 다만 기질은 일신(一身)의 혈기(血氣)와 사재(査滓)를 통틀어 말하는 것인데 비해, 마음은 바로 기의 정영(精英)인 것이 다를 뿐입니다.

마음의 소소영령(昭昭靈靈)한 체(體)는 요순(堯舜)으로부터 일반인에 이르기까지 동일한데, 다만 기질에 엄폐된 까닭에 때때로 어두워질 뿐입니다. 그렇기 때문에 기질까지 아울러 말해서 이 마음을 일반적으로 논한다면, 성인(聖人)부터 하우(下愚)에 이르기까지 참으로 천차만별이라 할 것이니 '같지 않을 가능성〔容有不齊〕'이 있을 뿐만이 아니라고 하겠습니다. 다만, 허령(虛靈)한 마음을 곧바로 가리켜서 본체(本體)를 끝까지 궁구한다면, 성인과 중인(衆人)이 처음부터 털끝만큼도 차이가 있지 않으니 '같지 않다〔不齊〕'라고 하는 말을 쓸 수 없을 것입니다.

그리고 심(心)과 성(性)은 빈틈없이 혼합되어 있으므로〔混合無間〕,

18 윤장(尹丈)에게……듭니다 : 윤장은 윤중삼(尹重三)을 가리킨다. 《녹문집》 제4권 〈윤중삼에게 답하는 글〔答尹重三〕〉에 이에 대한 내용이 언급되어 있다.

심을 말하면 성이 그 안에 있고, 성을 말하면 심이 그 안에 있으니, 참으로 이치상 떨어질 수가 없습니다. 그러나 그 혼합된 중에서도 분별해 낼 수가 있는데, 그럴 경우에 심 자체는 기(氣)이고 성 자체는 이(理)이니, 그 분별은 또 문란하게 할 수가 없습니다. 그래서 주자(朱子)가 말하기를 "하나를 말하기만 하면 다른 하나가 곧바로 따라온다.〔纔說一箇 一箇便隨〕"라고 하면서도, 다시 말하기를 "심은 이에 비해서는 약간 자취가 있고, 기에 비해서는 자연히 또 신령스럽다.〔心比理微有迹 比氣則自然又靈〕"[19]라고 하였으니, 이를 통해서 그 뜻을 알 수가 있습니다.

그렇기 때문에 일심(一心)의 전덕(全德)을 말하려면 본디 성(性)과 정(情)을 아울러 거론해야 마땅하니, 이는 심의 내용을 포괄해야 하기 때문이요, 허령(虛靈)한 본체(本體)를 논하려면 단지 기(氣)에 나아가서 그 본래의 밝음〔本明〕을 밝히는 것이 옳지 꼭 성(性)의 힘을 의지할 것은 없으니, 이는 분별되는 그 속성을 구별해야 하기 때문입니다. 대개 심이 허령한 것은 단지 기(氣)의 작용일 뿐이요, 당초 성(性)과는 상관이 없는데, 바로 이 허령한 것이 곧 이 마음의 본체인 것입니다.

그런데 지금 상문(上文)에서는 말씀하기를 "심은 본디 기이지만 반드시 성과 기를 합쳐서 말해야만 그 뜻이 갖추어진다.〔心固氣也 而必合性與氣言之 其義乃備〕" 하고는, 그 뒤에 이어서 말씀하기를 "전적으로 기만을 가리켜 말한다면 성인과 중인의 마음은 같지 않을 가능성이 있다.〔單指氣而言 則聖人衆人之心 容有不齊〕" 하였습니다. 그 뜻을 살

19 심은……신령스럽다 : 《주자어류(朱子語類)》 권5에 나오는데, '理'가 '性'으로 되어 있다.

펴보건대, 이 마음의 본체는 반드시 성(性)과 허령(虛靈)을 합친 뒤에야 비로소 그 뜻을 극진히 할 수 있는 것이요, 전적으로 허령에 대해서만 이야기한다면 곧 같지 않은 점이 있다고 말씀하시는 것처럼 들립니다. 이렇게 되면 윤장(尹丈)의 설과 특별히 다를 것이 별로 없다고 여깁니다. 삼가 추측건대, 선생의 본의(本意)는 필시 이와 같지 않을 텐데, 문자를 구사하는 사이에 혹 제대로 살피지 못한 점이 있지 않나 여기기도 합니다.

대개 '전적으로 기만을 말한다〔單言氣〕'고 할 때의 '기(氣)' 자는 바로 상문(上文)의 "심은 본디 기이다.〔心固氣〕"라고 한 '기' 자이기 때문에, 어의(語意)의 귀취(歸趣)를 논하면 그렇게 되지 않을 수가 없습니다. 모르겠습니다만, 선생은 이 점에 대해서 어떻게 생각하십니까? 아니면 선생의 본의는 따로 두신 곳이 있는데, 어리석은 제가 깨닫지 못하는 것입니까? 변론하여 해명하는 가르침을 내려 주시기를 청합니다.

도암 이 선생에게 올리는 글 을축년(1745, 영조21) 가을

上陶庵李先生 乙丑秋

우리 집안은 고조(高祖)의 종통(宗統)을 잇고 있는데 후사(後嗣)가 없습니다. 지금 종형(宗兄)의 삼년상(三年喪)이 이미 지났으니, 고조의 신주(神主)를 최장방(最長房)으로 옮겨 모셔야 마땅한데, 종가(宗家)의 후사를 아직 세우지 못했기 때문에 합제(合祭)를 주재할 주인(主人)이 없습니다. 만약 조금 늦더라도 후사를 세울 때까지 기다렸다가 예에 맞게 합제를 올린 뒤에 옮겨 모시기로 한다면, 언제쯤에나 후사를 세우게 될지 알 수 없는 상황에서 한때의 제사를 폐하게 되는 것이 안타깝습니다. 반면에 합제를 기다리지 않고 먼저 옮겨 모시는 일을 행하려고 한다면, 이번에는 또 근거할 만한 전례(典禮)를 찾을 수가 없습니다. 모르겠습니다만, 어떻게 하면 인정에도 걸맞고 예법에도 어긋나지 않게 할 수 있겠습니까?

혹자는 말하기를 "이 일이 이미 변례(變禮)에 관계되는 이상, 상례(常例)로 처리할 수는 없는 일이다. 장방(長房)에 옮겨 모실 분에게 '종가에 후사가 끊어져 합제를 올릴 기약이 없으니 무작정 기다릴 수는 없다.'라는 내용으로 말을 만들어 고하고 나서 옮겨 모시는 일을 행한다면 크게 해롭지는 않을 듯하다."라고 하였습니다. 이 주장도 일리가 있는 듯합니다만, 주인도 없이 무턱대고 옮겨 모시는 일을 행한다는 것이 종내 미안한 느낌이 듭니다. 모르겠습니다만, 어떻게 하는 것이 좋겠습니까?

섬촌[20] 민장에게 보내는 글 경신년(1740, 영조16) 윤6월

與蟾村閔丈 庚申閏六月

이름은 우수(遇洙)이다.

주 선생(朱先生)이 조 청헌(趙淸獻)의 사실(事實)에 대해서 발문(跋文)을 써 준 한 편의 글[21]은 매우 의아하게 여길 만합니다. 왜냐하면 조(趙)는 바로 조정지(趙挺之)이기 때문입니다. 조정지는 당초 채경(蔡京)[22]을 통해서 출세한 사람입니다. 그래서 진후산(陳后山)[23]이 조정지의 갖옷을 입지 않은 하나의 일을 주 선생이 일찍이 일컬으면서 지극히 기분 좋은 일이라고 하였으니, 조정지가 어떤 사람인지 알 수가 있습니다. 그런데 지금 그를 위해 글을 지어 주면서 심술의 바름〔心術之正〕을 허여하는가 하면 오패(五霸)의 공에 견주기까지 하였으니 정

20 섬촌(蟾村) : 영조 대의 문신인 민우수(閔遇洙, 1694~1756)의 호이다. 민우수는, 자는 사원(士元)이고 정암(貞菴)이라는 다른 호가 있으며, 시호는 문간(文簡)이다. 김창협(金昌協)·권상하(權尙夏)의 문인으로, 신임사화(辛壬士禍) 이후 초야에서 학문에 전념하다가, 영조 대에 등용되어 벼슬이 대사헌(大司憲)에 이르렀다. 저서에 《정암집(貞菴集)》이 있다.

21 주 선생(朱先生)이……글 : 《회암집(晦菴集)》 권83에 〈제조청헌사실후(題趙淸獻事實後)〉라는 제목으로 수록되어 있다.

22 채경(蔡京) : 휘종(徽宗) 숭녕(崇寧) 원년(1102)에 재상이 된 뒤 사마광(司馬光)·문언박(文彦博)·소식(蘇軾)·정이(程頤) 등 120인을 간당(奸黨)으로 지목하여 이른바 원우간당비(元祐奸黨碑)를 세우고, 다시 사마광 이하 309인을 기록하여 원우당적비(元祐黨籍碑)를 세운 뒤 천하에 반포한 사람이다. 《宋史 卷472 姦臣列傳2 蔡京》

23 진후산(陳后山) : 후산은 송(宋)나라 진사도(陳師道, 1052~1101)의 호이다.

말로 감히 알 수 없는 점이 있습니다. 심지어는 증포(曾布)와 장상영(張商英)의 무리까지도 함께 거론하면서 일컬었으니, 이는 더더욱 타당하지 못한 일인 듯싶습니다. 모르겠습니다만 이에 대해서 어떻게 생각하십니까? 아니면 혹 그 사이에 온축(蘊蓄)된 정의(精義)가 별도로 있는 것입니까?

주자(朱子)의 《어류(語類)》에 "말라 죽은 초목에 대해서 생의가 없다고 말하는 것은 괜찮지만, 생리가 없다고 말하는 것은 안 된다.〔枯槁之物 謂之無生意則可 謂之無生理則不可〕"라고 하였는데, 이에 대해서 우옹(尤翁 송시열(宋時烈))이 논하여 말하기를 "이 글은 서자융(徐子融)에게 답한 글과 다르게 되어 있다. 회토(灰土)에 회토의 성(性)이 있다고 말하는 것은 괜찮지만, 회토에 생리(生理)가 있다고 말하는 것은 안 된다. 왜냐하면 회토에 생리가 없는 것이 바로 회토의 성이기 때문이다. 어쩌면 《어류》의 생(生)이라는 글자는 연문(衍文)이 아닐까 한다.……" 하였습니다. 우옹의 이 주장에 대해서, 모르겠습니다만 어떻게 생각하십니까?

섬촌 민장에게 답하는 글 8월

答蟾村閔丈 八月

조정지(趙挺之)의 한 조목에 대해 반복하여 상세히 깨우쳐 주신 것이 처음부터 끝까지 모두 극진합니다. 논리가 준엄하고 의리가 정대하여 통쾌하고 명백하니 마음속에 보존한 것이 얼마나 바르고 마음으로 기르는 것이 얼마나 깊은지 우러러 엿볼 수 있는 점이 있습니다. 받들어 읽고 나서 흠모하며 감탄하는 마음을 금하지 못하였습니다.

전서(前書)에서 내가 '심술지정(心術之正)'이라고 쓴 네 글자는 잘못 기록한 것입니다. 이는 대개 그 본문(本文)에 '사정(邪正)'이라는 두 글자가 있었기 때문에 문득 심술까지도 아울러 허여한 것으로 오인하고는, 글을 작성할 때 다시 조사하여 검토해 보지도 않고서 잘못 기록하는 일을 면하지 못한 것인데, 지금 지적을 받고서야 비로소 잘못된 것을 깨달았으니 부끄럽기 그지없습니다. 다만 그 본문에서 "그의 평생을 상고해 보면 질후 청약한 점에서 남보다 뛰어난 점이 있었다. 그러니 필시 채경(蔡京)의 음치 도유하는 일을 위해서 상의 마음을 고혹(蠱惑)시켜 잘못된 지경으로 빠뜨리려고 하지는 않았을 것이다.〔考之平生質厚淸約有過人者 必不肯爲淫侈導諛 以蠱上心而納之有過之地〕"[24]라고 말한 것을 보면, 주자가 끝내 조정지의 언의(言議)의 득실(得失)만을 가리켜 말한 것 같지는 않은데, 모르겠습니다만 이 점에 대해서는 어떻

24 그의……것이다 : 《회암집》 권83 〈제조청헌사실후(題趙淸獻事實後)〉에는 '不肯爲'와 '淫侈' 사이에 '蔡京之'라는 세 글자가 들어 있다.

게 생각하십니까?

그리고 조정지(趙挺之)와 증포(曾布)의 무리가 장돈(章惇)과 채경(蔡京)과는 다르다고 할지라도, 대체(大體)를 보면 끝내는 사당(邪黨)이요 결국은 소인(小人)으로, 단지 장돈이나 채경에 비해 약간 차이가 있다는 정도일 뿐입니다. 이는 바로 오늘날의 시배(時輩)가 사당 쪽에서 나왔으면서도 그 언의(言議)가 조금 온건한 자들이 과격한 자들을 상대로 자기들끼리 알력을 빚는가 하면 또 사류(士類)에 빌붙어서 자기를 도와주기를 기대하는 것과 같다고 할 것입니다.-조정지의 경우는 획책(畫策)한 것이 그래도 적다고 하겠지만, 증포의 경우는 그 시종(始終)과 본말(本末)에 있어서 지론(持論)과 행사(行事)한 것이 완연히 오늘날의 대신(大臣)과 같다.- 이와 같은 사람을 어떻게 과격파와 다르다고 해서 가볍게 허여하며 치켜세워 줄 수가 있겠습니까. 그러고 보면 주 선생이 그를 위해 발문(跋文)을 지어서 일컬어 준 것은 여전히 의아하게 여기는 일이라고 할 것입니다. 이런 점은 말씀해 주신 내용과 같이 그저 거론하지 말고 넘어가는 것이 마땅한지도 모르겠습니다.

한편 발문(跋文)에서 인용한《춘추(春秋)》의 의리에 입각해서 말한다 하더라도 하나의 주장을 펼 수 있으니, 그것은 대개 군자(君子)의 지론(持論)을 일괄적으로 정례화(定例化)할 수는 없다고 하는 점입니다. 말하자면 외부에서 만나는 상황에 완급(緩急)과 심천(深淺)의 같지 않은 점이 있는 데 따라, 언어로 발하는 것에도 혹 억양(抑揚)과 여탈(與奪)의 차이가 없을 수 없는 점이 있다고 하는 것입니다. 가령 춘추(春秋) 시대에 제 환공(齊桓公)과 진 문공(晉文公)이 오로지 공리(功利)를 숭상하면서 인의(仁義)를 막았는데, 당시에 주(周)나라 문왕(文王)과 무왕(武王) 같은 제왕이 위에 있어서 왕도정치(王道政治)가 크게 행해졌더라면, 그들을 배척하고 퇴출시켰을 것입니다. 그러니 그들에게 무슨 공이 있다고 일컬을 수가 있겠습니까. 다만 그때는 주나라 왕실(王室)이 쇠미(衰微)하여 이적(夷狄)이 침릉(侵陵)하는 상황이라서 온 천하가 장차 오랑캐의 옷을 입고 오랑캐의 말을 하는 운명을 면하지 못할 지경에 처해 있었습니다. 그런데 저 몇 명의 임금이 그야말로 존주양이(尊周攘夷)의 명분을 제대로 내세움으로써 버텨 낼 수 있게 하였으니, 이것이 바로 공 부자(孔夫子)가 그들의 죄를 묵인하고 그들의 공을 일컬은 이유라고 하겠습니다.

증포와 조정지의 무리는 당류(黨類)가 바르지 못하고 대본(大本)이 이미 잘못되었으니, 가령 군자가 뜻을 얻어서 정론(正論)이 바야흐로 펼쳐지는 때였다면, 그지없이 혐오하고 드러나게 배척하여 그들이 나라를 병들게 하지 못하게 했어야 마땅할 것입니다. 다만 그 정선(政宣)[25]의 즈음으로 말하면, 간흉(奸凶)이 권세를 독점하여 현인에게 해독을 끼치고 백성을 상하게 하는 등 못하는 짓이 없었습니다. 그런데 저 몇 사람을 보면 언의(言議)와 행사(行事) 사이에 그래도 취할 만한 점이 없지 않았고, 또 간흉과 같이 심한 정도에 이르지는 않았고 보면, 그들을 추억하면서 일컫지 않을 수 없었을 것이니, 이것도 대개는 인정(人情)으로 볼 때 필연적인 일이라고 할 것입니다. 보내신 글에서 장돈과 채경의 악행을 심하게 여겼기 때문에 그렇게 한 것이니, 당초 천토(天討)의 의리와는 관계가 없다고 말씀하신 것이야말로 간결하면서도 명쾌한 언급이라고 말할 만합니다.

25 정선(政宣) : 송(宋)나라 휘종(徽宗)의 연호인 정화(政和)와 선화(宣和)의 병칭이다. 정화는 1111~1117년이고, 선화는 1119~1125년이다.

이를 가지고 유추해 보건대, 비록 오늘날의 시배(時輩)라 할지라도, 뒷날 혹시 불행하게도 다시금 신임사화(辛壬士禍)[26]와 같은 일을 당했을 경우에는, 오늘날을 추억하며 바라볼 적에 그래도 대개는 안정된 세계였다고 간주해서 안 될 것이 없을 것입니다. 그렇다면 비록 분개한 나머지 혹 옛날을 생각하며 그리워하는 말을 한다고 할지라도, 사인(邪人)을 배척하고 죄악을 성토하는 의리와는 본디 서로 어긋나지 않는다고 할 것입니다.

이렇게 말한다면, 주 선생의 이 일은 대개 시대를 걱정하며 분개하는 뜻에서 나왔다고 할 것이요, 글을 지을 때에도 한 글자 한 구절마다 짐작해서 표현한 것이 또 보내신 내용과 같다고 볼 수도 있을 것입니다. 그렇다면 의아하게 여길 것이 뭐가 있다고 하겠습니까. 그리고 특히 이 발문(跋文)을 지은 것이 그 자손들의 요청에 따른 것이라고 한다면, 공척(攻斥)하는 뜻을 언급하지 않은 것 역시 형세상 당연한 일이니, 이 점에 대해서는 독자들이 마음속으로 이해해야 할 것입니다.-"오패……(五霸……)"라고 한 것도 그렇게 말한 대체적인 뜻을 보아야 할 것이니, 진정으로 증포(曾布)와 조정지(趙挺之)를 제 환공(齊桓公)과 진 문공(晉文公)에 견준 것은 아니다.- 이와 같이 설명한다면 조금 통할 것 같기도 한데, 모르겠습니다만 어떻게 생각하십니까?

그러나 이를 그대로 수용(收用)하느냐의 여부는 이것과는 또 다른

26 신임사화(辛壬士禍) : 신축년(1721, 경종1)과 임인년(1722)에 걸쳐 일어난 사화이다. 왕위 계승 문제를 둘러싼 당파 싸움에서 소론(少論)이 집권층인 노론(老論)을 몰아내고 실권을 장악하였다. 이 사화로 인해 김창집(金昌集) 등 노론 사대신(老論四大臣)이 역모(逆謀)의 무고를 받고 극형에 처해졌으며 많은 노론의 인사들이 사사(賜死)되거나 유배되었다.

문제이니, 이것을 정례(定例)로 삼아서 마침내 수용해야 한다고 말해서는 안 될 것입니다. 왜냐하면 주 선생이 음양(陰陽)과 흑백(黑白)을 변론함에 있어서는 지극히 엄정하기 때문입니다. 선생이 유 승상(留丞相)에게 준 글[27] 네 편을 보면 더욱 통쾌하고 명백하여 털끝만큼도 머뭇거리거나 조정(調停)하려는 태도를 보인 것이 없으니, 그야말로 만세토록 군상(君相)의 밝은 거울이 된다고 할 것입니다. 하지만 시대가 워낙 멀고 사적(事蹟)이 많이 묻혔으니, 명백하게 사실을 조사해 밝혀내지 않으면, 소위 충현(忠賢)인 자가 누구이고 간사(奸邪)한 자가 누구이며, 소위 군자(君子)인 자가 누구이고 소인(小人)인 자가 누구인지 장차 알지 못하게 된 나머지, 제멋대로 의논하는 자가 사람들을 현혹시키게 될 것입니다.

그런데 남계(南溪 박세채(朴世采))는 일찍이 말하기를 "주자는 사당(邪黨)의 편에 속한 사람이라도 정인(正人)은 칭찬하였고, 정당(正黨)의 편에 속한 사람이라도 사인(邪人)은 배척하였다."라고 하면서, 이 말을 가지고 주자의 논의에 합치된다고 하였습니다. 이는 대개 주 선생이 말한 충(忠)과 사(邪), 군자와 소인은 각각 개인을 보고서 말한 것이지 하나의 당 전체를 들어서 덮어씌운 것은 아니라고 남계가 생각했기 때문입니다.

남계는 또 말하기를 "옛날의 붕당으로 말하면 소위 소인이라는 자들

27 유 승상(留丞相)에게 준 글 : 주희(朱熹)가 사대부의 붕당(朋黨)을 걱정한 승상 유정(留正)에게 보낸 글을 말하는데, 군자의 당(黨)을 적극적으로 옹호하는 내용을 담고 있다. 《회암집(晦菴集)》 권28에 〈여유승상서(與留丞相書)〉라는 제목으로 실려 있다.

은 공현(恭顯)[28]이나 우리(牛李)[29]와 같은 부류에 불과해서, 단지 한 사람이 한 시대를 해롭게 할 따름이었으니, 이들만 제거하면 나라가 편안하였으므로 그다지 힘들일 것이 없었다. 그런데 지금은 그렇지 않아서 백 년이 안 되어 그 뿌리가 이미 공고해졌다. 그리하여 자손으로 말하면 증손과 현손에 이르고, 당류(黨類)로 말하면 족린(族隣)에 이르고, 인수(人數)로 말하면 한 나라의 거의 반절을 차지하고, 현부(賢否)로 말하면 모두 문학과 재능을 지녀서 한 시대의 쓰임이 될 만한 사람들이니, 만약 사(邪)로 지목한다면 장차 하나의 당에 속한 사람 전체를 써서는 안 될 것이요, 정(正)으로 지목한다면 장차 하나의 당에 속한 사람 전체를 모조리 써야 할 것이다." 하였습니다.-여기까지가 남계의 말이다.- 이는 대개 오늘날의 붕당은 송나라 때의 붕당과 차이가 있는 만큼 주 선생의 말을 취하여 증거로 삼을 수는 없다고 남계가 생각했기 때문입니다.

남계의 이 두 발언에 대해서 만약 사실에 근거하여 분명히 변론하지 않는다면, 주 선생이 눈을 크게 뜨고 떨쳐 일어나 한 세상을 깨우친 그 고심(苦心)과 혈성(血誠)이 장차 애매모호하게 밝혀지지 않은 채 쓸모없는 것이 되고 말 것입니다. 대개 송나라 때에 희풍(熙豐)과 원우(元祐) 양당(兩黨)[30]이야말로 시비(是非)의 대단(大端)으로, 장강(長

28 공현(恭顯) : 한 원제(漢元帝) 때 총애를 받은 환관 홍공(弘恭)과 석현(石顯)의 합칭인데, 그들이 참소하여 대신을 해치고 정권을 장악하였으므로, 흔히 권세 부리는 환관을 의미하는 말로 쓰인다.

29 우리(牛李) : 당 문종(唐文宗) 때에 일어난 우승유(牛僧孺)·이종민(李宗閔)의 당파와 이길보(李吉甫)·이덕유(李德裕) 부자의 당파를 가리킨다.

30 희풍(熙豐)과 원우(元祐) 양당(兩黨) : 희풍은 신종(神宗)의 연호인 희령(熙寧)

江)을 건너 남쪽으로 옮겨 갈 때까지도 여전히 종식되지 않았는데, 발문의 이른 바 "나뉘어 두 개의 길이 되었다.〔分爲兩途〕"라는 말을 보더라도 결코 같을 수 없다는 사실을 또한 알 수가 있습니다. 이 때문에 선생의 논을 보면 매양 이것을 가지고 사정(邪正)의 철안(鐵案)으로 삼고서, 이쪽에 속하면 부지(扶持)하며 진출시키고 저쪽에 속하면 억누르며 퇴출시키곤 하였는데, 문자 사이에 보이는 이러한 내용을 거론하자면 이루 헤아릴 수가 없을 정도입니다.

《어류(語類)》에 말하기를 "고종(高宗)이 처음 즉위했을 때에는 원우(元祐)와 희풍(熙豐)의 당을 변별할 줄을 아직 알지 못하였다. 그러다가 조 승상(趙丞相)이 자리에 거하게 되면서 비로소 조금씩 변별하게 되었는데, 여기에는 또한 맹 황후(孟皇后)가 안에 거하면서 적극적으로 고종을 설득하여 이해시킨 힘도 작용하였다. 그리고 고종도 소식(蘇軾)과 황정견(黃庭堅)의 문자를 보기를 좋아하였으므로 하루아침에 깨닫고서 스스로 싫어하게 되었으므로, 군자와 소인의 당이 비로소 환히 드러나게 되었다.〔高宗初立 猶未知辨別元祐熙豐之黨 及趙丞相居位 方稍能辨別 亦緣孟皇后居中 力與高宗說得透了 高宗又喜看蘇黃輩文字 故一朝覺悟而自惡之 而君子小人之黨始明〕"라고 하였습니다.-권101 17판(板)에 보인다.- 또 《어류》에 말하기를 "조 충간(趙忠簡)[31]이 나라를 담당할 때에는 전적으로 원우의 인사들을 임용하였는데, 장 위공(張魏

과 원풍(元豐)의 합칭이고, 원우는 철종(哲宗)의 연호이다. 희풍 연간에는 왕안석(王安石) 등이 득세하였고, 원우 연간에는 사마광(司馬光) 등이 집권하였는데, 주희는 희풍과 원우의 당을 각각 소인의 당과 군자의 당의 대칭으로 쓰고 있다.

31 조 충간(趙忠簡) : 충간은 조정(趙鼎)의 시호이다.

公)[32]이 홀로 재상의 직무를 수행할 때에는 '원우라고 해서 꼭 전적으로 옳지는 않고 희풍이라고 해서 꼭 전적으로 그른 것만은 아니다.'라고 생각하였다.〔趙忠簡當國 專用元祐 及張魏公獨相 以爲元祐未必全是熙豐未必全非〕"라고 하였습니다.-권102 3판에 보인다.-

이에 근거하면 유 승상(留丞相)에게 준 글의 제1편에서 말한 "조충간이 재상이 되어 한때 인재를 성대하게 수용하였다.〔趙忠簡爲相 一時收用人材之盛〕"라고 한 것은 바로 원우(元祐)의 당인(黨人)을 가리켜 말한 것이고 "사람의 뜻에 차지 않는다.〔不滿人意〕"라고 한 것은 희풍(熙豐)의 사람들을 뒤섞어서 쓴 것을 지적하여 말한 것이고 '저쪽과 이쪽의 강하고 약함〔彼此强弱〕'을 말한 것도 양당(兩黨)을 대비하여 말한 것입니다. 그리고 제2편에 이르러서, 원우의 인사들이 너무 심했다고 주장하는 유공(留公)의 설을 배척하면서 이해할 수 없는 일이라고 했고 보면, 이 일은 처음부터 분명해서 무엇을 끌어다 증명할 필요도 없다고 하겠습니다.

대저 희풍과 원우 양당은 각각 사대부(士大夫)를 절반씩 분점(分占)하였습니다. 그런데 혹은 견문(見聞)이 습숙(習熟)하다는 이유로, 혹은 인친(姻親)으로 연결되었다는 이유로 그 당인(黨人)이 된 것일 뿐, 처음부터 인물과 본품(本品)의 현우(賢愚)나 능부(能否)와는 관계가 없었습니다. 그러고 보면 그 당목(黨目)이 좋지 않다는 이유로 한쪽 편의 인물을 모조리 무시하는 것은 부당할 것 같기도 합니다.

그럼에도 불구하고 선생은 오히려 마음을 다하여 당목을 구별하였을 뿐 더 이상 그 사람들을 애석하게 여기는 일이 없었습니다. 그리하

32 장 위공(張魏公) : 위국공(魏國公)에 봉해진 장준(張浚)을 가리킨다.

여 이쪽에 속하기만 하면 그 사람이 꼭 모두 유능하다고 할 수 없고 그 일이 꼭 모두 옳다고 할 수 없더라도 참으로 대단한 죄악을 범하지만 않았다면 대부분 씻어 없애 주고 용서하면서 한 번도 끊어 버린 적이 없었던 반면에, 저쪽에 속하기만 하면 그 사람에게 혹 취할 만한 점이 있거나 그 일이 그다지 잘못된 것이 아니라고 하더라도 참으로 안면(顔面)을 바꾸고 귀화(歸化)하지 않는 이상에는 거의 모두 배척하고 끊어 버리면서 오직 한 사람이라도 진출하게 될까 걱정하였습니다. 그러니 선생의 이런 태도를 상정(常情)으로 관찰한다면 어찌 편폐(偏蔽)하고 각핵(刻核)한 쪽에 가깝다고 해야 하지 않겠습니까.

하지만 선생이 이렇게 했던 것은 참으로 사정(邪正)의 대분(大分)이 이미 판가름 나서 마치 빙탄(氷炭)과 흑백(黑白)이 다시 합쳐질 수 없는 것과 같았기 때문입니다. 그런 까닭에 이름하여 '원우'라고 하는 당에서는 비록 그 사람들이 꼭 현인이 아니고 그 일이 꼭 옳다고 할 수는 없더라도 대개는 모두가 '양을 일으키고 음을 억누르는〔助陽抑陰〕' 주장을 폈기 때문에 인사 행정에서 군자를 끌어들이고 소인을 물리쳐서 나라가 또한 거기에 의지하게 된 반면에, 이름하여 '희풍'이라고 하는 당에서는 비록 그 사람들에게 취할 만한 점이 있고 그 일이 그다지 잘못된 것이 아니라고 하더라도 대개는 모두가 '악을 편들고 선을 물리치는〔右惡排善〕' 주장을 폈기 때문에 인사 행정에서 사인(邪人)을 끌어들이고 정인(正人)을 배척한 나머지 나라가 따라서 망하고 말았던 것입니다.

이것이 바로 선생이 비태(否泰)와 소장(消長)의 기미에 대해 분명하게 밝힌 소이로, 그 견식과 의론이 탁월하고 삼엄하기만 하였으니, 편폐한 것처럼 보일지 몰라도 사실은 대공(大公)하다고 할 것이요,

각핵한 것처럼 보일지 몰라도 사실은 평정(平正)하다고 할 것인데, 이는 견식이 좁은 범상한 사람들이 헤아릴 수 있는 바가 아니라고 할 것입니다. 그러고 보면 사당(邪黨) 편에 있더라도 정인(正人)은 칭찬해 주고 정당(正黨) 편에 있더라도 사인(邪人)은 축출했다고 주장하는 것이 과연 주자의 논의와 합치된다고 하겠습니까.-일단 원우(元祐)라고 하고 희풍(熙豐)이라고 말했고 보면, 이것은 바로 오늘날의 남인(南人)·서인(西人), 노론(老論)·소론(少論)과 마찬가지이니, 바로 그 당(黨)을 가지고 말한 것이지, 각 개인을 말한 것이 아니다.-

그리고 희풍과 원우의 당(黨)이 희령(熙寧) 연간에 시작되어 장강(長江)을 건너 남쪽으로 옮겨 갈 때까지 지속되었고 보면 그 기간이 응당 6, 7십 년을 밑돌지 않았을 것이니, 그중에는 필시 아들에게 전해지고 손자에게 전해지는 일도 있었을 것입니다. 또 그 사람들이 꼭 모두 왕채(王蔡)나 마려(馬呂)[33]와 같은 사람들만 있었던 것이 아니라, 그중에는 향당(鄕黨)이나 친척(親戚)의 연고로 이끌려 들어간 경우도 있었을 것이고, 지구(知舊)나 문생(門生)의 인연을 맺고서 서로 이어받은 경우도 있었을 것이니, 예컨대 희풍의 증천은(曾天隱)이나 원우의 호정(胡珵)·장얼(張嵲) 같은 부류가 많았을 것입니다. 그런데 당시의 사대부들이 희풍에서 나오지 않으면 반드시 원우에서 나와서[34] 상호 승부를 겨루었으니, 그러고 보면 양당(兩黨)이 실로 천하를 각기

33 왕채(王蔡)나 마려(馬呂) : 왕채는 송(宋)나라 왕안석(王安石)과 채경(蔡京), 마려는 사마광(司馬光)과 여공저(呂公著)의 병칭이다.

34 반드시 원우에서 나와서 : 원문은 '必主於元祐'인데, 앞뒤 문맥이 통하지 않아 '主'를 '出'로 바로잡아 번역하였다.

절반씩 차지하고 있었다고 할 것입니다.

그리고 비록 희풍의 당이라고 하더라도 어찌 문학을 하는 인사가 없었을 것이며 또 재능이 있는 사람이 없었겠습니까. 증천은과 같은 사람은 선생이 곧장 현자(賢者)로 허여했으니, 그런 경우는 문학과 재능만으로 그치는 것이 아니었습니다. 하지만 선생이 논할 때에는 그 가운데에서 분간하여 누구는 써도 좋고 누구는 쓰면 안 된다는 식으로 구별해서 말한 적이 한 번도 없고, 곧장 하나의 '사(邪)'라는 자구(字句)로 단안을 내리면서, 공평한 입장을 견지하려는 의론을 오염시키고 혼탁하게 하는 의론으로 여기는가 하면,-《어류(語類)》〈함괘(咸卦)〉에 보인다.- 거중조정(居中調停)하는 것을 나라 망치는 일로 여겼습니다. 또 "향초와 악초가 한그릇 안에 있으면 결코 오래도록 향기를 풍길 수가 없다.〔薰蕕同器 決無久遠芬馥之理〕"라고 하였으며,-《대전(大全)》 권82 36판(板)에 보인다.- 심지어는 어떤 사람이 염결(廉潔)하니 써도 좋으냐는 물음에 답하기를 "염결한 것은 한 개인에 속한 일일 뿐이니, 말만 잘하는 입이 나라를 뒤엎는 재앙[35]을 어떻게 구할 수 있겠는가.〔廉一己之事耳 何足以救其利口覆邦家之禍哉〕"라고까지 하였으니,-이 말도《어류》〈함괘〉에 보인다.- 그 말이 더욱 뇌락(磊落)하고 탈쇄(脫灑)하여 조금도 구애받는 점이 없었습니다. 이는 대개 그 본령(本領)이 이미 잘못되었으면 언행(言行)이나 재학(才學) 면에서 조금 볼만한 점이 혹 있다고

35 말만……재앙 :《논어》〈양화(陽貨)〉에 "잡색인 자줏빛이 원색인 붉은빛의 자리를 뺏는 것을 미워하며, 정나라의 음란한 음악이 바른 아악을 문란하게 하는 것을 미워하며, 말만 잘하는 입이 나라를 뒤엎는 것을 미워한다.〔惡紫之奪朱也 惡鄭聲之亂雅樂也 惡利口之覆邦家者〕"라고 말한 공자의 말이 나온다.

하더라도 참으로 그와 같은 사람을 취할 수는 없었기 때문입니다. 더군다나 그 연대(年代)가 오래되고 당류(黨類)가 허다하여 비호(庇護)를 받는 사람인 경우야 더 말해 무엇하겠습니까. 그렇다면 송나라 때의 붕당이 과연 지금의 붕당과 차이가 있다고 할 수 있으며, 선생의 말을 과연 증거로 삼을 수 없다고 할 수 있겠습니까.

대개 송나라의 원우(元祐)는 오늘날의 소위 노론(老論)과 흡사하고, 송나라의 희풍(熙豐)은 오늘날의 소위 소론(少論)과 흡사합니다. 그리고 중립을 지키면서 조정(調停)하려고 했던 것도 오늘날의 시론(時論)과 흡사합니다. 이처럼 시종(始終)과 본말(本末)이 하나라도 합치되지 않는 것이 전혀 없습니다. 다만 오늘날은 스스로 사정(邪正)을 구분하여 충역(忠逆)이라고 지목하는 것이 송나라 때에 비해서 더욱 엄격한 차이가 있을 뿐입니다. 그러니 선생의 말에 나아가 자세히 살피고 검토해서 그 본의(本意)를 터득하기만 한다면 행사(行事) 간에 왜 그렇게 조처했는지를 자연히 추측하여 이해할 수 있을 것이니 오늘날의 일은 참으로 해결할 것도 없을 것입니다. 그런데 의논하는 자들이 선생의 말을 깊이 믿지 않을 뿐만 아니라, 이리저리 돌려 꾸며 대면서 자기를 합리화하려고만 하니. 이는 또한 대인(大人)을 함부로 대하고 성인(聖人)의 말을 업신여긴다[36]고 하는 경우와 비슷하다고 할 것입니다.

이것을 가지고 미루어 생각해 보건대, 증포(曾布)와 조정지(趙挺之)의 무리는 이미 희풍의 당에 속한 사람일 뿐만 아니라 또 안면(顔面)을

36 대인(大人)을……업신여긴다 : 《논어》 〈계씨(季氏)〉에 "소인은 천명을 알지 못하므로 두려워하지 않으며, 대인을 함부로 대하고, 성인의 말을 업신여긴다.〔小人不知天命 而不畏也 狎大人 侮聖人之言〕"라는 공자의 말이 나온다.

바꾸고 귀화(歸化)하지도 않은 사람인데, 장돈(章惇)이나 채경(蔡京)과 다르다고 해도 그것은 언의(言議) 사이에 조금 완급의 차이가 있다고 하는 것일 뿐이요 여전히 권세와 이익을 차지하려고 서로 경쟁하는 관계에 있었습니다. 그에 대해서 질후 청약(質厚淸約)하다고 말을 해 준 것도 단지 증천은(曾天隱)을 현자(賢者)라고 한 것이나 혹자의 이른바 염결(廉潔)과 같은 것에 지나지 않을 따름이니, 어찌 그와 같은 자를 경솔하게 수용(收用)함으로써 사당(私黨)의 이익을 도모하며 소인(小人)의 세력을 부풀리게 해서야 되겠으며, 현혹시키고 저상(沮喪)케 하여 군자(君子)의 도를 쇠하게 해서야 되겠습니까. 이는 발문(跋文)에서 일컬은 것과 원래 나란히 견주어 견강부회(牽强附會)할 수는 없는 것이니, 내가 전서(前書)에서 유 승상(留丞相)에게 준 글과 완전히 다르다고 의아해한 것도 대개는 이런 이유에서였습니다. 모르겠습니다만, 성의(盛意)께서는 어떻게 생각하십니까?

이와 관련하여 또 하나의 의문이 있습니다. 주 선생이 동래(東萊 여조겸(呂祖謙))에게 보낸 글을 보면, 명도(明道 정호(程顥))가 원풍(元豐)의 당인(黨人)과 함께 일을 했다는 설을 논하면서, 마침내 〈규괘(睽卦)〉의 초효(初爻)를 언급하며 말하기를 "소인과의 관계를 끊어 버리지 않는 것이 원래 정대한 이치이다. 지금 〈규괘〉의 초효를 살펴보건대, 바르지 못한 소인들이 지극히 많은데, 만약 이들을 내버리고 끊어 버린다면, 온 천하 사람들을 동원하여 군자의 원수가 되게 하는 것과 비슷하지 않겠는가. 고대의 성왕이 간흉을 교화하여 선량한 사람으로 만들고, 원수를 바꿔서 신민으로 만든 것은 바로 그들을 끊어 버리지 않았기 때문이다.〔不絶小人 自是正理 今按睽之初爻曰 小人乖異者至衆 若棄絶之 不幾盡天下以仇君子乎 古之聖王 所以能化奸凶爲善良 革仇敵

爲臣民者 由不絶也〕"라고 하였습니다.-《근사록(近思錄)》에 보인다.- 그렇다면 주 선생이 희풍(熙豐)의 당인(黨人)을 대한 것은 온 천하 사람들을 동원하여 군자의 원수가 되게 한 것과 가까운 점이 없겠습니까? 아니면 그 사이에 하나로 융합(融合)할 수 있는 온축(蘊蓄)된 정의(精義)가 따로 있는 것입니까? 삼가 상세히 가르쳐 주시기를 청합니다.

생리(生理)에 대한 조목은 하교(下敎)하신 내용이 지극히 정밀하니 더 이상 논의할 것이 없다고 하겠습니다. 대개 기(氣)에는 사생(死生)이나 굴신(屈伸)과 같은 서로 다른 면이 있지만, 이(理)에 있어서는 생(生)하게 하는 것이 바로 사(死)하게 하는 것이고 굴(屈)하게 하는 것이 바로 신(伸)하게 하는 것으로, 당초 두 개의 이치가 따로 있는 것이 아닙니다. 이것이 이른바 동(動)하면서도 동하지 않는 것이요 정(靜)하면서도 정하지 않는 것인데, 주자(朱子)의 〈태극도해(太極圖解)〉에서 생(生)과 시(始)를 인(仁)으로 한 것은 성(誠)의 통(通)이라 할 것이요, 사(死)와 종(終)을 의(義)로 한 것은 성(誠)의 복(復)이라 할 것이니, 요컨대는 하나의 태극(太極)인 것입니다.

그리고 회토(灰土)로 말한다면 그것이 날려서 움직이는 것이 원형(元亨)이 아니겠습니까, 엎드려 가만히 있는 것이 이정(利貞)이 아니겠습니까. 이 원형이정(元亨利貞)이 이른바 생리라는 것이 아니겠습니까. 우옹(尤翁 송시열(宋時烈))이 의심한 것은 바로 '생(生)'이라는 하나의 글자에 있었으니, 회토에 어떻게 살아날 수 있는 이치〔可生之理〕가 있겠느냐는 것이었습니다. 그러나 이것은 주자가 이(理)와 의(意)를 분별한 그 뜻이 지극히 정밀한 것을 전혀 살피지 못한 것입니다. 생리라는 것은 그 본연(本然)의 생생(生生)의 이(理)를 가지고 말한 것이요, 생의(生意)라는 것은 그 기기(氣機)의 생활(生活)의 의(意)를 가지고 말한 것입니다. 만약 우옹의 설처럼 해석한다면, 이는 태극(太極)과 사덕(四德 원형이정) 이외에 별도로 생리가 있는 것이 됩니다. 소위 태극과 사덕과 생리라는 것은 실로 모두 구별할 수 없는 것인데, 서로 통하지 않는 물건이 되고 말 것이니, 이 어찌 너무나도 온당하지 못한 해석이 아니겠습니까.

섬촌 민장에게 답하는 글
答蟾村閔丈

지난번에 회답하신 글과 이번에 하교(下教)하신 글을 차례로 잘 받았습니다. 유액(誘掖)하고 훈도(訓導)해 주시려는 뜻이 그지없이 근실하고 간절하였으니, 참으로 물어보기를 좋아하고 저를 아끼는 마음이 지극한 분이 아니라면 어떻게 이와 같이 할 수가 있겠습니까. 거듭 반복하여 감탄하면서 어떻게 감사드려야 할지 모르겠습니다.

《남계집(南溪集)》[37] 중에 사정(邪正)과 출척(黜陟)을 논한 곳을 보면, 거의 대부분 말을 그럴듯하게 교묘히 둘러대면서 의리(義理)를 왜곡하고 있기 때문에, 일체의 내용이 성현의 가르침과 배치되는 형편입니다. 그런데 향배(向背)에 대해서 잘 알지 못하는 세상 사람들은 그런 말을 돌연히 듣고는 미상불 공정하다고 생각하면서 기뻐하고 있습니다.

대개 그의 서독(書牘)과 소장(疏章) 속에 나타나 있는 것이 하나 둘에 그치지 않습니다만, 그중에서도 가장 심한 것으로는 계해년(1683, 숙종9) 희정당(熙政堂)의 차자(箚子)인 만언소(萬言疏)와 갑술년(1694)의 네 편의 차자 중 두 번째와 네 번째의 차자와-모두 속집(續集) 권3에 보인다.- 윤자인(尹子仁)과 심덕승(沈德升)에게 보내는 글과-모두 정집(正集) 권23에 보인다.- 우옹(尤翁)에게 답하는 글-본집(本集) 권22에 보인다.- 등을 들 수 있는데, 이 모두에서 경전(經傳)을 인용하고 의리를 거론하

37 남계집(南溪集) : 박세채(朴世采, 1631~1695)의 문집이다.

며 기자(箕子)의 〈홍범(洪範)〉의 불편부당(不偏不黨)함을 자처하는가 하면, 원우(元祐)의 당인(黨人)을 위해 조정(調停)하지 않겠다고 스스로 맹세하고 있습니다. 그러고는 또 주자(朱子)가 이른 바 "조정의 백관 중에 어떤 사람도 바른길로 나오지 않는 사람이 없을 것이다.〔朝廷百官 無一不出於正〕"[38]라고 한 말을 인용하면서, 순(舜) 임금이 사흉(四凶)을 처벌한 것과 이름은 달라도 내용은 같다고 말하고 있기도 합니다.

이처럼 정신이 어수선하게 문식(文飾)을 가하면서 하지 않는 짓이 없는데, 그가 마음을 기울인 은밀한 곳을 세밀히 따져 보면 주자(朱子)가 꼭 옳지는 않다고 하는 뜻임을 은연중에 알 수가 있습니다. 이는 그가 임금의 귀를 현혹시키고 사류(士類)의 취향(趣向)을 어지럽힌 것이니, 실로 간사한 무리가 흉론(凶論)을 떠들어 대며 일시적으로 입에 재갈을 물리는 것에 비할 바가 아닙니다. 따라서 당세(當世)의 선달(先達)로서 세도(世道)의 책임을 지고 있는 자라면 그야말로 눈을 똑바로 뜨고 떨쳐 일어나 통렬히 변론하고 강력히 배척하면서, 마치 주자가 동파(東坡 소식(蘇軾))를 공격했던 것처럼 하여, 홍수가 산을 집어삼키려는 듯한 그 형세를 조금이라도 저지하려고 하는 것이 당연

38 조정의……것이다 : 《성리대전(性理大全)》 권65 〈군도(君道)〉에 "천하의 일이 천변만화하여 그 단서가 무궁하지만, 그 어떤 것도 임금의 마음에 근본하지 않는 것은 없으니, 이는 자연의 이치이다. 그러므로 임금의 마음이 바르면 천하의 일 중에 어떤 것도 바른길로 나오지 않는 것이 없을 것이요, 임금의 마음이 바르지 못하면 천하의 일 중에 어떤 것도 바른길로 나올 수 없을 것이다.〔天下之事 千變萬化 其端無窮 而無一不本于人主之心者 此自然之理也 故人主之心正 則天下之事 無一不出于正 人主之心不正 則天下之事無一得由于正〕"라는 주희(朱熹)의 말이 나온다.

하니, 그가 선배라는 이유 때문에 일률적으로 경외(敬畏)만 해서는 안 될 것입니다.

내가 그의 문집을 볼 때마다 분개하는 심정을 가눌 수가 없었습니다마는, 스스로 생각건대 몽매하고 용렬한 내가 자기의 일개 신심(身心)도 어떻게 조복(調伏)을 받지 못하는 상황에서, 감히 무턱대고 성인(聖人)의 무리로 자신을 칭탁하며 남의 밭을 김맨다는 훈계[39]를 범할 수는 없었습니다. 그러다가 지난번에 희풍(熙豐)의 일 때문에 약간 거론하며 주 선생(朱先生)의 본의(本意)가 어디에 있는지를 밝히려는 과정에서 단지 얼버무리며 언급하였을 뿐 직설적으로 배척하는 말을 하지 못했으므로 바야흐로 깊이 부끄러워하며 한스럽게 여기고 있었습니다.

그런데 이번에 장유(獎諭)해 주심은 물론이요 그 문적(文跡)의 출처(出處)를 묻기까지 해 주셨으니, 이를 통해서 사도(斯道)를 보위하고 시대를 구제하려는 성의(盛意)를 알 수 있었습니다. 그러니 구구한 내가 감복한 것이 응당 어떠하였겠습니까. 삼가 바라건대, 그 문자를 가지고 상세히 실상을 규명한 뒤에 대략 주자의 〈잡학변(雜學辨)〉 등의 글과 같이 한 통의 변설(辨說)을 지어서 조목별로 반박해 주셨으면 합니다. 그리하여 후학에게 다행이고 우리 도를 빛나게 해 주시기를 마음속 깊이 기원합니다. 그가 심덕승(沈德升)에게 보내는 글에서 효묘조(孝廟朝)의 일을 논하기를 "영조(寧祖)[40] 이후에 서인(西人)이 마

39 남의……훈계 : 《맹자》 〈진심 하(盡心下)〉의 "사람들의 병통은 자기 밭은 버려두고 남의 밭을 김매는 데에 있다. 남에게 요구하는 것은 중하고 스스로 책임지는 것은 가볍다.〔人病舍其田而芸人之田 所求於人者重 而所以自任者輕〕"라는 말에서 나온 것이다.

40 영조(寧祖) : 효종(孝宗)을 가리킨다. 효종의 능호(陵號)가 영릉(寧陵)이다.

침내 크게 뜻을 얻고 나서는 완전히 당의(黨意)를 위주로 하여 입주출노(入主出奴)[41]함은 물론 공무를 빙자하여 사리(私利)를 도모하는 등 못하는 짓이 없었다.……" 하였는데, 이는 더욱 놀랍고 통분할 일입니다. 이러한 곳은 한번 변론하여 배척하지 않으면 안 될 것입니다.

41 입주출노(入主出奴) : '입자주지 출자노지(入者主之出者奴之)'의 준말로, 어느 종교나 당파에 가입하면 그 교파만을 주인으로 삼아 존중하고, 그 교파가 아닌 것은 노예로 삼아 배척한다는 뜻이다. 당(唐)나라 한유(韓愈)가 지은 〈원도(原道)〉의 "도덕과 인의를 말하는 자가 양주(楊朱)에 들어가지 않으면 묵적(墨翟)으로 들어가고 노장(老莊)에 들어가지 않으면 불교(佛敎)로 들어가게 되었다. 저기로 들어가면 반드시 여기에서 나오게 되는데, 들어가는 곳은 주인으로 여기고 나가는 곳은 노예로 여겼다.〔其言道德仁義者 不入於楊 則入於墨 不入於老 則入於佛 入於彼 必出乎此 入者主之 出者奴之〕" 라는 말에서 나온 것이다. 대본의 '黜'은 '出'의 잘못이다.

섬촌 민장에게 답하는 글 12월
答蟾村閔丈 十二月

〔문〕〈사관례(士冠禮)〉 중에, 서인(筮人)이 서쪽을 향하고서 점을 친다고 하였는데, 이는 시신(蓍神)을 높이려는 의도에서 그런 것 같습니다. 그렇다면 여점(旅占)[42]을 행할 때에는 무슨 이유로 유독 이와 다르게 하여 동쪽을 향하는 것입니까?

〔답〕 여점을 행할 적에 동쪽을 향하는 것은 대개 다음과 같은 이유에서입니다. 당초 주인(主人)은 문 동쪽에 자리하여 서쪽을 향하고, 유사(有司)는 문 서쪽에 자리하여 동쪽을 향하니, 서인의 자리도 유사의 자리에 있게 됩니다. 그러다가 문 가운데에서 점을 쳐서 괘체(卦體)를 기록하여 주인에게 보여 주는데, 주인이 이를 받아서 살펴본 뒤에 돌려주면, 서인이 그 괘체를 받아 들고서 당초 동쪽을 향했던 자기의 자리로 돌아와 뭇 유사들과 함께 공동으로 길흉을 점치는 것입니다. 대개 문 가운데에서 서쪽을 향하는 것은 점치는 자의 자리〔筮位〕이니, 서인과 괘자(卦者)[43]만 그곳에 나아갈 수 있고, 기타 유사들은 물론 본래의 자리에서 움직이지 않고 그대로 있는 것입니다.

42 여점(旅占) : 점괘를 뽑은 뒤에 다른 사람들과 공동으로 의논하여 길흉을 점치는 것을 말한다. 여(旅)는 중(衆)의 뜻이다.

43 괘자(卦者) : 막대기로 땅바닥에 획을 긋고 7·8·9·6 등의 효(爻)의 숫자를 기록하여 괘체(卦體)를 만드는 사람을 말한다.

〔문〕 진기복(陳器服) 조(條)의 "측준일무례……(側尊一甒醴……)" 에 대해서

〔답〕 준(尊)은 주기(酒器)의 총칭입니다. 무(甒)는 와무(瓦甒 질그릇 단지)이니, 바로 거기에 쓰는 그릇입니다. 측준무례(側尊甒醴)라는 것은, 여기에 놓는 준(尊)이 바로 무(甒)로 예(醴 단술)를 담은 것이라는 말입니다. 대개 단술은 1무(甒)인 데 반해서, 술은 2무(甒)인데, 그중 하나는 현주(玄酒 물)입니다. 그렇기 때문에 하문(下文)에 "방호 사이에 술그릇을 놓는데 2무에 금이 있고 현주는 서쪽에 둔다.〔尊于房戶之間 兩甒有禁 玄酒在西〕"라고 한 것입니다. 그리고 〈사혼례(士昏禮)〉에도 "방 가운데와 북쪽 벽 아래에 술그릇을 놓는데 금이 있고 현주는 서쪽에 둔다.〔尊于室中北墉下有禁 玄酒在西〕"라고 하였는데, 그 주(註)에 금(禁)은 무(甒)를 올려놓는 물건이라고 하였고, 소(疏)에서는 무(甒)를 말하지 않았어도 이 술그릇은 역시 무라고 하였으니, 이는 술을 담아서 2무로 만든 것입니다. 〈사혼례〉에서 빈(賓)을 예우할 때와 부(婦)를 예우할 때에 모두 측준무례한다고 하였는데, 이는 단술을 담아 놓는 것을 1무로 한다는 뜻입니다. 저의 의견은 이와 같은데, 어떻게 생각하실지 모르겠습니다. 측준일무(側尊一甒)의 '일(一)' 자는 응당 아래에 붙여서 읽어야 할 것 같습니다. 왜냐하면 '측(側)' 자 속에 이미 '일' 자의 뜻이 들어 있는 만큼, 다시 '일' 자를 거기에 덧붙이면 안 될 것이기 때문입니다.

섬촌 민장에게 답하는 글 신유년(1741, 영조17) 1월
答蟾村閔丈 辛酉正月

거북을 통해 물어보는 것을 복(卜)이라고 하고, 시초(蓍草)를 통해 물어보는 것을 서(筮)라고 하며, 점(占)은 그 요사(繇辭)를 살펴보고서 그 길흉(吉凶)을 판단하는 것을 말합니다. 이처럼 자의(字義)가 이미 다를 뿐만 아니라, 직장(職掌)과-《주례(周禮)》에 귀인(龜人)과 서인(筮人) 이외에 또 점인(占人)이 나오는데, 오로지 시(蓍)와 귀(龜)에 나타난 괘(卦)와 조(兆)의 길흉을 점치는 것을 직분으로 삼는다.- 복색(服色)과-〈잡기(雜記)〉에 복인(卜人)은 마의(麻衣)에 포최(布衰)를 입고, 점자(占者)는 피변(皮弁)을 착용하며, 서인은 연관(練冠)에 장의(長衣)를 입고, 점자는 조복(朝服)을 착용한다고 하였다.- 위차(位次)도-〈사상례(士喪禮)〉에 복일(卜日)에 복인은 문밖에서 서쪽을 향하고, 점자 3인은 문 서쪽에서 동쪽을 향하고 있다가 북쪽으로 올라온다고 하였으니, 이 편(篇)의 위차와 같다.- 모두 같지 않습니다. 그러니 복과 서와 점을 혼동해서 말하면 안 된다는 것이 분명합니다. 그리고 소(疏)에서 "삼역……(三易……)"이라고 한 것은 괘(卦)가 만들어진 뒤에 점자 3인이 각각 자기가 관장하는 역(易)을 가지고 그 괘의 길흉을 점치는 것이지, 3인이 각각 시초를 가지고 괘를 만드는 것을 의미하지 않습니다.

대개 삼역은, 이름과 점치는 법은 비록 다를지라도-연산(連山)과 귀장(歸藏)과 주역(周易)이라고 하니 이름이 다르고, 하(夏)와 은(殷)은 변하지 않는 것을 가지고 점을 치는 반면에 주(周)는 변하는 것을 가지고 점을 치니, 점치는 법이 다르다.- 산가지를 세어 괘를 만드는 방법과 괘를 분별하는 숫자는 같지 않음이 없습니다. 그러므로 하나의 시초를 가지고 공통적으로 살펴볼 수가 있는 것입니다. 거북점도 마찬가지입니다. 비록 옥(玉)·와(瓦)·원(原) 등 삼조(三兆)[44]의 차이는 있을지라도 그 요사(繇辭)를 구분하는 방법은 같습니다. 그러므로 역시 하나의 거북을 가지고 공통적으로 점칠 수가 있는 것입니다.

보내신 글 중에 "3인(人)이 모두 시초로 점을 치는 것이지 서인(筮人)만 홀로 시초로 점을 치는 것이 아니다. 공동으로 길흉을 점치는〔旅占〕 사람들은 여전히 유사(有司)의 자리에 그대로 있다."라고 하신 것은 조감(照勘)이 잘못된 듯싶은데, 어떻게 생각하십니까? 소(疏)에 "삼귀(三龜)[45]를 병용(竝用)하고 삼역(三易)을 병용한다."라고 한 것은 천자(天子)와 제후(諸侯)를 가리켜 말한 것입니다. 그렇기 때문에 그 아래에서 또 "대부(大夫)가 복서(卜筮)를 행할 때에는 똑같이 일귀(一龜)와 일역(一易)을 쓴다."라고 하였으니, 그 뜻을 알 수가 있습니다. 다만 말이 분명하지 않기 때문에 보기에 어려운 점이 있을 따름입니다. 실제로 삼역으로써 각각 시초점을 치게 한다면, 서자(筮子)도 응당 3인을 써야 할 것인데, 지금 서자는 단지 1인(人)뿐이니 각각 시초점을 치지 않는다는 것이 분명합니다. 그리고 보내신 글에서처럼 점자(占者) 3인이 모두 시초점을 친다면 이것은 합해서 4서(筮)가 되는 셈이

44 삼조(三兆) : 길흉을 점치기 위해 귀갑(龜甲)을 태울 때 옥(玉)과 와(瓦)와 원(原)처럼 균열되는 대표적인 흔적 세 가지를 말한다. 원(原)은 언덕으로, 원조(原兆)는 언덕의 밭이 갈라지는 것처럼 균열되는 것을 말한다.

45 삼귀(三龜) : 세 개의 거북점이라는 뜻인데, 하(夏)·은(殷)·주(周) 삼대(三代)의 점치는 방식이라고도 하고, 태왕(太王)·왕계(王季)·문왕(文王)의 방식이라고도 하고, 복인(卜人) 세 사람의 거북점이라고도 하는 등 설이 다양하다.

니, 3인이 점을 칠 때 2인의 말을 따른다[46]는 의리에 또 어긋나는 점이 있습니다. 어떻게 생각하십니까?

46 3인이 점을……따른다 : 《서경》 〈홍범(洪範)〉에 "점을 칠 사람을 세우고 거북점이나 시초점을 치되, 3인으로 하여금 점을 치게 하여 3인의 말이 같지 않거든 그중 2인의 말을 따라야 한다.〔立時人 作卜筮 三人占 則從二人之言〕"라는 말이 나온다.

섬촌 민장에게 답하는 글 계해년(1743, 영조19) 7월
答蟾村閔丈 癸亥七月

부친이 죽고 나서 3년이 지나기 전에 모친이 죽었을 경우에는 모친을 위해 그냥 기년복(期年服)을 입는다고 하는 것은 바로 〈상복(喪服)〉의 소(疏)[47]에 나오는 주장입니다.-자최삼년장(齊衰三年章)의 부졸즉위모(父卒則爲母)에 대한 소(疏)이다.- 그런데 그 주장의 증거로 인용한 것은 〈내칙(內則)〉의 이른 바 "사정이 있으면 23세에 출가한다."[48]라는 대목 및 〈복문(服問)〉과 〈간전(間傳)〉[49]의 두 개의 주(註)에 지나지 않습니다. 그러나 지금 〈간전〉을 상고해 보건대, 단지 자최 삼년복(齊衰三年服)에 입는 최상(衰裳)의 새수(升數)만을 일반적으로 말했을 뿐이요, 부친에 대한 상복을 다 입은 뒤에야 모친에 대한 삼년복을 입을 수 있다는 내용은 처음부터 찾을 수가 없습니다. 〈복문〉의 주(註)를 살펴보아도 그 어의(語意)가 또한 분명하지 않아 이해할 수 없는 점이 있습니다. 그리고 〈내칙(內則)〉의 설에 대해서는 주자(朱子)가 "이것 역시 대략적으로 말한 것일 뿐이다. 조금 늦더라도 1년에 지나지 않으니, 24세에

47 상복(喪服)의 소(疏) : 《의례》 〈상복(喪服)〉을 해설한 당(唐)나라 가공언(賈公彦)의 소(疏)를 가리킨다. 한(漢)나라 정현(鄭玄)의 주(註)와 함께 《의례》의 양대 해설로 꼽힌다.

48 사정이……출가한다 : 《예기》 〈내칙〉에 "여자는 15세에 비녀를 꽂고, 20세에 출가하는데, 사정이 있으면 23세에 출가한다.〔十有五年而笄 二十而嫁 有故二十三而嫁〕"라는 말이 나온다. 사정이 있다는 것은 부모상을 당한 것을 말한다.

49 복문(服問)과 간전(間傳) : 모두 《예기》의 편명(篇名)이다.

출가해도 늦은 것은 아니다.〔亦大槩言之耳 少遲不過一年 二十四而嫁亦未爲晩〕"라고 하였는데, 그러고 보면 "하나의 상에 그치지 않는다.〔不止一喪〕"라고 한 소(疏)의 주장은 주자도 이미 인정하지 않은 것입니다.

대저 가공언(賈公彦)이 자기주장의 근거로 삼은 것이 이 세 가지 설에 지나지 않는데, 이 세 가지 설을 믿을 수 없는 것이 이와 같고 보면, 그가 '부졸즉위모'의 '즉(則)'이라는 글자에 대해서 허다한 설화를 연출(演出)한 것 역시 공격하지 않더라도 저절로 무너질 것입니다. 그리고 내 생각에, '즉(則)'이라는 하나의 글자야말로 부친이 생존했을 때의 모친의 지위를 알려 주는 좋은 착안점이 된다고 여깁니다. 말하자면 부친이 살아 있기 때문에 모친을 압굴(壓屈)하는 것인 만큼, 만약 부친이 죽으면 모친의 지위를 응당 펼 수 있어야 한다는 것인데, 이는 부친에 대한 상복을 벗었느냐의 여부나 이미 빈장(殯葬)했느냐 아직 빈장하지 않았느냐에 상관없이 적용되어야 하는 것입니다. 이것이 바로 '즉'이라는 글자에 담긴 뜻이라고 할 것이니, 더 이상 유추해서 설명할 것도 없이 명백해서 쉽게 알 수 있는 것입니다. 소가(疏家)의 뜻은 이 해석과 완전히 상반되는데, '즉'이라는 글자에 대해서 어떻게 그렇게도 많은 뜻을 담을 수 있는지 정말 이해할 수가 없습니다.

《예기(禮記)》〈잡기(雜記)〉에 "부모의 삼년상이 겹쳤을 경우에는 경질(潁絰)로 바꾸고 나서 연제(練祭)와 상제(祥祭)를 모두 행한다.〔三年之喪旣潁 其練祥皆行〕"라고 하였는데, 이에 대해 소(疏)[50]에서 말

50 소(疏) : 당(唐)나라 공영달(孔穎達)의 《예기정의(禮記正義)》에 나오는 해설을 말한다.

하기를 "먼저 부친상을 당하고 나서 모친이 죽었을 경우에는 연제와 상제를 또한 그렇게 하는 것이다. 그래서 《의례(儀禮)》〈상복(喪服)〉의 자최삼년장(齊衰三年章)에서 '부친이 죽으면 모친을 위한다.〔父卒則爲母〕'라고 한 것이다."라고 하였고, 《통전(通典)》에서 두원개(杜元凱 진(晉)나라 두예(杜預))도 말하기를 "부친의 장례를 이미 행했는데 모친이 죽었을 경우에는 모친을 위한 상복을 입고 우제(虞祭)까지 지내고 나서 다시 원래의 상복을 입는다. 부친의 상복을 입고 연제(練祭)를 지냈으면 모친의 복을 입으며, 상복을 벗어야 할 때에는 부친의 상복을 입고 그 복을 벗은 뒤에 모친의 복을 다시 입는다."라고 하였습니다. 이 두 가지 설에 근거한다면, 부친이 죽고 3년이 지나지 않아서 모친이 죽었을 경우에 모친을 위해 삼년복을 입는다는 것이 어찌 명백하지 않습니까. 대개 공영달(孔穎達)과 두예(杜預)의 뜻은 가공언(賈公彦)과 원래 같지 않고, 주장하는 내용이 또한 이처럼 명백하기만 한데, 지금 어찌하여 이들의 해설은 버리고 근거 없는 가공언의 해설만 따른단 말입니까.-상문(上文)의 주자(朱子)의 해설도 분명히 모친을 위해 삼년복을 입는 것이 옳다고 여긴 것이다. 《대전(大全)》의 본문을 상고해 보면 알 수 있다.-

다만 모친이 죽고 나서 빈소(殯所)를 차렸거나 장례(葬禮)를 행했거나 연제(練祭)를 지냈을 적에 부친이 또 죽었을 경우에 모친을 위해서 삼년복을 입어야 하는지의 여부에 대해서는 명확한 근거가 없습니다. 《통전》에 "부친이 살아 있는 날에 모친이 죽어서 이미 시간이 오래 지났으니, 어떻게 부친이 죽었다고 해서 복제(服制)를 바꿀 수 있겠는가."라고 하였으니, 이 설이 모친을 위해서 그대로 기년복(期年服)을 입어야 하는 증거가 될 수 있을 듯도 합니다. 그러나 거기에서 증명할 자료로 원용(援用)한 것도 하순(賀循)의 이른바 "부친이 죽고 아직 빈

소를 차리지 않았을 때 조부가 죽었을 경우에는 조부를 위해서 기년복을 입는다."라는 주장을 인용하여 그 방증(傍證)으로 삼은 데에 불과하고 다른 확실한 증거는 제시하지 못하고 있습니다. 지금 일단 《통전》의 주속지(周續之)의 설과 《통해(通解)》에서 인용한 "적자(嫡子)가 상(喪)을 마치지 못하고 죽었을 경우에는 적손(嫡孫)이 승중(承重)[51]한다.……"라는 설을 따라서, 조부의 상중에 부친이 죽었을 때 적손이 다시 승중하여 복(服)을 입고 3년을 마치게 되면, 하순의 설은 적용할 곳이 없게 됩니다. 대저 증명할 자료로 원용한 것이 오직 하순의 설뿐인데, 지금 그 설이 막혀서 통하지 않는다면, 가죽도 없는 곳에 터럭이 어떻게 붙을 수 있겠습니까.

대저 조부를 위하고 모친을 위하는 그 의리가 다른 것같이 보일지도 모르지만, 살아 있을 때와 차마 다르게 할 수 없다는 뜻에 있어서는 같습니다. 조부에 대해서는 자기가 입을 복을 다 마친 뒤라 할지라도 다시 그 복을 이어서 입는데, 모친에 대해서는 장례를 행하기 이전이라고 할지라도 감히 삼년복을 입지 못하게 한다면 어떻게 되겠습니까. 밖으로 상사(喪事)를 행하고 안으로 영석(靈席)을 받들면서, 연제(練祭)와 상제(祥祭)와 담제(禫祭)를 행할 적에, 모친에게만 유독 제사를 거행할 주인이 없게 해서야 되겠습니까.

대저 삼년복을 입어야 하는 의리는 부친이나 모친이나 마찬가지인

51 승중(承重) : 적장손(嫡長孫)이 부친과 조부를 대신해서 선조의 상제(喪祭)를 담당하는 것을 말하는데, 부친 대신 조부모의 상제(喪祭)를 담당할 경우에는 승중손(承重孫)이라 하고, 부친과 조부 대신 증조부모의 상제를 담당할 경우에는 승중증손(承重曾孫)이라고 한다. 《儀禮 喪服》

데, 다만 부친이 살아 있기 때문에 모친에게는 압굴(壓屈)해서 그 의리를 다 펴지 못하게 하는 것입니다. 그런데 지금 불행히도 부친이 또 죽었다면, 효자(孝子)의 마음에 부친을 차마 죽은 사람의 예로 대할 수 없다고 할지라도, 인사(人事)가 이미 변한 만큼 소렴(小斂)을 하면 조계(阼階)의 자리로 나아가고 우제(虞祭)를 마치면 귀신 섬기는 예를 적용하는 등, 부친이 살아 있을 때와는 다르게 하지 않을 수 없는 경우가 많을 것입니다. 그런데 유독 모친에 대한 상복만은 압굴의 의리가 여전히 있다고 하면서 그 의리를 다 펴지 못하게 한다면, 이런 일을 또 어떻게 사람의 자식이 차마 할 수가 있겠습니까. 공자(孔子)가 "죽은 자를 보내면서 완전히 산 자에 대한 예(禮)로 대하는 것은 지혜롭지 못한 일이니, 그렇게 해서는 안 된다."[52]라고 하였는데, 그 말이 어찌 이와 같은 경우를 두고 지적한 것이 아니겠습니까.

복(服)은 처음 제정하던 날에 정해진 것이라고 말한 것은 단지 개략적인 뜻을 말한 것일 뿐입니다. 가령 여자가 혹은 나가고 혹은 돌아올 경우에 입는 복도 그에 따라서 증감(增減)하는 것에 대해서는 이미 경전에 근거가 있습니다. 그리고 조부의 상중(喪中)에 부친이 죽었을 경우에 적손(嫡孫)이 이어서 복을 입는 것도 《통해(通解)》에서 인용한 것으로, 오늘날 세상에 통용되고 있습니다. 그런데 어째서 유독 이 일에 대해서만 의심을 한단 말입니까. 더구나 제주(題主)의 한 조목으

52 죽은……된다 : 《예기》 〈단궁 상(檀弓上)〉에 "죽은 자를 보내면서 완전히 죽은 자에 대한 예로 대하는 것은 불인한 일이니 그렇게 해서는 안 된다. 죽은 자를 보내면서 완전히 산 자에 대한 예로 대하는 것은 지혜롭지 못한 일이니 그렇게 해서는 안 된다.〔之死而致死之 不仁而不可爲也 之死而致生之 不知而不可爲也〕"라는 말이 나온다.

로 말하면 더욱 답답하기 그지없는 일입니다. '망실(亡室)'이라고 쓴다면 우옹(尤翁 송시열(宋時烈))이 말한 대로 그런 의리는 없을 듯합니다. 그러나 부득이해서 '현비(顯妣)'라고 쓴다면, 일단 '현비'라고 써 놓고서 부친이 살아 있을 때의 복을 입는다는 것은 피차 모순되는 일로 의례(義例)가 성립되지 않으니, 이것이 어찌 회통(會通)되어 의심 없이 행해질 수 있는 것이겠습니까.-만래(晩來)의 정론(定論)에서는 '생존과 사망〔在卒〕'이라는 말로 단안을 내렸다. 그리하여 비록 하루 사이라도 모친이 먼저 사망한 경우에는 장기(杖期)가 옳다고 하였다. 이 내용은 김인지(金仁之)에게 답한 글에 보인다.-

섬촌 민장에게 보내는 글 무진년(1748, 영조24) 3월

與蟾村閔丈 戊辰三月

연전(年前)에 문하(門下)께서 송형 사행(宋兄士行 송문흠(宋文欽))에게 답한 글을 삼가 보고서, 아의(雅意)가 어디에 있는지 우러러 엿볼 수가 있었습니다. 그 뒤에 송형이 남쪽으로 떠나고 나서는 다시 소식을 들을 기회가 없었습니다. 그러다가 한참 시간이 흐른 뒤에야 비로소 모우(某友)를 통해 안부를 들었는데, 그때 문하께서 침묵을 지키는 것으로 입장을 정했다는 것을 알게 되었습니다. 그러나 나의 생각에는 의심이 들지 않을 수가 없기에 감히 모우에게 답하는 글을 보내는 편에 대략 운운하는 내용을 언급하기도 하였습니다. 그런데 이번에 모우가 글 한 통을 나에게 보내 주었는데, 그것은 문하께서 그에게 보낸 글이었습니다. 이것을 보고서 내가 언급했던 내용이 문하에게까지 전달되었다는 사실을 비로소 알게 되었는데, 그 사지(辭旨)가 간절하고 의리(義理)가 명백하였음은 물론이요, 인인(仁人) 군자(君子)가 충국(忠國) 애군(愛君)하며 세상을 잊지 못하는 성의(盛意)를 확인할 수가 있었습니다. 그래서 손을 씻고 경건히 읽으면서 백번이나 장엄하게 외우는 동안, 나 자신도 모르게 무릎을 치면서 감탄하곤 하였습니다. 더군다나 눈먼 나의 소견에 대해서 구차하지 않다고 일컬어 주시고 생각해 볼 만하다고 허여해 주시는가 하면, 겸허하게 묻기 좋아하는 정성이 언외(言外)에 흘러넘치고 있었습니다. 돌아보건대 몽매하고 비루한 이 몸이 어떻게 이와 같은 평가를 감당할 수 있겠습니까. 그지없이 부끄럽고 송구스러운 마음을 더욱 금할 수가 없습니다.

"소계명……(蘇季明……)"이라고 하며 내가 인용한 것은 단지 "계명은 일개 산관(散官)에 불과할 따름이지만, 응조(應詔)하여 일을 말했고 보면 그래도 자기 직분을 넘어섰다고 비난할 수 없는 일이다. 더군다나 문하가 띠고 있는 것은 바로 간관(諫官)의 직책이요, 또 지금 이처럼 임금이 구언(求言)하는 날을 당했으니, 어떻게 그 몸이 출사(出仕)하지 않았다고 핑계를 대고서 침묵만 지키고 있을 수 있겠느냐."라는 뜻에서 드린 말씀이었지, 소계명과 문하가 오늘날 처한 입장이 일일이 부합된다는 뜻에서 드린 말씀은 아니었습니다. 지금 보내신 말씀 중에서 "언관……(言官……)"이라고 하신 것은 참으로 나의 의견과 합치됩니다만 "응조라고 말할 수 없다.〔未可曰應詔〕"라고 말씀하신 대목에 대해서는 나름대로 타당하지 않은 듯하다는 생각이 듭니다.

지난겨울에 내린 성상의 하교(下敎)가, 열성(列聖)이 구언했던 취지와 비교해서 같지 않은 점이 있는 것 같기도 합니다만, 반복해서 책려(責勵)하며 누차 성상의 뜻을 피력했는가 하면, 심지어 "초야에서 말을 해 주지 않는 것은 나를 무시하기 때문이다.……"라고 한 대목이 있기까지 한 것을 보면, 이와 같이 또 명백하고 진실하여 의심할 것 없이 분명한 말씀에 대해서 구언한 것이 아니라고 말할 수는 없을 것입니다. 그리고 그 뒤에 또 대간(臺諫)의 논계(論啓)로 인하여, 구언한 뒤에 말하지 않은 삼사(三司)의 관원을 특별히 파직시켰고 보면, 성상의 생각에도 미상불 자신이 구언했다고 믿은 것입니다. 이미 구언한 것이라고 한다면 이에 따라 소장(疏章)을 진달하는 것에 대해서 어떻게 응조하여 일을 말하는 것이라고 할 수 없겠습니까. 더군다나 열성이 구언한 것은 그래도 일상적으로 답습하던 일이었다고 한다면, 지금의 경우는 오랫동안 하지 않다가 특별히 덕음(德音)을 발한 것으로, 수십 년 사이에 처음 있는 일이라고 할 것입니다. 비록 하교하신 말씀 사이에 곡진하지 못한 점이 있다고 할지라도, 그 뒤에 진언(進言)한 자들이 왕왕 처벌을 받는 일을 면하지 못하였고 보면, 그야말로 경척(警惕)하는 선단(善端)과 도움을 구하는 본의(本意)를 외롭게 저버려서는 안 되는 점이 있다고 해야 할 것입니다. 그렇다면 어떻게 스스로 지나치게 의심한 나머지 거꾸로 "우리 임금은 그렇게 할 능력이 없다.〔吾君不能〕"[53]라고 말하는 경우와 혹 비슷해서야 되겠습니까.

혹자(或者)는 말하기를 "소계명(蘇季明)은 비록 미관(微官)일지라도 그 몸이 이미 출사(出仕)하였기 때문에 말할 수 있었다. 지금은 비록 이름은 간관(諫官)의 직책이지만, 그 몸이 출사한 적이 없으니, 출사하지 않으면 발언하지 않는다는 의리를 헤아려 본다면, 어떻게 경솔하게 발언할 수 있겠는가."라고 할지도 모르겠습니다만, 이것도 타당하지 못한 점이 있습니다. 도대체 출사하지 않으면 발언하지 않는다는 말이 무슨 책에 나오는지 모르겠습니다. 호치당(胡致堂 송(宋)나라 호인(胡寅))이 이발(李渤)을 논한 사적이 《강목(綱目)》에 보이는데, 그 말이 이것과 서로 비슷하니. 어쩌면 여기에서 나온 것인지도 모르겠습니다. 또 전(傳)하는 자가 이것을 우옹(尤翁 송시열(宋時烈))의 말이라고 하는데, 그렇다면 우옹의 이 말은 바로 훈계하는 말로 받아들일 수도

53 우리……없다 : 《맹자》〈이루 상(離婁上)〉에 "자기 임금에게 하기 어려운 일을 하도록 요구하여 요순과 같은 성군이 되게 하는 것을 공손하다고 하고, 선도(善道)를 개진하여 임금의 사심(邪心)을 막는 것을 공경스럽다고 하고, 우리 임금은 그렇게 할 능력이 없다고 말하는 것을 해친다고 하는 것이다.〔責難於君謂之恭 陳善閉邪謂之敬 吾君不能謂之賊〕"라는 말이 나온다.

있을 것입니다. 다만 호씨(胡氏)는 이갈(伊葛)[54]을 인용하여 증거로 삼았고, 우옹의 설도 출가(出嫁)하지 않은 여자를 가지고 말하였는데, 그러고 보면 그 뜻은 전적으로 처음부터 벼슬길에 나가지 않은 사람을 가리켜 말한 것인 듯도 합니다.

대개 의리(義理)는 형체가 없는 것으로 상황에 따라 다를 수 있는 것이니, 본래 일률적으로 한정할 수는 없습니다. 더군다나 하교(下教)하여 구언(求言)하는 것이 본래 조정과 초야(草野)의 구분이 없는 것이고 보면, 비록 포의(布衣)의 선비나 이서(吏庶)와 같은 천한 사람들이라고 할지라도 모두 말해야 하는 의리를 지니고 있다고 할 것입니다. 더군다나 문하께서는 처지가 자별(自別)한 데다가, 또 일찍이 진사(進士)에 입격하여 사적(仕籍)에 올랐으니 더 말해 무엇하겠습니까. 여기에 또 몇 년 이래로 조정에서 예우를 가하여 전후에 걸쳐 빈번하게 제수하는 교지를 내렸는데, 임명된 직책으로 말하면 또 옛날의 이른바 어사(御史)라고 하는 것이었습니다. 열성(列聖) 이래로 명유(名儒)와 고현(高賢)으로 대우한 사람에게는, 비록 구언의 하교가 없다고 하더라도, 본디 언책(言責)을 그에게 지워서 말하게 하였습니다. 더구나 문하께서 과거에 사직소(辭職疏)를 올렸을 때 상께서 내린 비답(批答)을 보면 그 말뜻이 정중하였고 돌아보며 기대하는 뜻이 융숭하기 그지없었으니, 소원(疏遠)한 신하가 문득 얻을 수 있는 것이 아니었습니다. 그러고 보면 이를 통해서도 성상의 뜻이 간절하여 다른 사람과는 비길

54 이갈(伊葛) : 이윤(伊尹)과 제갈량(諸葛亮)의 병칭이다. 여기서는 그들이 탕왕(湯王)과 소열황제(昭烈皇帝) 유비(劉備)로부터 초빙을 받기 전에 야인(野人)으로 있었을 당시의 신분을 가리켜 말한 것이다.

수 없다는 것을 알 수 있다고 하겠습니다.

대저 문하의 충국(忠國) 애군(愛君)하는 정성이 평소에 쌓이고 온축(蘊蓄)된 것이 높고 깊어서 국가로부터 이처럼 은혜로운 대우를 받았고 보면, 비록 그 몸이 산야(山野)에 있어서 조정에 충성을 바칠 수는 없다고 하더라도, 일단 말해야 하는 직책을 띠고 있고 또 말해야 하는 기회를 만난 이상에는, 천재(天災)와 시변(時變)이 망극하게 전개되어 종국(宗國)이 멸망의 위기에 처한 상황을 눈으로 보면서, 한번 봉장(封章)을 올려 피눈물로 분명하게 말함으로써, 전석(前席)의 면진(面陳)[55]을 대신하고 상께서 혹 깨닫게 되도록 기대하고 싶은 마음이 필시 억제할 수 없이 우러나와 사방으로 흘러넘칠 것입니다. 그리하여 마치 주자(朱子)가 말한 대로 "임금을 사랑하고 나라를 걱정하는 정성이 마음속에 간절한 나머지 다른 것은 돌아볼 틈도 없다.〔愛君憂國之誠切於中而不暇顧〕"[56]라고 하는 심경이 될 것이니, 이것이 어찌 천리(天理)의 당연한 것이 아니겠으며, 인정(人情)의 필연적인 것이 아니겠습니까. 그런데 이러한 때에 그만 "나의 몸은 출사하지 않았으니 발언할 수 없다."라고 하면서, 모른 척하며 팔짱을 끼고서 마치 진(秦)나라 사람

55 전석(前席)의 면진(面陳) : 신하가 단독으로 임금의 얼굴을 직접 대하고 이야기하는 것을 말한다. 전석은 임금이 신하의 이야기를 더 잘 들으려고 앞으로 나와 바짝 다가앉는 것을 말한다. 진 효공(秦孝公)이 상앙(商鞅)과 대화를 하다가 자기도 모르게 앞으로 나와 앉았다는 고사와 한 문제(漢文帝)가 선실(宣室)에서 가의(賈誼)와 귀신에 대한 이야기를 나누다가 바짝 다가앉아 경청했다는 고사가 전한다. 《史記 卷68 商君列傳》《漢書 卷48 賈誼傳》

56 임금을……없다 : 《회암집(晦菴集)》 권27 〈여진복공서(與陳福公書)〉에 나오는 말이다.

이 여윈 것을 보는 것처럼 한다면,[57] 이는 그야말로 세상을 잊는 데에 과감하여 하궤저닉(荷簣沮溺)[58]이 하는 일처럼 되고 말 것이요, 공맹정주(孔孟程朱)가 시대를 걱정하며 세상을 구제하려고 황황급급(遑遑汲汲)[59]하는 법문(法門)은 아니라고 할 것입니다.

혹자는 말하기를 "예로부터 유자(儒者)는 그 몸이 출사하지 않은 상태에서 임금에게 말을 한 경우는 있지 않았다." 합니다. 그렇다면 춘옹(春翁)[60]이 을유년(1645, 인조23)에 올린 소(疏)는 유독 임금에게 말을 한 것이 아니었습니까. 비록 응지(應旨)하는 것이 아니라고 하더

57 진(秦)나라……한다면 : 마치 강 건너 불구경하듯 자기 일이 아니라면서 전혀 상관하지 않는 무관심한 태도를 지칭하는 말이다. 당(唐)나라 한유(韓愈)가 간의대부(諫議大夫) 양성(陽城)을 비판하며 지은 〈쟁신론(爭臣論)〉에 "그는 일찍이 정치에 대해서 한마디도 발언한 일이 없으니, 이는 그가 정치의 잘잘못을 보는 것이 마치 남쪽의 월나라 사람이 북쪽의 진나라 사람의 살지고 여윈 것을 보는 것처럼 무관심해서, 그의 마음속에 기쁨이나 슬픈 느낌이 전혀 들지 않기 때문이다.〔未嘗一言及於政 視政之得失 若越人視秦人之肥瘠 忽焉不加喜戚於其心〕"라는 말이 나온다.

58 하궤저닉(荷簣沮溺) : 하궤는 삼태기를 멘 사람이라는 뜻으로 혼란한 세상을 피해 숨어 사는 은자(隱者)를 가리키는데, 그가 공자의 경쇠 소리를 듣고 비평하자, 공자가 "세상을 잊는 데에 과감하구나. 출처를 그렇게만 한다면 어려울 것이 없을 것이다.〔果哉末之難矣〕"라고 말한 내용이 《논어》 〈헌문(憲問)〉에 나온다. 저닉은 춘추 시대 초(楚)나라 은자인 장저(長沮)와 걸닉(桀溺)의 병칭이다. 공자가 그들이 비평하는 말을 듣고는 "새와 짐승과는 더불어 무리 지어 살 수 없다.〔鳥獸不可與同群〕"라고 탄식한 말이 《논어》 〈미자(微子)〉에 나온다.

59 황황급급(遑遑汲汲) : 세상에 도(道)를 행하기 위해 잠시도 가만히 있지 못하고 허둥지둥 바쁘게 천하를 돌아다니는 모습을 형용한 것이다. 한(漢)나라 양웅(揚雄)이 지은 《법언(法言)》 〈학행(學行)〉에 "요·순·우·탕·문왕·무왕은 급급하였고, 공자는 황황하였다.〔堯舜禹湯文武汲汲 仲尼遑遑〕"라는 말이 나온다.

60 춘옹(春翁) : 동춘당(同春堂) 송준길(宋浚吉)을 가리킨다.

라도 임금에게 말을 할 수가 있는 것인데, 더구나 응지하는 경우야 더 말해 무엇하겠습니까. 그리고 주자(朱子)를 예로 들면 이름은 비록 출신(出身)했다고 할지라도, 사실은 전임(前任) 동안 주부(同安主簿)에 불과한 신분으로 봉사(奉祠)하며 집에 거하고 있었을 따름이니, 지금의 전함(前銜) 음관(蔭官)과 다를 것이 뭐가 있겠습니까. 그럼에도 불구하고 효종(孝宗)이 즉위하여 구언(求言)을 하자 맨 먼저 응조(應詔)하며 기휘(忌諱)를 피하지 않았으니, 이를 통해서 성현(聖賢)의 열렬한 심장(心腸)과 활발한 수단(手段)을 볼 수 있다고 하겠습니다. 그리고 주자의 이른 바 "혈기가 더욱 쇠해지고 정신이 더욱 마모된 채 산야에 숨어 지내면서 크나큰 은혜를 우러러 보답할 방도를 알지 못하고 있던 날에 감히 밝은 조서로 인하여 어리석은 충정을 다 바치게 되었다.〔血氣益衰 精神益耗 屛居山田 未知所以仰報大恩之日 敢因明詔罄竭愚衷云〕"[61]라는 말을 보면, 몸은 비록 출사하지 않았더라도 발언은 해야 한다는 의리를 또 볼 수가 있습니다.

대개 출처어묵(出處語默)의 의리는 본래 하나로 정해진 것이 없습니다. 만약 그 몸이 초야(草野)에 있으면서 세상과 단절하여 처음부터 사적(仕籍)에 통하지 않았고 구언하는 하교도 없었다고 한다면, 현재 직명(職名)을 몸에 지니고 있다고 하더라도 본디 말을 할 수가 없을 것입니다. 그러나 혹 세가(世家)에서 태어나 국록(國祿)을 받은 적이 있는 신분으로, 마음속으로는 나라를 걱정하는 생각을 잊지 못하고 입으로는 세상을 개탄하는 말이 끊이지 않는가 하면, 또 바야흐로 조정

61 혈기가……되었다 : 《회암집(晦菴集)》 권11 〈임오응조봉사(壬午應詔封事)〉에 나온다.

의 예우를 받고 간쟁(諫諍)의 직명(職名)을 띠고 있으면서, 재해를 당해 구언하는 날을 또 만났다고 한다면, 그 몸이 비록 출사하지 않았다고 하더라도 아무 말 없이 침묵만 지키고 있을 수는 결코 없다고 할 것입니다.

또 하나 말씀드릴 것이 있습니다. 우리나라의 징사(徵士)는 중국과 다른 점이 있습니다. 중국은 징소(徵召)해서 응하지 않으면 그것으로 그만입니다만, 우리나라는 그렇지 않습니다. 한번 징소의 명을 받게 되면 그 사람의 현우(賢愚)나 그 관직의 칭부(稱否)에 관계없이 차례로 자리를 옮겨 경상(卿相)의 지위에까지 이르게 되는데, 이것을 사람들이 당연하게 여길 뿐만 아니라 당사자도 그 자리에 거하면서 아무 의심도 하지 않으니, 이것이 바로 주자가 말한 "맑은 관직과 화려한 직함을 조용히 사양하면서 저절로 얻는다.〔淸官華銜從容辭遜而得之〕" 라고 하는 것입니다. 이것은 참으로 조정의 잘못된 정사(政事)입니다. 따라서 당사자의 입장에서 말한다면, 그냥 앉아서 아름다운 명리(名利)를 향유하며 마음속으로 불안해하기보다는, 기탄없이 붓을 휘둘러 말로 몸을 대신하며, 곧장 임금의 잘못을 진달하고 국가의 대계(大計)를 적극적으로 논하는 것이 낫지 않겠습니까. 그리하여 그 말이 채용되면 예우해 준 은혜에 조금 보답할 수 있고, 그렇지 않으면 또 우리 임금으로 하여금 쓸모없다는 것을 알고는 버리고 물리치게 함으로써, 위로는 조정의 잘못된 정사를 바로잡고 아래로는 산야(山野)의 미천한 신분을 편안할 수 있게 하는 것이 낫지 않겠습니까. 이것은 또 오늘날 사람들이 당연하게 여기는 것에 대해서 그 의리를 구명해 본 것인데, 조금 전에 말한 "의리(義理)는 형체가 없는 것으로 상황에 따라 다를 수 있다."라고 하는 것을 여기에서 또 확인할 수가 있습니다.

이상은 모두 내가 평일에 깊이 의심하면서도 해결하지 못했던 것들인데, 이번에 성유(盛諭)로 인하여 모두 들려드린 것일 뿐이요, 감히 스스로 옳다고 여겨서 그런 것은 아닙니다. 삼가 바라건대, 다시 더 상량(商量)하시어 타당하지 못한 점이 있거든 분명하게 가르침을 내려주십시오. 그러면 천만다행이겠습니다.

이 글을 작성한 뒤에 삼가 듣건대, 백홍(白虹)의 변고가 발생하자 상께서 또 구언하는 분부를 내렸는데, 그중에 "대소 신료들은 위로 임금의 잘못된 점부터 아래로 백관이 서로 바로잡을 점에 이르기까지 마음속에 있는 생각을 숨김없이 말하라.……"라는 내용이 있었고, 이 상서(李尙書)와 조 수찬(趙修撰)의 일에 대해서 전일과 다르게 회오(悔悟)하며 진절(眞切)하게 여기는 점이 있었다고 합니다. 이러한 때에 인망이 높고 발언이 중하여 성상으로부터 존경과 믿음을 받는 분이 유지(有旨)에 응하여 진언하며 명백하고 간절하게 아뢴다면, 혹 상께서 개오(開悟)하실 희망이 없지도 않으니, 더욱 깊이 생각하지 않으면 안 될 듯싶습니다. 우러러 알아주시는 은혜를 믿고서 이렇게까지 귀찮게 해 드리게 되었으니 황공한 심정을 가누지 못하겠습니다.

증소[62] 김장에게 보내는 글 계축년(1733, 영조9) 3월

與橧樔金丈 癸丑三月

이름은 신겸(信謙)이다.

주자(朱子)가 장남헌(張南軒)에게 준 글에 "마음이 보존되어 있을 때는 사려(思慮)가 아직 싹트지 않았어도 지각(知覺)은 어둡지 않다. 이것은 정(靜) 가운데의 동(動)으로, 〈복괘(復卦)〉를 통해서 천지의 마음을 알 수 있다[63]고 하는 것이다.〔方其存也 思慮未萌而知覺不昧 是則靜中之動 復之所以見天地之心也〕"라고 하였습니다.-〈양관설(養觀說)〉[64]에도 같은 말이 나온다.- 이것은 미발(未發)을 〈복괘〉에 소속시킨 것입니다. 그런데 여자약(呂子約)에게 답한 글에는 "지극히 고요한 때에는 능지(能知)·능각(能覺)하는 것만 있을 뿐, 소지(所知)·소각(所覺)하는 일은 없다. 이것은 《주역》의 괘 중에 순곤(純坤)이면서 양(陽)이 없지 않은 상이다. 만약 〈복괘〉를 논한다면 소지·소각이 있는 것을 가지고

62 증소(橧樔) : 영조 대의 학자인 김신겸(金信謙, 1693~1738)의 호인데, 증천(橧泉)이라고도 한다. 김신겸은 김창업(金昌業)의 아들로, 자는 존보(尊甫)이고, 시호는 문경(文敬)이다. 백부 김창집(金昌集)이 신임사화(辛壬士禍)로 사사(賜死)될 때 연좌되어 유배되었다가, 1725년(영조1)에 풀려나와 교관(敎官)에 임명되었으나, 응하지 않고 후진을 양성하며 여생을 마쳤다.

63 복괘(復卦)를……있다 : 《주역(周易)》 〈복괘 단사(彖辭)〉에 "〈복괘〉를 통해서 천지의 마음을 알 수 있다.〔復 其見天地之心乎〕"라는 말이 나온다.

64 양관설(養觀說) : 원래의 제목은 〈정자양관설(程子養觀說)〉이라고 하는 소론(小論)이다. 《회암집(晦菴集)》 권67에 수록되어 있다.

해당시켜야 할 것이다.……〔至靜之時 但有能知能覺者 而無所知所覺之事 此於易卦爲純坤不爲無陽之象 若論復卦則須以有所知覺者當之……〕" 라고 하였습니다.-《중용혹문(中庸或問)》에도 같은 말이 나온다.- 이것은 미발(未發)을 〈곤괘(坤卦)〉에 소속시키고, 소지(所知)·소각(所覺)이 있는 것을 〈복괘(復卦)〉에 해당시킨 것입니다.

전설(前說)과 후설(後說)이 실로 완전히 다른데, 예전에 읽을 때마다 이 대목에 이르면 후설이 바로 정론(定論)이요, 전설은 끝내 타당하지 못한 점이 있다고 생각하였습니다. 그리고 정자(程子)의 여러 설(說)과도 같지 않으니, 아마도 초년(初年)의 의론이 아닌가 여기기도 하였습니다.

그러다가 지난번에 《경례문답(經禮問答)》을 보니, 그 안에서 이 의리를 정면으로 논하기를 "미발(未發)에는 두 가지 경우가 있다. 가령 눈에 보이기는 하지만 보려고 하는 마음이 일어나지 않거나, 귀에 들리기는 하지만 들으려고 하는 마음이 일어나지 않는 것은 바로 주자가 말한 '순곤(純坤)이면서 양(陽)이 없지 않은 것'이다. 또 보려고 하는 마음과 들으려고 하는 마음이 있기는 하지만, 희로(喜怒)의 감정이 아직 나타나지 않았다면, 이것도 미발이 되는 데에는 아무 상관이 없는데, 이것은 주자가 말한 '〈복괘(復卦)〉를 통해서 천지의 마음을 알 수 있다.'라는 것이다.……" 하였습니다.-대의(大意)는 이와 같다.- 그리고 그 아래에 주자의 설을 많이 인용하여 이것을 증명하고 있었습니다.

이와 같이 본다면 참으로 뜻이 통할 수 있을 것 같기도 합니다. 그러나 정자(程子)의 "재사(才思)는 바로 이발(已發)이다."라는 설을 가지고 살펴본다면, 보는 것이 있고 듣는 것이 있는 이것을 어떻게 미발이라고 말할 수 있겠습니까. 주자는 평생토록 정자의 이 말을 매우 좋아하였습니다. 그리고 여자약(呂子約)과 시청(視聽)에 대해 논한 글에서도 "마음속에 생각이 있게 되는 것은 바로 귀로 듣는 일이 있는 것이나 눈으로 보는 일이 있는 것과 똑같은 경우에 해당하는데, 하나라도 이런 일이 있으면 그것은 미발이 될 수가 없다.……〔心之有思 乃與耳之有聽目之有視爲一等時節 一有此則不得爲未發……〕" 하였으니, 그 말이 더욱 분명하고 절실하기만 합니다.

우옹(尤翁 송시열(宋時烈))이 《경례문답(經禮問答)》에서 인용한 주자의 설이 어떠한 것이었는지 자세히 기억할 수는 없습니다만, 지금 이 말이야말로 주 선생이 직접 쓴 글이요 또 평생에 걸친 대의론(大議論)이라고 할 것이니, 이보다 더 믿고 따를 수 있는 것이 어디에 있겠습니까. 우옹의 설은 아무리 반복해서 추구(推究)해 보아도 끝내 이해할 수가 없습니다. 어쩌면 내가 너무나도 어리석고 침체된 나머지 제대로 융회(融會)하지 못해서 그런 것입니까? 가르침을 내려 주시면 다행이겠습니다.

주자의 전후(前後)의 설이 판이(判異)한 것을 다시 자세히 살펴보니, 그것은 단지 〈곤괘(坤卦)〉와 〈복괘(復卦)〉로 나누어 소속시킨 것이 달랐을 뿐, 거기에서 논한 미발(未發)의 경계는 당초 같지 않은 것이 없었습니다. 거기에서 "사려가 싹트지 않았어도 지각은 어둡지 않다.〔思慮未萌而知覺不昧〕"라고 말한 것은, 사려가 비록 싹터서 발동하지 않았다 할지라도 지각은 또한 혼매(昏昧)하지 않다는 말로, 마치 텅 비어 형체가 없는〔沖漠無朕〕 가운데 만상(萬象)이 삼연(森然)히 갖추어진 것과 같다는 뜻이니, 이것이 바로 능지(能知)·능각(能覺)하는 것만 있을 뿐 소지(所知)·소각(所覺)하는 일은 없다고 하는 것이요, 이것이 바로 보이고 들리기는 하지만 보려 하고 들으려 하는 마음은 일어나지 않는다고 하는 것입니다. 그러고 보면 우옹이 미발에는 두 가지가 있다고 말한 것은 의리가 어떻게 되는 것인지 따져 보지 않은 것이요, 주자의 본의(本意)에 대해서도 깊이 살펴보지 못한 점이 있는 것 같습니다. 이 점에 대해서 어떻게 생각하십니까?

병계[65] 윤장에게 보내는 글 신사년(1761, 영조37) 2월

與屛溪尹丈 辛巳二月

이름은 봉구(鳳九)이다.

최근에 박생 수천(朴生修天)을 통해서 요즘 어떻게 지내시는지 자세히 듣고 보니, 황홀하게 함장(函丈)[66] 사이에서 직접 가르침을 듣는 것만 같습니다. 10여 년 이래로 사문(斯文)의 장로(長老)가 거의 모두 조락(凋落)한 가운데 오직 문하(門下)께서 우뚝 서 계시니, 우러러 기대하는 마음이 예전보다 갑절이나 더합니다.

한편 나름대로 혼자 생각해 보건대, 유소년(幼少年) 시절에 도(道)를 지향하며 발원(發願)한 것이 진절(眞切)하지 않은 것은 아니었지만 실행에 힘쓰지 않은 결과 늙어 가면서도 세상에 알려지는 일이 없게 되었습니다.[67] 지금 와서는 상중(喪中)의 남은 목숨[68]이 형해(形骸)만

65 병계(屛溪) : 영조 대의 문신인 윤봉구(尹鳳九, 1681~1767)의 호이다. 윤봉구는, 자는 서응(瑞膺)이고 구암(久菴)이라는 다른 호가 있다. 권상하(權尙夏)의 문인으로, 이른바 강문팔학사(江門八學士)의 한 사람으로 일컬어졌으며, 한원진(韓元震)·채지홍(蔡之洪)·현상벽(玄尙璧) 등과 함께 호론(湖論)의 중심인물이 되어 인물성이론(人物性異論)을 주장하였다. 저서에 《병계집(屛溪集)》, 《화양존주록(華陽尊周錄)》이 있다.

66 함장(函丈) : 선생과 제자 사이의 거리가 1장(丈) 정도 떨어져 있다는 말로, 강학(講學)하는 장소를 뜻한다.

67 늙어……되었습니다 : 《논어》 〈자한(子罕)〉에 "후생을 두렵게 여겨야 할 것이니, 앞으로 후생들이 지금의 나보다 못하리라고 어떻게 장담할 수 있겠는가. 그러나 40세나 50세가 되도록 세상에 알려지는 일이 없는 사람이라면, 또한 두려워할 것이 없다고 하겠다.〔後生可畏 焉知來者之不如今也 四十五十而無聞焉 斯亦不足畏也已〕"라는 공자의 말이 나온다.

지니고 있을 뿐, 옛날에 들었던 사소한 것들도 모두 망실(忘失)하고 말았습니다. 그래서 쇠잔한 몸뚱이를 채찍질하며 백척간두에서 한 걸음 더 나아가려 해도, 끝내는 정신과 기력이 고무되지 못함을 느낄 따름이라서, 한밤중에 잠 못 이룰 때마다 지난날의 씩씩했던 마음을 떠올리며 미상불 개연히 장탄식을 발하곤 합니다.

그렇긴 하지만 도를 지향하는 나의 생각이 또한 감히 이 때문에 조금이라도 나태해져서는 안 될 일입니다. 만약 문하를 가까이 모시고 날마다 지론(至論)을 들으면서 보고 감동하여 덕이 진보하게 하고, 학문을 강명(講明)하여 의문이 해소되게 한다면, 죽기 전에 조문(朝聞)[69]의 소원을 풀 수 있을 법도 한데 서로 떨어져서 쓸쓸히 바라보기만 할 뿐, 뜻을 이룰 길이 없습니다. 그래서 바람결에 문하가 계신 곳을 향해 마음이 달려가곤 하면서, 어느 날이고 그리워하는 마음을 잊은 적이 없습니다. 모르겠습니다마는, 문하께서 혹 한마디 가르침을 내려서 깨우쳐 주실 수 있을는지요? 앙모(仰慕)하는 마음을 금할 수가 없습니다. 박생(朴生)이 문하에 나아간다고 고하기에 그 편에 대략 이렇게 부쳐 올립니다.

68 상중(喪中)의 남은 목숨 : 녹문은 48세 되던 1758년(영조34) 겨울에 모친상을 당하였다.

69 조문(朝聞) : "아침에 도를 들으면 저녁에 죽어도 좋다.〔朝聞道 夕死可矣〕"라는 공자의 말을 요약한 것이다.《論語 里仁》

녹문집

제2권

書서

미호[1] 김공에게 보내는 글 을묘년(1735, 영조11) 12월

與渼湖金公 乙卯十二月

이름은 원행(元行)이다.

눈병이 이제는 다 나았는지요? 학업도 날로 진보하고 있겠지요? 척하(戚下)[2]는 그사이에 양지(養之)[3]와 함께 산사(山寺)에서 20일 동안 머물며 〈태극도(太極圖)〉와 〈서명(西銘)〉의 해설을 같이 읽었는데, 난숙(爛熟)하게 융회(融會)할 정도는 되지 못했지만 그래도 왕왕 전일에 견해가 이르지 못했던 곳을 보다가 의사(意思)가 시원하게 트이는 것을 꽤나 느꼈습니다. 단지 유감이라면 이 사이에 집사(執事)를 모시고서 이와 같은 즐거움을 더불어 함께하지 못했다는 것입니다. 의리(義理)가 통하지 않는 점이 있거나 토론해도 결론이 나지 않거나 할 때마

1 미호(渼湖) : 영조 대의 학자 김원행(金元行, 1702~1772)의 호이다. 김원행은 김창협(金昌協)의 손자로, 자는 백춘(伯春)이고 운루(雲樓)라는 다른 호가 있다. 시호는 문경(文敬)이다. 1722년(경종2) 신임사화(辛壬士禍)에 종조(從祖)인 김창집(金昌集)이 노론 사대신(老論四大臣)의 한 사람으로 사사(賜死)되고 일가가 모두 유배될 적에 모친의 배소(配所)에서 공부하였으며, 1725년(영조1)에 부조(父祖)가 신원(伸冤)된 뒤에도 벼슬길에 나아가지 않고 학문에만 힘썼다. 당시 호락(湖洛)의 학파 중에서 인물성동론(人物性同論)을 주장하는 낙론(洛論)을 지지하였으며, 그의 학풍은 주리(主理)와 주기(主氣)를 절충하는 경향을 보였다. 저서에 《미호집(渼湖集)》이 있다.

2 척하(戚下) : 편지를 보낼 때 척당(戚黨) 사이에서 자기를 낮춰 부르는 말이다.

3 양지(養之) : 영조 대의 문신인 홍자(洪梓, 1707~1781)의 자(字)이다. 홍자는, 본관은 남양(南陽)으로, 문과(文科) 급제 뒤에 대사간(大司諫)·승지(承旨)·한성부 좌윤(漢城府左尹)·대사간(大司諫) 등을 지냈다.

다 집사를 언급하지 않은 적이 한 번도 없었습니다.

양지(養之)는 총명하고 치밀해서 문자를 볼 때 그다지 힘을 들이지 않으니 참으로 얻기 힘든 인재라고 할 것인데, 여기에 또 기꺼이 도(道)에 마음을 두어 구습(舊習)을 탈피하려고 하니, 앞으로 얼마나 발전할지 어떻게 헤아리겠습니까. 글을 보내는 편에 다시 더 책려(策勵)하여 더욱 분발하게 하는 것이 어떻겠습니까?

지난번의 일을 되뇌며 언짢게 생각하는 일은 또 없으시겠지요? 주자(朱子)가 일찍이 말하기를 "어떤 일이 닥쳤을 때 의리를 헤아리지 않고 아무렇게나 응대하는 것은 바로 의(義)가 없는 것이요, 일단 응대한 뒤에 마음속에 품고서 놓아 버리지 못하는 것은 바로 명(命)이 없는 것이다.〔事至 不揆義理而胡亂應副 便是無義 旣應之後 留置心胸 不能放下 便是無命〕"라고 하였는데, 이 말이 지극히 친절하고 맛이 있습니다. 삼가 생각건대 집사께서는 이에 대해서 필시 충분히 강구하셨으리라고 믿습니다. 그러나 혹시라도 불평(不平)의 기운이 털끝만큼이라도 없어지지 않았을지도 모르겠는데, 그렇다면 일을 만날 때 그 감정이 촉발되면서 헤아릴 틈도 없이 잘못 응대하는 일이 있을 뿐만 아니라, 본원(本源)이 동요되고 기상(氣象)이 위축되면서 일신(日新)하는 공부에 크게 방해가 될 수도 있을 것입니다.

부디 다시 세밀히 살펴 함양(涵養)하는 공부에 깊이 힘을 기울이며 대본(大本)을 세우고 날마다 문자(文字)와 의리(義理)를 가지고 물을 대고 북돋아 주도록 하십시오. 그리하여 불평의 기운이 그 사이에 간여할 수 없게 한다면, 내외(內外)가 밝아지고 끝없이 상달(上達)하는 공부가 이루어져서, 혹 이보다 더 큰 사변(事變)이 닥칠지라도 모두 여유 있게 응대하며 자신의 마음이 흔들리지 않을 수 있게 될 것입니다. 모르겠습니다만, 어떻게 생각하십니까?

미호 김공에게 보내는 글
與渼湖金公

《맹자(孟子)》는 몇 권까지 읽으셨습니까? 서로 토의할 만한 의심나는 점은 없으십니까? 척하(戚下)는 며칠 전에 돌아오자마자 매우 피곤해서 아직 학업의 일정에 임하지 못하고 있습니다. 다만 일상생활 중에 잠시도 떨어질 수 없는 것이 있음을 더욱 느끼는데, 그중에서도 '근독(謹獨)'이라는 두 글자가 더욱 절실하게 다가옵니다. 옛사람이 심광체반(心廣體胖)[4]하고 나아가 천지(天地)의 반열에 참여하며 천지의 화육(化育)을 돕는 경지[5]에 이를 수 있었던 것도 모두 여기에서 벗어나지 않습니다. 그런데 눈으로 볼 때에는 자못 분명히 깨닫겠는데, 단지 내 몸에서 바로 득력(得力)하지 못하고 있을 뿐입니다. 만약 이처럼 싹이 트며 조짐이 보이는 기회에 날마다 자기를 이기는 일에 친숙하여 계발(啓發)해 나갈 수 있다면 발전할 희망이 보일 텐데, 그렇게 하지 못하고 있으니 이를 어떻게 하면 좋습니까.

4 심광체반(心廣體胖) : 마음속이 널찍하게 관대해지고 신체가 여유 있게 펴진다는 뜻으로, 부끄러울 것이 하나도 없는 군자의 모습을 표현한 말인데, 《대학장구(大學章句)》 전 6장에 나온다.

5 천지(天地)의……경지 : 《중용장구(中庸章句)》 제22장에 "자기의 성을 극진히 할 수 있으면 타인의 성을 극진히 할 수 있으며, 타인의 성을 극진히 할 수 있으면 사물의 성을 극진히 할 수 있으며, 사물의 성을 극진히 할 수 있으면 천지의 화육을 도울 수 있으며, 천지의 화육을 도울 수 있으면 천지와 더불어 같은 반열에 참여할 수 있다.〔能盡其性 則能盡人之性 能盡人之性 則能盡物之性 能盡物之性 則可以贊天地之化育 可以贊天地之化育 則可以與天地參矣〕"라는 말이 나온다.

미호 김공에게 답하는 글 정사년(1737, 영조13) 9월

答渼湖金公 丁巳九月

"양성하고 해치는 일이 없게 한다.〔養而無害〕"[6]의 '무해(無害)'를 주자(朱子)는 '작위가 없게 하는 것〔無作爲〕'으로 풀었는데, 나는 이 해설이 지극히 좋다고 생각합니다. 왜냐하면 대개 이 호연장(浩然章)의 대지(大旨)는 전적으로 양기(養氣)에 있는데, 양기의 공(功)은 전적으로 집의(集義)[7]에 있고, 집의의 방법은 또 전적으로 물망(勿忘) 물조(勿助)[8]에 있기 때문입니다. 그러므로 주자가 집의를 양기(養氣)의 단두(丹頭)로 삼고, 물망 물조를 집의의 화법(火法)으로 삼은 것입니다. 이것이 바로 이 호연장의 골자입니다.

그렇기 때문에 맹자(孟子)가 본디 아래에서 상세히 설명하려고 하면서, 먼저 상문에서 "정직한 것으로 양성하고 해치는 일이 없게 한다.〔直

6 양성하고……한다 : 《맹자》 〈공손추 상(公孫丑上)〉의 호연장(浩然章)에 "호연지기(浩然之氣)의 속성은 지극히 크고 지극히 강하다. 따라서 정직한 것으로 양성하고 해치는 일이 없게 하면, 천지 사이에 가득 차게 된다.〔其爲氣也 至大至剛 以直養而無害 則塞于天地之間〕"라는 말이 나온다.

7 집의(集義) : 의로운 언행이 많이 축적되는 것을 말한다. 《맹자》 〈공손추 상〉의 호연장에 "호연지기는 의로운 언행이 많이 모여서 생기는 것이다.〔是集義所生者〕"라는 말이 나온다.

8 물망(勿忘) 물조(勿助) : 마음속으로 잊지도 않고 조장(助長)하지도 않는 것을 말한다. 농사에 비유하면, 잊는 것은 농부가 아예 밭을 돌보지 않는 것이며, 조장하는 것은 밭에 자라는 곡식을 빨리 자라게 하기 위하여 고갱이를 뽑아 올리는 것〔揠苗〕과 같다는 말이 《맹자》 〈공손추 상〉의 호연장에 나온다.

養無害〕"라는 말로 대강(大綱)을 제시한 것인데, '직양(直養)'은 곧 집의(集義)요 '무해(無害)'는 곧 물조(勿助)이니, 상하의 문리(文理)가 일맥관통(一脈貫通)한다고 할 것입니다.

그리고 가령 "기가 포악하게 되도록 자극하지 말라.〔無暴其氣〕"라고 한 것도 전적으로 엎어지고 달리는 것〔蹶趨〕과 같은 종류를 가리켜 말한 것이 아니라,[9] 기(氣)를 기르지 않으면 안 된다는 뜻을 개략적으로 말한 것이니, 이는 집주(集註)에서 "기를 양성해야 한다.〔致養其氣〕"라는 내용으로 해설한 것을 통해서도 알 수가 있습니다. '궐추(蹶趨)'를 언급한 것은, 맹자의 생각에는 단지 외면(外面)의 살펴보기 쉬운 곳부터 말함으로써, 그 기(氣)가 또한 뜻〔志〕을 흔들리게 할 수 있음을 밝히려고 한 것일 뿐이니, 그것이 또한 양기(養氣)와 전혀 관계없는 말은 아니라고 할지라도, 원래 이 장(章)의 종지(宗旨)는 아닌 것입니다.

동작(動作)과 언소(言笑)를 많이 하는 것이나 힘에 부치는 일을 하려고 하는 것도 단지 '궐추'의 종류일 따름이니, 보내신 글에서 힘에 부치는 일을 하는 것은 조장(助長)에 속한다고 한 것은 타당한 말이 아닐 듯싶습니다. 주자(朱子)의 설 중에 "단지 50리만 갈 수 있는 사람

9 가령……아니라 : 《맹자》 〈공손추 상(公孫丑上)〉 호연장(浩然章)에 "뜻은 기운의 통수자요, 기운은 몸을 채워 주는 것이다. 따라서 뜻이 우선이요, 기가 그다음이다. 그런 까닭에 뜻을 확고하게 견지하면서도 그 기가 포악하게 되도록 자극하지 말라고 한 것이다.〔夫志氣之帥也 氣體之充也 夫志至焉 氣次焉 故曰持其志 無暴其氣〕"라는 말과 "뜻이 전일해지면 기를 움직이게 되고 기가 전일해지면 뜻이 움직인다. 이제 엎어지고 달리고 하는 것은 기이지만, 도리어 그 마음을 흔들리게 하는 것이다.〔志壹則動氣 氣壹則動志也 今夫蹶者趨者是氣也 而反動其心〕"라는 말이 나온다.

이 무작정 100리를 가려고 한다."라고 말한 대목이 있는데, 이런 것이 바로 힘에 부치는 일을 하려고 하는 것입니다. 모르겠습니다만, 어떻게 생각하십니까?

미호 김공에게 답하는 글 무오년(1738, 영조14) 가을
答渼湖金公 戊午秋

명덕(明德)[10]을 요약해서 말하면, 단지 이 마음의 전체(全體)라고 할 것이니, 정(靜)의 상태에서는 온갖 이치를 두루 갖추고 있다가 일단 동(動)하게 되면 사단(四端)이 밝게 드러나며, 밝게 빛나 찬란한 가운데 한량(限量)이 없고 혼매(昏昧)하지 않은 것입니다. 전적으로 기(氣)에 소속시켜도 물론 안 되겠지만 전적으로 이(理)에 소속시켜도 안 될 것이니, 심(心)과 성(性)을 합했다고 말하면 조금 근사하지만, 그래도 말이 정밀하지 못하다고 할 것입니다. 따라서 반드시 이 마음의 전체라고 말해야만 비로소 통령(統領)하는 것이 있게 되고 삼루(滲漏)하는 것이 없게 될 것입니다. 그리고 손님과 주인〔賓主〕이라는 말로 표현하는 것도 정확한 것이 되지 못한다고 하겠습니다.

이(理)는 물론 성인(聖人)과 범부(凡夫)가 모두 똑같은 것입니다만, 마음〔心〕도 어찌 일찍이 성인과 범부가 서로 다른 적이 있었겠습니까. 기(氣)가 만 가지로 다르다고 하는 것은 단지 혼백(魂魄)과 오장(五臟)과 백해(百骸)의 기(氣)를 가리켜 말한 것일 뿐이요, 이 마음의 본체(本體)를 말한 것은 아닙니다. 이 마음의 본체라는 것은 무엇이겠습니까? 그것은 즉 주자(朱子)가 "생하게 하는 소이를 얻어서 일신의 주로

10 명덕(明德) : 《대학(大學)》의 삼강령(三綱領)의 하나인 '명덕을 밝힌다〔明明德〕'의 '명덕'을 말한다.

삼지 않는 것이 없다.〔莫不得其所以生以爲一身之主〕"라고 말한 그것으로, 이(理)와 하나로 합해진 것입니다. 여기에 어떻게 청탁(淸濁)이나 후박(厚薄)이라고 말할 만한 것이 있을 수 있겠습니까. 가령 실제로 이 마음의 본체에도 청탁과 후박의 다양함이 있다고 한다면, 탁해지고 또 탁해지고 엷아지고 또 엷아질 경우 걸주(桀紂)와 도척(盜跖)의 지경에 이를 것이요, 그렇게 되면 완우(頑愚)하고 혼포(昏暴)한 것이 극에 이를 것이니, 돌아보건대 허령(虛靈)하고 통철(洞澈)하다는 일컬음에 방불한 것이 뭐가 있기나 하겠습니까. 그렇다면 이런 것을 어떻게 명덕이라고 말할 수가 있겠습니까.

마음〔心〕과 기질(氣質)이 둘이라고 말해도 물론 안 되겠지만, 하나라고 말해도 안 될 것입니다.

어째서 둘이라고 말을 하면 안 된다고 하는 것이겠습니까? 마음이라고 하는 것은 다른 것이 아니라 단지 기질의 양능(良能)일 뿐이니, 기질을 놔두고서는 따로 마음을 찾을 곳이 없기 때문입니다. 따라서 마음이 동작하고 운용하는 것은 전적으로 기질에 의지하니, 기질이 아니면 마음이 발용(發用)될 수가 없는 것입니다. 그렇기 때문에 외물(外物)이 일단 접촉하여 기기(氣機)가 발동하면 희로애락(喜怒哀樂)이 한결같이 기질을 따르게 되는 것인데, 금기(金氣)가 많은 자는 수오(羞惡)의 정에 치우치고 목기(木氣)가 많은 자는 측은(惻隱)의 정에 치우치니, 이는 이세(理勢)로 볼 때 필연적인 일인 것입니다.

어째서 하나라고 말을 하면 안 된다고 하는 것이겠습니까? 마음이 비록 기질을 벗어나는 것은 아니라고 할지라도, 일단 양능이라고 말을 하면 볼 수 있는 형체도 없고 들을 수 있는 소리도 없이 허령불매(虛靈

不昧)하고 신명불측(神明不測)하니, 이것을 또 어떻게 기질의 범위 안에 포함시킬 수 있겠습니까.

이런 까닭에 비록 혼폐(昏蔽)함이 극심하다고 하더라도 한순간에 번쩍 깨닫기만 하면 양능의 진체(眞體)가 우뚝 앞에 드러나게 되는 것입니다. 따라서 이에 의거하여 밝히면 기질을 변화시킬 수도 있고, 이를 확충하여 크게 하면 천지(天地)의 화육(化育)에 동참하며 도울 수도 있을 것이니, 그렇다면 기(氣)로 기(氣)를 구속한다는 의문은 변론하지 않아도 저절로 풀어질 것입니다.

혹자(或者)의 설은 바로 나의 주장의 대략을 소개한 것입니다. 대저 하늘에 있으면 신(神)이라고 하고 사람에게 있으면 심(心)이라고 하는 것일 뿐, 사실은 모두가 일개(一箇) 능(能)일 따름입니다. 그러므로 하늘을 가지고 말을 하면 생장수장(生長收藏)하는 것은 기(氣)요 생장수장할 수 있게 하는 것은 신(神)이라고 할 것이며, 사람을 가지고 말을 하면 희로애락(喜怒哀樂)하는 것은 기(氣)요 희로애락할 수 있게 하는 것은 심(心)이라고 할 것입니다. 그렇기 때문에 기(氣)에는 편정(偏正)이 있지만 소위 신(神)이라는 것에는 편정이 당초 있지 않고, 기(氣)에는 청탁(淸濁)이 있지만 소위 심(心)이라는 것에는 청탁이 당초 있지 않은 것입니다.

일기(一氣)의 근원에서 주재(主宰)하면서 만물 가운데에 두루 퍼져 있고, 방촌(方寸)의 내면에 환히 드러나 있으면서 일용(日用)하는 사이에 유행(流行)하는가 하면, 청탁과 편정이 있는 그 속에 그대로 기대면서 청탁과 편정이 없는 밖으로 멀리 벗어나는 것, 이 모두가 소위 일개 능(能)이라고 하는 것입니다.

그렇다면 능(能)이라고 하는 것은 과연 어떤 물건이겠습니까? 이(理)라고 말하려 하면 이는 하는 일〔爲〕이 없는 반면에 능(能)은 하는 일이 있고, 기(氣)라고 말하려 하면 기는 자취〔迹〕가 있는 반면에 능은 자취가 없습니다. 그렇다고 해서 이도 아니고 기도 아니라고 말하려 하면 이와 기를 떠나서 따로 존재할 수 있는 물건은 없습니다.

그렇다면 소위 능(能)이라고 하는 것은 과연 어떤 물건이겠습니까? 그것은 단지 기(氣)의 영(靈)이요 이(理)의 묘(妙)라고 말하면 될 것입니다.-이(理)의 묘(妙)는 이(理)가 묘하게 운용될 수 있게 하는 것이다. 주자(朱子)도 "이(理)에 비해서는 약간 자취가 있고, 기(氣)에 비해서는 자연히 또 신령스럽다.〔比理微有迹 比氣自然又靈〕"라고 하였으니, 기보다 특별히 신령스러운 것임을 알 수 있다.-

대저 천지가 만물을 낼 적에는 이(理)로 주(主)를 삼고 기(氣)로 재(材)를 삼을 뿐입니다. 따라서 이 둘 사이에 다시 이른바 영(靈)과 묘(妙)라는 것이 있게 한다면 군더더기 비슷하게 되지는 않겠습니까. 하지만 이기(理氣)가 교접하면서 인물(人物)을 생성할 적에 작용하는 그 관건은 오로지 이 능(能)에 있다고 해야 할 것입니다. 이(理)라고 하더라도 이 능이 없으면 소위 이라고 하는 것도 현허(玄虛)하여 쓸모가 없게 되고, 기(氣)라고 하더라도 이 능이 없으면 소위 기라고 하는 것도 딱딱하게 굳어서 죽은 물건이 되고 말 것이며, 천지(天地)에 이 능이 없으면 조화(造化)를 행할 수가 없고, 인물(人物)에 이 능이 없으면 지각(知覺)할 수가 없을 것입니다. 이것이 바로 귀신장(鬼神章)이 《중용(中庸)》의 골자가 되고, '명덕(明德)'이라는 두 글자가 《대학(大學)》의 종지(宗旨)가 되는 까닭이라고 하겠습니다.

그런데 주자(朱子)가 해설한 것을 보면 다시 불견불문(不見不聞)이 곧 그렇게 되게 하는 은(隱)이라고 하고,[11] 허령지각(虛靈知覺)이 곧 생하게 하는 체(體)라고 하고 있습니다.-주자의 《경연강의(經筵講義)》에 "인물(人物)이 생하매 생하게 하는 소이를 얻어서 일신(一身)의 주(主)로 삼지 않는 것이 없다.……〔人物之生 莫不得其所以生者 以爲一身之主……〕" 하였다.- 그러고 보면 소위 능(能)이라는 것이 필경 귀결되는 곳을 찾아본다면 바로 충막무짐(沖漠無朕)의 이(理)나 인의예지(仁義禮智)의 성(性)과 완전히 일치하는 것임을 알 수가 있습니다.

대개 영(靈)이라고 하고 묘(妙)라고 하면 기분(氣分)과 관련이 없지 않은 느낌이 들 수도 있지만, 사실은 소위 영과 묘라고 하는 것은 당초 볼 수 있는 형영(形影)이나 듣고 맡을 수 있는 성취(聲臭)가 있는 것이 아니라 자연히 그러한 것〔自然恁地〕으로,-《어류(語類)》에 "양능(良能)은 자연히 그러한 것이다.〔良能是自然恁地〕"라고 하였다.- 양자(兩者)가 있기 때문에 헤아릴 수 없게 되는 것입니다.[12]-횡거(橫渠)가 신(神)에 대해 논하면서 "양자가 있기 때문에 헤아릴 수 없게 되는 것이다.〔兩在故不測〕"라고 하였다.- 기(氣)에는 미(微)와 현(顯)의 차이가 있지만 이(理)에는 통(通)과 국(局)의 다름이 없습니다. 그래서 선유(先儒)의 논을 보면 '이와 합해서 말한 것〔與理合而言之〕'이 많습니다.

주자(周子)는 말하기를 "동(動)하면 정(靜)이 없고 정하면 동이 없

11 불견불문(不見不聞)이……하고 : 《중용장구》 제16장의 귀신의 덕을 해설하는 부분에 나온다. 은(隱)은 체(體)와 같다. 《중용장구》 제12장에 은(隱)은 '체가 은미한 것〔體之微〕'이라는 해설이 나온다.

12 양자(兩者)가……것입니다 : 《주역(周易)》 〈계사전 상(繫辭傳上)〉의 "음과 양의 헤아릴 수 없음을 신이라고 한다.〔陰陽不測之謂神〕"라는 말을 횡거(橫渠) 장재(張載)가 해설한 것이다.

는 것은 물(物)이다. 동하되 동하지 않고 정하되 정하지 않은 것은 신(神)이다. 물은 국한되어 통하지 못하지만, 신은 만물 속에서 묘하게 작동한다.〔動而無靜 靜而無動者 物也 動而無動 靜而無靜者 神也 物則不通 神妙萬物〕"[13]라고 하였고, 소자(邵子 소옹(邵雍))는 "마음이 태극이다.〔心爲太極〕"라고 하였습니다. 주자(朱子)의 설을 보면, 소위 능(能)과 소(所)의 구분이 있기는 하지만, 혹인(或人)의 형이상(形而上)과 형이하(形而下)의 물음에 대해서 끝내 지정(指定)해서 설득한 것이 없습니다. 또 《대학혹문(大學或問)》에서도 성(性)과 심(心)에 대해서 똑같이 본체(本體)라는 글자를 사용하였을 뿐 다시 구별하지 않았으니, 이를 통해서도 그 뜻을 알 수가 있다고 하겠습니다.-일단 '합(合)'이라는 글자를 썼다면 능(能)과 이(理)가 참으로 분별되는 점이 없다고 할 수는 없을 것이다. 그러나 여기서 말하는 '합(合)'이라는 것은 이기(理氣)가 혼륜(渾淪)한 것을 일반적으로 말할 때의 경우와는 결코 같지 않다. 따라서 기(氣)에 속한다고 할지라도 미상불 이(理)라고 말할 수가 있으니, 이런 곳이야말로 지극히 정묘(精妙)하고 지극히 활락(活絡)[14]하게 살펴보아야 할 것이다.- 이렇게까지 논의가 진행되었으면, 조금 전에 말한 청탁(淸濁)과 편정(偏正)이라는 것도 자연히 설명할 필요가 없을 것입니다. 보내오신 글에서 일통일국(一通一局)이 어쩌면 이기(理氣)의 별칭 같다고 하셨는데, 이는 그야말로 지극히 타당한 말씀이라고 할 것이니, 또 무엇을 의심하겠습니까.

13 동(動)하면……작동한다 : 주돈이(周敦頤)의 《통서(通書)》 제16 〈동정(動靜)〉에 나온다. 대본은 '神妙萬物 物則不通'으로 되어 있는데, 《통서》에 의거하여 '物則不通 神妙萬物'로 순서를 바로잡았다.

14 활락(活絡) : 선입견을 버리고 툭 트인 마음으로 살피는 자세를 말한다.

기질(氣質)을 떨어 버리고 곧장 그 본체(本體)를 가리켜 말한다면, 물론 허령(虛靈)하고 통철(洞澈)해서 털끝만큼도 불선(不善)의 요소가 섞인 것이 없다고 할 것입니다. 그런데 기질을 합해서 일반적으로 그 말류(末流)를 말한다면, 그중에는 혹 추악해지거나 혼매해지는 경우도 있을 수 있는데, 그것이 비록 기질의 작용이라고는 하더라도, 그와 같이 될 수 있게 하는 것을 살핀다면 심(心)의 소위(所爲)가 아니라고 말할 수도 없을 것입니다. 이런 논리로 말한다면 심에 선악(善惡)의 요소가 있다고 말하는 것도 가능할 것입니다. 다만 어떤 사람은 이것을 가지고 마침내 말하기를 "심의 본체에도 청탁(淸濁)과 명암(明暗) 등의 다양한 요소가 들어 있다." 하는데, 이것은 결코 성인(聖人)의 뜻이 아닙니다. 주자(朱子)의 일설(一說)을 보면 "불선이 발동하는 것은 물론 심의 본체 때문이 아니다. 그러나 역시 심에서 나오는 것이다.〔不善之發 固非心之本體 然亦是出於心也〕"라고 하였고, 또 "심의 본체는 선하지 않은 적이 없다. 그러나 악이 전적으로 심이 아니라고 말할 수도 없다.〔心之本體 未嘗不善 又却不可說惡全不是心〕"라고 하였습니다. 이를 통해서 소견을 정할 수만 있다면, 이러쿵저러쿵 말도 안 되는 소리들에 모두 구애받지 않게 될 것입니다.

주자(朱子)가 명덕(明德)을 풀이한 것을 보면, 일단 "텅 비고 신령스러우며 어둡지 않다.〔虛靈不昧〕"라고 해 놓고는 또 반드시 "모든 이치를 구비하여 온갖 일에 대응한다.〔具衆理 應萬事〕"라고 합니다. 그 이유는, 허령불매(虛靈不昧)는 명덕의 체단(體段)이요 '구중리 응만사(具衆理 應萬事)'는 명덕의 실온(實蘊)인 만큼, 두 구를 합해야만 비로소 완비되기 때문입니다. 그러나 요약해서 말한다면, 단지 '허령불매'

라는 네 글자 속에 이미 하구(下句)의 내용이 포함되어 그 속에 들어 있다고 할 것입니다. 정(靜)한 가운데 만리(萬理)가 찬연히 갖추어진 것은 불매(不昧)의 체(體)요, 동(動)하는 상태에서 사단(四端)이 밝게 드러나는 것은 불매의 용(用)입니다. 따라서 다시 하구를 언급한 것은 정성(情性)과 공효(功效)의 내용을 극진히 설명하여 사람들이 쉽게 이해하게 하려는 의도에서입니다. 이것을 보면 심(心)이 성정(性情)의 주(主)가 되는 소이(所以)를 알 수 있는데, 주 선생이 경전을 해설하는 법을 보면 통령(統領)하는 것이 있고 삼루(滲漏)하는 것은 없습니다. 내가 이 마음의 전체를 가지고 명덕을 해설하는 것도 그렇게 크게 어긋나지는 않을 것입니다.

근래에 선배(先輩) 중에는 혹 영각(靈覺)의 의사(意思)로 명덕(明德)을 단정 짓고는, 중리(衆理)를 명덕 중에 갖추어진 물건으로 간주하기도 합니다. 그 말이 정묘(精妙)한 것처럼 보이지만, 깊이 음미해 보면 한쪽으로 치우쳐 위태롭게 기울어진 이론이니, 성현의 뜻이 결코 아니라고 할 것입니다. 그리고 그 본의(本意)야 물론 석씨(釋氏 불교)와 같지 않겠지만, 부지불각(不知不覺) 중에 양지(良知 선종(禪宗))의 기미를 풍길 우려가 다분하다고 여깁니다. 이 점에 대해서 어떻게 생각하십니까?

능(能)이라는 것은 바로 기(氣)의 영(靈)인데, 그렇다면 기를 따라서 등분(等分)이 있지 않은 것은 무엇 때문이라고 하겠습니까? 이에 대해서 한번 논해 보겠습니다. 기(氣)라는 것은 물(物)을 생(生)하는 재(材)이니, 재는 형체〔形〕를 가지고 있습니다. 능(能)이라는 것은 물을 생하는 기(機)이니,-'기(機)'라는 글자에는 정(精)하고 추(粗)한 양면의 뜻이 있다. 이 '기' 자는 응당 지극히 정한 측면의 뜻으로 보아야 할 것이다.- 기는 자취〔跡〕가 없습니다. 형체가 있는 것은 물(物)이고, 자취가 없는 것은 신(神)입니다. 이 때문에 기라는 물건은 위로 올라가면 하늘이 되고 아래로 내려오면 땅이 되니 하늘은 땅이 아니고 땅은 하늘이 아니며, 동(動)하면 춘하(春夏)가 되고 정(靜)하면 추동(秋冬)이 되니 춘하는 추동이 아니고 추동은 춘하가 아닙니다. 나아가 인물(人物)의 현우(賢愚)와 비잠(飛潛)하는 동식(動植)에 이르기까지 형형색색으로 같은 것이 있지 않은 것은 다른 이유에서가 아니라 바로 '물은 국한되어 통하지 않는다〔物則不通〕'는 사실 때문입니다.

가령 저 능(能)으로 말하면 당초 무슨 물(物)을 지닌 적이 있었겠습니까. 단지 만물(萬物)의 형기(形氣)의 작용을 묘하게 하면서 만물이 그렇게 될 수 있도록 하는 것〔能然之〕일 뿐입니다. 혹은 위로 올라가서 하늘에게 그렇게 될 수 있도록 하고, 혹은 내려와서 땅에게 그렇게 될 수 있도록 하며, 혹은 동(動)하여 춘하(春夏)에게 그렇게 될 수 있도록 하고, 혹은 정(靜)하여 추동(秋冬)에게 그렇게 될 수 있도록 합니다. 하늘에게 그렇게 될 수 있도록 하는 것은 곧 땅에게 그렇게 할 수 있도록 하는 것이며, 추동에게 그렇게 될 수 있도록 하는 것은 곧 춘하에게 그렇게 할 수 있도록 하는 것입니다. 나아가 인물의 현우와 비잠하는 동식 등 형형색색으로 서로 다른 만물에 이르기까지 그렇게 되도록 할 수 있는 능(能)은 단지 하나의 능일 따름이니, 이것은 바로 만물 속에서 묘한 작용을 하는 신〔神妙萬物〕이 그렇게 하는 것입니다.

이를 유추해서 말해 보겠습니다. 지금 저 사갈(蛇蝎)은 물(物) 중에서 가장 추악한 것이고, 인봉(麟鳳)은 물 중에서 가장 아름다운 것입니다. 그런데 물은 혼자서 나오지 못하고 반드시 나오게 하는 어떤 것이 존재합니다. 그렇다면 사갈과 인봉이 나오는 것도 본디 모두가 능(能)이 그렇게 하는 것일 터이니, 소위 능이라는 것 속에도 아름다움과 추악함이 존재하는 것 같기도 합니다. 그런데 그 근본을 구명해 보면 아름답게 하기도 하고 추악하게 하기도 하는 것은 기(氣)의 작용일 뿐이요, 능의 본체가 그런 것은 아닙니다. 무슨 이유로 그렇게 말하는 것이겠습니까?

대저 천지의 대덕(大德)은 생성(生成)하는 것이라고 말할 수 있습니다. 그런데 능(能)이라는 것은 바로 조화(造化)가 끝없이 생생(生生)하는 기(機)인 것입니다. 그러므로 이기(二氣 음양)와 오행(五行)이 분분하게 교착(交錯)하여 비양(飛揚)하고 등도(騰倒)할 적에 끝없이 생생하는 그 기는 항상 그 가운데에 잠복하고 있습니다. 혹은 편(偏)하고 혹은 정(正)하며 혹은 청(淸)하고 혹은 탁(濁)하게 하면서 형기(形氣)가 무궁하게 만 가지로 변할 적에, 소위 끝없이 생생하는 그 기(機)는 털끝만큼이라도 간단(間斷)하는 일이 없고 한순간이라도 정지(停止)하는 적이 없습니다.

그러므로 기(氣)가 지극히 아름다운데 이 기(機)가 여기에 잠복해 있으면 이것은 인봉이 되는 것이고, 기(氣)가 지극히 추악한데 이 기(機)가 여기에 잠복해 있으면 사갈이 되는 것입니다. 인봉이 되고 사갈이 되는 것은 오직 형기(形氣)의 미악(美惡)에 달려 있습니다만, 그렇게 생(生)하게 하는 것은 단지 조화(造化)가 끝없이 생성하는 본연의 일개 기(機)일 따름입니다. 따라서 사갈을 생하게 하는 소이(所以)는 바로 인봉을 생하게 하는 소이이니, 인봉의 마음이 미상불 사갈에게도 갖추어져 있다고 할 것입니다.

생각하면 사람의 경우도 마찬가지입니다. 요(堯)가 되고 걸(桀)이 되는 것은 인봉(麟鳳)이 되고 사갈(蛇蝎)이 되는 것과 그 이치가 동일합니다. 그런데 걸을 생하게 하는 소이는 곧 요를 생하게 하는 소이이니, 요의 마음이 미상불 걸에게도 보존되어 있다고 할 것입니다. 그러므로 비록 잔포(殘暴)함이 극에 이르렀다고 하더라도 소위 본연(本然)의 기(機)는 미상불 일용지간(日用之間)에 발현되는 것입니다. 잔포한 측면에 대해서 말한다면, 그렇게 잔포하게 되는 것은 원래 형기(形氣)가 작동하는 것일 뿐이요, 이 잔포함이 발동하게 하는 소이는 실로 측은지단(惻隱之端)으로서 끝없이 생성하여 마지않는〔生生不已〕 기(機)인 것인데, 다만 형기에 엄폐되어 그 본체(本體)를 잃었기 때문에 잔포하게 되는 것입니다.

또 희로(喜怒)의 감정을 가지고 말해 보겠습니다. 외물(外物)이 잠깐 사이에 얼핏 접촉하면 희로가 별안간에 불쑥 발동합니다. 희로의 감정이 혹은 선하고 혹은 악한 것은 형기(形氣)의 작용입니다만, 이 희로를 발동하게 하는 소이로 말하면, 선악을 막론하고 별안간에 일어나는 것은 곧 모두가 수연(粹然)히 생생(生生)하는 기(機)인 것입니다. 대개 이 기(機)가 없으면 외물이 접촉하더라도 딱딱하게 굳어서 작동할 수가 없으니, 이렇게 되면 천지(天地)의 생생(生生)의 이(理)가 끊어지는 것입니다. 작동한 뒤에 불선(不善)이 있게 되는 것은 바로 형기가 주관하고 기(機)가 곧장 펼쳐지지 못하기 때문이요, 기(機)가 본래 그러하기 때문은 아닙니다. 이것이 바로 주자가 '바야흐로 동하는 곳이 바로 측은이 된다〔方動處是惻隱〕'는 설을 제기하게 된 소이입니다. 그러므로 학자가 공력을 쏟을 적에 그 선단(善端)이 발하는 것에 의거하여 자신을 돌아보고 점검해야 할 것이니, 이렇게 해서 스스로 그 주재(主宰)를 세우고 그 기질(氣質)을 변화시킨다면, 소위 생생(生生)하는 본연(本然)의 체(體)가 나의 몸속에 다시 혼연(渾然)히 보존될 것입니다.

대개 형(形)이 있는 것은 방(方)이 있고 체(體)가 있습니다. 방이 있고 체가 있으면 국(局)이 정해져서 바뀔 수가 없습니다. 국이 정해져서 바뀔 수가 없으면 만 가지로 다양하여 서로 같지 않게 됩니다. 적(迹)이 없는 것은 방도 없고 체도 없습니다. 방도 없고 체도 없으면 신묘(神妙)해서 측량할 수가 없습니다. 신묘해서 측량할 수가 없으면 기(氣)를 묘하게 운용하면서도 기에 저촉되지 않고 물(物)에 있으면서도 물에 구애되지 않습니다. 그것이 체(體)가 되는 것은 만물이 모두 한가지이니, 이것은 바로 이(理)의 필연(必然)인 것입니다. 그렇다면 소위 능(能)이라는 것이 과연 등분(等分)할 수 있는 성격의 것이겠습니까.

소위 능(能)이라고 하는 것은 본시 삼재(三才 천지인(天地人))와 만물을 관통하는 것으로, 정(精)도 없고 추(粗)도 없으며 한량(限量)도 없고 분단(分段)도 없는데, 여기에 붙는 형기(形氣)는 원래 정이 있고 추가 있으며 원래 한량이 있고 분단이 있습니다. 그렇기 때문에 능(能)이 이 속에서 운용할 때에는 또한 그에 따라서 광활하고 편협하며 치우치고 온전한 차이가 없을 수 없는 것입니다.

따라서 천지(天地)의 됨됨이를 보면 형기 중에서 가장 정하고 가장 통하는 것을 제일 많이 얻어서 그 크기가 무한하기 때문에, 양능(良能)의 전체(全體)가 막힘없이 펼쳐져 사시(四時)를 행하고 만물을 기름에 각각 그 정대함을 얻게 된 것입니다.

생물(生物)의 종류 중에서는 오직 사람이 천지의 정대하고 통창(通

暢)한 기운을 얻어서 형체를 이루었습니다. 그래서 음(陰)을 등지고 양(陽)을 향하여 단직(端直)하고 정평(正平)하며, 심장(心臟)의 위치를 보더라도 일신(一身)의 가장 한가운데에 거하여 생기(生氣)가 이곳에 모여들고 혈맥(血脈)이 힘차게 뛰고 있습니다. 또 그 물건의 됨됨이를 보면 화정(火精)을 품부받아 중앙이 통하여 텅 빈 가운데 광명이 비추고 있습니다. 그렇기 때문에 양능의 전체가 이에 환히 드러나 통하지 않는 것이 없고, 이 때문에 수작하고 운용하면서 깨닫지 못하는 것이 없습니다. 그리하여 신명(神明)과 지각(知覺)이 허령(虛靈)하다는 일컬음이 이렇게 나오게 된 가운데 확연(廓然)히 천지와 그 크기를 같이하게 된 것입니다.

금수(禽獸)의 경우는 형기(形氣) 중에서 치우치고 막힌 것을 얻었으며, 심장을 보더라도 사람처럼 중앙이 통하여 텅 빈 가운데 광명이 비추고 있지 못합니다. 그렇기 때문에 양능의 전체가 미상불 갖추어지긴 하였지만 형기에 가로막힌 나머지 그 운용되는 것을 보면 사는 것을 좋아하고 죽는 것을 싫어하며 추위와 더위를 느끼고 배고픔과 배부름을 아는 정도에 불과합니다. 그리하여 어렴풋이 그 영상(影象)만 비칠 뿐, 본연(本然)의 양(量)은 채우지 못하고 있습니다.

초목(草木)의 경우는 또 형기 중에서 가장 치우치고 가장 막힌 것을 얻었으며, 혈맥이나 심장을 말할 만한 것도 가지고 있지 못합니다. 그렇기 때문에 어렴풋이 지각하는 것조차 없는 형편인데, 양능을 볼 수 있는 것이라고 해야 우거지고 시드는 것이나 꽃이 피고 지는 것이나 굴신(屈伸)하는 정도가 고작입니다.

그리고 조박(糟粕)이나 외신(煨燼)이나 와애(瓦壒)나 기명(器皿)의 종류로 말하면, 이것은 또 기(氣)가 이미 죽은 것이라서, 우거지고 시드는 것이나 꽃이 피고 지는 것조차도 볼 수가 없습니다. 그러나 그 가운데에도 자연히 취산(聚散)과 성괴(成壞)와 합벽(闔闢)과 동정(動靜)의 작용이 있고 보면, 바로 이것이 양능의 전체라고 할 것이니, 조박과 와애에는 이 심(心)이 없다고 말하면 안 될 것입니다.

대개 소위 능(能)이라고 하는 것이 비록 영묘(靈妙)하여 헤아릴 수 없다고 하더라도 볼 수 있는 형상(形象)이 없으므로, 발동하여 운용할 때에는 전적으로 형기에 의지하게 되니, 형기가 아니면 기대어 붙을 수가 없는 것입니다. 그러므로 천지의 형기가 있으면 천지의 운용이 있게 되고, 사람의 형기가 있으면 사람의 운용이 있게 되고, 금수와 초목의 형기가 있으면 금수와 초목의 운용이 있게 되고, 조박과 와애의 형기가 있으면 조박과 와애의 운용이 있게 되어, 혹은 광활하고 혹은 편협하며 혹은 치우치고 혹은 온전해지니, 이렇게 해서 분분하게 천 가지 백 가지로 다양하게 나뉘는 것입니다.

그런데 실제로 광활하고 편협하게 되거나 치우치고 온전하게 되는 것은 형기의 작용 때문입니다. 가령 저 능(能)으로 말하면, 여전히 정(精)도 없고 추(粗)도 없으며 한량(限量)도 없고 분단(分段)도 없으니, 광활하거나 온전하다고 해서 더 커지는 것도 아니고, 편협하거나 치우쳤다고 해서 더 작아지는 것도 아닙니다. 다만 형기에 구애를 받기 때문에 운용하는 면에서 차이가 없을 수 없을 뿐입니다. 따라서 그 구각(軀殼)을 없애 버린다면 하늘도 미상불 사람이 되고, 사람도 미상불 하늘이 될 것이며, 솔개도 진정 뛰게 할 수가 있고, 물고기도 진정 날게 할 수 있을 것이니, 소위 능(能)이라는 것은 어디를 가든 통하지 않는 곳이 없는 것입니다.-그 지극히 큰 것을 말한다면 천지(天地)의 생성(生成)이 바로 양능(良能)의 전체(全體)라고 할 것이요, 그 지극히 작은 것을 말한다면 일진

(一塵)의 동정(動靜)이 또한 양능의 전체라고 할 것이다. 형기의 측면에서 말한다면 일진을 천지와 비교할 때 같지 않은 것이 어떻다고 하겠는가. 그러나 양능의 차원에서 말한다면 일진의 동정이 바로 천지의 생성으로, 따로 둘이 있는 것이 아니다. 다만 형기에 대소가 있기 때문에, 일진의 동정이 단지 작게 된 것일 뿐이요, 천지의 생성에 허다한 조화가 있게 된 것일 뿐이다.-

사람의 지각(知覺)이 곧 하늘의 양능(良能)이요, 하늘의 귀신(鬼神)이 곧 사람의 심(心)이니, 지각과 양능 그리고 심과 귀신은 하나일 뿐입니다. 그러나 사람에게는 혈기(血氣)와 운동(運動)이 있기 때문에 심의 지각에 자취를 찾을 수 있는 영상(影象)이 있는 것처럼 여기는 반면에, 하늘에는 혈기와 운동이 없기 때문에 귀신의 양능에 특히 지적할 만한 조짐이 없는 것입니다. 예로부터 학자들이 이에 대해서 언제나 황홀하게 여기면서 의심하지 않을 수 없었는데, 이는 미혹(迷惑)이라고 할 것입니다.

그런데 끝까지 구명해 본다면 소위 지각이라는 것에도 언제 조짐이라는 것이 있었겠습니까. 적감(寂感)[15]하고 기멸(起滅)하는 즈음에 영상이 있는 것 같은 것은 모두 기질(氣質)의 작용일 뿐입니다. 지금 우선 일반적으로 말한다면, 외물(外物)이 교대로 다가와서 희로애락

15 적감(寂感) : 적연부동(寂然不動)과 감이수통(感而遂通)을 줄인 말로, 각각 정(靜)과 동(動)에 대응하는 말인데, 마음의 체(體)와 용(用)을 비유할 때에도 곧잘 쓰이는 성리학의 용어이다. 《주역》 〈계사전 상(繫辭傳上)〉에 "역은 생각도 없고 하는 것도 없어서, 고요히 움직이지 않고 있다가, 느끼게 되면 마침내 천하의 일을 통하나니, 천하의 지극히 신령스러운 자가 아니면 그 누가 여기에 참여할 수 있겠는가.〔易 无思也 无爲也 寂然不動 感而遂通天下之故 非天下之至神 其孰能與於此〕"라는 말이 나온다.

(喜怒哀樂)과 시청언동(視聽言動)이 분분하게 뒤섞여 일어나는 것은 형기(形氣) 때문이라고 할 것이요, 기뻐할 만하고 성낼 만하고 슬퍼할 만하고 즐거워할 만하다는 것을 제대로 알게 하는 것, 혹은 보고 혹은 듣고 혹은 말하고 혹은 움직이는 것을 깨닫게 하는 것은 바로 지각(知覺)이라고 할 것입니다.

심(心)의 측면에서 말한다면, 밝게 빛나고 환히 드러나서 형체를 비추고 물건을 비추는 것〔照形燭物〕은 화기(火氣)의 광영(光影)이요, 벽합(闢闔)하고 신굴(伸屈)하면서 과거를 거울삼아 미래를 예견하게 하는 것〔藏往知來〕은 혼백(魂魄)의 작용입니다. 그리고 이 광영을 가지고 제대로 조형촉물(照形燭物)할 수 있게 하고, 이 혼백을 가지고 장왕지래(藏往知來)할 수 있게 하는 것은 바로 지각입니다.

미발(未發)의 시점에 나아가서 말해 보건대, 기우(器宇)가 안정되어 빛을 발하며[16] 병연(炳然)하고 삭연(爍然)하는 그 모습으로 말하면, 마치 촛불이 등롱(燈籠) 속에서 비치듯 광활하고 협소한 차이가 드러나지 않고, 못물이 고요히 물결치듯 빠르고 느린 차이가 보이지 않는데, 그것이 비록 지극히 미묘하다고 하더라도, 그 경지를 요약하면 그것은 심장(心臟)의 광영(光影)일 뿐입니다. 그렇게 병연하고 삭연하는 가운데에 자연히 능지(能知)하고 능각(能覺)하며 활화(活化)하고 유동(流動)하는 기(機)가 있어서 그 위에 말없이 존재하여 영령(靈靈)하고 묘묘(妙妙)하고 신신(神神)하고 명명(明明)하니, 이것이 바로 지각(知覺)입니다. 대저 병연하고 삭연하는 것과 영묘하고 신명한 것이,

16 기우(器宇)가……발하며 : 《장자(莊子)》 〈경상초(庚桑楚)〉에 "기우가 태평하고 안정된 자는 하늘의 빛을 발한다.〔宇泰定者 發乎天光〕"라는 말이 나온다.

그 형(形)은 다를 것이 없어 보이지만 사실상 병연하고 삭연하는 것은 광영(光影)의 의사(意思)이고, 영묘하고 신명한 것은 능(能)이 그렇게 만드는 현상입니다. 병삭(炳爍)이 아니면 영명(靈明)이 물론 드러날 수 없겠지만, 영명이 아니면 병삭이 또한 어떻게 조촉(照燭)할 수가 있겠습니까. 이것이 혼연(渾然)히 하나의 경계로서 인의(因依) 탄토(呑吐)하고 방불(彷佛) 영롱(玲瓏)한 중에서도 그 기상(氣象)과 의사가 각기 돌아가니, 이는 정밀하게 살펴야만 알 수 있는 것입니다.

대저 희로(喜怒)와 시청(視聽)이 분분히 뒤섞여 일어난다고 한 것, 조형촉물(照形燭物)의 광명(光明) 및 지래장왕(知來藏往)의 신굴(伸屈)이라고 한 것, 등롱(燈籠)의 촛불과 고요한 못물이 병연하고 삭연한다고 말한 것은 그 표현이 갈수록 정밀해지고 그 지경이 갈수록 사라졌다고 하겠습니다만, 이것들은 모두 영상(影象)을 벗어나지 못한다고 할 것입니다. 그리고 여기에서 기질(氣質)의 계분(界分)을 돌려주고 나면 그 나머지로써 지각으로 돌아가는 것은 자연히 하나의 능지하고 능각하며 영묘하고 신명한 것일 뿐인데, 소위 능지하고 능각하며 영묘하고 신명한 것은 또 단지 천지(天地)의 생생(生生)하는 기(機)요 음양(陰陽)의 본연(本然)의 영(靈)으로, 지허(至虛)하고 지미(至微)하여 이(理)와 하나로 합쳐지는 것입니다. 여기에 어떻게 조짐(兆朕)을 말할 만한 것이 있겠습니까. 그렇다면 귀신(鬼神)의 양능(良能)과 비교할 때 털끝만큼이라도 어긋나는 점이 어디에 있다고 하겠습니까.

혹자는 의심하기를 "주자(朱子)가, 심(心)이 화정(火精)을 품부받았다고 하였고 보면, 이것은 하나의 기(氣)에 치우쳤다는 인상을 지울 수 없는 만큼, 자취를 찾아볼 만한 영상(影象)이 없다고 할 수 없다."라고 할지도 모르지만, 이른바 화정을 품부받았다고 한 것은 바로 심장을 가리켜서 말한 것이요, 지각의 본체로 말하면 소위 오행(五行)의 정영(精英)이 바로 그것이라는 주자의 설이 또 있다는 사실을 전혀 모른 것입니다. 이것은 음양의 영(靈)이나 이기(二氣)의 양능이라고 표현한 어법과 똑같다고 할 것이니, 또 무엇을 의심할 것이 있겠습니까.

그렇다면 심장이 일단 화(火)에 속해 있는데 사덕(四德)을 운용할 수 있는 것은 또 어떻게 된 일입니까? 그것은 이렇게 설명할 수 있을 것입니다. 오행의 기(氣)가 각각 하나씩 전담하고 있다고 말하지만, 사실은 일행(一行) 속에 다른 사행(四行)의 요소를 미상불 모두 갖추고 있다고 할 것입니다. 더구나 사람의 일신(一身)에는 본시 혈기(血氣)와 경맥(經脈)이 관통하고 있는데, 심장이 또 일신의 중앙에 위치하여 백체(百體)의 추기(樞機) 역할을 하는 덕분에 혈맥(血脈)이 이로 인해 힘차게 뛰고 정기(精氣)가 이로 말미암아 오르내리는 데야 더 말해 무엇하겠습니까. 또 그 물건의 됨됨이를 보면 광명(光明)이 밝게 드러나서 형기(形氣)를 관장하기에 충분합니다. 그렇기 때문에 모든 지체(支體)의 운용(運用)과 장부(臟腑)의 동정(動靜)이 여기를 경유하지 않음이 없고, 지각의 전체(全體)도 마침내 이를 통해서 드러나는 것이니, 이것이 바로 오성(五性)을 포괄하고 칠정(七情)을 운용할 수 있는 소이라고 하겠습니다.

미호 김공에게 보내는 글 경신년(1740, 영조16) 윤6월
與渼湖金公 庚申閏六月

명도(明道 정호(程顥)) 선생이 원풍(元豐 송 신종(宋神宗)의 연호)의 대신(大臣)과 정사(政事)를 함께 행하는 것이 타당하다고 말한 데 대해서, 주자(朱子)가 논하기를 "이것은 성현이 쓰는 정대한 의리로, 임시방편의 권모술수가 아니니, 한 시대의 일을 이루기 위한 목적에서 나온 것이었다.〔此乃聖賢之用 義理之正 非姑爲權譎 苟以濟事於一時也〕"[17]라고 하면서 숭앙(崇仰)한 것이 지극하였습니다. 하지만 다른 날에 한 말을 보면 "이를 비유하건대 눈을 가리고 참새를 잡는 것과 같아서, 자기는 참새를 보지 못해도 참새는 바로 자기를 알아차릴 것이니, 이것은 모두가 졸렬한 생각이다.〔譬如掩目捕雀 我不見雀 雀却見我 儘是拙謀〕"[18]라고 하는가 하면, 심지어는 장돈(章惇)의 끽검(喫劍)의 설[19]까지 거론하면서 있는 힘을 모두 기울여 기롱하고 배척하였습니다. 이 두 설이 완전히 상반되는데, 모르겠습니다만 어떤 설을 따라야 하겠습니까?

17 이것은……것이었다 : 《회암집(晦菴集)》 권35 〈답여백공논연원록(答呂伯恭論淵源錄)〉에 나온다.

18 이를……생각이다 : 《주자어류(朱子語類)》 권72에 나온다.

19 장돈(章惇)의 끽검(喫劍)의 설 : 사마광(司馬光)이 장돈과 함께 왕안석(王安石)의 신법(新法)을 혁파하려고 하였으나, 끝내는 장돈으로부터 "뒷날 상공을 모시다가 칼 맞아 죽을 수는 없다.〔他日不能陪相公喫劍〕"라는 욕설을 듣기까지 했던 일을 말한다. 《주자어류》 권72의 참새의 비유 뒤에 바로 소개되어 나온다.

내가 생각하기에는, 명도(明道)의 말이 물론 지극히 공정한 혈성(血誠)에서 나오긴 하였지만, 실로 후인(後人)이 본받을 일은 아니라고 여깁니다. 이는 마치 공자(孔子)가 공산(公山)과 필힐(佛肹)의 부름에 응하려고 했던 것과 같은 일[20]이니, 대현(大賢) 이하의 사람들이 본받을 일은 아니라고 할 것입니다. 참으로 명도처럼 수래동화(綏來動和)[21]의 묘한 경지에 이르지도 못한 사람이 무턱대고 소인(小人)들과 함께 일을 하면서 구차하게 목전(目前)의 화(禍)를 막으려고 한다면, 이는 바로 주자(朱子)가 말한 대로 "군친에게 무례하게 구는 것을 보면서도 수수방관하며 감히 쫓아내지 못할 경우에 반드시 이런 말을 한다.〔見無禮於君親 袖手坐視而不敢逐 必此言之爲〕"[22]라는 경우에 해당된다고 할 것입니다. 그리고 빙탄(氷炭)이 같은 그릇에 있다 보면 둘이 모두 온전할 수가 없는 법인데, 파리한 돼지가 날뛰려고 하는〔羸豕躑躅〕 때에

20 공자(孔子)가……일 : 공산불요(公山弗擾)가 노(魯)나라의 실력자인 계씨(季氏)의 가신(家臣)으로서, 같은 가신인 양화(陽貨)와 함께 계씨를 잡아 가두고 반란을 일으킨 뒤에 공자의 도움을 요청하자, 공자가 이에 응하려 하면서 "나를 부르는 사람이 어찌 공연히 그러겠느냐. 누구든지 나를 써 주기만 하면 동주처럼 만들 수 있다.〔夫召我者 而豈徒哉 如有用我者 吾其爲東周乎〕"라고 자신감을 보인 내용이 《논어》 〈양화(陽貨)〉에 나온다. 또 진(晉)나라 조씨(趙氏)의 중모재(中牟宰)인 필힐(佛肹)이 배반을 하고는 공자를 불렀을 때 공자가 가려고 하니, 자로(子路)가 필힐은 불선(不善)한 사람이므로 가서는 안 된다고 하자, 공자가 "내가 어찌 박이나 오이이더냐. 어떻게 한 군데 매달린 채 먹지도 못한단 말이냐.〔吾豈匏瓜也哉 焉能繫而不食〕"라고 반문한 고사가 역시 〈양화〉에 나온다.

21 수래동화(綏來動和) : 성현이 덕으로 사람들을 감화시키는 것을 말한다. 《논어》 〈자장(子張)〉에 "편안하게 해 주매 사람들이 따라오고, 고무시키매 사람들이 화기로워진다.〔綏之斯來 動之斯和〕"라고, 공자를 찬양한 자공(子貢)의 말이 나온다.

22 군친에게……한다 : 《회암집》 권37 〈답정경망(答鄭景望)〉에 나온다.

오룡(五龍)이 대적을 하지 못하면,[23] 화를 막으려고 하던 것이 그만 화를 부르고 말 것입니다.

범 충선(范忠宣)이 호환(好還)의 논을 제창하면서[24]부터 사설(邪說)이 마구 유행하였는데도 사람들은 그것이 잘못된 것인 줄을 알지 못하였습니다. 그리하여 심지어는 소인은 없앨 수 없다는 설이 강석(講席)에서 나오는가 하면, 범 충선의 소견이 명도와 합치된다는 말이 나오기까지 하였으니, 그 미혹된 것이 심했다고 말할 만합니다. 그러므로 청탁(淸濁)에 대해 억양(抑揚)을 가하며 처음부터 분쇄함으로써 한 세상을 깨우치지 않을 수 없었으니, 이것이 바로 주자의 후설(後說)이 더욱 공이 있게 된 까닭이라고 하겠습니다. 따라서 학자가 주자의 전설(前說)을 통해서 명도(明道)의 용의(用意)가 이해(利害) 관계에서 나온 것이 아님을 마땅히 알고, 후설을 통해서 명도의 말은 후인(後人)이

23 파리한……못하면 : 《주역》 〈구괘(姤卦) 초육(初六)〉에 "아무리 파리한 돼지라도 언제든 날뛰려는 심보를 갖고 있다.〔羸豕孚蹢躅〕"라는 말이 나온다. 약한 돼지가 비록 강하고 사납지는 않으나 마음속으로는 언제나 날뛰려고 생각하는 것처럼, 소인들도 항상 군자를 해치려고 노리고 있는 만큼, 그들의 힘이 미약하더라도 미리 조심하여 방지해야 한다는 경계의 뜻이 들어 있다. 오룡(五龍)은 다섯 용이라는 말인데, 이 괘가 초효(初爻) 외에는 다섯 개의 효가 모두 양(陽)이기 때문에 다섯 군자라는 뜻으로 오룡이라고 한 것이다.

24 범 충선(范忠宣)이……제창하면서 : 충선은 범순인(范純仁)의 시호(諡號)이다. 범순인은 범중엄(范仲淹)의 아들이다. 호환(好還)은 잘 돌려준다는 뜻으로, 보응(報應)이 어긋남이 없는 것을 말한다. 《회암집(晦菴集)》 권37 〈답정경망(答鄭景望)〉에 "범 충선은 제공이 반이의 격언을 소홀히 여기고 호환의 경계를 위배하여 화를 자초하였다고까지 논하였는데, 이는 더욱 정대한 도리가 못 된다.〔至其論諸公忽反爾之言 違好還之戒 自取禍敗 尤非正理〕"라는 주희(朱熹)의 말이 나온다. 반이(反爾)는 "너에게서 나온 것은 너에게로 돌아간다.〔出乎爾者 反乎爾者〕"라는 말을 줄인 것이다.

본받을 것이 못 된다는 사실을 인식한다면, 두 개의 설이 있다고 해도 그다지 크게 어긋나지는 않으리라고 여깁니다.

다만 명도의 설 중에 "원풍의 대신은 모두 이익을 좋아한다.……〔元豐大臣皆嗜利……〕"[25]라고 한 것은 참으로 술수를 부린 듯한 인상을 주기도 합니다. 따라서 기록이 잘못되었다는 우옹(尤翁 송시열(宋時烈))의 말이 옳을 듯도 싶은데, 주자(朱子)는 절대로 잘못이 있을 수 없다고 하면서 《연원록(淵源錄)》에 수록하기까지 하였습니다. 이것은 필경 어떻게 되는 것인지 모르겠습니다.

유원성(劉元城 유지(劉摯))이 채확(蔡確)을 축출한 일에 대해서는 《어류(語類)》에서 옳지 않다고 누차 말하였습니다. 그리고 《대전(大全)》의 〈답정경망서(答鄭景望書)〉를 보아도 "원우(元祐)의 여러 사람들이 채확을 제어할 수 없음을 우려한 나머지 구어를 문제 삼아서 배제하려고 하였는데, 이는 실로 타당하지 않은 일이다.……〔元祐諸人憂確之不可制 欲以口語擠之 固爲未當……〕" 하였습니다.

내가 일찍이 도옹(陶翁 도암(陶庵) 이재(李縡))에게서 듣건대 "시(詩)를 문제 삼아 사람에게 죄를 주는 것은 실로 정대한 도리가 아니라고 할 수 있다. 하지만 이 경우는 사정(邪正)의 구분이 이미 정해진 데다 그 시가 실로 도리에 어긋나게 무함한 경우에 저촉되니, 이것을 가지고 죄를 준다 해도 안 될 것이 없다. 그래서 주자가 논할 적에도 일찍이 그 일을 허여했던 것이다."라고 하였습니다. 내가 언제나 이 말을 통쾌

25 원풍의……좋아한다 : 《이락연원록(伊洛淵源錄)》 권3 〈유사(遺事)〉에 나오는 말이다.

하고 직절(直截)하다고 여겼었는데, 지금 주서(朱書)를 상고해 보아도 허여한 말은 찾아볼 수가 없고, 다만 비난한 것이 그다지 기척(譏斥)하지 않았을 뿐이요 또 용서하는 뜻을 많이 보여 주고 있을 따름이었습니다.

그런데 범 충선(范忠宣)이 채확을 구제한 일을 논할 때에는 "은밀히 자기 몸을 보전하려고 했다.〔陰爲自全〕"라고 하는가 하면 "군친에게 무례하게 구는 것을 보면서도 수수방관하였다.〔見無禮於君親而拱手坐視〕"라고 하면서, 조금도 용서하지 않고 극력 배척하였습니다. 도옹이 운운한 것은 어쩌면 이런 일을 두고 말한 것일까요, 아니면 주자가 따로 허여한 말이 있는데, 내가 아직까지 찾아보지 못한 것일까요?

왕증(王曾)이 정위(丁謂)를 축출한 것으로 말하면, 그 일이 유원성의 일과 서로 비슷하긴 합니다만, 술수를 쓴 것이 너무 심한데, 이런 곳은 또 어떻게 단정해야 할까요? 원성이 지성(之誠 채확(蔡確))을 축출한 것이 옳지 않다면, 충선이 구제한 것이 옳아야 할 텐데, 주자는 양자를 모두 비난하였습니다. 그렇다면 어떻게 판단해야 가장 좋을까요?

미호 김공에게 보내는 글 신유년(1741, 영조17) 봄
與渼湖金公 辛酉春

《노론(魯論)》[26]의 과정을 이제 시작하였으니, 일용(日用)의 진덕 수업(進德修業)에 차제(次第)가 있으시겠지요? 척하(戚下)[27] 노인은 조금 강건해서 《의례(儀禮)》를 연속해서 읽고 있으며, 그사이에 또 《중용(中庸)》, 《대학(大學)》 및 〈계사(繫辭)〉를 송습(誦習)하고 있습니다. 의리(義理)의 원두(源頭)와 성현(聖賢)의 문로(門路)에 나아가 조금씩 짙은 향기에 몸을 적시며 융회(融會)하고 관통(貫通)하는 맛을 느끼는 것도 같습니다만, 자기 신상(身上)에 있어서 거경(居敬)과 집의(集義)의 실사(實事)는 아직 기댈 언덕을 갖고 있지 못하니, 필경에는 사소한 지견(知見)으로 단지 구이(口耳) 사이에서 뇌까리는 자료가 되고 말 뿐입니다.[28] 참으로 보존하기 어려운 것은 지(志)이고 제어하기 어려운 것은 기(氣)인데, 스스로 구제할 방도를 알지 못해서 바야흐

26 노론(魯論) : 《논어》를 말한다. 《노논어(魯論語)》·《제논어(齊論語)》·《고문논어(古文論語)》 등 3가(家)의 《논어》 중에서 현재 전해지는 《논어》는 《노논어》에 기초한 것이다.

27 척하(戚下) : 편지를 보낼 때 척당(戚黨) 사이에서 자기를 낮춰 부르는 말이다.

28 구이(口耳)……뿐입니다 : 학문의 수준이 천박하다는 뜻의 겸사(謙辭)이다. 《순자(荀子)》 〈권학(勸學)〉에 "소인이 공부하는 것을 보면, 귀로 듣고는 곧바로 입으로 내놓는다. 입과 귀의 거리는 불과 네 치일 따름이니, 일곱 자나 되는 이 몸을 어떻게 아름답게 할 수가 있겠는가.〔小人之學也 入乎耳 出乎口 口耳之間則四寸耳 曷足以美七尺之軀哉〕"라는 말이 나온다.

로 한심하게 생각하고 있습니다.

《주역(周易)》으로 말하면, 근래 〈계사(繫辭)〉를 읽을 기회에 의리(義理)와 복서(卜筮)가 하나로 관통되어 합치되는 곳을 대략 알게 되었습니다. 그 기쁘고 즐거운 마음은 거의 언어로 형용할 수 없을 정도입니다. 대개 이전에는 주 선생(朱先生)이 전적으로 복서 위주로 해설한 뜻을 이해하지 못하고 '《역(易)》이라는 것이 단지 이와 같을 뿐이라면 가령 초씨(焦氏 한(漢)나라 초공(焦贛))의 《역림(易林)》과 같은, 후세에 나온 술수(術數)의 책과 다를 것이 뭐가 있겠는가.'라고 생각하였습니다. 그리고 정 부자(程夫子 정이(程頤))의 전(傳)을 대할 때면, 또 음양(陰陽)과 괘효(卦爻)의 자연스러운 이치와 관련하여 끝까지 연구하지 못한 점이 있는 것 같더라도, 그 사이에 필시 온축된 묘도(妙道)와 정의(精義)가 있을 것이니, 이는 후인(後人)이 엿어들을 수 있는 바가 아니라고 생각하였습니다. 이런 식으로 의기소침한 가운데 바라보기만 해도 지레 겁을 집어먹었기 때문에 《주역》을 읽어도 재미를 느낄 수가 없었습니다.

그런데 지금 와서 보건대, 개물성무(開物成務)[29]의 공(功)과 감이수통(感而遂通)[30]의 묘(妙)가 비록 시초(蓍草)에 의지하지 않을 수 없다고 하더라도, 상(象)을 이루고 법을 드러내어〔成象效法〕[31] 광대하게

29 개물성무(開物成務) : 만물의 속성을 드러내 밝혀 천하의 일을 성취시킨다는 뜻으로, 《주역》 〈계사전 상(繫辭傳上)〉 11장에 나온다.

30 감이수통(感而遂通) : 《주역》 〈계사전 상〉 10장의 "생각도 없이 함도 없이 고요히 움직이지 않다가 일단 감응하면 천하의 모든 일에 두루 통한다.〔無思也 無爲也 寂然不動 感而遂通天下之故〕"라는 말에서 나온 것이다.

31 상(象)을……드러내어 : 《주역》 〈계사전 상〉 5장에 "상을 이룸을 건이라 하고 법

포괄함에 이르러서는, 384효(爻)의 용(用)이 언제나 일용(日用) 사이에 밝게 드러나 있으니, 그러고 보면 군자(君子)가 의의(擬議)[32]하는 공(功)이 평상시의 말하고 침묵할 즈음에 어찌 더욱 있지 않겠습니까. 대개 "거할 때에는 괘(卦)의 상(象)을 보며 사(辭)를 살펴보고, 동할 때에는 괘효(卦爻)의 변(變)을 보고 점(占)을 살펴본다.〔居則觀其象而玩其辭 動則觀其變而玩其占〕"[33]라고 한 이 두 구절이야말로 《역(易)》을 배우는 큰 방법이니, 하나만 고집하고서 다른 하나를 무시하면 안 될 것입니다. 바야흐로 이러한 뜻으로 하나의 작은 논문을 쓰고도 싶습니다만, 아직 착수하지 못하고 있습니다.

주자(朱子)의 설을 보면 당초에 또한 치우친 적이 없었는데, 전일에 내가 인식에 착오를 빚었던 것이었습니다. 이를 통해서 또 알게 된 사실은, 성현의 말을 독실하게 믿지 않을 수는 없지만, 필수적으로 자신에게 먼저 소견(所見)이 있어야만 그 뒤에 비로소 투철하게 깨달을 수 있지, 그렇지 않으면 그저 주견(主見)도 없이 부화뇌동(附和雷同)하게 된다는 것이었습니다. 그러나 이것도 단지 대강(大綱)의 설일 뿐이요, 온축된 그 묘도(妙道)와 정의(精義)로 말하면 또 반드시 하나의 괘(卦)나 하나의 효(爻)마다 충분히 읽고 상세히 음미한 연후에

을 드러냄을 곤이라 한다.〔成象之謂乾 效法之謂坤〕"라는 말이 나온다.

32 의의(擬議) : 점사(占辭)를 보고 추론하며 변화를 예측하는 것을 말한다. 《주역》 〈계사전 상〉 8장에 "헤아린 뒤에 말하고, 의논한 뒤에 움직이니, 헤아리고 의논하여 그 변화를 이룬다.〔擬之而後言 議之而後動 擬議以成其變化〕"라는 말이 나온다. 그리고 바로 뒤에 공자가 효사(爻辭)를 해석하며 추론한 일곱 개의 예가 차례로 소개되어 나온다.

33 거할……살펴본다 : 《주역》 〈계사전 상〉 1장에 나오는 말이다.

의논할 수가 있을 것입니다. 이러한 생각이 성인(聖人)의 뜻에 크게 어긋나지는 않을지 모르겠습니다. 검증하여 가르침을 내려 주시면 고맙겠습니다.

〈계사전(繫辭傳)〉 제10장을 보면 주자가 본의(本義)에서 사(辭)와 점(占)을 하나의 종류로 보고 변(變)과 상(象)을 하나의 종류로 보았는데, 이것은 《대전(大全)》에서 변(變)과 점(占)을 하나의 종류로 보아 정(精)에 소속시키고, 상(象)과 사(辭)를 하나의 종류로 보아 변(變)에 소속시킨 것만 못할 듯싶습니다.-〈잡저(雜著)〉에 보인다.- 대개 이와 같이 한 뒤에야 비로소 제2장의 유례(類例)와 서로 합치되어 정(精)과 변(變)의 양절(兩節)이 분명히 정돈될 수 있을 것입니다. 모르겠습니다만, 이에 대해서 어떻게 생각하십니까?

주자가 황자경(黃子耕)에게 답한 글을 요즈음 다시 상고해 보건대, 이것은 유소(有所)[34]를 계착(係着)의 뜻으로 주석(註釋)했을 때의 설이 분명하기에, 지금 기록해 올립니다. 현행 《혹문(或問)》과 검증해 보시고 가르침을 내려 주시면 어떨는지요? 퇴계(退溪)의 설은 그야말로 포음(圃陰 김창즙(金昌緝))의 설과 같으니, 이것은 매우 기이한 일입니다.

여보적자(如保赤子)에 대한 설은 고견(高見)과 다행히 서로 부합하

34 유소(有所) : 《대학장구》 전 7장 정심장(正心章)에 나오는 "마음이 그릇되게 분노하는 감정의 영향을 받으면 반응이 바르게 되지 못하고, 그릇되게 두려워하는 감정의 영향을 받으면 반응이 바르게 되지 못하고, 그릇되게 좋아하는 감정의 영향을 받으면 반응이 바르게 되지 못하고, 그릇되게 걱정하는 감정의 영향을 받으면 반응이 바르게 되지 못한다.〔有所忿懥 則不得其正 有所恐懼 則不得其正 有所好樂 則不得其正 有所憂患 則不得其正〕"의 유소를 말한다.

니 기쁩니다. 산사(山寺)에 있던 날에 양우(養友)[35]와 함께 며칠 동안이나 정밀하게 사색하다가 간신히 터득하고는, 전인(前人)이 알지 못했던 것을 투득(透得)했다고 혼자 생각했는데, 좌우(左右)께서는 그만 심상(尋常)한 문의(文義)로 보아 넘기면서 대수롭지 않은 문제로 여기셨으니, 유지(有智)와 무지(無智)가 참으로 30리(里)의 차이 정도일 뿐만이 아닙니다.[36] 껄껄껄.

우리들의 남은 날이 앞으로 많지 않다는 것을 점점 느끼는데, 독서(讀書)와 강학(講學)은 제대로 하지도 못한 채 세월만 흘려보내고 있습니다. 그리고 서독(書牘)을 왕래할 때에도 매번 한만(閑漫)한 설화가 많고 절실하게 유익함을 구하는 뜻이 없으니, 이는 날마다 새롭게 발전하려고 노력하는 태도가 결코 아니라고 할 것입니다. 주 선생(朱先生)의 서독을 보면 한 구절 한 글자도 이 일과 관련되지 않은 것이 없는데, 의견이 서로 맞지 않는 곳이 있으면 또한 반드시 끝까지 구명(究明)하고야 말았습니다. 이는 다른 까닭이 있어서가 아닙니다. 존심(存心) 처사(處事)함에 있어서 언제 어디서나 도리(道理) 중에 침함

35 양우(養友) : 양지(養之), 즉 홍자(洪梓)가 아닌가 한다. 미호(渼湖) 김원행(金元行)에게 보낸 첫 번째 글에, 양지와 함께 산사(山寺)에서 20일 동안 머물며 강독했다는 말이 나온다. 《鹿門集 卷1 與渼湖金公》

36 유지(有智)와……아닙니다 : 식견의 차이가 엄청나게 크다는 뜻의 겸사(謙辭)이다. 후한(後漢) 한단순(邯鄲淳)이 효녀 조아(曹娥)를 위해서 지은 이른바 조아비(曹娥碑) 뒷면에 후한의 채옹(蔡邕)이 '절묘 호사(絶妙好辭)'라는 뜻으로 '황견 유부 외손 제구(黃絹幼婦外孫齏臼)'라는 여덟 글자의 은어(隱語)를 써넣었는데, 후한 말에 조조(曹操)가 양수(楊修)와 함께 길을 가다가 이 은어를 보았을 때 양수는 곧바로 알아챘으나 조조는 그 의미를 생각하면서 30리를 더 가서야 깨닫고는 "알고 모르는 것이 30리나 차이가 난다.〔有智無智較三十里〕"라고 탄식했던 고사가 전한다. 《世說新語 捷悟》

(浸涵)하고 우유(優遊)하지 않음이 없이 한순간이라도 망각하는 일이 없기 때문에 언어로 드러나는 것이 자연히 기약하지 않아도 그렇게 되는 것입니다. 우리들은 그야말로 이러한 본령(本領) 공부가 없는 잘못에 걸려 있으니, 지금부터라도 서로 통렬히 경계했으면 하고 바라는 마음이 간절합니다. 어떻게 생각하십니까?

미호 김공에게 답하는 글 5월

答渼湖金公 五月

'경(敬)' 자에 대한 가르침을 받고 보니 그동안 학문이 날로 발전하신 요체를 볼 수 있어서 탄식하며 흠앙하는 심정을 금할 수 없었습니다. 나도 바야흐로 이 일에 뜻을 두고 있습니다마는, 물망(勿忘) 물조(勿助)[37] 사이에 힘을 기울이기가 무척 어렵습니다. 게다가 '욕(欲)'이라는 하나의 글자가 매우 두렵기만 한데, 나의 공부에 간단(間斷)이 있게 하고 근기(根基)가 정해지지 못하게 하는 것은 모두가 이 '욕'이라는 글자가 빌미가 되고 있습니다. 모르겠습니다만, 집사(執事)께서는 이에 대해서 또 어떻게 생각하십니까?

《역(易)》에 대한 설을 보니 또한 나의 의견과 합치됩니다. 다만 산가지를 세어 얻은 괘는 바로 역서(易書)에 있는 괘요, 역서에 있는 괘는 바로 일용(日用) 간에 사물이 유행하고 변동하는 것으로, 당초 두 개의 기(氣)가 있는 것이 아니요 당초 두 개의 이(理)가 있는 것도 아니니, 소위 적연(寂然) 감통(感通)[38]하는 신(神)은 사람에게 있거나 산가지에 있거나 괘에 있거나 역시 하나일 뿐이요 다시 피차(彼此)의 구별이 없다고 하는 사실을 또 반드시 알아야 할 것입니다. 이와 같이 정미(精微)한 곡절(曲折)에 대해서 철저히 규명하고 분명히 인식하여

37 물망(勿忘) 물조(勿助) : 잊지도 않고 조장하지도 않는다는 뜻이다. 121쪽 주8 참조.

38 적연(寂然) 감통(感通) : 적연부동(寂然不動)과 감이수통(感而遂通)을 줄인 말이다. 138쪽 주15 참조.

털끝만큼이라도 장애(障碍)가 없게 한 뒤에야 비로소 그 의리(義理)와 복서(卜筮)가 관통하여 합일된다는 것을 진정으로 알게 될 것이요, 그리하여 동(動)하거나 정(靜)하거나 어떤 상황에서도《역(易)》의 차서(次序)가 아님이 없게 될 것이니, 그저 의리의 대원(大源) 속에서 흘러나오는 것이라고 범연히 말하기만 해서는 안 될 것입니다.

그리고 복서를 말하면서 반드시 의리에 근원하는 것은 그렇게 하고 있습니다마는, 의리를 논하면서 복서와 분리되지 않게 하는 것은 아무래도 미진한 점이 있는 듯싶습니다. 대저 의리를 논하면서 참으로 복서와 분리되지 않는 때가 있게 하면 될 것이니, 또 무엇 때문에 구질구질하게 꼭 복서를 기다린 뒤에야 의리가 드러나도록 하겠습니까. 이는 바로 '광대하게 포괄하여 먼 것을 말하면 끝나는 곳이 없고 가까운 것을 말하면 고요하여 바르고 천지의 사이를 말하면 어디에도 있지 않은 곳이 없는' 그것[39]이 본래 일용(日用) 사이에 스스로 밝게 드러나 있으면서 괘효(卦爻) 가운데에 모두 실려 있으니, 공부 잘하는 자가 완색(玩索)하여 터득하는 바가 있게 된다면, 한 번 어묵(語默)하고 한 번 기거(起居)함에 있어서 어디를 간들 이 일 아닌 것이 있겠습니까.

다만 아직 일어나지 않은 일과 의심스러운 도리에 대해서는 스스로 알아낼 수가 없기 때문에 어쩔 수 없이 시초점(蓍草占)을 쳐서 물어보게 되는 것인데, 그 괘효(卦爻)가 알려 주는 의리가 자신의 평소의

39 광대하게……그것 :《주역(周易)》을 말한다.《주역》〈계사전 상(繫辭傳上)〉 6장에 "대저 역이란 넓고 큰 것이다. 먼 것을 말하면 끝나는 곳이 없고, 가까운 것을 말하면 고요하여 바르고, 천지의 사이를 말하면 어디에도 있지 않은 곳이 없다.〔夫易 廣矣大矣 以言乎遠則不禦 以言乎邇則靜而正 以言乎天地之間則備矣〕"라는 말이 나온다.

행동이나 흉중에 지닌 것과 또 빈틈없이 계합(契合)하여, 사체가 말없이 내 뜻대로 척척 움직여 주는〔四體不言而喩〕[40] 묘한 경지를 이루게 된다면, 이것이야말로 성인(聖人)이 개물성무(開物成務)[41]하는 묘한 도리라고 할 것입니다. 끊임없이 이와 같이 해서 변화(變化)를 이루는 차원에 이르게 되면, 나 자신이 곧 역(易)이요 역이 곧 나 자신이 되어 이제는 시초점을 칠 일이 없게 될 것이니, 이렇게 되면 이른바 총명하고 예지로우며 신무하여 죽이지 않는 자〔聰明睿智神武而不殺者〕[42]라고 할 것입니다. 지금까지의 이야기를 종합해 본다면, 이른바 역이라는 것이 비록 복서(卜筮)에서 벗어나는 것은 아니라고 하더라도, 그렇다고 해서 또 어떻게 복서가 역을 그 안에 가둘 수 있는 것이겠습니까.

대개 복희(伏羲)가 괘(卦)를 그을 때에는 원래 복서에 뜻을 둔 것은 아니었지만 복서가 그 속에 있었습니다. 문왕(文王)과 주공(周公)이 처음에 괘(卦)와 효(爻)의 자연스러운 것과 의리의 당연한 것에 입각하여 점사(占辭)를 붙여서 길흉(吉凶)을 정하였는데, 이렇게 해서 사람들로 하여금 점을 치고 괘를 고찰하여 의심을 풀게 하였고 보면, 전적으로 복서를 위주로 한 것처럼 보이기도 합니다만, 실제로 길흉을 정한 것을 보면 단지 우리 면전(面前)의 도리를 이야기한 것에 지나지 않습니다. 그리고 일이 의심스럽다면야 물론 점을 쳐서 고찰해 보아야

40 사체가……주는 : 《맹자》 〈진심 상(盡心上)〉에서 군자의 수면앙배(睟面盎背)를 설명하는 대목에 나오는 말이다.

41 개물성무(開物成務) : 《주역》 〈계사전 상〉 11장에 나오는 말로, 만물의 도리를 훤히 알고 이에 의거하여 행함으로써 공을 이루는 것을 말한다.

42 총명하고……자 : 《주역》 〈계사전 상〉 11장에 나오는 말이다.

하겠지만, 의심할 것이 없는 일이라면 단지 상(象)을 관찰하고 사(辭)를 완색(玩索)하며 일에 따라 실행하면 될 것이니 시초점을 칠 필요도 없을 것입니다. 이것이야말로 긴요하게 착안(着眼)할 곳이라고 여기는데, 다시 상량(商量)하여 가르침을 내려 주시면 다행이겠습니다. 면재(勉齋 황간(黃榦))는 복희가 괘를 그은 것은 전적으로 복서 때문이었다고 곧바로 주장했는데, 이는 너무 지나친 말이 아닌가 싶습니다.

미호 김공에게 보내는 글 임술년(1742, 영조18) 10월

與渼湖金公 壬戌十月

속례(俗禮) 중에도 경이(輕易)하게 여겨 말살(抹撥)하면 안 되는 것들이 왕왕 있습니다. 가령 현훈(玄纁)의 속백(束帛)을 구(柩) 위에 놓는 것을 선유(先儒)가 많이 비난하였지만, 사실은 그것이 바로 고례(古禮)에 맞습니다. 《의례(儀禮)》〈기석례(旣夕禮)〉를 상고해 보건대 "군주가 재부(宰夫)를 파견하여 현훈 두 색깔의 비단 1속(束)을 보내면, 그 비단을 관개(棺蓋) 위에 놔둔다.〔公使宰夫贈玄纁 實于蓋〕"라고 하였는데, 그 주(註)에 "그 폐백을 관개가 있는 유(柳)[43] 안에 놔두어, 마치 직접 그것을 준 것처럼 한다.〔實其幣于棺蓋之柳中 若親授之然〕"라고 하였고, 그 소(疏)에 "상문에 나오는바 사당에서 준 폐백은 모두 좌복(左服)에 놓는데, 이것만은 관개 가운데에 놓는 이유는 이러하다. 저 폐백은 생사(生死) 양쪽에 해당되기 때문에 좌복에 놓지만, 이 폐백은 오로지 죽은 자를 위한 것이기 때문에 관개 가운데에 놓아서 마치 직접 그것을 준 것처럼 하는 것이다.……〔上文在廟所贈之幣 皆奠於左服 此實於蓋中者 彼贈幣生死兩施 故奠於左服 此贈專爲死者 故實于蓋 若親授之……〕" 하였습니다. 그리고 경(經)의 하문(下文)에서 폄(窆)하는 일을 언급할 때에도 단지 "증(贈)하는 것은 제폐

43 유(柳) : 영구(靈柩)를 수레에 실은 뒤에 영구 주위에 설치한 나무로 만든 원추형의 광가(框架)를 말하는데, 보통 관(棺)의 장식이나 영구차(靈柩車)의 장식의 총칭으로 쓰이기도 한다.

(制幣)[44]를 쓴다.……〔贈用制幣……〕" 하였을 뿐, 어느 곳에 놔둔다는 말은 하지 않았으니, 이것은 상문(上文)을 그대로 이어받은 것입니다. 그렇기 때문에 아래에서 이어 말하기를 "명기(明器)는 묘혈 속의 관 옆에 놔두고 관 위에는 관식(棺飾)을 가한다.〔藏器於旁 加見〕"라고 하였으니, 그러고 보면 현훈(玄纁)은 위에 놓는 것이지 옆에 놓지 않는다는 것이 더욱 분명합니다.-세상 사람들은 개원례(開元禮)[45]의 "관(棺) 동쪽에 놓는다.〔奠于柩東〕"라는 말을 가지고 관 위의 동쪽이라고 해석하는데, 이것은 우스운 일이다.-

또 가령 제사를 지낼 때 고비(考妣)의 탁자(卓子)를 각각 설치하는 것으로 《가례(家禮)》의 글에 나오기 때문에, 선유(先儒)가 모두 탁자 하나를 공동으로 설치하는 것을 잘못이라고 하였지만, 사실은 탁자를 각각 설치하는 것이 예경(禮經)의 뜻에 크게 어긋나는 것입니다. 《예기(禮記)》〈제통(祭統)〉에 "제사 지낼 장소에 자리를 깔고, 탁자 하나를 공동으로 설치한다.〔鋪筵 設同几〕"라고 하였는데, 그 소(疏)에 "사람이 태어날 때에는 형체가 다르기 때문에 부부의 탁자를 따로 설치하지만, 죽으면 혼기(魂氣)가 함께 이곳으로 돌아가기 때문에 부부의 탁자를 공동으로 설치하는 것이다.〔人生時形體異 故夫婦別几 死則魂氣同歸於此 故夫婦共几〕"라고 하였습니다. 이 때문에 《의례》〈소뢰(少牢)〉와 〈특생(特牲)〉에서 모두 시동〔尸〕 하나, 탁자〔几〕 하나, 자리〔筵〕 하나를 쓴다고 하였으며, 정강성(鄭康成 정현(鄭玄))도 말하기를

44 제폐(制幣) : 일정한 양식의 폐백(幣帛)을 말한다. 정현(鄭玄)은 "1장 8자를 제라고 한다.〔丈八尺曰制〕"라고 하였다.

45 개원례(開元禮) : 당 현종(唐玄宗) 개원(開元) 연간에 제정한 예를 말한다. 대당개원례(大唐開元禮)라고도 한다.

"배향(配享)을 하든 배향을 하지 않든 간에 제찬(祭饌)은 똑같이 한다.〔配與不配 祭饌如一〕"라고 한 것이요, -《예기》〈잡기(雜記)〉의 "남자를 조부에게 합사(合祀)할 때는 조모까지 제사 지내지만, 여자를 조모에게 합사할 때에는 조부의 제사는 지내지 않는다.〔男子祔于王父則配 女子祔于王母則不配〕"의 주(註)에 나온다.- 또 "사당에서 제사 지낼 적에 탁자 하나를 공동으로 설치하는 것은 정기(精氣)가 합하기 때문이다.〔祭於廟 同几精氣合〕"라고 한 것입니다. -《주례(周禮)》의 "합장(合葬)할 때 관(棺)마다 탁자 하나를 설치한다.〔一敦一几〕"[46]의 주(註)에 나온다.- 이것을 보면 실로 정의(精義)와 묘리(妙理)가 이 가운데에 들어 있다고 할 것인데, 지금 만약 각각 설위(設位)하여 제향을 올린다면, 탁자를 공동으로 설치하는〔同几〕 뜻이 어디에 있다고 하겠습니까.

《가례(家禮)》의 뜻을 대개 추측해 보건대, 일단 연기(燕器 일상생활 용품)로 조두(俎豆)를 대신하고 상찬(常饌)으로 생뢰(牲牢)를 대신한 이상, 탁자를 같이하여 제사를 올리는 것은 '죽은 분을 살아 있을 때처럼 섬기는'[47] 뜻이 되지 못하기 때문에, 《서의(書儀)》[48]의 내용을 따라

46 합장(合葬)할……설치한다 : 《주례》〈춘관(春官) 종백(宗伯)〉 사궤연(司几筵) 조에 나온다.

47 죽은……섬기는 : 《중용장구(中庸章句)》 제19장에 "선조가 올랐던 자리에 자기가 올라 선조가 행했던 예법을 행하고 선조의 음악을 연주하며, 선조가 높인 바를 공경하고 가까이한 바를 아끼며, 죽은 분을 살아 있을 때처럼 섬기면서 장례를 행하고 사망한 분을 생존한 것처럼 섬기면서 제사를 행하는 것, 이렇게 하는 것이 바로 효의 극치이다.〔踐其位 行其禮 奏其樂 敬其所尊 愛其所親 事死如事生 事亡如事存 孝之至也〕"라는 말이 나온다.

48 서의(書儀) : 송(宋)나라 사마광(司馬光)이 지었으므로 《사마서의(司馬書儀)》라고도 한다. 각종 서식(書式) 1권, 관의(冠儀) 1권, 혼의(昏儀) 2권, 상의(喪儀) 6권으로 되어 있다.

서 그렇게 한 것이 아닌가 합니다. 그러나 이러한 곳에 한결같이 사생(事生)의 예(禮)를 쓸 수는 없을 듯하니, 응당 고례(古禮)를 따라서 의심할 것 없이 합설(合設)해야 할 것입니다. 다만 세속에서 탁자는 같이하면서도 반갱(飯羹)과 병면(餠麵)은 각기 갖추고 있는데, 이 역시 아무런 의의(意義)가 없는 일인 듯싶기도 합니다. 그러나 지금 이미 연기를 사용하는 상황에서 반갱의 그릇이 남녀에 따라 다르고 보면 합설하기는 어려울 듯하니, 우선 《가례》의 제초조(祭初祖)의 예(例)에 의거하여 반갱은 각각 놓고 병면 이하는 합설하는 것이 무방하지 않을까 합니다.

또 적(炙)을 올릴 적에 오늘날 사람들이 혹 아헌(亞獻)과 종헌(終獻) 때에 올린 적을 초헌(初獻) 때의 그릇에 첨재(添載)하는 것은 외설(猥屑)스럽게 보이기도 합니다. 그러나 〈특생궤식례(特牲饋食禮)〉에서 아헌과 삼헌의 적을 모두 근조(肵俎)에 첨가하는 것을 보면 바로 오늘날 첨재하는 것과 동일합니다.

또 조문(弔問)할 뿐 슬퍼하지 않는 경우와 슬퍼할 뿐 조문하지 않는 경우[49]에 대해서, 오늘날 예(禮)를 안다고 하는 자들이 "산 사람을 알고 죽은 사람을 알지 못하면 단지 위문만 하고 곡하지 않는다.〔知生而不知死則只慰問而不哭〕"라는 사계(沙溪 김장생(金長生))의 설을 추종하고 있습니다. 그러나 〈곡례(曲禮)〉의 본의(本意)는 이와 같지 않으니, 조

49 조문(弔問)할……경우 : 《예기(禮記)》 〈곡례 상(曲禮上)〉에 "산 사람을 아는 자는 조문하고, 죽은 사람을 아는 자는 슬퍼한다. 산 사람을 알고 죽은 사람을 알지 못하면 조문할 뿐 슬퍼하지 않으며, 죽은 사람을 알고 산 사람을 알지 못하면 슬퍼할 뿐 조문하지 않는다.〔知生者弔 知死者傷 知生而不知死 弔而不傷 知死而不知生 傷而不弔〕"라는 말이 나온다.

(弔)라고 하고 상(傷)이라고 한 것은 모두 치사(致辭)하는 것을 의미하지, 곡(哭)을 하느냐 하지 않느냐를 가리키지 않습니다. 대개 옛날에는 산 사람에게 조문을 하고 죽은 자를 위해 제물(祭物)을 올릴 적에 각각 거기에 해당하는 사(辭)가 있었는데, 산 사람을 알면 조사(弔辭)를 바치고 제물은 올리지 않았으며, 죽은 사람을 알면 상사(傷辭)를 바치고 조문은 하지 않았습니다. 그러나 조사나 상사를 막론하고 치사를 하고 나면 그 뒤에 바로 곡을 하였습니다. 그래서 정현(鄭玄)의 주에도 "치사를 마치면 모두 곡을 한다.〔辭畢皆哭〕"라고 한 것입니다. 《예기(禮記)》〈잡기(雜記)〉를 보면, 조례(弔禮)를 행할 적에 빈객과 주인이 번갈아 용(踊)을 하는 절차가 있는데, 이 경우 역시 알건 모르건 따지지 않았으니, 이러한 곳은 모두 제대로 살피지 않으면 안 될 것입니다.

회가(晦可 송명흠(宋明欽)의 자(字)) 형이 "정조……(鼎俎……)"라고 한 것에 대해서 다시 고찰해 보니 옳지 않았습니다. 대개 확(鑊)에서 정(鼎)으로 올리고 정(鼎)에서 조(俎)로 올리는 것은 실제로 동일한 음식물일 뿐입니다. 그렇기 때문에 정이 셋이면 조도 셋이고 정이 다섯이면 조도 다섯인 것입니다. 그런데 지금 어육(魚肉)을 정으로 하고 적(炙)을 조로 한다면, 정과 조의 음식이 판이하게 두 가지가 되고 말 것입니다. 나의 생각에 어육은 서수(庶羞)이기 때문에 우수(偶數)를 쓰는 것이라고 여깁니다. 대개 천산(天産 육축(六畜))이라고 하더라도 다른 음식과 섞어서 변두(籩豆)에 올릴 경우에는 우수를 쓰는데, 이 말이 소(疏)의 설에 보입니다.-《예기》〈교특생(郊特牲)〉에 "정과 조의 숫자는 홀수로 하고, 변과 두의 숫자는 짝수로 한다.〔鼎俎奇而籩豆偶〕"라고 하였는데, 그 주(註)에 "희생은 양이고 서물은 음이다.〔牲陽也 庶物陰也〕"라고 하였고, 그 소(疏)에

"서물이 희생의 몸에서 나왔다고 하더라도, 식물과 합쳐져 뒤섞이게 되면 더 이상 희생의 전체가 아니다. 그래서 음이 되는 것이다.〔庶物雖出於牲體 雜以植物相和 非復牲之全體 故爲陰也〕"라고 하였다.-

미호 김공에게 답하는 글 기묘년(1759, 영조35)
答渼湖金公 己卯

봄 사이에 내리신 글을 보니 돌보아 주시는 정이 종이에 가득하였는데, 삼가 두 번 세 번 읽는 동안에 슬픈 감정을 금할 수가 없었습니다. 즉시 회답을 올려서 고마운 뜻에 감사드렸어야 마땅한데, 다만 이 애고(哀苦)를 당한 가운데 쇠병(衰病)이 침노하여 모든 인사(人事)를 일절 폐각(廢閣)하는 바람에 그만 그것이 습관화된 나머지 이와 같이 폐각해서는 안 되는 예(禮)까지도 머뭇거리며 지체하다가 지금까지 결례(缺禮)를 하고 말았습니다.

때때로 생각이 떠오르면 단지 창망(悵惘)한 마음만 절실해질 뿐 화고(禍故)를 당한 이래로 온갖 생각이 모두 잿더미로 변하고 말았습니다. 그런 가운데에서도 유독 하나의 생각이 형형(炯炯)하여 잊을 수 없는 것은 오직 이 조문(朝聞)[50]의 한 가지 일이라고 할 것인데, 이군삭거(離群索居)[51]하는 처지에서 개발(開發)을 받을 곳이 없으므로, 분비(憤悱)[52]하는 일을 당할 때마다 어느 때이고 신좌(神座) 아래로 마음이

50 조문(朝聞) : 《논어》 〈이인(里仁)〉의 "아침에 도를 들으면 저녁에 죽어도 좋다. [朝聞道 夕死可矣]"라는 공자의 말을 요약한 것이다.

51 이군삭거(離群索居) : 《예기》 〈단궁 상(檀弓上)〉에 나오는 말로, 친지나 벗들과 헤어져서 혼자 외로이 사는 생활을 가리킨다.

52 분비(憤悱) : 몰라서 분하게 여기고 표현을 못해서 답답하게 여긴다는 뜻으로, 《논어》 〈술이(述而)〉의 "학자가 몰라서 분하게 여기지 않으면 내가 알려 주지를 않고, 표현을 못하여 답답하게 여기지 않으면 내가 틔워 주지를 않는다. [不憤不啓 不悱不發]" 라는 공자의 말에서 유래한 것이다.

달려가지 않은 적이 한 번도 없었습니다.

회형(晦兄)[53]이 운운했다고 하는 것은 잘못 전해진 것 같습니다. 요즘 암송해야 한다는 장자(張子)의 가르침에 유의하고 있는데, 병이 많아서 각고의 노력을 기울이지 못한 탓으로, 언급한 것이라고 해야 그저 〈계사(繫辭)〉와 《중용(中庸)》과 《논어(論語)》밖에 없고, 그나마 《논어》는 아직 다 끝내지도 못했습니다. 또 바야흐로 《근사록(近思錄)》도 함께 보면서 자못 희열을 느끼고 있습니다만, 문제는 그것을 나의 것으로 만들지 못하고 있다는 것입니다.

인물(人物) 오상(五常)에 대해 운운한 10여 년 동안 홀연히 이기(理氣)의 원두(源頭)에 대해서 조금 새로운 견해가 없지는 않았습니다만, 그동안의 설화(說話)가 곡절(曲折) 없이 큰소리치기만 좋아했다는 것을 문득 느끼곤 하였으니, 대개 한(韓)이나 이(李)[54]를 막론하고 도(道)를 보지 못하기는 매한가지였습니다.

낭주(廊柱)의 고사(故事)[55]도 물론 경계해야 하겠으나 "의리상으로 의심이 있으면 예전의 견해를 씻어 버리고 새로운 뜻을 찾아야 한다.

53 회형(晦兄) : 회가(晦可), 즉 송명흠(宋明欽)을 말한다.

54 한(韓)이나 이(李) : 인물성상이(人物性相異)를 주장한 남당(南塘) 한원진(韓元震, 1682~1751)과 인물성구동(人物性俱同)을 주장한 외암(巍巖) 이간(李柬, 1677~1727)을 가리킨다.

55 낭주(廊柱)의 고사(故事) : 공연히 의심하여 다시 문제 삼는 것을 말한다. 명도(明道) 정호(程顥)가 장안(長安)의 창고 안에 한가로이 앉아서 긴 행랑의 기둥[長廊柱]을 바라보고는 마음속으로 그 숫자를 세어 보고서 더 이상 의심하지 않았다. 그러다가 다시 세어 보니 숫자가 맞지 않았으므로 사람을 시켜서 일일이 소리 내어 세어 보게 한 결과, 처음에 마음속으로 세었던 것과 차이가 없었다는 이야기가 《근사록(近思錄)》 권4 〈존양(存養)〉에 나온다.

〔義理有疑 濯去舊見 以來新意〕"라는 것 또한 어찌 횡거(橫渠 장재(張載))의 밝은 가르침이 아니겠습니까. 이것은 의리(義理)의 대두뇌(大頭腦)에 해당된다고 할 것이니, 허술하게 결론을 맺고 나서는 이제 끝났다고 스스로 생각하며 아무 의심 없이 지내면 결코 안 될 것입니다. 만약 곧장 휘척(揮斥)을 가하지 않으시고 평심(平心)으로 상량(商量)해 보겠다고 허락해 주시면, 뒤에 한두 차기(箚記)를 올려 여쭈어 보겠습니다.

농암(農巖 김창협(金昌協)) 선생의 〈잡지(雜識)〉 중에 '세상에서는 이기(理氣)의 두 물건에 대해서 운운한다.〔世言理氣二物云云〕' 이하의 네 조목이 매우 좋습니다. 이기를 궁구(窮究)하는 자라면 이를 충분히 읽고서 깊이 음미하지 않으면 안 될 것인데, 모르겠습니다만 이에 대해서 어떻게 생각하시는지요?

역천[56] 송형에게 답하는 글 신해년(1731, 영조7) 7월

答櫟泉宋兄 辛亥七月

이름은 명흠(明欽)이다.

지난번에 도장(陶丈 도암(陶庵) 이재(李縡))의 말씀을 들으니 "《중용(中庸)》이 가장 유익하다. 만약 모든 계루(係累)를 신발 벗듯 벗어 버리고 깊은 산속에 들어가서 한두 달 동안 조용히 앉아 읽을 수만 있다면 크게 진보할 것도 같은데, 그렇게 할 수 없으니 한스럽기만 하다.……" 하였습니다. 집사(執事)께서는 이미 1년이 되었는데, 과연 도장의 말씀처럼 신효(新效)를 거두고 계십니까?

또 계구(戒懼)[57] 공부가 끝내는 중도에 끊어지기 쉬우니 어떻게 해야 하느냐고 질문을 드렸더니, 답하기를 "반드시 먼저 '도라는 것은 잠시도 떠날 수가 없는 것이다.'라는 대목에 나아가서 진실하고 간절하게 터득해야 한다. 그런 뒤에야 계구 공부가 자연히 중도에 끊어지지 않는 것이다. 그렇게 하지 않고 억지로 붙잡으려 할 경우에는, 하다 말다

56 역천(櫟泉) : 영조(英祖) 대의 학자인 송명흠(宋明欽, 1705~1768)의 호이다. 송명흠은, 자가 회가(晦可)이고 시호는 문원(文元)이다. 송준길(宋浚吉)의 후손으로, 이재(李縡)의 문인이며, 녹문과는 이종사촌 간이다. 동생인 송문흠(宋文欽, 1710~1752)과 함께 인물성구동(人物性俱同)의 낙론(洛論)을 지지하였다.

57 계구(戒懼) : 계신(戒愼)과 공구(恐懼)의 준말이다. 《중용장구》 제1장에 "도라는 것은 잠시도 떠날 수가 없는 것이다. 떠날 수가 있다면 그것은 도가 아니다. 그런 까닭에 군자는 보이지 않을 때에도 경계하고 근신하는 것이며, 들리지 않을 때에도 걱정하고 두려워하는 것이다.〔道也者 不可須臾離也 可離非道也 是故 君子戒愼乎其所不睹 恐懼乎其所不聞〕"라는 말이 나온다.

하고 끊어졌다 이어졌다 하게 되는 것은 형세상 필연적인 일이다.……" 하였습니다. 이 설이 모두 친절(親切)한 것 같기에, 그냥 알려 드리는 바입니다.

내가 물론 시일을 감히 헛되게 보낸다고는 할 수 없지만 끝내는 옆에 든든한 조력자가 없어서 경발(警發)할 곳이 전혀 없는 상태입니다. 그리고 일전에 있었던 언어(言語)상의 의사(意思)를 생각해 보건대, 이는 함양(涵養)하는 공부의 자세를 몰각(沒却)한 것이었습니다. 이런 식으로 심신(心身)이 전도(顚倒)되어서는 도무지 일을 이룰 수가 없기 때문에 바야흐로 통렬히 고쳐 보려고 하고 있습니다마는, 성품과 기질이 용렬하고 형편없어서 용기 있게 나아가지 못하니 참으로 어떻게 해 볼 수가 없습니다. 《논어(論語)》 공부를 시작한 뒤로 지금 벌써 두 해가 지났는데도 졸업(卒業)할 희망이 보이지 않습니다. 《의의(疑義)》 한 책이 있으나 아직 정돈할 겨를이 없는데, 이 뒤에 마땅히 질정(質正)을 구하겠습니다.

이장(李丈)의 이른바 "먼저 '도라는 것은 잠시도 떠날 수가 없는 것이다.'라는 대목에 나아가서 진실하고 간절하게 터득해야 한다.……" 한 말씀이 물론 매우 절실하고 지극하다고도 하겠습니다마는, 내 생각에는 지경(持敬)[58]하는 공부야말로 《소학(小學)》과 《대학(大學)》을 관통하는 것이라고 여깁니다. 정자(程子)는 "치지(致知)를 하면서 경(敬)에 마음을 두지 않는 경우는 있지 않다.〔未有致知而不在敬〕"라고 하였습니다. 대개 지경의 측면에 먼저 힘을 기울인 뒤에야 비로소 기댈 언덕이 생기고 찾을 단서가 나오는 것이요, 잠시도 떠날 수 없는 곳에

58 지경(持敬) : 공경하는 마음을 항상 지니고서 지켜 나가는 것을 말한다.

대해서 진실하고 간절하게 터득할 수 있게 될 것인데, 진실하고 간절하게 터득하게 되면 지경하는 공부도 그에 비례해서 더욱 견고하고 치밀해질 것입니다.

지금 그렇게 하지 않고 느닷없이 초학(初學)으로 하여금 반드시 진실하고 간절하게 터득하기를 기다린 뒤에 바야흐로 경(敬)에 힘을 쓰게 한다면, 진실하고 간절하게 터득하지 못했을 때에는 경(敬)을 쓸 곳이 없지 않겠습니까. 그리고 불경(不敬)의 상태에서 또 어떻게 느닷없이 진실하고 간절하게 터득할 수가 있겠습니까. 이것이 바로 주 선생(朱先生)이 찰식(察識)을 먼저 하고 함양(涵養)을 뒤에 하는 남헌(南軒 장식(張栻))의 설을 극력 공격한 이유입니다.

내가 나름대로 생각해 보건대, 이장(李丈)의 이 말씀은 우리들의 분발을 촉구하려는 목적에서 나온 것이라고 여깁니다. 그렇긴 하지만 한편으로는 지경하고 한편으로는 체인(體認)해야 할 것이니, 지경이 엄밀해질수록 체인도 치밀해질 것이고 체인이 치밀해질수록 지경도 자연히 중도에 끊어지는 일이 없어져서, 당초 억지로 행할 때와는 같지 않게 될 것입니다. 이것이 곧 언외(言外)의 뜻이라고도 할 것인데, 이에 대해서 어떻게 생각하십니까?

역천 송형에게 보내는 글
與櫟泉宋兄

《중용(中庸)》은 과연 자기 말을 외우는 것처럼 협흡(浹洽)하고 난숙(爛熟)하게 잘해서 주자(朱子)가 말한 대로 더 이상 읽을 것이 없을 정도가 되었습니까? 일용(日用)의 공부도 진보한 곳이 있습니까?

《근사록(近思錄)》〈위학(爲學)〉의 요체는 별도로 기특한 도리가 있는 것이 아닙니다. 입지(立志)를 견고(堅固)하고 전일(專一)하게 하려고 노력하고, 함양(涵養)을 평실(平實)하고 순숙(純熟)하게 하려고 노력하고, 궁리(窮理)를 명백하게 자득하려고 노력해야 할 것이니, 이와 같이 오래도록 공을 쌓아 우유(優遊)하고 염어(厭飫)하며 미리 기대하지도 않고〔勿正〕 조장하지도 않는다면〔勿助〕, 자연히 의미심장한 것을 보게 되면서 그만두려고 해도 그만둘 수가 없게 될 것입니다. 그렇게 하지 않고서 구차하고 급박하게 구한다면 결코 이룰 수가 없을 것입니다. 이러한 도리를 분명히 알긴 하면서도 기질(氣質)이 비약(卑弱)한 탓으로 통렬히 자신을 수습하지 못한 채 그저 있는 듯 없는 듯할 따름이니, 고풍(高風)을 생각할 때마다 부끄럽고 탄식하는 마음을 가눌 수 없습니다.

역천 송형에게 보내는 글
與櫟泉宋兄

《가례(家禮)》 사당조(祠堂條) 부주(附註)에 "또 대종(大宗)이 있고 소종(小宗)이 없는 경우가 있으니, 모두 적자(嫡子)이면 소종을 세우지 않는다. 소종이 있고 대종이 없는 경우가 있으니, 적자가 없으면 대종을 세우지 않는다.〔又有有大宗而無小宗者 皆嫡則不立小宗也 有有小宗而無大宗者 無嫡則不立大宗也〕"라고 하였는데, 이 대목에 대해서 《원류(源流)》에서 인용한 주설(註說)이 매우 많으나, 모두 타당하지 않은 것 같습니다. 그중에 《대전(大全)》의 본주(本註)와 《집람(輯覽)》의 설이 가장 통할 법도 합니다만, 대종이 있고 소종이 없는 의리에 대해서는 끝내 분명한 뜻을 깨닫지 못하겠고, 또 본문의 "모두 적자이면 소종을 세우지 않는다."라는 내용과도 합치되지 않습니다.

내가 나름대로 억견(臆見)을 가지고 추측해 본 적이 있는데, 그것은 대개 임금의 곤제(昆弟)가 모두 적자이고 서자(庶子)가 없을 경우에는 모두 세워서 대종의 조(祖)로 삼으니, 이것이 이른바 '대종이 있고 소종이 없는 것'이고, 임금의 곤제가 모두 서자이고 적자가 없을 경우에는 모두 대종의 조가 될 수 없고 각자 소종이 되니, 이것이 이른바 '소종이 있고 대종이 없는 것'이라는 생각이었습니다. 대개 제후(諸侯)의 적자인 곤제의 신분이 된 뒤에야 별자(別子)가 되는 것이요, 서자인 형제의 경우에는 별자로 칭할 수가 없는 것이니, 이와 같은 설이 문의(文義)에 합당할 듯도 합니다만, 근거할 만한 고사(故事)가 없고 선유(先儒)의 설과도 합치되지 않습니다. 그래서 감히 자신할 수는 없습니다만, 시험 삼아 기록해서 올리니, 《원류(源流)》의 여러 설(說)을 가지고 다시 더 상세히 검증한 뒤에 가르침을 내려 주시는 것이 어떻겠습니까?

그리고 일단 '우유(又有)'라고 말했고 보면, 상문(上文)의 여러 조목과는 같지 않음을 알 수 있으니, 억지로 끌어다 맞출 필요는 없을 듯합니다. 만약 본주(本註)의 설대로 한다면 노(魯)나라 계우(季友)[59]의 일이 바로 '대종이 있고 소종이 없는' 경우에 해당될 것인데, 이에 대해서 어떻게 생각하십니까? 정자(程子)의 설은 아무래도 타당하지 않을 듯싶습니다.

59 계우(季友) : 춘추 시대 노 환공(魯桓公)의 아들이요 장공(莊公)의 막내아우이다. 계우의 둘째 형인 숙아(叔牙)가 큰형인 경보(慶父)를 임금으로 세우려 하는 것을 장공이 알고서 근심하자, 계우가 검계(鍼季)를 시켜서 숙아를 독살하게 하였으며, 장공이 죽자 장공이 총애하던 자반(子般)을 계우가 임금으로 세웠는데, 자반이 또 경보에게 살해되자 진(陳)나라로 망명했다가 경보가 거(莒)로 달아났을 때 민공(閔公)의 아우인 자신(子申)을 데리고 귀국해서 희공(僖公)을 세웠다. 춘추 시대 말기 노(魯)나라의 집권자인 계손씨(季孫氏)는 바로 계우의 후예이다. 《春秋左氏傳 閔公1年》

역천 송형에게 보내는 글 12월

與櫟泉宋兄 臘月

주자(朱子)가 여자약(呂子約)에게 준 글에 "보내온 글에서 말한 일용 공부가 매우 좋긴 하다. 그러나 이와 함께 하나의 대두뇌(大頭腦)를 분명히 알아서, 마음을 잡고 놓는 그 사이에 힘쓸 곳이 있게 해야 할 것이다. 그리하여 실제로 하나의 물건을 자신의 손 안에 쥐고서 행하는 것처럼 해야 할 것이요, 괜히 말로만 놓친 마음을 찾는다면서 실제로는 망망하여 잡을 곳이 없게 하면 안 될 것이다.……〔示諭日用工夫甚善 然亦且要見得一大頭腦分明 便於操舍之間 有用力處 如實有一物把住放行 在自家手裏 不是漫說求其放心 實却茫茫無把捉處也……〕"[60] 하였는데, 소위 대두뇌라는 것이 과연 무슨 물건이겠습니까?-반드시 이렇게 한 뒤에야 비로소 행하면서 밝게 알고〔行著〕, 익히면서 정밀하게 살필 수 있어서〔習察〕, 날로 새로워지는 공이 실제로 있게 될 것이다.-

60 보내온……것이다 : 《회암집(晦菴集)》 권48에 〈답여자약(答呂子約)〉이라는 제목으로 수록되어 있다.

역천 송형에게 보내는 글
與櫟泉宋兄

정강성(鄭康成)은 말하기를 "동온하청(冬溫夏凊)은 사계절의 법도요, 혼정신성(昏定晨省)은 하루의 법도이다. 밤에 누우실 때 응당 잠자리를 보살펴 드려 어버이의 몸이 안정된 뒤에 물러 나오고, 다음 날 아침이 되면 하룻밤이 지난 만큼 일찍 와서 어버이의 안부가 어떠한지 살펴보아야 한다.〔冬溫夏凊 四時之法也 昏定晨省 一日之法也 夜臥當整齊牀衽 使親體安定之後退 至明朝旣隔夜 早來視親之安否何如也〕"라고 하였습니다.[61]

또 여동래(呂東萊)는 말하기를 "효자는 어버이의 마음을 자기의 마음으로 삼고, 어버이의 몸을 자기의 몸으로 여기는 법이다. 그러므로 저녁과 아침이 되어 날이 어두워지고 밝아올 때에 어버이를 잊지 못해 더욱 그 사이에 마음을 쓰는 것이다. 그리하여 날이 어두워질 때에는 부모님을 편안하게 해 드리고, 날이 밝아올 때에는 새벽닭이 울자마자 일어나서 그 안부를 묻는 것이다.〔孝子以親之心爲心 親之體爲體 故昏晨晦明之變 不忘其親 而尤加意於其間 昏時則安其父母 晨時則鷄鳴而起 問

61 정강성(鄭康成)은……하였습니다 : 《예기》〈곡례 상(曲禮上)〉에 "자식이 된 자는 어버이에 대해서, 겨울에는 따뜻하게 해 드리고 여름에는 시원하게 해 드려야 하며, 저녁에는 잠자리를 보살펴 드리고 아침에는 문안 인사를 올려야 한다.〔凡爲人子之禮 冬溫而夏凊 昏定而晨省〕"라는 말이 나오는데, 이에 대해서 당(唐)나라 공영달(孔穎達)이 해설한 것이다. 정강성, 즉 한(漢)나라 정현(鄭玄)이라고 한 것은 녹문의 착오이다. 《예기집설(禮記集說)》 권3에 수록되어 있다.

其安否〕"라고 하였습니다.[62]

이 두 조목이 통절(痛切)하기 그지없으니 완부(頑夫)도 감동시킬 만합니다. 그중에서도 "하룻밤이 지난 만큼 일찍 와서 어버이의 안부가 어떠한지 살펴보아야 한다."라고 한 것은 특히 효자의 마음을 잘 묘사했다고 할 것인데, 우연히 읽다가 이 대목에 이르러서는 나도 모르게 황감(惶感)한 심정을 느꼈습니다.

대개 《대학(大學)》의 수신(修身)이나 《논어(論語)》의 시습(時習)이나 《맹자(孟子)》의 집의(集義)로 말하더라도, 실제로 힘을 써야 할 곳은 이와 같은 곳에 불과한데, 우리들이 말로만 학문을 한다고 하면서 이처럼 지극히 가깝고 지극히 절실한 곳에는 왕왕 소홀히 하고 있습니다. 이는 인륜(人倫)의 측면에서 결함이 있게 될 뿐만이 아니라, 심지(心地)가 심후(深厚)하고 성실(誠實)하게 되지 못하는 것과 언행(言行)이 간측(懇惻)하고 세밀(細密)하게 되지 못하는 것과 공부(工夫)가 접속(接續)하고 활락(活絡)하게 되지 못하는 것과 의미(意味)가 심장(深長)하고 농욱(醲郁)하게 되지 못하는 것 모두가 여기에 말미암는다고 할 것입니다. 그래서 지금부터라도 통렬히 자신을 점검하며 단속하고 싶은데, 혹시라도 독실하고 확고하게 할 수 없을까 걱정되기에, 이렇게 글을 보내어 언급하면서 경책(警策)해 주시기를 바라게 되었습니다.

62 여동래(呂東萊)는……하였습니다 : 동래는 송유(宋儒) 여조겸(呂祖謙)의 호이다. 녹문이 중요한 대목만 간추려서 소개하였는데, 《예기집설(禮記集說)》 권3에 공영달의 주석 뒤에 소개되어 나온다.

역천 송형에게 답하는 글 갑인년(1734, 영조10) 4월
答櫟泉宋兄 甲寅四月

그동안 소식을 전혀 듣지 못해서 안부가 항상 궁금하였는데, 뜻밖에도 서한이 깊은 산속에서 적막하게 지내는 중에 홀연히 이르렀습니다. 펼쳐 보고서 거듭 읽는 동안에 마음이 크게 위로되었으니, 직접 뵙는 것과 무엇이 달랐겠습니까.

나는 지난달 초에 화양산(華陽山)에 와서 머물며 《중용(中庸)》을 읽고 있는데, 3, 4일쯤 지나면 공부를 다 마칠 수 있을 것입니다. 이제는 '도(道)'라는 글자에 대한 소견이 확실해져서 아무리 붙잡아 보려 해도 안 되었던 지난날과는 같지 않은 것을 자못 느낍니다. 뒷날 서로 만나면 혹 한 자나 한 치의 진전을 보일 수도 있으리라 기대됩니다. 다만 서로 경발(警發)해 줄 밝은 사우(師友)가 없어서 중도에 끊어지는 때가 없을 수 없기에 수습(收拾)하고 봉합(縫合)하는 데에 매우 힘이 드는 것을 느낍니다. 고풍(高風)을 생각할 때마다 그저 혼자서 창연(悵然)한 기분이 들곤 합니다. 산사(山寺)의 약속이 하루도 마음에 걸리지 않는 때가 없는데, 지금까지 그 일을 이루지 못하고 있으니, 한스러운 생각을 어떻게 금할 수 있겠습니까.

저번에 붕우 한 사람이 말하기를 "성인(聖人)이 되는 것도 운수(運數)에 관계되니, 사람의 힘으로 될 수 있는 것이 아니다." 하기에, 내가 대답하기를 "어떤 일이든 타인의 손에 달려 있어야 명(命)이라고 말할 수 있는 것이다. 이 일은 단지 내가 하기에 달려 있을 뿐이다. 내가 인(仁)을 하려고만 하면 인이 당장 나에게 이를 것이니,[63] 이런 일은 군자가 명(命)이라고 하지 않는 것이다. 우리가 알 수 없는 것은 단지 수명의 길고 짧음일 뿐이다.……" 하였습니다. 그런데 요즈음 안질(眼疾) 때문에 책 읽는 일도 뜻대로 되지 않고, 이 약속을 또 이루지 못하게 되었고 보면, 운수에 관계된다는 이야기가 또한 일리가 있다고 해야 하지 않겠습니까.

63 내가 인(仁)을……것이니 : 《논어》〈술이(述而)〉에 "인이 어디에 멀리 있는 것인가. 내가 인을 하려고만 하면 인이 당장 나에게 이를 것이다.〔仁遠乎哉 我欲仁 斯仁至矣〕"라는 공자(孔子)의 말이 있다.

역천 송형에게 보내는 글 5월

與櫟泉宋兄 五月

지독한 무더위 속에서 삼가 시봉(侍奉)하는 즐거움과 공부하는 재미가 월등하시리라고 생각합니다. 나는 여주(驪州)에서 이틀 동안 머물며 백춘(伯春 김원행(金元行))의 의론을 들었는데, 저번에 선장(仙莊)에서 강론(講論)했던 설도 한두 가지 얻어들을 수 있었으니, 고루(孤陋)한 나에게는 매우 다행이었습니다. 백춘이 말하기를 "회가(晦可 송명흠(宋明欽)의 자(字))가 단속하고 점검하는 것은 우리들이 따라갈 수 없지만, 견처(見處)는 원활하게 소통되지 못하는 흠이 있다.……" 하였는데, 이 말이 집사(執事)의 신상(身上)에도 절실한 경책(警策)이 될 듯하기에 우선 언급하게 되었습니다. 다른 이야기는 지금 갑자기 다 말씀드리지 못합니다. 지금 하고 싶은 것은 《중용(中庸)》을 다시 읽는 것입니다. 인마(人馬)에 틈이 생기면 전서(前書)의 약속을 실천해야 하겠는데, 날씨가 점점 무더워지는 것이 걱정입니다.

역천 송형에게 보내는 글 을묘년(1735, 영조11) 1월

與櫟泉宋兄 乙卯正月

수십 일 동안 책상을 마주하고 강론(講論)한 이익이 물론 얕지 않지만, 그래도 상관(相觀)[64]하면서 많이 그리고 알차게 배운 것만은 못하다고 할 것입니다. 돌아와 점검해 보아도 뭔가 진전이 있는 것 같으니, 옛사람이 "빈 보따리를 들고 왔다가 수레에 가득 싣고 돌아간다."라고 한 이야기가 결코 허어(虛語)는 아니라는 생각이 듭니다.

나의 필찰(筆札)이야 고마워할 것이 뭐가 있겠습니까. 내려 주신 서문(序文)은 오래 볼수록 맛이 우러나는 것을 더욱 느끼는데, 나의 신상(身上)에 특히 절실하게 다가오니, 아침저녁으로 되새기면서 고마운 뜻을 저버리지 않도록 감히 노력하지 않겠습니까.

내가 말하고 싶은 것은 네 조(條)의 설에서 다 토로하였으므로 지금은 다시 췌언(贅言)할 것이 없는데, 뒷날 우리가 만났을 때 각자 근거할 논리를 가지고 서로 증명하면 될 것입니다. 다만 며칠 전부터 '실(實)' 자에 대해서 우연히 감발(感發)하는 바가 있었는데, 그 의사(意思)가 자못 절실하였습니다. 이것도 물론 전일에 익히 강론했던 것입니다마는, 애오라지 다시 들려 드리는 바이니, 시험 삼아 한번 더 생각해 보시면 의사가 자별(自別)할 것이라고 생각됩니다.

64 상관(相觀) : 붕우끼리 서로 관찰하고 감동을 받아 본받는 것을 말한다. 《예기》 〈학기(學記)〉의 "서로 살펴보면서 좋게 되는 것을 연마라고 한다.〔相觀而善之謂摩〕"라는 말에서 나온 것이다.

사능(士能)[65]은 요즘 만나 보았습니까? 그의 의론(議論)은 또 어떠했습니까? 이 친구가 용감하고 직절(直截)한 것은 실로 우리들이 따라갈 수 없습니다마는, 정밀하고 상세하게 살피는 점이 부족합니다. 그래서 그의 소견이 왕왕 편체(偏滯)되곤 하는데, 이 병이 고쳐지지 않으면 도(道)에 나아가는 데에 방해가 될 듯싶으니, 통렬히 그에게 주의를 주셨으면 합니다. 이것이 바로 붕우가 마음을 다해서 도와주어야 할 일입니다.

시해(時偕)[66]는 그토록 좋은 자질을 가지고 그만 질병에 걸려 용맹스럽게 정진하지 못하고 있으니, 어찌 애석하게 여기지 않을 수 있겠습니까. 그러나 성현(聖賢)의 글은 사천(史遷)[67]의 글과는 다른 만큼, 신중하게 생각하고 잘 함양하면서 순서에 따라 점차 나아간다면, 어찌 그다지 방해가 되기야 하겠습니까. 그에게도 자주 경책(警策)을 가하여 함께 대도(大道)에 오를 수 있게 해 주셨으면 합니다. 그리고 어리석어 헤매는 나에게도 지향하여 바라보는 바가 있게 하여 갈 곳이 없어 방황하는 일을 면하게 해 주시기를 천 번 만 번 축원하는 바입니다.

65 사능(士能) : 영조 대의 학자인 송능상(宋能相, 1710～1758)의 자이다. 송능상은, 호가 운평(雲坪)·동해자(東海子)이다. 송시열(宋時烈)의 현손이며, 한원진(韓元震)의 문인이다. 학행으로 천거되어 사헌부 장령(司憲府掌令)과 장악원 정(掌樂院正)을 역임하고, 만년에 묘향산(妙香山)에 들어가 학문에 전념하였다.

66 시해(時偕) : 영조 대의 학자 송익흠(宋益欽, 1708～1757)의 자이다. 송익흠은 김창협(金昌協)의 문인으로, 홍천 현감(洪川縣監)·사복시 주부(司僕寺主簿)·보은 현감(報恩縣監) 등을 역임하였다.

67 사천(史遷) : 《사기(史記)》의 저자인 한(漢)나라 태사령(太史令) 사마천(司馬遷)의 별칭이다.

역천 송형에게 보내는 글

與櫟泉宋兄

봄추위가 갈수록 심해지는 이때에 공부하는 재미가 대단하겠지요? 《중용(中庸)》 공부는 이제 다 끝냈으리라 생각되는데, 소견(所見)은 실제로 또 어떠합니까?

나는 해가 바뀐 뒤로 《시경(詩經)》을 복습하고 있는데, 간간이 감발(感發)하는 곳이 있긴 합니다만, 아무래도 사서(四書)를 통해서 힘을 얻는 것만은 못하다고 여깁니다. 그리고 마음을 조존(操存)하고 성찰(省察)하는 공부를 한가로이 거한다고 해서 감히 폐하지는 않고 있습니다만, 아무래도 붕우가 경책(警策)하는 시절만은 못하다는 생각이 드는데, 그동안 강론(講論)하던 낙을 떠올리면서 그쪽으로 계속 마음이 달려가지 않은 적이 한 번도 없었습니다.

'신독(愼獨)'이라는 두 글자야말로 집사(執事)께서 여기에 종사(從事)하여 득력(得力)했다고 할 것이요, 우매한 나도 이 글자에 대해서 반복(反復)하지 않은 적이 없다고 할 것인데, 요즘 와서는 지극히 긴요하고 지극히 절실하다는 느낌이 더욱 듭니다. 천리(天理)와 인욕(人欲)이 자라나고 줄어드는 기틀이 모두 여기에 있으니, 주자(朱子)가 생사(生死)의 갈림길이라고 말한 것도 참으로 허어(虛語)가 아닌데, 지극히 강명(剛明)한 사람이 아니면 그 공을 쉽게 이루지 못할 것입니다.

집사께서 천명(天命)의 유행(流行)을 말씀하신 것이 물론 매우 맛이 있습니다마는, 완전히 여기에 의지해서 극기(克己) 공부를 하지 않는다면 안 될 일입니다. 그동안 나의 의론도 이 뜻을 아는 것이 매우 좋다고 매번 추중(推重)하였습니다만, 그래도 약간은 편벽(偏僻)된 병통이 있는 듯한데, 어떻게 생각하십니까? 모쪼록 일간(日間)에 힘을 쓰는 것을 상세하게 말씀해 주시어 경발(警發)할 수 있게 해 주시기를 천 번 만 번 바라는 바입니다.

역천 송형에게 답하는 글
答櫟泉宋兄

사능(士能 송능상(宋能相))과 주고받은 이야기가 너무도 사람으로 하여금 창연(悵然)한 심정을 금하지 못하게 합니다. 세도(世道)가 쇠미(衰微)한 이때에 그에게 바라는 바가 작지 않으니, 정녕 마음을 비우고 자신을 공손히 하여 서로 절차탁마(切磋琢磨)하면서 원대한 뜻을 추구해야 할 터인데, 지금 문득 스스로 이와 같이 주장하며 곧장 성현(聖賢)으로 자처(自處)하다니, 그 기상이 경박하고 그 도량이 협소하기만 합니다. 가령 그의 말이 모두 옳다고 하더라도, 이것만으로도 벌써 '있어도 없는 것처럼 하고, 찼어도 빈 것처럼 하고, 도를 보고서도 보지 못한 것처럼 하는'[68] 성현의 규모가 아니라고 할 것이요, 크게 떠맡고 크게 진취(進就)하여 죽은 뒤에야 그만두는 모습이 이미 아니라고 할 것인데, 더군다나 그의 말이 꼭 옳다고 할 수 없는 데야 더 말해 무엇하겠습니까.

그리고 소위 일관(一貫)의 경지라고 하는 것이 이런 정도에 불과한

68 있어도……하는 : 《논어》 〈태백(太白)〉에 "유능하면서도 무능한 자에게 물어보고, 박학다식하면서도 천학과문한 자에게 물어보고, 있어도 없는 것처럼 하고, 찼어도 빈 것처럼 하고, 누가 덤벼들어도 따지지 않는 이런 태도를 옛날에 우리 벗은 지니고 있었다.〔以能問於不能 以多問於寡 有若無 實若虛 犯而不校 昔者吾友嘗從事於斯矣〕"라고 증자(曾子)가 안연(顔淵)을 평한 말이 나오고, 《맹자》 〈이루 하(離婁下)〉에 "도를 보고서도 보지 못한 것처럼 하였다.〔望道而如未之見〕"라고 주 문왕(周文王)의 투철한 구도심(求道心)을 표현한 말이 나온다.

것이라면 옛날부터 도(道)를 들은 자가 많이 있었을 것입니다. 그런데 공문(孔門)의 제자 가운데에는 총명하고 영특한 자가 헤아릴 수 없이 많았을 텐데, 어째서 증자(曾子) 한 사람에게만 국한되었단 말입니까.[69]

내가 일찍이 《어류(語類)》를 애독하였는데 그중에서도 진안경(陳安卿)에게 답한 한 대목[70]이 매우 좋았습니다. 대개 안경이 질문한 말을 보면 천명(天命)과 인심(人心) 및 대본(大本)과 달도(達道) 등을 그지없이 포장(鋪張)한 것으로, 마치 물이 차면 배가 뜨는 것처럼 스스로 일관(一貫)의 경지에 대해 소견(所見)이 있다고 생각한 것이었는데, 선생이 이 말을 아무 말 없이 듣고 있다가 한참 뒤에 말하기를 "이와 같이 말하기는 매우 쉬운 일이다."라고 하고는, 이윽고 말하기를 "무한한 경지를 멋대로 측량하는 잘못에 떨어질 위험이 있다."라고 하고, 또 이어 말하기를 "나는 《논어(論語)》의 내용 중에서 일관이나 여점(與點)[71] 등의 장(章)을 말하는 것은 매우 좋아하지 않는다. 대개 학자는

69 공문(孔門)의……말입니까 : 그토록 많은 공자(孔子)의 제자들 중에서 유독 증자(曾子) 한 사람만이 공자로부터 일관(一貫)에 대한 말을 듣고서 유가(儒家)의 도를 전수받은 사실을 어떻게 설명할 수 있겠느냐는 말이다. 공자가 증삼(曾參), 즉 증자를 불러서 "나의 도는 하나의 이치로써 모든 일을 꿰뚫고 있다.〔吾道一以貫之〕"라고 하자, 증삼이 "네, 그렇습니다.〔唯〕"라고 곧장 대답하고는, 다른 문인에게 "부자의 도는 바로 충서이다.〔夫子之道 忠恕而已矣〕"라고 설명해 준 내용이 《논어》 〈이인(里仁)〉에 나온다.

70 진안경(陳安卿)에게……대목 : 안경은 주희(朱熹)의 제자 진순(陳淳)의 자(字)이다. 진순의 호는 북계(北溪)이다. 이 글은 《주자어류(朱子語類)》 권117 〈훈문인(訓門人) 5〉에 수록되어 있다.

71 여점(與點) : 점의 의견에 동조한다는 뜻이다. 점(點)은 공자의 제자 증점(曾點)으로, 증삼(曾參)의 부친이다. 그가 "늦은 봄에 봄옷이 만들어지면 관을 쓴 벗 대여섯

우선 잡다한 문제들을 하나하나 이해해야 할 것이니, 이렇게 오래 하다 보면 자연히 시원하게 관통하는 곳이 있게 될 것이다. 지금 관(貫)하는 곳을 이해하지도 못하고서 문득 애매하게 일(一)을 먼저 말한다면, 도와 무슨 관계가 있겠는가.……" 하였습니다.-《어류》의 문인(門人)을 훈계하는 편(篇)에 나온다.-

대저 북계(北溪)의 총명함으로 말하면 주문(朱門)의 자공(子貢)이라고 일컬어질 정도였으니 그의 소견이 또한 참으로 높았다고 할 것인데, 선생은 이를 아랑곳하지 않고 허여(許與)하지 않았습니다. 이는 자기 자신만 이와 같이 하였을 뿐 아니라, 다른 문인들에 대해서도 이런 문제를 두고 누차 탄식하곤 하였습니다. 그 소견이 잘못될 우려가 있는 것이라면, 일관(一貫)했다고 하는 그 경지라는 것이 과연 어떠한 것일지 상상하고 헤아려서 알 수 있지 않겠습니까.

나처럼 우매한 자야 물론 거론할 자격도 없겠습니다만, 지난번 화양산(華陽山)에 있을 적에 고요한 곳에서 며칠 지내다 보니 초연(超然)히 말없는 가운데 계합(契合)하며 시원하게 자득(自得)하게 되는 곳이 왕왕 있었습니다. 그럴 때마다 문득 혼자 기뻐하면서 천하의 이치가 과연 여기에서 벗어나지 않는다고 생각하였는데, 이윽고 《어류》를 우연히 열람하다가 이 대목을 접하고서는 나도 모르게 황송해서 식은땀이 등줄기를 적셨습니다. 지금 와서는 자득한 것이 비록 있는 듯 없는

명과 아이들 예닐곱 명을 데리고 기수에 가서 목욕을 하고 기우제 드리는 곳에서 바람을 쏘인 뒤에 노래하며 돌아오겠다.〔暮春者 春服旣成 冠者五六人 童子六七人 浴乎沂 風乎舞雩 詠而歸〕"라고 자신의 뜻을 밝히자, 공자가 그 기상에 감탄하며 "나는 점과 함께 하겠다.〔吾與點也〕"라고 허여했던 고사가 《논어》 〈선진(先進)〉에 나온다.

듯하기는 하지만, 그래도 예전에 비해 자못 평실(平實)해진 인상을 받으면서 공부하면 할수록 뜻이 더욱 무궁해지는 가운데 허다한 병패(病敗)가 없어지게 된 것은 당일의 체험 덕분이라고 할 것입니다.

대저 《대학(大學)》의 지지(知至)가 바로 《논어》의 일관(一貫)에 해당된다고 할 것인데, 소위 지지라는 것은 반드시 격물(格物)을 기다려야만 하는 것입니다. 그런데 이 물(物)이라는 것은 천하 만물(萬物) 만사(萬事)의 이(理)인데, 사능이 과연 이 천하 만물 만사의 이에 대해서 의심이나 장애가 되는 것이 하나도 없을 수 있단 말입니까. 그렇지 않다면 그가 말하는 일관이라는 것은 단지 주자(朱子)가 말한 대로 대본(大本)과 달도(達道)의 영상(影象)에 지나지 않을 듯싶으니, 무턱대고 자신(自信)하면 안 될 것입니다. 이러한 도리는 매우 명백해서 알기 어려운 것이 아니니, 사능의 견식으로 볼 때 어찌 끝까지 미혹될 리가 있겠습니까. 그에게 속히 따끔하게 논변(論辨)을 가해 주시면 다행이겠습니다.

역천 송형에게 보내는 글 병진년(1736, 영조12) 1월

與櫟泉宋兄 丙辰正月

해가 새로 바뀐 뒤로 세월은 빨리도 흐르는데 의리(義理)는 찾기 어렵다는 것을 더욱 절감하는 가운데, 부끄럽고 분하고 걱정되고 두려워하며 스스로 그만두지 못하는 뜻을 실로 가지고 있습니다. 그래서 참으로 원하는 것은 만사를 제쳐 두고 사우(師友)와 함께 종유(從遊)하며 전심(專心)으로 뜻을 기울여 소인(小人)으로 전락하는 일을 면해 보고자 하는 것뿐입니다. 대개 우리들이 말로는 학문에 종사한다고 하면서도 결국은 세월만 흘려보낼 뿐 도무지 이루는 일이 없으니, 이는 한때 지녔던 장한 의기(意氣)와 같지 않다고 할 것입니다. 부디 바라건대 대수롭지 않게 여기지 마시고 이끌어 주며 가르침을 내려 주신다면 그런 다행이 없겠습니다.

이 선생(李先生 이재(李縡))으로부터 강론(講論)을 며칠 동안이나 들으셨다니 얼마나 부러운지 모르겠습니다. 미리 알지 못한 것이 한스럽기만 합니다. 더군다나 들은 내용이 훨씬 더 친절(親切)한 가르침이었다니 더더욱 흠탄(欽歎)할 따름입니다. 이는 바로 이른바 나이가 들수록 덕도 따라서 높아지는 경우[72]라고 할 것입니다. 대개 실제로 힘을 쓰는 곳이 있기만 하면 발전하지 않을 이치가 없는 것이니, 이는 실로

72 나이가……경우 : 한(漢)나라 양웅(揚雄)의 《법언(法言)》 〈효지(孝至)〉에 "나이가 들수록 덕도 따라서 높아져야만 공자의 문도라고 할 수 있을 것이다.〔年彌高而德彌卲者 是孔子之徒與〕"라는 말이 나온다.

우리들이 스스로 돌이켜 보아야 할 대목이라고 하겠습니다.

규모가 협소하고 속습(俗習)에 오염되었다는 말은 예전에도 일찍이 몇 차례나 들었습니다. 그래서 중간에 고쳐 보려고 꽤나 힘을 들이기도 하였습니다만, 끝내 대단하게 변화시키지는 못한 채 왕왕 어떻게 해 볼 수 없는 지경에 이르곤 하였으니, 어쩌면 이런 모습으로 생을 마칠는지도 모르겠습니다. 바라건대 선생의 뜻을 미루어 힘쓰는 방도를 분명히 보여 주시기를 간절히 기원하는 바입니다.

보내오신 글에서 수립(樹立)한 것이 자못 힘이 있고 견득(見得)한 것이 자못 초탈(超脫)하다고 한 것을 보면, 날마다 발전하시는 것이 얼마나 심원(深遠)한지를 알 수가 있습니다. 그렇긴 하지만 빠른 세월은 믿을 수가 없고 오염된 습관에는 빠지기가 쉬운 법인데, 이는 실제로 내가 숱하게 경험했던 사실입니다. 그러니 조금 얻었다고 만족하지 말고서 더욱 넓고 크게 개척해 나가기를 깊이 바라는 바입니다. 정자(程子)가 "학문은 자기의 것이 되는 경지에 이른 뒤에야 비로소 자신할 수 있다.〔學至於有諸己 然後方可以自信〕"라고 말한 이 뜻이 매우 좋으니 알아 두지 않으면 안 될 것입니다.

나는 요즈음 계구(戒懼)와 근독(謹獨) 두 가지 일에 대해서 꽤나 재미를 느끼고 있습니다. 그래서 예전에 범연(泛然)히 말하고 지나갈 때와 비교해 보면 또한 같지 않은 점이 있는 것도 같습니다. 그리고 '경의(敬義)'[73]라는 두 글자에 비하면 더욱 가깝고 절실하다는 느낌을

73 경의(敬義) : 《주역》 〈곤괘(坤卦) 문언(文言)〉의 "군자는 경으로써 안의 마음을 곧게 하고, 의로써 밖의 일을 바르게 하니, 이렇게 경과 의가 확립되어서 그 덕이 외롭지 않다.〔君子敬以直內 義以方外 敬義立而德不孤〕"라는 말을 발췌한 것이다.

받는데, 다만 감히 자신(自信)하지 못할 따름입니다.

'속(俗)'이라는 하나의 글자야말로 내가 매우 혐오하고 통렬히 배척하는 것인데도, 끝내 스스로 답습하는 일을 면하지 못하고 있으니, 매우 두려운 일입니다. 하지만 세속에서 빠져나올 생각을 갖고 있어도 오히려 세속에 가까워지는가 하면, 하나의 일을 고치고 나면 또 하나의 일이 있게 되곤 하니, 실로 아무리 고쳐도 소용없다는 무력감에 빠지기도 합니다. 따라서 탈연(脫然)히 성인(聖人)으로 뜻을 세우고 용맹 분투하며 오로지 치지(致知) 역행(力行)에 힘써야 할 것이니, 이렇게 해서 심목(心目)을 높고 크게 하고 입각(立脚)을 굳고 확고하게 하여 세속의 의태(意態)가 그 사이에 끼어들 수 없게 한다면, 시간이 오래 지날수록 기약하지 않아도 그렇게 되는 효과를 절로 거둘 것이요, 규모(規模)도 자연히 광대해질 것입니다. 이에 대해서 어떻게 생각하십니까? 다만 이 선생의 본의가 어떠한 것인지는 잘 알지 못하겠습니다. 어쩌면 학문이 아직 순정(純正)하지 못해서 속학(俗學)에 빠질 위험이 있다고 염려해서일까요, 아니면 속습(俗習)이 이미 고질화되어 용모(容貌)와 사기(辭氣) 사이에 자연히 숨길 수 없는 점이 있다고 여겨서일까요? 바라건대 상세히 알려 주시어 스스로 새롭게 될 수 있게 해 주셨으면 합니다.

역천 송형에게 보내는 글 7월

與櫟泉宋兄 七月

본의(本義 주희(朱熹)의 《주역》 해설)는 본래 동래(東萊 여조겸(呂祖謙))가 교정(校定)한 고역(古易)을 바탕으로 지은 것입니다. 그런데 지금 간행된 것을 보면 그만 정전(程傳 정이(程頤)의 《주역》 해설)의 아래에 흩어져 붙어 있기 때문에, 서로 어긋나서 읽을 수 없는 곳이 왕왕 나오곤 합니다. 그리고 십익(十翼)을 분류하여 경문(經文)에 편입한 것도 한(漢)·진(晉) 이래의 제유(諸儒)가 어지럽혀 놓은 것입니다. 그래서 동래의 본(本)에 의거하여 다시 교정해서 써내되, 본의(本義)만 아래에 붙여서 성인(聖人)의 본의(本意)를 볼 수 있게 하려고 합니다. 그런데 일을 시작하자마자 또 이처럼 분주하게 되었으니, 한스럽기만 합니다.

역천 송형에게 보내는 글 정사년(1737, 영조13)

與櫟泉宋兄 丁巳

도곡(陶谷)에서의 독서는 과연 계획대로 잘 진행되었으며, 《맹자(孟子)》의 강론(講論)도 다 끝내셨습니까? 그리고 알려 줄 만한 새로운 내용은 없습니까?

나는 지난겨울에 수촌(壽村)에 있었는데, 양지(養之 홍자(洪梓))와 20여 일 동안 산사(山寺)에서 회동하여 〈태극도(太極圖)〉와 〈서명(西銘)〉의 해설을 함께 읽었습니다. 시일이 촉박해서 세밀하게 연구할 틈은 없었지만, 그래도 전일에는 보이지 않던 뜻이 왕왕 보이면서 의사(意思)가 자못 트이는 느낌을 받았습니다. 다만 한스러운 것은 그 즐거움을 집사(執事)와 공유하지 못했다는 것입니다.

돌아온 뒤에는 어수선해서 일과(日課)를 엄하게 진행하지 못했습니다. 그러다가 최근에 백춘(伯春 김원행(金元行))이 재차 글을 보내 《중용(中庸)》의 의의(疑義)를 재촉하는 바람에 어쩔 수 없이 전심(專心)하여 수정(修正)하면서 풍송(諷誦)하였고, 이와 함께 《통서(通書)》도 대략 읽어 넘겼는데 역시 새로운 뜻이 없지 않았습니다. 다만 안질(眼疾) 때문에 중도에 그만두는 일을 반복하지 않을 수 없었던 데다가 사우(師友)의 도움도 없어서 무엇을 얻었다가는 곧장 잃어버리곤 하여 끝내 일을 이루지 못했으니, 이를 어떡하면 좋단 말입니까.

《중용》의 귀신장(鬼神章)을 요즘 다시 세밀히 보았는데, 이기(理氣)가 혼융(混融)한 곳에 대해서 의심할 것 없이 분명한 뜻을 더욱 느꼈습니다. 집사의 주장이 원활(圓活)한 것처럼 보이지만 끝내는 그렇게 말할 수 없는 곳이 있기에 이미 의의(疑義) 가운데에서 극론(極論)하였습니다. 조만간 집사에게 보여 드릴 예정이니, 여기서는 더 이상 논하지 않겠습니다.

양지는 총명하고 상세히 살피기 때문에 힘을 들이지 않고 문자를 잘 볼 뿐만 아니라, 또 기꺼이 마음을 기울여 도를 향하려 하고 있으니, 그야말로 쉽게 얻을 수 있는 인재가 아닙니다마는, 단지 '분발(奮發)'이라는 두 글자가 부족하다고 하겠습니다. 대저 우리들이 크게 발전하지 못하는 것은 모두 이 두 글자가 부족하기 때문입니다. 세월은 머물러 있지 않고 늙음은 장차 닥쳐올 테니, 한밤중에 이를 생각할 때마다 나도 모르게 장탄식을 하면서 분개하는 심정이 되곤 합니다.

〈태극도(太極圖)〉가 고묘(高妙)한 것처럼 보이지만 사실은 친절(親切)하기 그지없으니, 제대로 잘 읽기만 하면 일용(日用)의 동정(動靜)이 그것 아닌 것이 없는데, 단지 자기 물건으로 곧바로 만들기가 쉽지 않을 뿐입니다. 일용 공부는 요즈음 또 어떠하십니까? 한두 가지라도 들려 주셨으면 합니다.

역천 송형에게 보내는 글 12월

與櫟泉宋兄 十二月

겨울이 이상하게 따뜻하기도 합니다. 모르겠습니다마는, 형제들과 어버이를 모시고 계시는 중에 학리(學履)[74]께서는 더욱 많은 복을 받고 계시겠지요.

나는 어버이를 옆에서 모시면서 조금 안정을 되찾았습니다만, 안질(眼疾)이 근래에 또 악화된 나머지 정신을 집중하여 책을 보지 못하고 있습니다. 그리하여 공부를 시작한 《맹자(孟子)》도 다시 그만둔 채 농욱(醲郁)한 의미를 계속해서 이어 갈 길이 전연 없게 되었으니, 이와 같이 하고서야 발전할 가망이 있겠습니까. 그저 혼자서 슬프게 탄식할 뿐입니다.

집사(執事)께서는 요즈음 어떤 책에 공력을 쏟고 계십니까? 연평(延平)이 "하늘의 영 덕분에 항상 심목(心目) 사이에 있게 되었다.〔賴天之靈 常在心目間〕"라고 말한 것[75]처럼 일용(日用)하는 곳에서 실제로 근원을 만나는 묘한 경지를 점차 느끼고 계십니까?

요즈음 생각해 보건대, 우리들의 학문의 규모가 스스로 고원(高遠)한 것을 목표로 하지 않은 적이 없긴 하지만, 끝내는 세속에 물든 나머지 일종의 유범(悠泛)한 의태(意態)와 구차한 양상을 벗어나지 못하고

74 학리(學履) : 서간문에서 공부하는 사람의 안부를 물을 때 쓰는 표현이다.

75 연평(延平)이……것 : 연평은 주희(朱熹)의 스승인 이통(李侗)의 별호이다. 이 말은 주희가 지은 《연평답문(延平答問)》에 나온다.

있습니다. 그래서 아는 것이 있어도 철저하게 알지 못하고 행하는 것이 있어도 철저하게 행하지 못한 채 미적거리고 머뭇거리면서 한 치를 나아갔다가는 한 자를 물러나는 등 도무지 이루는 일이 없습니다. 이러한 사실을 알긴 하면서도 도리를 강구하여 일약 뛰쳐나가기가 쉽지 않은 데다, 붕우(朋友)가 별처럼 흩어져서 극구 강토(講討)할 수도 없는 처지라서, 보낼 서한을 앞에 두고는 이 때문에 장탄식을 하는 바입니다.

역천 송형에게 보내는 글 무오년(1738, 영조14) 8월

與櫟泉宋兄 戊午八月

뜻밖에 중씨(仲氏 송문흠(宋文欽))를 만나서 시봉(侍奉)하며 기거(起居)하시는 생활과 강독(講讀)하며 응수(應酬)하시는 내용에 대해서 자세히 들을 수 있었습니다. 그리하여 황홀한 가운데 마치 얼굴을 뵙고 말소리를 듣는 것과 같았으므로 산과 강으로 막혀 있다는 것을 다시 느끼지 못하였습니다.

나는 금년 여름 이래로 병이 몸에서 떠나지 않는가 하면, 또 응접(應接)의 번거로움과 의식(衣食)의 걱정이 있는 관계로, 정신을 집중하여 일정대로 독서하지 못한 채, 그저 간간이 《대학(大學)》을 송독(誦讀)하고 옛날에 들은 것을 복습이나 하고 있을 뿐, 붕우에게 보고드릴 만한 새로운 공부나 특별한 과정은 하나도 있지 않습니다. 우리 집사(執事)께서는 깊은 산속에 조용히 앉아 필시 공정(功程)을 엄히 세우고 사업(事業)을 크게 벌이며 나태한 자를 용동(聳動)시키고 계실 텐데, 이를 생각할 때마다 함께 따라가서 참여하지 못한 것이 한스럽기만 합니다.

이번에 중씨가 전하는 말을 듣건대, 집사께서도 사고(事故)로 시간을 뺏긴 나머지 생각한 대로 일을 착실히 진행시키지 못하고 있다고 하였는데, 이는 실로 뜻밖의 일이라서 탄식을 금하지 못하였습니다. 어쩌면 운수(運數)가 작용한다고 하는 것이 참으로 빈말은 아니라는 생각이 들기도 합니다. 우리들도 나이를 벌써 한참 먹어서 내일이 많이 남아 있지 않음을 점차 느끼는데, 이처럼 머뭇거리기만 하다 보면 어떻게 성취할 수가 있겠습니까. 어찌해야 좋을지 탄식만 나올 뿐입니다.

전에 보여 주신 정심(正心)에 관한 설이 대체로는 명백하다고 하겠습니다. 다만 백춘(伯春 김원행(金元行))이 의아하게 생각한 것은 바로 "'바르게 되지 못한다.〔不得其正〕'[76]라고 할 때의 그 정(正)이 이미 용처(用處) 하나만을 가리켜 말한 것이라고 한다면 '마음을 바르게 한다.〔正心〕'라고 할 때의 그 정(正)도 당연히 용처 하나만을 가리켜 말한 것이어야 한다. 왜냐하면 '정(正)' 자는 단지 하나의 '정' 자이기 때문이다. 그런데 지금 정심(正心)의 정(正)은 체(體)와 용(用)을 겸했다고 하고, 기정(其正)의 정은 용처 하나만을 말했다고 한다면, 문자의 의맥(意脈)이 들쭉날쭉하여 가지런해지지 않게 된다."라고 하는 것입니다. 그의 주장도 원래 일리가 있다고 할 것이니, 다시 이 점에 대해서 상량하여 의견을 제시하시는 것이 어떻겠습니까? 그런데 백춘이 지금은 예전의 견해를 바꿨는지 상세히 질문하지 않는 것처럼 보입니다.

명덕(明德)의 설과 관련하여 지난가을에 백춘이 의문(疑問) 한 통을 지어 보내면서 답변을 요구하였는데, 집사께서도 그 글을 얻어 보았으리라고 생각합니다. 그런데 그사이에 어수선해서 그 일에 뜻을 두지 못하다가 요즘에 와서야 비로소 붓을 잡았는데, 그가 질문한 것

76 바르게 되지 못한다 : 《대학장구》 전 7장 정심장(正心章)의 "몸을 닦는 것은 마음을 바르게 함에 있다는 말의 뜻은 무엇인가? 마음이 그릇되게 분노하는 감정의 영향을 받으면 반응이 바르게 되지 못하고, 그릇되게 두려워하는 감정의 영향을 받으면 반응이 바르게 되지 못하고, 그릇되게 좋아하는 감정의 영향을 받으면 반응이 바르게 되지 못하고, 그릇되게 걱정하는 감정의 영향을 받으면 반응이 바르게 되지 못하기 때문이다.〔所謂修身在正其心者 心有所忿懥則不得其正 有所恐懼則不得其正 有所好樂則不得其正 有所憂患則不得其正〕"라는 말에서 나온 것이다.

이외에도 부연한 내용이 꽤 있습니다. 이에 기록해서 올리게 되었으니, 삼가 바라건대 상세히 검토하시어 옳지 않은 점이 있거든 일일이 지적하여 가르침을 주시면 천만다행이겠습니다. 그중에는 왕년에 미처 연구할 겨를이 없어서 산만하게 된 것도 있는데, 끝내 어떻게 될지 모르겠습니다.

혈구(絜矩)의 설과 관련하여 '척도를 가지고 헤아린다〔以矩絜之〕'는 뜻으로 해설한 것이 《대전(大全)》의 〈답주순필(答周舜弼)〉에 나오는데, 이는 〈답강덕공(答江德功)〉[77]의 내용과는 판이합니다. 아마도 주자(朱子)의 초년(初年)과 만년(晩年)의 견해에 차이가 있어서 그런 것 같은데, 지금 《장구(章句)》와 《혹문(或問)》을 검토하여 어느 것이 정론(定論)인지 정해야 마땅할 것입니다. 이에 대해서 어떻게 생각하십니까?

77 답강덕공(答江德功) : 주희(朱熹)가 강덕공에게 준 글을 말한다. 덕공은 강묵(江默)의 자(字)이다. 《晦菴集 卷44》

역천 송형에게 보내는 글 기미년(1739, 영조15) 5월
與櫟泉宋兄 己未五月

도암(陶庵 이재(李縡))이 학천(鶴泉)을 유람할 때에 집사(執事)가 늦게 도착해서 난만(爛熳)하게 어울리지 못했다고 들었습니다. 이 또한 매우 애석하게 여길 일입니다. 그렇긴 하지만 한두 가지 들려줄 말이 없지도 않을 텐데, 어째서 알려 주지 않으십니까.

전에 보여 주신 남당(南塘 한원진(韓元震))의 심설(心說)을 이제야 겨우 다 보았습니다. 전해 들은 바에 의하면 옛날의 주장을 꽤나 고쳤고, 그 《경의록(經義錄)》도 많이 수정하였다고 하였습니다. 그런데 내 생각에 그가 완전히 새롭게 되지는 못한다고 하더라도 점차 귀일(歸一)할 희망이 있을 수도 있다고 여겼는데, 지금 이것을 보고 나니 기대했던 것과는 크게 어긋납니다. 그가 남보다 뛰어난 총명(聰明)을 가지고 어쩌면 이와 같이 교체(膠滯)되어 있단 말입니까. 혹시 우리들의 소견에도 오류가 없을 수 없는 것은 아닌지 매우 두렵습니다.

역천 송형에게 보내는 글 10월

與櫟泉宋兄 十月

며칠 전부터 날씨가 갑자기 혹독하게 추워졌는데, 기거(起居)는 또 어떻게 하고 계십니까? 요즈음은 무슨 책을 읽으십니까? 김군(金君)의 말에 의하면 책상 위에 《중용(中庸)》이 놓여 있다고 하던데, 모르겠습니다마는 지금 이 책을 공부하고 계십니까? 소득은 예전에 비해서 실제로 어떻습니까? 얻어들을 길이 없으니 매우 답답합니다.

나는 가을부터 계속 《대전(大全)》을 읽고 있습니다만, 왕왕 속루(俗累)에 동요되는 일을 면하지 못하고 있으므로 하다 말다 하는 등 일정하지가 않습니다. 이 때문에 왕(汪)·장(張)·여(呂)·유(劉)의 문답(問答)[78]도 아직 끝내지 못했는데, 그러는 사이에 세월만 자꾸 흘러가니 매우 안타깝고 두렵습니다. 그동안 좋은 의사(意思)가 없었던 것도 아니고, 또 예전에 비하면 조금 친절(親切)하고 간요(簡要)하게 된 것을 느끼면서 진보하리라는 기대를 가져 보기도 합니다만, 단지 옆에 엄한 사우(師友)가 없어서 경발(警發)할 곳이 전혀 없기 때문에 수습(收拾)하는 데에 갑절이나 힘이 드는 것을 느끼고 있습니다.

심설(心說)을 인정해 주시니 너무도 다행입니다. 모우(某友)에게

78 왕(汪)……문답(問答) : 왕(汪)은 왕성석 응진(汪聖錫應辰)이고 장(張)은 장흠부 식(張欽夫栻)이고 여(呂)는 여백공 조겸(呂伯恭祖謙)이고 유(劉)는 유자징 청지(劉子澄淸之)인데, 주희가 이들과 문답한 내용이 《주자대전(朱子大全)》 권30~33에 나온다.

보여 주니, 이 설이 다른 설에 비해서는 가장 막히는 곳이 없지만 천기(天機)를 노출하여 너무 산만하게 되었다고 하였는데, 내 생각에도 스스로 그렇다는 것을 느끼고 있습니다. 그리하여 아는 자는 염증을 느끼게 하고 모르는 자는 헤매게 하고 말았으므로, 바야흐로 혼자 말없이 반성하며 정문(程門)의 함양(涵養)의 가르침을 따르고 있었는데, 집사께서 또 이와 같이 가르침을 내려 주셨으니, 삼가 더욱 노력하겠습니다.

사우(士友) 중에 뜻을 지닌 자에 대해서는 나도 많이 듣지 못했습니다. 김근행(金謹行)은 바로 춘방(春榜)에 급제(及第)한 김선행(金善行)의 형입니다. 원령(元靈)[79]의 말에 의하면 학문에 독실한 면에서 그의 짝을 찾기 어려울 것이라고 하는데, 나는 그의 얼굴을 아직 알지 못합니다. 이 마을에 임배후(林配垕)라는 자가 있는데, 현재 22세입니다. 문예(文藝)가 숙성하고 또 학문을 향한 열정이 대단한데, 다만 재기(才氣)가 너무 드러나고 기량(器量)이 협소하니, 크게 받아들이기에는 쉽지 않은 점이 있습니다. 대저 나이가 젊고 뜻을 지닌 자가 없지는 않겠지만, 우뚝하게 기대할 만한 자는 보이지 않으니, 우리들이 어찌 감히 자중자애(自重自愛)하지 않을 수 있겠습니까.

79 원령(元靈) : 영조 대의 서화가인 이인상(李麟祥, 1710~1760)의 자이다. 이인상은, 호가 능호관(凌壺觀)·보산자(寶山子)이다. 진사시(進士試)에 입격하여 음죽 현감(陰竹縣監)을 지냈으며, 시(詩)·서(書)·화(畫)에 뛰어나 삼절(三絶)로 일컬어졌다. 저서에 《능호집(凌壺集)》이 있다.

역천 송형에게 보내는 글 11월

與櫟泉宋兄 十一月

지금은 무슨 책을 강독(講讀)하고 계십니까? 일용(日用) 공부는 또 어떠합니까? 일신(日新)하며 상달(上達)하는 재미를 제대로 느끼고 계십니까?

나는 며칠 전에야 비로소 왕(汪)・장(張)・여(呂)・유(劉)의 문답(問答)을 끝냈습니다. 그래서 《대전(大全)》은 우선 놔두고 다시 《논어(論語)》를 복습하려고 겨우 몇 과(課)를 진행하였는데, 안질(眼疾)이 크게 발작하는 바람에 마침내 책을 덮고서 우두커니 앉아 있습니다. 이것도 명(命)인 걸 어떻게 하겠습니까.

요즈음에는 강독한 것과 들은 것들이 일용의 행사(行事)와 꽤나 서로 부합되어 예전처럼 맹랑하지는 않다는 것을 느끼고 있습니다. 다만 이 마음이 여전히 굳게 정해지지 않고 길이 아직도 익숙하지 않은 까닭에 수시로 들락날락하는가 하면 조장(助長)하기도 하고 잊어버리기도 하여 수습할 수가 없으므로, 바야흐로 정좌(靜坐)하며 존양(存養)하는 공부에 힘쓰려 하고 있습니다.

대개 경(敬)이라고 하는 것이야말로 만사(萬事)의 근본으로 무궁한 묘미를 지니고 있는데, 이는 언어(言語) 문자(文字)와는 전혀 상관이 없는 일입니다. 정자(程子)가 "총명예지가 모두 여기에서 나온다.〔聰明睿智 皆由此出〕"[80]라고 교시(教示)한 것이 참으로 그렇다고 할 것이

80 총명예지가……나온다 : 《논어집주(論語集註)》〈헌문(憲問)〉 자로문군자장(子路問君子章)에 정이(程頤)의 해설로 수록되어 있다.

니, 여기에 힘을 써서 근본이 일단 확립되면, 이를 바탕으로 이치(理致)를 궁구(窮究)하고 이를 바탕으로 만사(萬事)에 대응할 수 있을 것이요, 이 마음이 탁연(卓然)해진 가운데 어떤 상황에서나 이롭지 않음이 없게 될 것입니다.

견득(見得)하는 것은 자못 분명한 것 같기도 한데, 옆에 사우(師友)가 없는 관계로 끝내 계발(啓發)을 받을 곳이 없어서 공력(功力)을 기울여도 마침내는 고단(孤單)함을 느낄 뿐이요 흡족하게 되지를 않습니다. 어떡하면 집사의 뒤를 따라 순월(旬月) 동안이라도 함께 시간을 보내면서 인증(印證)도 받고 경책(警策)도 받을 수 있겠습니까? 교시(教示)할 만한 의의(疑義)가 있거든 말씀해 주시면 다행이겠습니다. 심설(心說)에 대해서도 끝내 듣고 싶습니다.

역천 송형에게 보내는 글 신유년(1741, 영조17) 1월
與櫟泉宋兄 辛酉元月

헤어진 뒤로 소식이 갑자기 끊겼는데, 모르겠습니다만 신년(新年)의 기거(起居)는 어떠하십니까? 현재 일과(日課)로 읽고 계시는 것은 무슨 책이고, 가르쳐 주실 내용은 없습니까?

나는 백부(伯父)의 반우(返虞)[81]하는 행차를 따라 입경(入京)해서 며칠 동안 머물다가 돌아왔는데, 그러고는 바로 우환(憂患)을 당해 한 달 동안 어수선하게 지내다가 요즘에야 조금 안정을 찾았습니다. 한 해가 갑자기 새롭게 바뀐 지금, 지나온 햇수를 말없이 헤아려 보노라면 가슴이 떨리고 두려워지기만 하는데, 한밤중에 생각할 때면 곧장 땅이라도 뚫고 들어가고 싶은 심경입니다.

장례(葬禮)를 지내기 전에 《의례(儀禮)》 몇 편을 약간 읽어서 단서를 조금 잡았으므로 이것을 그냥 놔두기가 아까워 마침내 과업을 마치기로 계획을 세우고는 먼저 속편(續編)을 가져다가 처음부터 독파하여 이제야 겨우 〈상복(喪服)〉을 끝냈는데, 성인(聖人)이 이렇게 예법(禮法)을 제정한 뜻에 대해서 조금은 눈이 뜨이는 것 같기도 합니다. 그리고 일전에 읽은 여러 글들과도 관통(貫通)하며 융회(融會)하는 점이 있는 것 같은데 그 재미는 거의 형용할 수 없을 정도입니다. 그러니 끝까지 다 읽어서 궁실(宮室)의 아름다움과 백관(百官)의 풍부함[82]을

81 반우(返虞) : 장사 지낸 뒤에 신주(神主)를 모시고 집으로 돌아오는 것을 말하는데, 일명 반혼(返魂)이라고도 한다. 반우(反虞)로 쓰기도 한다.

모두 볼 수 있게 된다면, 그 즐거움을 또 어떻게 말로 다 할 수 있겠습니까. 성인(聖人)의 학문에 뜻을 둔 자는 참으로 이 책에 급급하게 마음을 기울이지 않으면 안 될 것입니다.

요즈음 일용(日用)의 사이에서 천리(天理)와 인욕(人欲)의 기미(幾微)가 나뉘는 것이 점차 분명하게 보이는 듯도 하니, 앞으로 큰 진전이 있을 것 같은 생각이 들기도 합니다. 다만 집안의 어수선한 분위기가 끝이 없는 관계로 공부도 계속할 수 없고 의사(意思)도 집중할 수가 없어서 완전히 해독하고 넘어갈 수가 없습니다.

섬촌(蟾村 민우수(閔遇洙)) 민장(閔丈)도 《의례》를 읽으면서 의의(疑義)는 서로 질문하기로 허락하였으니 다행스럽기 그지없습니다. 이 어른이 선(善)을 좋아하고 학문을 좋아하는 것은 천성(天性)에서 나온 것으로 실로 따라갈 수 없는 점이 있으므로 사람으로 하여금 흠복(欽服)하게 합니다. 근래에 다행히도 거하는 곳이 멀지 않아 때때로 상종(相從)하며 감발(感發)을 많이 받으니 매우 즐겁습니다.

82 궁실(宮室)의……풍부함 : 성인(聖人)의 경지를 비유한 말이다. 노(魯)나라 대부(大夫) 숙손무숙(叔孫武叔)이 자공(子貢)을 공자(孔子)보다 낫다고 칭찬하자, 자공이 "궁궐의 담장에 비유해 보건대, 나의 담장은 어깨에 닿을 정도여서 집안의 좋은 것들을 모두 엿볼 수 있지만, 부자의 담장은 그 높이가 몇 길이나 되기 때문에 정식으로 대문을 통해서 들어가지 않으면 종묘의 아름다움과 백관의 풍부함을 볼 수가 없다.〔譬之宮牆 賜之牆也及肩 窺見室家之好 夫子之牆數仞 不得其門而入 不見宗廟之美 百官之富〕"라고 말한 내용이 《논어》 〈자장(子張)〉에 나온다.

역천 송형에게 보내는 글 4월

與櫟泉宋兄 四月

나는 봄부터 계속해서 《의례(儀禮)》를 보는 한편 그사이에 또 《중용(中庸)》과 《대학(大學)》을 송습(誦習)하였으며, 요즘에는 또 〈계사(繫辭)〉를 공부하면서 암송하는 일도 모두 마쳤습니다. 이는 대개 《의례》 공부를 주로 하다 보면 혹 무미건조(無味乾燥)해질까 염려가 되기에 다시 옛날에 공부했던 하나의 문자를 가지고 적당히 과정(課程)을 세워서 조석으로 풍송(諷誦)하게 된 것인데, 그러다 보면 정추(精粗)와 본말(本末)이 서로 발양(發養)되어 일용(日用) 사이에 역시 진실하게 힘쓸 곳이 있게 되리라는 기대에서였습니다.

〈계사(繫辭)〉가 끝나면 《논어(論語)》를 송습하고 나서 《맹자(孟子)》까지 계속 이어갈까 하는데, 끝까지 원하는 대로 잘 될지는 모르겠습니다. 《중용》은 새로 얻은 것이 별로 없습니다. 다만 18, 19, 28, 29장(章)과 같은 경우, 전일에는 매번 뜻이 막혀서 읽기 어려운 걱정이 있었는데, 지금은 거의 뜻이 부합되어 귀일(歸一)되고 있으니, 어쩌면 공부에 조금 진척을 보여서 그런 것인지도 모르겠습니다.

《대학》의 정심장(正心章)에 대해서는 포음(圃陰 김창즙(金昌緝))의 해설이 끝내 맛이 있음을 느낍니다. 《대전(大全)》의 〈답황자경서(答黃子耕書)〉 중에 나오는 《혹문(或問)》의 별본(別本)에 대해서 전에 가르침을 받고 그것을 정론(定論)으로 삼았었는데, 내 생각에는 그것이 아무래도 초본(初本)이 아닐까 싶습니다. 왜냐하면 선생이 이때에는 바로 유소(有所)[83]를 계착(係着)으로 여기고 있다가 뒤에 그 오류를 깨닫고는 금본(今本)으로 개정했기 때문입니다. 다시 상고해 보시는 것이 어떻겠습니까? 퇴계(退溪)의 생각이 바로 포음과 같다고 하는 것은 《경서변의(經書辨疑)》와 〈답조사경서(答趙士敬書)〉에 나옵니다. 이것도 검토해 보시기 바랍니다.

자기(自欺)[84]의 뜻에 대해서도 말씀드릴 것이 있을 것 같은데, 아직 의견을 정하지 않았으므로 감히 주장을 내세우지는 못하겠습니다. 혈구(絜矩)에 관한 설 역시 강서(江書)가 정론(定論)이 아닐까 싶습니다.[85]

《의례》 상복장(喪服章)과 관련하여 차록(箚錄)한 것이 많은데 지금 민장(閔丈 민우수(閔遇洙))의 처소에 있으니 서서히 가져다가 집사(執事)에게 올리겠습니다. 〈계사(繫辭)〉도 대의(大意)를 터득해서 자못 희열을 느끼고 있습니다만, 아직 알려 드릴 만한 대단한 의처(疑處)는 없습니다. 생각건대 일용의 어묵(語默)하는 곳이야말로 사람과 금수(禽獸)가 나뉘는 곳인데, 말없이 혼자 점검해 보면 털끝만큼도 득력(得力)했다고 말할 것이 없으니, 이 때문에 두려워지면서 가슴이 떨릴 뿐 어떻게 자신을 다잡을지 실로 알지 못하겠습니다. 그 밖에 충분히 강구하지 않은 미숙한 견해야 굳이 말씀드릴 가치가 뭐가 있겠습니까.

83 유소(有所) : 《대학장구(大學章句)》 전 7장 정심장(正心章)에 나오는 말이다. 150쪽 주34 참조.

84 자기(自欺) : 스스로 속인다는 뜻으로, 《대학장구》 전 6장, 즉 성의장(誠意章)의 무자기(毋自欺)에서 나온 말이다.

85 혈구(絜矩)에……싶습니다 : 《대학장구》 전 10장에 나오는 혈구의 뜻에 대해서 주희(朱熹)가 해설한 내용이 제자들에게 답한 글에 따라 서로 다른데, 강서(江書), 즉 〈답강덕공(答江德功)〉에서 밝힌 내용이 정론일 것 같다는 말이다.

모르겠습니다만, 집사께서는 요즈음 터득하신 것이 과연 어떠합니까? 어찌하여 한번 가르침을 내려서 어둡고 게으른 이 몸을 깨우쳐 주지 않으십니까.

역천 송형에게 보내는 글 6월

與櫟泉宋兄 六月

가르쳐 주신 많은 말씀을 듣고 내 마음이 얼마나 위로되는지 거의 언어로 형용할 수 없을 정도입니다.

나는《의례(儀禮)》중에서 상례(喪禮)를 겨우 끝내고《논어(論語)》 7, 8편을 송습(誦習)하였는데, 요즘에는 무더위 때문에 계속하지 못하고서 그저 힘닿는 대로 이미 외운 것들을 복습하고 있을 뿐입니다. 하지만 이것은 자신을 약간 경계하고 단속해서 혼미해지지 않게 하려는 것에 지나지 않으니, 어떻게 큰 진전이 있기를 바랄 수가 있겠습니까. 보내오신 글을 읽을 때마다 부끄러운 심정을 금할 수 없습니다.

전에 집사(執事)께서 "본령……(本領……)"이라고 하신 것은 지극히 좋은 말씀입니다. 나도 이 일에 뜻을 둔 것이 이미 오래되었지만 진실하게 공력(功力)을 기울이지 못한 탓으로 있는 듯 없는 듯한 결과를 빚고 말았습니다. 그리고 물망(勿忘) 물조(勿助)[86] 하는 사이에 힘을 쏟기가 지극히 어려운데, 모르겠습니다만 집사께서는 이것을 또 어떻게 극복하셨습니까? 이에 대해서 한번 말씀을 듣고 싶습니다.

《주역(周易)》또한 일용(日用)에 절실하다는 것을 느낍니다. 저번에 백춘(伯春 김원행(金元行))과 왕복(往復)한 것이 있는데 지금 들려드릴 겨를은 없습니다마는, 대략적인 내용은 '먼저 의리(義理)와 복서(卜筮)가 관통하여 하나가 된 곳을 분명하게 본 뒤에야 성인(聖人)들의

86 물망(勿忘) 물조(勿助) : 잊지도 않고 조장하지도 않는다는 뜻이다. 121쪽 주8 참조.

가르침이 모두 낙착(落着)될 곳이자 384효(爻)가 비로소 착실하게 수용(受用)되는 곳이 있게 될 것이다.'라는 것이었습니다. 모르겠습니다마는, 이에 대해서 어떻게 생각하십니까?

주 선생(朱先生)이 발휘하여 내놓은 복서의 한 대목이야말로 전인(前人)이 도달하지 못한 것을 투득(透得)했다고 말할 만합니다. 하지만 한결같이 이것만을 위주로 한다면 기수(器數)의 말단에 떨어져서 오히려 선생의 뜻을 잃지 않는 경우가 드물 것입니다. 예컨대 면재(勉齋 황간(黃榦))는, 복희(伏羲)가 괘(卦)를 그은 것은 전적으로 복서 때문이었다고 주장하는데, 이 어찌 성인(聖人)의 뜻에 크게 어긋나는 점이 있다고 해야 하지 않겠습니까.

역천 송형에게 보내는 글 10월

與櫟泉宋兄 十月

새로 관직을 제수받는 일이 조만간에 이루어질 것이라는 사실을 물론 알고 있습니다. 하지만 이로부터 책임이 갈수록 무거워지고 자처(自處)하는 일이 갈수록 어려워질 것입니다. 이와 함께 앞으로 일어날 일도 응당 이 정도로는 그치지 않을 것이니, 출처(出處)에 대한 의리를 미리 강구해 두지 않으면 안 될 것입니다. 모르겠습니다만, 과연 어떻게 계책을 세워야 하겠습니까?

대저 근세(近世)의 유자(儒者)들은 오로지 출사(出仕)하지 않는 것으로 자처하는 도리를 삼고 있습니다. 도리라는 것이 단지 이와 같은 것일 뿐이라면 또 무엇을 어렵게 여길 것이 있겠습니까. 그중에는 물론 천리와 인욕에 있어 외면상의 행동은 같으나 내면의 실정은 다른 경우〔天理人欲 同行異情〕[87]도 필시 있겠지만, 대개는 자신의 졸렬한 실력을 감추려는 의도에서 나온 경우가 대부분이라고 할 것입니다. 공(孔)·맹(孟)·정(程)·주(朱) 이래로 이렇게 자처하는 것에는 원래 정법(正法)이 있으니, 참으로 자세히 상고하고 깊이 생각해야 할 것이요, 한결같이 퇴축(退縮)하여 세속에 맞추고 자기 편할 도리만 찾으려 해서는 안 될 것입니다.

87 천리와……경우 : 송유(宋儒)인 오봉(五峯) 호굉(胡宏)의 말이다. 《심경부주(心經附註)》 인심도심장(人心道心章)에 소개되어 나온다.

단지 칠조개(漆雕開)의 고사(故事)[88] 하나는 염두에 두지 않으면 안 될 것이니, 이렇게 한가한 기회를 이용해서 이치를 밝히고〔明理〕 자기를 극복하는〔克己〕 공부에 착실히 공력을 기울여 깊이 함양하고 두텁게 축적해 두어야만 할 것입니다. 그렇게 하면 벼슬길에 나가서는 세상의 수요(需要)에 응할 수 있고 집에 거하면 세상의 교화(敎化)를 도울 수 있게 되어, 위로는 조정의 예대(禮待)하는 뜻을 저버리지 않고 아래로는 붕우의 기대하는 성의를 저버리지 않는 가운데, 어디를 가더라도 여유가 있지 않은 경우가 없게 될 것입니다. 붓 가는 대로 쓰다 보니 이렇게까지 언급하게 되었는데, 모르겠습니다만 집사께서는 어떻게 생각하십니까?

88 칠조개(漆雕開)의 고사(故事) : 칠조개는 공자(孔子)의 제자이다. 공자가 그에게 벼슬을 권했을 때 아직 자신이 없다고 말하자 공자가 기뻐했다는 말이 《논어》 〈공야장(公冶長)〉에 나온다.

역천 송형에게 보내는 글 병인년(1746, 영조22) 11월

與櫟泉宋兄 丙寅十一月

사문(斯文)이 불행하여 도암(陶庵 이재(李縡)) 선생이 험천(險川)의 촌사(村舍)에서 갑자기 후학(後學)을 버리고 세상을 떠나셨습니다. 태산(泰山)이 무너지고 들보가 부러진 비통함[89]을 또 어떻게 말로 표현할 수 있겠습니까.

내가 비록 예물(禮物)을 바치고 수업(受業)을 청하지는 않았지만, 문하(門下)에 출입한 것이 수십 년이나 되었습니다. 그리하여 의문이 있으면 질의를 하고 일이 있으면 여쭤보면서 관감(觀感)을 통해 얻은 것이 또한 얕지 않았으니, 그 정의(情誼)의 돈독함으로 말하면 골육(骨肉)과 다름이 없었습니다. 그런데 지금 홀연히 이렇게까지 되었으니, 앞으로 누구를 의지하며 우러러본단 말입니까.

지난달 28일에 상(喪)을 당하여 이달 3일에 성복(成服)을 하였는데, 길가의 비좁은 촌사(村舍)에서 어느 것 하나도 제대로 모양을 갖추지 못하여, 사방에서 보는 이들의 마음을 위로해 줄 수가 없었으니, 더더욱 통탄할 일입니다.

나는 상을 당한 첫날 밤이 되어서야 비로소 상측(喪側)에 와서 어제 성복에 참여하였는데, 사세(事勢)에 구애되어 영구(靈柩)를 따라 묘역(墓域)까지 가지 못한 채 중도에 하직하고 돌아올 수밖에 없었습니다.

89 태산(泰山)이……비통함 : 걸출한 인물의 죽음을 뜻하는 말이다. 공자가 죽기 전에 "태산이 무너지려는가, 들보가 부러지려는가, 철인이 쓰러지려는가.〔泰山其頹乎 梁木其壞乎 哲人其萎乎〕"라고 탄식했다는 고사에서 나온 것이다. 《禮記 檀弓上》

비창(悲悵)한 심정을 스스로 억제할 수가 없으니, 이를 어찌하면 좋단 말입니까. 삼가 생각건대 집사(執事)께서도 멀리 외방에서 부음(訃音)을 듣고 즉시 달려와 곡을 하지 못했으니, 그 마음이 더더욱 어떠하시겠습니까.

한편 생각해 보면 우리 인생은 망아지가 담장의 틈 사이를 지나가는 것과도 같습니다.[90] 그래서 도암(陶庵)처럼 기질(氣質)이 청명(淸明)한 분이 오로지 공부만을 독실하게 해 오면서 67세의 수명을 누렸어도 오히려 유감이 많다고 할 것인데, 더군다나 기질이 이보다 못하고 수명도 기약할 수 없는 나 같은 사람이 하다 말다 하는 공부를 가지고 혹시라도 성취하리라는 기대를 가질 수가 있겠습니까.

그리고 노선생(老先生)이 살아 계실 때에는 여쭈어 볼 곳도 있고 논의를 주도할 분도 계셨기 때문에 후생(後生)들이 또한 의지할 곳이 있었지만, 지금 이후로는 각자 옳다고 주장하면서 시끄럽게 떠들어 대기만 할 것입니다. 이제 우리들은 참으로 다른 일은 놔두고서 전심(專心)으로 치지(致志)하여 백천(百千)[91]의 공력을 기울여야 할 것이

90 망아지가……같습니다 : 인생이 너무도 빨리 허무하게 흘러가는 것을 비유한 말이다. 《장자(莊子)》 〈지북유(知北游)〉의 "천지간의 인생이란 마치 하얀 망아지가 담장의 틈 사이를 지나가는 것처럼 순간일 따름이다.〔人生天地之間 若白駒之過隙 忽然而已〕"라는 말에서 나온 것이다.

91 백천(百千) : 백 번 천 번이라는 뜻으로, 남보다 더 열심히 노력하겠다는 결의를 표현할 때 쓰는 말이다. 《중용장구》 제20장의 "남이 한 번에 잘하면 나는 그것을 백 번이라도 하고, 남이 열 번에 잘하면 나는 그것을 천 번이라도 할 것이다. 과연 이 방법대로 잘 행하기만 한다면 아무리 어리석은 사람이라도 반드시 밝아지고, 아무리 유약한 사람이라도 반드시 강해질 것이다.〔人一能之 己百之 人十能之 己千之 果能此道矣 雖愚必明 雖柔必强〕"라는 말을 발췌한 것이다.

요, 또 깊이 스스로 신중하게 대처하여 세도(世道)로 하여금 기대할 바가 있게 하고 사문(斯文)으로 하여금 의지할 바가 있게 해야 할 것입니다.

출처(出處)에 관한 설은 철저히 상량(商量)하는 것이 합당합니다. 따라서 허술하게 결론을 내서도 안 되고, 졸지에 논할 수 있는 성격의 것도 아닌 만큼 지금 다시 번거롭게 말씀드리지 않겠습니다. 다만 '이치를 밝히고 자기를 극복한다〔明理克己〕'는 말에 대해서 온 힘을 기울여 강구한다면, 출(出)하든 처(處)하든 다시 어려운 일은 없으리라고 생각합니다. 그런데 이치를 밝히는 일이야 물론 독서(讀書)하고 강학(講學)하면서 붕우(朋友)와 상확(商確)하는 일에 있다고 하겠지만, 자기를 극복하는 하나의 일만은 자신의 용나(勇懦) 여하(如何)에 달려 있다고 할 것입니다. 모르겠습니다만, 연래(年來)의 소득은 과연 어떠하십니까? 오는 사람 편에 그 용공(用功)의 절도(節度)를 자세히 보여 주시어 계발(啓發)을 받을 수 있게 해 주시면 좋겠습니다. 이에 대해서 어떻게 생각하십니까?

사면(辭免)하는 문자와 관련하여, 나도 본래는 정장(呈狀)하는 것이 옳다고 생각하였습니다. 그런데 최근에 와서 처음 들은 말에 의하면, 관직이 낮은 자는 정장할 수 없으므로 왕년에 민장(閔丈)이 지평(持平)으로 있을 적에 부득이 진소(陳疏)하려 했다고 하였습니다. 그렇다면 진소하는 이외에는 다른 방법이 없겠기에 어제 중씨(仲氏)와 그렇게 말을 주고받은 것이었습니다. 그러다가 지금 성보(成父 신소(申韶))가 일러 준 말을 보건대, 당초 정장하지 못할 일은 없지만 감히 노명(奴名)을 쓰지는 못한다고 하였습니다. 과연 그렇다면 자기의 이름을 써서 안 될 것이 뭐가 있겠습니까. 성보는 또 정원(政院)에서 알지 못하고 퇴짜를 놓으면 위에서 알 수 없을 것이라고 염려하였습니다만, 그 일은 퇴짜를 맞은 뒤에 다시 상의해도 늦지 않을 것입니다. 그리고 정원에 아는 자가 있으면 그 일의 주선을 부탁해도 무방할 것인데, 이 일은 주 선생(朱先生)의 서독(書牘)을 참고할 만합니다.

역천 송형에게 보내는 글 무진년(1748, 영조24) 4월

與櫟泉宋兄 戊辰四月

어버이의 환후(患候)는 요즘 들어 다행히 조금 안정되었습니다. 해신(海信)[92]은 전혀 듣지 못하다가 어제 압송(押送)한 금랑(禁郞 의금부의 낭관)이 복명(復命)하면서 3월 10일 이전의 소식을 자세히 듣게 되었습니다. 위로되고 기쁜 마음을 형언할 수가 없습니다.

사백(舍伯 큰형)의 글을 보면 그곳의 풍토(風土)와 민속(民俗) 등 각종 기괴한 상황을 비롯해서, 대나무 울타리가 사방으로 에워싸고 귤과 유자가 앞에 가득한 가운데 금서(琴書)와 함께 시간을 보내며 당한 처지에 맞추어 편안하게 마음을 가지려는 뜻이 또 자세히 기록되어 있습니다. 그래서 마치 나 자신이 황홀하게 그 안에 있는 것처럼 느껴지는 동시에 천리 멀리 걱정되고 연모(戀慕)하는 정을 풀 수가 있었습니다. 육지로 나오는 소식은 계산해 보건대 그 섬을 떠나고 나서 13, 4일쯤 지나면 도달할 수 있을 것인데, 언제쯤에나 배를 타고 돌아온다는 소식을 들을 수 있을지 모르겠습니다.

92 해신(海信) : 바다 소식이라는 뜻으로, 제주(濟州)에 유배된 녹문의 큰형 임명주(任命周)의 소식이라는 말이다. 임명주는 1747년(영조23) 12월에 지평(持平)으로 있으면서 이광좌(李光佐)와 조태억(趙泰億)의 추삭(追削)을 건의한 일로 유배되었다.

역천 송형에게 보내는 글 기사년(1749, 영조25) 1월
與櫟泉宋兄 己巳元月

최근에 내지덕(來知德)의 《주역집주(周易集註)》를 얻어서 보았는데, 그 말에 왕왕 천착(穿鑿)하며 견강(牽强)하는 곳이 있었고, 또 수미(首尾)가 상응하지 않는 곳도 더러 있었습니다만, 대체로는 지극히 의미가 있어서 참고하여 연구하면 계발을 받을 곳이 매우 많았습니다. 대개 그 사람은 바로 만력(萬曆 송 신종(宋神宗)의 연호) 시대에 속한 사람인데, 그 자신의 말에 의하면 깊은 산속에 정좌(靜坐)하여 30년 동안 정밀하게 사색한 뒤에야 계오(契悟)할 수 있었다고 하니, 그가 공력(功力)을 기울인 절도(節度)가 참으로 사람을 분발하게 하는 점이 있습니다. 우리들이 독서하는 것을 보면 이와 같은 정채(精采)가 도무지 없으니, 어떻게 일을 이룰 수가 있겠습니까.

가령 이 몸이 가정의 부담이나 세속의 잡무가 없이 굳게 앉아서 공부에 매진할 수 있었더라면, 지금 쇠하고 늙었다 하더라도 어찌 한두 가지 볼만한 점이 없기야 하겠습니까. 그런데 좌우에서 끌어당겨 빠져나올 수 없게 하니 이를 어떻게 하겠습니까. 의사(意思)도 도무지 접속이 되지 않고 정신도 도무지 집중이 되지 않아 조금 소득이 있어도 끝내는 있는 듯 없는 듯한 결과를 빚고 말았으니, 하늘이 어쩌면 나의 소원을 들어주려 하지 않는 것인지도 모르겠습니다. 이를 생각하면 통분하여 탄식만 나올 뿐입니다.

역천 송형에게 보내는 글 7월

與櫟泉宋兄 七月

몹시 무더운 이때에 삼가 어버이 모시는 낙을 누리며 복을 더 많이 받고 계시리라 생각합니다. 지금 힘쓰고 있는 것은 무슨 책입니까? 한 번 뵙고 하직한 뒤로 벌써 10년이 다 되어 가니, 구구하게 앙모하는 심정을 스스로 견딜 수가 없습니다.

나는 노친을 모시고 별다른 일 없이 지내고 있습니다. 그런데 날씨가 더워지면서 안질(眼疾)이 악화된 탓으로 독서를 포기하고 우두커니 앉아 있으려니 의미가 하나도 없습니다. 뜻을 전일(專一)하게 하여 본원(本源)상에 공력을 쏟아 보려 해도 매번 망념(妄念)에 동요되어 허명(虛明)한 기상을 전혀 볼 수 없으니 안타까울 뿐입니다.

그리고 의리(義理)의 대두뇌(大頭腦) 같은 곳에 대해서 전일에 완전히 파악하여 의심할 것이 없다고 혼자 생각했던 것들도 왕왕 다시 의혹이 생기면서 환히 깨달아 알 수 없게 되곤 하는데, 이것이 어쩌면 옛날의 견해가 본시 옳은데 다시 낭주(廊柱)를 세다 보니 그렇게 된 것이겠습니까,[93] 아니면 이 역시 꽤나 오랜 시간을 두고 계속해서 사색한 결과 혹시 조금이라도 진전이 있어서 그런 것이겠습니까? 분하고 답답한 심정을 자못 금할 수 없습니다. 그렇긴 하지만 아직 지묵(紙墨)으로 드러내 밝힐 수는 없는데, 만약 하늘의 영(靈) 덕분에 행여 방불하게라

93 낭주(廊柱)를……것이겠습니까 : 의심하지 않아도 될 것을 다시 공연히 의심하는 것을 말한다. 164쪽 주55 참조.

도 계오(契悟)하는 곳이 있게 되면, 그때 응당 의견을 갖추어서 여쭈어 보도록 하겠습니다.

《감흥시집람(感興詩集覽)》을 대충 모아서 수록했는데, 아마도 소루(疎漏)한 곳이 많을 것입니다. 쪽지를 붙여서 가르침을 내려 주시면 그런 다행이 없겠습니다.

녹문집

제3권

書서

역천[1] 송형에게 보내는 글 신미년(1751, 영조27) 2월

與櫟泉宋兄 辛未二月

뜻밖에 관직을 제수(除授)하는 명을 받고서 어찌 봉격(奉檄)[2]하는 기쁨이 없었겠습니까마는, 한번 문밖으로 발을 내딛고 나서는 우회(尤悔)[3]하는 마음이 뒤따라 이르렀습니다. 그리고 학문이 얕고 언사가 졸렬한 것을 매우 한스럽게 여기면서 우러러 만에 하나라도 보좌할 수 없게 될까 두렵기만 하였습니다. 주연(胄筵 왕세자의 서연(書筵))에 출입

1 역천(櫟泉) : 영조(英祖) 대의 학자인 송명흠(宋明欽, 1705~1768)의 호이다. 송명흠은, 자가 회가(晦可)이고 시호는 문원(文元)이다. 송준길(宋浚吉)의 후손으로, 이재(李縡)의 문인이다. 1755년(영조31)에 옥과 현감(玉果縣監)으로 나아갔다가 모친상을 당해 사직하였고, 1764년에 경연관(經筵官)이 되어 정사를 논하다가 파직(罷職)되었다. 저서에 《역천집(櫟泉集)》과 《역천소말조진(逆天疏末條陳)》이 있다. 녹문과는 이종사촌 간으로 녹문보다 6년 연상이었으며, 동생인 송문흠(宋文欽, 1710~1752)과 함께 외암(巍巖) 이간(李柬)이 주장한 인물성구동(人物性俱同)의 낙론(洛論)을 지지하였다.

2 봉격(奉檄) : 어버이의 봉양을 위해 벼슬하는 것을 말한다. 동한(東漢)의 효자 모의(毛義)가 집안이 빈한하여 모친을 제대로 봉양하지 못하다가 수령의 임명장을 받들고서〔奉檄〕 그지없이 기뻐하는 모습을 보이더니, 모친이 세상을 떠난 이후로는 관직을 그만두고서 다시는 벼슬길에 나아가지 않았던 고사에서 유래한 것이다.《後漢書 卷39 劉趙淳於江劉周趙列傳 毛義》

3 우회(尤悔) : 허물과 후회라는 말로, 벼슬할 자격을 갖추지 못했다는 뜻의 겸사(謙辭)로 쓰는 표현이다. 자장(子張)이 벼슬하는 방법을 묻자, 공자(孔子)가 "언사에 허물이 적고 행실에 후회할 일이 적으면 벼슬이 그 속에 있다.〔言寡尤 行寡悔 祿在其中矣〕"라고 답변한 말에서 유래한 것이다.《論語 爲政》

하며 경광(耿光)을 가깝게 뵙게 되었으니 영광과 총애가 극에 이르렀다고 할 것입니다. 그런데 맨 처음 주연에 나아갔을 때에는 춘방(春坊)의 진달에 따라 단지 위학(爲學) 공부(工夫)의 자문을 받았으므로 감히 '입지(立志)' 두 글자를 가지고 권면하였고, 전일에 〈홍범(洪範)〉을 강론할 때에는 황극(皇極) 1장의 대목에 이르러 주자(朱子)가 논한 대중(大中)의 설을 갖추 진달하면서 《황극변(皇極辨)》을 가져다 보시도록 권하자 즉시 그 책을 들여보내도록 명하는 등 다행히도 꽤나 듣기 좋아하시는 것 같았습니다.

앞에서 말씀하신 인생이정(人生而靜)의 한 조목에 대해서는 나도 예전에 한번 심각하게 궁구(窮究)해 본 적이 있는데, 주자(朱子)가 황상백(黃商伯)에게 답한 글이 정론(定論)일 것 같기에,[4] 어제 중씨(仲氏)와 이에 대해서 대략적으로 변론하였습니다. 그 내용이 비록 상세

4 인생이정(人生而靜)의……같기에 : 명도(明道) 정호(程顥)가 "사람이 태어나서 아직 고요한 상태에 있을 때와 그 이전의 상태에 대해서는 성이라는 말을 할 수가 없다. 성에 대해서 이야기할 시점이 되면 벌써 그것은 성이 아니다.〔人生而靜以上不容說 才說性時 便已不是性也〕"라고 한 말에 대해서, 주희(朱熹)가 제자들의 질문을 받고 각각 다르게 답변하였는데, 그중에서 황상백에게 대답한 것이 정론일 것 같다는 말이다. 《주자어류(朱子語類)》 권95 〈정자지서(程子之書) 1〉에 이에 대한 주희의 답변이 수록되어 있다. 정호의 이 말은 횡거(橫渠) 장재(張載)의 이른바 본연지성(本然之性)과 기질지성(氣質之性)을 적용해서 성(性)에 대해 펼친 이론인데, 이 글 바로 위에 "어려서부터 선한 사람도 있고, 어려서부터 악한 사람도 있는데, 이것은 타고난 기질이 그러하기 때문이다. 선은 물론 성이다. 그러나 악 역시 성이라고 하지 않을 수 없다.〔有自幼而善 有自幼而惡 是氣稟有然也 善固性也 然惡亦不可不謂之性也〕"라는 말이 나온다. '성이라는 말을 할 수가 없다'는 말은 본연지성이니 기질지성이니 하는 말을 붙일 수가 없다는 말이요, '성이 아니다'라고 하는 것은 본연지성이 아니라는 말이다.

하지는 않더라도 대의(大意)는 응당 전달되었을 것이니, 다시 검토해서 생각해 보셨으면 합니다.

역천 송형에게 보내는 글 계유년(1753, 영조29) 8월

與櫟泉宋兄 癸酉八月

인물(人物) 오상(五常)에 관련한 논의에 대해서는 계속해서 의문이 마음속에 남아 있습니다. 요즈음에 또 한바탕 심각하게 궁구(窮究)하면서 거의 침식(寢食)을 잊을 정도까지 되었습니다만, 끝내 시원하게 트이는 경지는 깨닫지 못하였습니다. 하지만 전에 비해서는 조금 달라진 점이 있기도 합니다. 다만 수십 년 동안 강정(講定)하며 준수(遵守)해 온 것과 배치(背馳)되는 점도 혹 어쩔 수 없이 있기에 혼자 회의(懷疑)하며 감히 최종 판단을 내리지 못하고 있습니다. 한번 좌하(座下)에 올려 상의하고 싶은 생각이 간절합니다만 쉽사리 그렇게 할 수 없어서 답답하기만 합니다.

대저 《맹자(孟子)》의 생지위성(生之謂性) 한 장[5]에 '성(性)'이라는 글자가 여러 번 나오는데, 만약 이것을 기질지성(氣質之性)으로 인식한다면 끝내 문리(文理)가 이루어지지 않고 말도 되지 않습니다. 예전부터 이에 대해서 의심하지 않은 것은 아니지만, 이미 주된 해석이 있기에 상세히 살필 틈을 내지 못했으니, 선입견이 얼마나 일을 해치는 것인지 이제야 알겠습니다. 삼가 바라건대 이에 대해 평심(平心)으로 한번 완미(玩味)하여 가부(可否)를 말씀해 주시는 것이 어떻겠습니까? 의심이 나는 것이 이뿐만이 아닙니다마는, 우선 이것만을 질문드리고, 나머지는 서서히 말씀드릴까 합니다.

5 생지위성(生之謂性) 한 장 : 《맹자집주(孟子集註)》 〈고자 상(告子上)〉 3장을 말한다.

역천 송형에게 답하는 글 기묘년(1759, 영조35) 8월
答櫟泉宋兄 己卯八月

불편불의(不偏不倚)라고 한 것[6]은 단지 이 성(性)의 체단(體段)을 형용한 것일 뿐입니다. 만약 성(性) 중에 인(仁)만 있고 의(義)는 없다면 이것은 인에 치우친 것이요, 지(智)만 많고 예(禮)는 적다면 이것은 지에 기울어진 것입니다. 사람은 천지의 중정(中正)한 기(氣)를 품부받았습니다. 그렇기 때문에 하나의 성(性)이 완전히 구비되고 만 개의 선(善)이 골고루 풍족하여 한쪽 부분에 치우치는 것도 없고 하나의 일에 기울어지는 것도 없는 것입니다. 성탕(成湯)이 말한 제강지충(帝降之衷)[7]과 유자(劉子)가 말한 천지지중(天地之中)[8]은 바로 이것을 가

6 불편불의(不偏不倚)라고 한 것 : 주희(朱熹)가 《중용장구(中庸章句)》에서 《중용》의 제목을 해설하며 "중은 치우치지 않고 기울어지지 않아 과와 불급이 없는 것을 이름한 것이요, 용은 평상을 말한다.〔中者 不偏不倚無過不及之名 庸平常也〕"라고 한 것을 가리킨다.

7 성탕(成湯)이 말한 제강지충(帝降之衷) : 제강지충은 상제가 내려 준 치우침 없는 덕이라는 뜻이다. 《서경》〈탕고(湯誥)〉에 "위대한 상제께서 아래 백성들에게 치우침 없는 덕을 내려 주시어, 그 자연적인 성품을 따르게 하셨다. 그러니 그 길을 따르도록 안정시켜 이끌어야만 임금의 자격이 있다고 할 것이다.〔惟皇上帝 降衷于下民 若有恒性 克綏厥猷 惟后〕"라는 성탕의 말이 나온다. 성탕은 상(商)나라를 세운 탕왕(湯王)을 말하는데, 그가 걸(桀)을 정벌하여 무공을 이루었기 때문에, 성탕이라고 불렀다고 한다.

8 유자(劉子)가 말한 천지지중(天地之中) : 천지지중은 천지의 중정(中正)한 기운이라는 뜻이다. 《춘추좌씨전(春秋左氏傳)》 성공(成公) 13년에 "인민이 천지의 중정한 기운을 받아 이로 인해 생장하니 이것이 이른바 명이라는 것이다.〔民受天地之中以生 所謂命也〕"라는 유자의 말이 나온다. 유자는 유(劉)나라 군주인 자작(子爵)이라는 말이다.

리킨 것이요, 명도(明道 정호(程顥))가 "천지 사이에 정정당당하게 직상직하하는 정리……〔天地之間 亭亭當當 直上直下之正理……〕"[9]라고 한 것은-《근사록》 수권(首卷)의 천하의 대본(大本)을 논하는 대목에 보인다.- 바로 그 체단을 형용한 것입니다.-이천(伊川) 정이(程頤)도 "중은 대중이다.〔中者是大中也〕"라고 하고, 또 "중은 천하의 정도이다.〔中者天下之正道〕"라고 하고, 또 "하나의 물건이라도 포함되지 않으면 중이 아니요, 하나의 일이라도 행해지지 않으면 중이 아니다. 이는 무엇 때문인가? 바로 치우쳤기 때문이다.〔一物不該非中也 一事不爲非中也 何哉 爲其偏而已〕"라고 하였는데, 모두 이와 같은 뜻이다.-

지금 만약 희로(喜怒)에 치우치지 않는 것이라고 해석한다면, 이는 이른바 불편불의라고 하는 것이 단지 희로애락미발(喜怒哀樂未發)[10]의 뜻 하나만 이룰 뿐이요,-남당(南塘 : 한원진(韓元震))은 "불편불의에 다른 뜻은 없고 단지 희로애락이 아직 발동하지 않은 상태를 말하는 것일 뿐이다.〔不偏不倚 無他意 只是喜怒哀樂未發之謂也〕"라고 하였다.- 이른바 성(性)의 체단이라고 하는 것에 대해서는 전혀 드러내 밝히는 것이 없게 됩니다.

그리고 '중(中)'이라는 글자를 풀이하려면 곧바로 그 당체(當體)에 나아가서 형용해야 마땅할 것인데, 어찌하여 꼭 이발(已發)하기를 기다려서 발(發)과 미발(未發)을 대조한 뒤에 중(中)이 되는 것을 밝히

9 천지……정리 : 정정당당(亭亭當當)은 합당하다는 뜻이고, 직상직하(直上直下)는 상하(上下)가 일관(一貫)되었다는 뜻인데, 《주자어류(朱子語類)》 권95에 주희(朱熹)가 정정당당의 뜻이 무엇이냐는 질문을 받고 "이것은 속어이니, 대개 불편불의 직상직하의 뜻이다.〔此俗語也 蓋不偏不倚直上直下之意也〕"라고 대답한 말이 나온다.

10 희로애락미발(喜怒哀樂未發) : 《중용장구(中庸章句)》 제1장의 "희로애락이 아직 발동하기 이전의 상태를 중이라고 한다.〔喜怒哀樂之未發 謂之中〕"라는 말을 발췌한 것이다.

려 한단 말입니까. 더군다나 이른바 이발지화(已發之和)[11]를 그 대용(大用)의 측면에서 총괄하여 말한다면 그것이 불편불의(不偏不倚)한 것은 성(性)과 다를 것이 없는데, 여기에 또 장차 무엇을 서로 비교해서 밝히려 한단 말입니까. 대개 하늘에 있거나 사람에 있거나, 그리고 미발이거나 이발이거나, 처음부터 끝까지 단지 하나의 중(中)이 동일하게 불편불의한 것일 뿐이니, 원래 둘이 있는 것이 아닙니다.

주자(朱子)의 설을 다시 상고해 보니, 앞서 보내신 글에 기록된 것과 조금 달랐습니다. 대개 "감정이 이제 막 발동했을 때에 희에 치우치지 않으면 노에 치우치게 마련이다.……〔纔發時不偏於喜則偏於怒……〕" 라고 한 것도-《혹문(或問)》의 소주(小註)에 보인다.- 중(中)의 상태에 있을 때에는 혼전(渾全)하고 완구(完具)하여 한쪽 편에 치우침이 없다는 것을 밝히려고 한 것일 뿐이요, 불편불의의 뜻을 정식으로 해석하려고 한 것은 아닙니다.

11 이발지화(已發之和) : 《중용장구》 제1장의 "희로애락의 감정이 일어나서 모두 절도에 맞게 되는 것을 화라고 한다.〔發而皆中節謂之和〕"라는 말에서 나온 것이다.

역천 송형에게 답하는 글

答櫟泉宋兄

〔문〕《어류(語類)》의 〈수록(銖錄)〉에는 "인의 체는 유하고 용은 강하며, 의의 체는 강하고 용은 유하다.〔仁體柔而用剛 義體剛而用柔〕"라고 하였고, 〈한경록(漢卿錄)〉에는 "인의 체는 강하고 용은 유하며, 의의 체는 유하고 용은 강하다.〔仁體剛而用柔 義體柔而用剛〕"라고 하였습니다. 어느 것이 정론(定論)인지 모르겠습니다.

〔답〕인의(仁義)의 강유(剛柔)는 〈한경록〉이 옳은 것 같습니다. 그러나 이것은 단지 한때의 문답인 듯한데, 실제로 체(體)와 용(用)을 둘로 나누기는 어렵지 않을까 합니다. 인(仁)도 강한 가운데 유를 가지고 있고, 의(義)도 유한 가운데 강을 가지고 있는데, 체와 용이 모두 그렇다고 할 것입니다. 나의 의견은 이와 같습니다만, 이 뒤에 마땅히 다시 생각해서 여쭙겠습니다.

역천 송형에게 답하는 글 9월

答櫟泉宋兄 九月

가르쳐 주신 뜻은 모두 잘 알았습니다. 나 역시 어찌 감히 자기 의견만을 고집하면서 다른 질의(質疑)를 막으려고 하겠습니까. 단지 최초의 글을 받아 보니, 너무도 엄하게 거절하면서 곧장 이단(異端)으로 간주하였기에, 황공하게 여긴 나머지 나도 적이 혼잣말로 '언의(言議)에 차이가 나는 것은 옛날부터 그러하였고, 또 그러한 의견을 제시한 선현(先賢)들도 많은데, 어찌하여 이것을 가지고 이단으로 간주하기까지 한단 말인가.'라고 하였습니다. 그러다가 두 번째 글을 받고 또 직접 제유(提諭)를 받고 나서야 비로소 본의(本意)가 그렇지 않다는 것을 알았습니다. 그리고 쟁론(爭論)할 것이 그다지 많지 않다는 것을 알고는 귀일(歸一)될 희망이 있다는 기대를 갖게도 되었습니다.

다만 삼가 성유(盛諭)를 자세히 살펴보건대, 매번 쇠둔(衰鈍)하다고 자신의 한계를 인정하면서도 공심(公心)이 있다는 평만은 들었다고 하셨으니, 이를 통해 독실하게 자신(自信)하고 깊이 유액(誘掖)하는 뜻을 알 수 있었으므로 감탄이 나오지 않는 것이 아니었습니다. 하지만 구구한 나의 뜻으로는, 나 자신도 나의 마음이 이미 공정하다고 생각하고 있는 만큼, '공심'이라는 이 두 글자를 가지고 거꾸로 하집사(下執事)에게 말씀을 올리고 싶다는 생각이 들기도 하였습니다. 그 이유는 무엇이겠습니까?

내가 전일에 그와 같은 의견을 고수(固守)한 것은 대개 집사와 다를 것이 없었으니, 이것은 실로 붕우들이 모두 알고 있는 사실입니다.

그런데 하루아침에 홀연히 대원두(大源頭)에 대해서 뭔가 본 것이 있는 것처럼 되었는데, 그 뒤에야 비로소 옛날의 소견(所見)이 한 칸 미달(未達)되었다는 사실을 깨닫고는 버릴 생각을 한 것이니, 이는 바로 그 마음이 공정하여 한쪽에 응체(凝滯)되지 않았기 때문입니다.

그러나 반생(半生) 동안 고수해 온 대의론(大議論)을 갑자기 바꾼다는 것이 스스로 돌아볼 때 겸연쩍기도 하고 남의 비난이 두렵기도 하였으며, 낭주(廊柱)의 의혹(疑惑)[12]과 비슷한 점이 혹 있지나 않을까 염려되기도 하였으므로, 침잠하고 반복하여 생각에 생각을 거듭하는 한편 공정하게 청취하고 관찰하면서 널리 상고하고 세밀하게 검증하였습니다. 이와 같이 시종일관 10여 년을 보내고 나서야 비로소 감히 한두 명의 친붕(親朋)에게 대략 고하였고, 이와 같이 또 몇 년을 보내고 나서야 감히 붓을 들어 글을 보내게 된 것이었습니다. 그러니 지금 집사의 밝은 가르침을 받들고 싶어도, 평심(平心)으로 거듭 생각해 보면 다시 힘을 쓸 것이 실로 없습니다.

대저 주자(朱子)와 같은 성현도 중화(中和)에 대한 견해를 바꿀 적에 오히려 채계통(蔡季通 채원정(蔡元定))의 조력을 받기도 하였습니다. 나의 평생을 돌아보면 백 가지 중에 한 가지도 잘하는 것이 없지만, 그래도 경의(經義)의 하나의 길에 대해서만은 천성적으로 우연히 서로

12 낭주(廊柱)의 의혹(疑惑) : 공연히 의심하여 다시 문제 삼는 것을 말한다. 명도(明道) 정호(程顥)가 장안(長安)의 창고 안에 한가로이 앉아서 긴 행랑의 기둥〔長廊柱〕을 바라보고는 마음속으로 그 숫자를 세어 보고서 더 이상 의심하지 않았다. 그러다가 다시 세어 보니 숫자가 맞지 않았으므로 사람을 시켜서 일일이 소리 내어 세어 보게 한 결과, 처음에 마음속으로 세었던 것과 차이가 없었다는 이야기가 《근사록(近思錄)》 권4 〈존양(存養)〉에 나온다.

친근하였으므로, 어리석은 중에도 한 가지 터득한 것이 군자(君子)의 인정을 받을 수 있을 것 같기도 하였습니다. 내가 감히 채계통의 총명(聰明)과 자신을 견줄 수는 없다고 하더라도, 10년 동안 계속해서 사색한 결과이니 완전히 잘못되지는 않았을 것인데, 어찌하여 잠시 예전의 견해를 놔두고서 시험 삼아 한번 정밀히 생각하여 기필코 도를 추구하는 정신으로 새로운 뜻을 강구해 보려고 하지 않으십니까.

이렇게 하고서도 끝내 합치되지 않는다면 나 역시 유감이 없을 것입니다. 또 더 이상 어떻게 하겠습니까. 만약 이와 같이 해 보겠다고 허락해 주시면, 감히 나의 의견을 모두 갖춰 올리면서 제목(題目)을 지어 보지 않겠습니까. 전에 여쭈어 본 예의(禮疑)에 대해서도 가르침을 내려 주셨으면 합니다.

역천 송형에게 답하는 글 경진년(1760, 영조36) 11월

答櫟泉宋兄 庚辰十一月

성설(性說)과 관련하여 하교(下敎)하신 글에서 "천하의 공적(公的)인 의리(義理)에 어찌 나와 남이 따로 있겠는가. 모두 구애받지 말고 투철하게 이해해야 한다. 사람들이 모두 이 의리를 안다면 어찌 귀일(歸一)되지 않을 이가 있겠으며, 또 어찌 소요(搔擾)가 허다하게 일어나겠는가."라고 말씀하신 것을 몇 번이고 완미(翫味)하며 흠탄(欽歎)을 금하지 못하였습니다.

본연지성(本然之性)이 기질지성(氣質之性) 밖에 따로 있지 않다는 설이나, 횡거(橫渠 장재(張載))의 큰 지견(知見)이라 할 몇 구절의 말들이 엄연히 존재하는데, 나에게 이론을 세워 보라고 해도 또한 이에 지나지 않는다고 할 것입니다. 모르겠습니다만, 이 모두에 이단(異端)으로 여길 만한 요소가 어디에 있다고 하겠습니까.

세속의 견해를 살펴보면, 매양 본연지성과 기질지성을 나누어 둘로 만들곤 합니다. 하나의 설은, 물이 아래로 흘러가는 것과 불이 위로 타오르는 것을 기질지성으로 삼고, 물과 불이 각각 오성(五性)을 구비하고 있는 것을 본연지성으로 삼는 것입니다. 또 하나의 설은, 태극(太極)은 형기(形氣)를 초월한 것이고 오상(五常)은 기질(氣質)에 따르는 것이라고 하면서 성(性)과 태극이 같지 않다고 하는 주장입니다. 이 두 개의 설이 각기 다르지만, 이(理)와 기(氣)를 나누어 둘로 만든다는 점에서는 동일합니다.

나의 의견은, 단지 물이 아래로 흘러가는 것은 곧 물의 본성인 동시에 물이 구유(具有)한 태극(太極)이요, 불이 위로 타오르는 것은 곧 불의 본성인 동시에 불이 구유한 태극이라는 것이니, 이것이 바로 이른바 하늘이 명한 성〔天命之性〕이라고 하는 것이요, 이것이 바로 이른바 개와 소와 사람의 성〔犬牛人之性〕이라고 하는 것입니다. 대개 합해서 말하면 천하를 통틀어 하나의 성이니 이것은 바로 이(理)의 일(一)이요,-만물(萬物)이 태극(太極)을 통체(統體)한 것이다.- 나누어 말하면 만물이 각각 그 성(性)을 하나씩 지니고 있으니 이것은 바로 분(分)의 수(殊)입니다.-일물(一物)이 태극을 각구(各具)한 것이다.- 합해서 일(一)이라고 말하지만 그 속에 만(萬)이 갖추어져 있고, 나누어 만(萬)이라고 말하지만 그 속에 일(一)이 포함되어 있으니, 실로 두 개의 물건이 있는 것이 아닙니다.

단지 성(性)이라는 것은 본래 물(物)이 품부받고서 이름 지어진 것입니다. "각기 성명을 바르게 한다.〔各正性命〕"라는 말도 있고 "각각 그 성을 하나로 한다.〔各一其性〕"라는 말도 있는 것처럼, 물(物)이 똑같을 수 없는 것은 본시 물의 속성입니다.[13] 각기 다른 것들이 다른 것들과 다르다고 해서 무슨 해가 될 것이며, 그 이(理)가 본래 하나인 것을 손상시키는 것이 또 뭐가 있다고 하겠습니까.

지금 꼭 당체(當體)가 서로 다른 측면은 내버려 두고, 문득 일원(一源)을 함께 공유(共有)하는 측면에 나아가 설을 세워 이것을 본연지성(本然之性)이라고 하면서, 서로 같다고 말하는 것은 가(可)하지만 다

13 물(物)이 똑같을……속성입니다 : 《맹자》 〈등문공 상(滕文公上)〉에 "물은 똑같을 수가 없다. 이것이 바로 물의 속성이다.〔夫物之不齊 物之情也〕"라는 유명한 명제가 나온다.

르다고 말하는 것은 불가(不可)하다고 한다면, 본연(本然)과 기질(氣質)이 두 개의 성(性)이 아니라는 뜻이 어디에 있다고 하겠습니까.

글을 가지고 떠날 사람이 서서 독촉을 하니 긴 말씀을 드릴 틈이 없습니다. 그래서 우선 이렇게 대략 고하게 되었으니, 다시 정밀히 사색하여 가르침을 내려 주시면 다행이겠습니다. 도리는 본디 평실(平實)한 것이니 황홀(恍惚)한 데에 저촉이 되면 정리(正理)가 못 되는 것입니다. 이 점에 대해서도 묵상(默想)해 보셨으면 합니다.

역천 송형에게 보내는 글 임오년(1762, 영조38) 11월

與櫟泉宋兄 壬午十一月

지금 삼가 위에서 내린 별유(別諭)를 보건대, 말의 뜻이 지극히 정중한 가운데 성의(誠意)가 애연(藹然)히 우러나오고 권주(眷注)가 융숭하기만 하니, 감격하여 기쁜 나머지 오히려 걱정과 안타까운 심정이 절실합니다. 왜냐하면 그동안 갚지 못한 부채(負債)가 이미 많은데도 새로 또 이와 같이 예우해 주고 있는데, 지금 만약 오시지 않는다면 이는 참으로 저닉(沮溺)[14]이요 목석(木石)으로, 유자(儒者)는 참으로 세상에 쓸모없다고 해야 할 것이기 때문입니다. 그리고 전일에 나와 주고받은 성의(盛意)를 생각하면, 그래도 분명히 모른 척하며 도외시하지는 않을 것이기 때문에, 지구(知舊)가 와서 물어보기라도 하면 그들 모두에게 반드시 오실 것이라고 대답하곤 합니다.

이 몸이 지금 우연히 경성에 와 있는데, 세상에 드문 성대한 이 경사를 눈으로 볼 수 있게 된다면 그 기쁨이 응당 어떠하겠습니까. 다만 오늘날 세도(世道)가 손을 댈 수 없을 정도로 결딴이 나 있는 만큼, 중망(重望)을 받으며 그 책임을 메우기 어려운 상황이라서, 이에 대해 걱정되는 마음을 또 말로 표현할 수 없는 점이 있습니다. 하지만 오래도록 정좌(靜坐)하여 함양(涵養)하면서 온축(蘊蓄)한 포부(抱負)가 이미 광대하신 데다가, 어떤 상황을 만나더라도 반드시 여유작작하게

14 저닉(沮溺) : 춘추 시대 초(楚)나라 장저(長沮)와 걸닉(桀溺)의 병칭으로, 세상일에 아예 관여하지 않고 숨어 사는 은자(隱者)를 가리킨다.

대응하실 것이니, 이 점을 생각하면 스스로 위안이 되곤 합니다.

사관(史官)이 며칠 안으로 들어갈 것인데, 모르겠습니다만 언제쯤이나 출발하실 수 있겠습니까? 만약 금년이 가기 전에 도성에 들어오신다면 내가 이곳에 있을 때 서로 만나 어울릴 수 있겠지만, 그렇지 않고 혹 이해를 넘긴다면 나는 이미 먼저 떠난 뒤일 테니 서운함을 금할 수 없을 것입니다.

나는 경성에 머문 한 달 동안 주연(胄筵)에 참석한 것이 5, 6 차례에 불과합니다. 그리고 글을 통해 약간 진설(陳說)했다고는 하지만, 사람이 미천하고 말이 가벼우니 무슨 유익함이 있었겠습니까. 동궁(東宮)께서는 예질(睿質)이 단아(端雅)하시어 학문이 날로 발전하고 있습니다. 주연에 임하여 강독하며 질문하시는 것을 보면 왕왕 사람의 의표(意表)를 찌르곤 하시니, 만약 실제로 보도(輔導)를 적합하게만 한다면, 종사(宗社)의 억만년 무궁한 복이 바로 여기에 있다고 할 것입니다. 그런데 이른바 강연(講筵)이라고 하는 것이 그저 문자나 응하고 인원수를 채우는 정도에 지나지 않았으니, 이 어찌 너무나도 한심한 일이 아니겠습니까.

만약 집사(執事)께서 들어와서 한번 정돈하고 규모를 세워 실효 있게 하신다면 그 공효(功效)가 막대할 것입니다. 대개 지금 많은 일 중에서 오직 이것이 가장 중요한 일이라고 할 것인데, 이 밖에도 국가의 대계(大計)와 민생(民生)의 걱정, 그리고 조정의 분위기와 선비의 풍조 등 말할 것들이 또 매우 많고 지난(至難)하다고 하겠습니다.

유자(儒者)의 출처는 대각(臺閣)의 언책(言責)을 지닌 자와는 같지 않습니다. 따라서 우선 한동안 체류하여 양연(兩筵 경연(經筵)과 서연(書筵))을 출입하며 서서히 정성을 쌓으면서 얕은 곳에서부터 깊은 곳으로 들어가다가 끝내 합치되지 않을 때에 자기가 하고 싶은 대로 물러나더라도 늦지 않을 것입니다. 그러니 어찌 꼭 서서 이야기하는 짧은 사이에 느닷없이 사람을 보고 통곡을 하거나,[15] 자기 뜻과 맞지 않으면 얼굴에 노기를 드러내며〔悻悻然〕 떠나서야 되겠습니까.[16]

15 서서……하거나 : 소식(蘇軾)의 〈가의론(賈誼論)〉에 "만약 천자가 의심하지 않게 하고, 대신이 시기하지 않게 한 뒤에, 온 천하를 들어서 내가 하고 싶은 대로 했다면, 10년이 지나지 않아서 뜻을 얻을 수 있었을 것이다. 그런데 어찌하여 서서 이야기하는 짧은 사이에 느닷없이 사람을 보고 통곡을 했단 말인가.〔使天子不疑 大臣不忌 然後擧天下 而惟吾之所欲爲 不過十年 可以得志 安有立談之間 而遽爲人痛哭哉〕"라고 가의(賈誼)를 비평한 말이 나온다. 통곡했다고 하는 것은 가의가 한 문제(漢文帝)에게 올린 〈치안책(治安策)〉 중에 "오늘날의 상황을 살펴보건대, 통곡할 일이 하나요, 눈물을 흘릴 일이 둘이요, 장탄식할 일이 여섯이다.〔竊惟事勢 可爲痛哭者一 可爲流涕者二 可爲長太息者六〕"라는 말이 나오는 것을 가리킨다.

16 자기……되겠습니까 : 맹자(孟子)가 제왕(齊王)과 뜻이 맞지 않아 제나라를 떠날 적에 그래도 혹시 왕이 잘못을 고칠까 하는 생각 때문에 짐짓 천천히 가면서 사흘 밤을 넘긴 뒤에야 주읍(晝邑)을 나갔는데, 윤사(尹士)란 사람이 이 일을 가지고 맹자를 비난하자, 맹자가 "내가 어찌 속 좁은 사내처럼 임금에게 간하여 받아 주지 않으면 성을 내며 얼굴에 노기를 드러내고, 한번 떠나면 하루 종일 쉬지 않고 간 뒤에야 묵겠느냐.〔予豈若是小丈夫然哉 諫於其君而不受則怒 悻悻然見於其面 去則窮日之力而後宿哉〕"라고 한 말이 《맹자》 〈공손추 하(公孫丑下)〉에 나온다.

역천 송형에게 보내는 글 계미년(1763, 영조39) 1월

與櫟泉宋兄 癸未元月

삼가 계비(啓批 계사(啓辭)에 대한 비답(批答))의 말씀하신 뜻을 보건대, 또 지극히 간절하고 진지하였으며 성례(盛禮)가 또 융숭하고 정중하기 이를 데 없었으니, 이쯤 되어서는 실로 몸을 돌릴 길이 없다고 할 것입니다. 그런데 삼가 성의(盛意)를 살펴보면 한결같이 건성으로 여기면서 뜻을 바꿀 의사가 전혀 없으니, 이런 식으로 서로 버티고 뒤척이며 쫓기다 보면 앞으로 은수(恩數)가 또 어디에까지 이를지 알 수 없는 일입니다. 모르겠습니다만, 이렇게 하시는 데에 근거할 만한 고사(故事)가 있고, 고집할 만한 의리(義理)가 있는 것입니까?

군신(君臣)의 의리는 폐할 수가 없고 출처(出處)의 절도는 구차스럽게 할 수 없는 일입니다. 이에 대해 성현이 남긴 법도가 방책(方策)에 나열되어 있으니, 그대로 준수하여 행하면 넉넉하게 여유가 있게 될 것입니다. 그러니 어찌 한때의 난처(難處)함을 계교(計較)하여 사실과 다른 질병을 장황하게 늘어놓으면서, 위로는 선(善)을 지향하려는 성지(聖志)를 막고 아래로는 세도(世道)에 심각한 폐해를 끼쳐서야 될 말이겠습니까.

주자(朱子)가 부름을 받은 것은 관례(慣例)에 따른 소명(召命)에 지나지 않았습니다. 그럼에도 불구하고 남헌(南軒)은 "국가의 원기(元氣)를 회복할 일을 생각해야 할 이때에 부름에 응하지 않는다는 것은 너무 심한 일이다. 만약 한결같이 고집만 부린다면 위에서 필시 현자가 국가에 쓰이려 하지 않는다고 생각할 것이니, 대체에 해를 끼치는 점이 있게 될 것이다.〔宜斟酌消息 勿至已甚 若一向固執 則上必謂賢者不肯爲用 於大體却有害〕"라고 하였습니다.[17] 그런데 더구나 지금 이 일은 외면으로만 보더라도 거의 역사 이래 처음 있는 일이라고 할 수 있는 데야 더 말해 무엇하겠습니까. 성의(聖意)가 과연 어디에 있는지 분명히 알 수는 없지만, 대체로는 후손을 편안하게 해 주려는 계책에서 나왔다고 할 것입니다. 따라서 한번 나와서 큰일을 할 수는 없다고 하더라도 그러한 계기를 마련한다는 점에서는 중대한 일이라고 할 것입니다. 그렇다면 우리 동방의 억만년 무궁한 복이 여기에서부터 시작될지 또 어떻게 알겠습니까. 삼가 바라건대 다시 생각해 주셨으면 합니다.

나에 대해서 무정(無情)하다고 의심하시다니, 이는 참으로 한번 웃을 일입니다. 그렇다면 장(張 장식(張栻))·여(呂 여조겸(呂祖謙))가 회옹(晦翁 주희(朱熹))에게 벼슬을 권하고, 율로(栗老 이이(李珥))가 우계(牛溪 성혼(成渾))에게 출사(出仕)를 권한 것도 무정한 일입니까. 나의 뜻은 단지 출처(出處)에 흠이 없게 하고 예망(譽望)을 폐함이 없게 하면서, 우뚝 먹히지 않는 과일[18]이 되어 국가와 영광을 함께하게 해 드리려는 것일 뿐이니, 이것이야말로 진정으로 간절히 아끼는 뜻에서 나온 것이

17 남헌(南軒)은……하였습니다 : 남헌, 즉 장식(張栻)의 말이라고 한 것은 녹문의 착오이고 동래(東萊) 여조겸(呂祖謙)의 말이다. 《동래집(東萊集)》 별집(別集) 권8에 이 말이 나온다.

18 먹히지 않는 과일 : 《주역(周易)》 〈박괘(剝卦) 상구(上九)〉의 "큰 과일은 먹히지 않는다.〔碩果不食〕"라는 말에서 나왔는데, 이는 다섯 개의 효(爻)가 모두 음(陰)인 상태에서 맨 위의 효 하나만 양(陽)인 것을 석과(碩果)로 비유한 것으로, 하나 남은 양의 기운이 외로운 것처럼 보이지만 결코 끊어지지 않고 계속 이어진다는 뜻을 보인 것이다. 이는 역천(櫟泉) 송명흠(宋明欽)이 장차 조정에 들어가서 국가의 원기를 회복할 인물이라는 뜻으로 비유한 것이다.

라고 해야 할 듯싶습니다. 그런데 들어간 뒤의 난처함을 지나치게 걱정한 나머지 서투른 솜씨를 숨기는 하책(下策)을 쓰려고 하시다니, 이는 결국 금주(金注)의 미혹(迷惑)[19]에 빠지는 것과 비슷한 일이 될 듯싶습니다. 모르겠습니다만, 이에 대해서 어떻게 생각하십니까?

우리들이 일생 동안 글을 읽으며 의리를 강구하다가 막상 일을 당해서는 그 바른길을 버리고 오직 간절하게 이해(利害)만을 따르면서 서로 더불어 한적한 곳만을 찾으려고 머리를 맞대고서 계교(計較)한다면, 이 어찌 참으로 아끼는 사이라고 할 수가 있겠습니까. 너무도 걱정되고 좋아한 나머지 이렇게까지 멋대로 붓을 달리게 되었으니, 이것도 하나의 죄를 첨가한 것이 아닌지 모르겠습니다. 삼가 꾸지람을 달게 받겠습니다.

19 금주(金注)의 미혹(迷惑) : 황금을 걸고 내기를 할 때의 미혹이라는 뜻으로, 마음보다도 외물(外物), 즉 관직을 중히 여긴다고 풍자한 말이다. 내기를 할 때 값이 나가지 않는 것을 걸 때에는 곧잘 하다가, 황금을 걸면 마음이 어지러워지면서 갈피를 못 잡게 되는데〔以黃金注者殙〕, 이는 외물을 소중히 여겨 마음이 위축되기 때문이라는 이야기가 《장자(莊子)》 〈달생(達生)〉에 나온다.

역천 송형에게 보내는 글

與櫟泉宋兄

삼가 답서(答書)를 받고서 종이 가득 누누이 말씀하신 뜻을 모두 잘 알았습니다. 거듭해서 펼쳐 보며 음미하노라니 위로되며 감격하는 마음이 끝이 없습니다.

'때를 헤아리고 자기를 헤아린다〔量時量己〕'는 말을 나도 어찌 생각하지 않았겠습니까. 다만 때를 헤아리는 것으로 말하면, 예로부터 현자(賢者)가 나올 당시에 순전히 좋기만 했던 시절은 없었습니다. 오늘날의 시세(時勢)가 좋지 않은 것이야 물론 말할 것도 없습니다마는, 그렇다고 해서 현자가 나올 수 없는 일도 별로 있지 않습니다. 게다가 성상이 돌보아 주시는 것으로 말하면 실로 전고(前古)에 없던 일이니, 한마디 말로 저버릴 수 없는 점이 있다고 할 것입니다. 그리고 자기를 헤아리는 것으로 말하면, 율옹(栗翁 이이(李珥))이 우계(牛溪 성혼(成渾))에게 고한 말 중에 "이윤(伊尹)과 여상(呂尙)의 시절에는 이윤과 여상이 제일의 인물이었고, 무후(武侯)의 시절에는 무후가 제일의 인물이었다. 지금처럼 인물을 찾아보기 어려운 때에 징소(徵召)하는 명이 어떻게 형에게 내려오지 않을 수 있겠는가."라는 대목이 있습니다. 이것을 가지고 말한다면 오늘날과 같은 세상에서 집사(執事)와 같은 인물이 지나치게 겸양한다면 또 누가 이런 일을 감당할 수 있겠습니까. 이것은 듣기 좋으라고 하는 소리가 아니고, 실로 공의(公議)라고 할 것입니다.

그리고 지금 성상의 뜻이 애연(藹然)히 후손을 위해 좋은 계책을 마련하려고 서두르고 계시니, 이는 실로 우리의 도(道)가 자라날 수 있는 일대 기회라고 할 것입니다. 따라서 한번 힘을 내어 나아가면, 설혹 큰일을 당장에 할 수는 없다고 할지라도, 그 바탕을 마련한다는 점에서는 중대한 계기가 된다고 할 것이니, 태평(太平) 만세(萬世)의 기틀이 이 일로부터 시작될 수 있을지 어떻게 알겠습니까.

만약 한결같이 움츠리면서 숨으려고만 하고 끝내 소명(召命)에 응하지 않는다면, 성상께서는 필시 유자(儒者)에 대해서 세상에 쓸모없는 사람들이라고 생각하실 것입니다. 이렇게 되면 집사 한 사람에게만 해당되는 문제가 아니라, 유자(儒者)가 조정에 진출할 길이 이로부터 막히게 될 것이니, 세도에 어찌 심각한 해가 되지 않겠습니까.

그렇기 때문에 나의 생각으로는 끝내 한번은 조정에 나가지 않으면 안 된다고 여기는 것입니다. 그리고 조정에 나간 뒤에도 꼭 없는 것을 있게 하거나 큰소리를 치면서 명성을 이루시라는 말이 아니라, 오직 정성을 다하여 성상을 감동시키면서 얕은 곳에서부터 깊은 곳으로 차츰 들어가면 될 것이라고 생각합니다. 그리하여 우선 행해야 할 것은 오로지 임금이 바른 정치에 뜻을 두도록 이끄는 일이니, 예컨대 이천(伊川 정이(程頤))이 "성인의 가르침을 반드시 펼 수 있게 하고 선왕의 다스림을 반드시 행할 수 있게 해야 한다.〔以聖人之訓爲可必信 先王之治爲可必行〕"라고 말한 것처럼 하여, 세속의 논의를 물리치고 비상(非常)한 공(功)을 기약하는 것입니다.

우리 성상은 지기(志氣)가 범상하지 않으십니다. 그리하여 부지런히 행해야 할 정사에 싫증을 느낄 연세가 되었어도,[20] 분발하여 앞으로

20 부지런히……되었어도 : 영조(英祖)가 연로했다는 말이다. 《서경》〈대우모(大禹謨)〉의 "짐이 제위에 있은 지 33년이나 되니, 이제는 늙어서 부지런히 행해야 할 정사에

나아가려는 뜻이 조금도 쇠하지 않으셨습니다. 다만 그 도를 아직 얻지 못하셨을 따름이니, 한마디 말로 일깨울 수만 있다면, 건곤(乾坤)을 돌리는 공이 있게 될지 또 어떻게 알겠습니까. 지금까지의 발언이 우활(迂闊)한 것같이 보일지 몰라도, 나 자신은 절실한 노파심에서 말씀드리는 것이니, 귀를 스쳐가는 바람 소리 정도로 여기시면 안 될 듯싶습니다.

나름대로 집사를 살펴보건대, 기상(氣象)도 화평하고 언어도 친절(親切)하신데, 부족한 것이 있다면 앞으로 나아가려는 성의(誠意)라고 하겠습니다. 만약 가슴속에 온축(蘊蓄)된 성심(誠心)이 남몰래 감화시키면 필시 분외(分外)의 감응(感應)이 있게 될 것이니, 내가 바라는 것은 전적으로 여기에 있습니다. 아마도 나의 마음을 살펴 주지는 않으시고 그저 아무 생각 없이 남 하는 대로 따른다고 간주하고 계실지도 모르는데, 이렇게 감히 허물없이 속마음을 토로하다니, 이 글을 보고는 한번 웃으시리라 생각합니다. 나머지는 뵙고서 말씀드릴까 합니다.

싫증이 느껴진다.〔朕宅帝位 三十有三載 耄期 倦于勤〕"라는 순(舜) 임금의 말에서 유래한 것이다.

역천 송형에게 답하는 글 3월

答櫟泉宋兄 三月

삼가 강두(江頭)에서 진달한 소(疏)를 읽어 보건대, 문사(文詞)와 이치(理致)가 모두 합당하고 의사(意思)가 지극히 좋으니, 성상의 비답(批答)에 나오는 '흠복(欽服)'이라는 두 글자도 참으로 까닭이 있다고 하겠습니다. 그중에서도 '현인을 급히 구해 조력을 구하고, 지극한 정치를 분발하여 일으켜야 한다〔急賢求助 奮興至治〕'고 한 일전어(一轉語)야말로 집사(執事)의 뜻이 어디에 있는지를 보여 주는 대목인데, 성상이 손을 잡고 머무르도록 권면한 것도 이러한 생각에서 나오지 않았다고 어떻게 단정하겠습니까. 그리고 허물을 듣기 좋아한다고 한 하나의 구절에서도 선단(善端)이 애연(藹然)히 우러나오고 있습니다.

그러니 이 뒤에 경연(經筵)에 참석해서는 오직 '큰 뜻을 세워야 한다〔立大志〕'는 말에 먼저 힘을 기울여 거듭 반복해 아뢰며 명백하게 진달함으로써, 성상으로 하여금 삼대(三代)의 정치를 반드시 회복할 수 있다는 것을 분명히 알 수 있게 해야 할 것입니다. 그런 뒤에 계속해서 성의(誠意)와 정심(正心)의 이른바 편사(偏私)를 없애고 지공(至公)을 넓히는 설을 진달함으로써, 성상으로 하여금 도체(道體)의 지극히 큰 것과 심체(心體)의 지극히 공정한 것을 스스로 보게 하여, 티끌만큼이라도 사소(私小)의 뜻이 그 사이에 끼어들지 못하게 하고, 예지(睿志)가 약연(躍然)하여 막을 수 없게 해야 할 것이니, 그렇게 되면 기타 절목(節目) 사이의 일로 사람들이 말하지 않을 수 없다고 생각하는 것들은 자연히 힘을 기울이지 않아도 가로막히는 일이 없게 될 것입니다.

대개 유자(儒者)가 나가지 않는다면 모르지만, 일단 나간 이상에는 임금과 백성을 요순(堯舜)의 시대로 이끄는 것으로써 안신입명(安身立命)의 바탕을 삼아야 마땅할 것입니다. 이렇게 하는 외에 단지 췌마(揣摩)[21]하여 말하기 어려운 한두 건의 일을 이룬 것으로 책임을 메고 이름을 낚는 밑천을 삼는다면, 그 주장이 경천동지(驚天動地)하는 효과를 얻었다고 하더라도 귀하게 여길 것이 없는 것입니다.

그리고 언사(言事)로 말하면, 여러 신하의 일도 물론 말해야 할 대상 중의 하나이긴 합니다. 그런데 이미 발단(發端)이 된 만큼 형세상 다시 품신(稟申)해야 하니 처벌받는 것도 감수하겠다고 말씀하셨는데, 이것은 너무 지나치다고 해야 하지 않겠습니까. 대개 품신하는 것은 좋습니다마는, 그것도 응당 대본(大本)을 바로잡는 일을 먼저 해야 할 것이요, 그런 뒤에 글을 올리거나 어떤 일을 계기로 언급해야 할 것입니다. 그런데 어찌 꼭 나중에 참석한 경연에서 다른 것도 언급할 겨를이 없는 터에 이 일을 가장 먼저 급급하게 언급하면서 처벌을 받는 것도 감수한다는 말씀입니까. 그렇게 한다면 그 밖에 진달한 다른 말씀들도 모두 빛을 잃게 될 것이요, 이번에 나아가신 것도 완전히 이것으로 결말이 나고 말 것이니, 어찌 우스운 일이 되지 않겠습니까.

21 췌마(揣摩) : 상대방의 마음을 헤아려 이에 맞게 설득해서 목적을 달성하는 것을 말한다.

역천 송형에게 답하는 글 을유년(1765, 영조41) 7월
答櫟泉宋兄 乙酉七月

삼가 보내신 글을 받고 선영(先塋)에 성묘(省墓)하고 오신 일에 대해서 모두 잘 알았습니다. 구로(劬勞)[22]의 슬픔과 상로(霜露)[23]의 감회가 어찌 그렇지 않을 수 있었겠습니까. 두 번 세 번 읽으면서 비탄(悲歎)을 금하지 못하였습니다.

금년은 이미 다른 해와 달리 특별한 만큼 원래 정중하게 나아가 축하드려야 마땅한데, 더군다나 이번에 가까이 임하셨으니 어찌 직접 찾아뵙고서 안부를 묻는 예를 행하고 싶지 않았겠습니까. 그런데 말은 병들어서 그냥 세워 둔 지 이미 오래되었고, 소는 지난번에 한번 탔다가 산길을 오르내릴 적에 하마터면 굴러떨어질 뻔해서 감히 다시는 타지

22 구로(劬勞) : 낳아서 길러 주느라 애쓰신 부모의 은덕이라는 말이다. 《시경》 〈소아(小雅) 육아(蓼莪)〉는 돌아가신 어버이를 생각하며 슬퍼하는 시인데, 그중에 "슬프고 슬프다 우리 부모여, 나를 낳아 기르느라 얼마나 애쓰셨나.〔哀哀父母 生我劬勞〕"라는 말이 나온다. 진(晉)나라 왕부(王裒)가 《시경》을 가르칠 적에 이 구절을 접할 때마다 비통해하며 눈물을 흘리지 않은 적이 없었으므로 학생들이 나중에는 이 편을 생략하였다는 고사가 전한다. 《晉書 卷88 孝友列傳 王裒》

23 상로(霜露) : 서리와 이슬이라는 뜻으로, 돌아가신 어버이를 생각하는 효자의 마음을 비유할 때 쓰는 말이다. 《예기(禮記)》 〈제의(祭義)〉에 "서리와 이슬이 내린 때에 군자가 이를 밟다 보면 처창한 마음이 들게 마련인데, 이는 날씨가 싸늘해져서 그런 것이 아니다.〔霜露旣降 君子履之 必有悽愴之心 非其寒之謂也〕"라는 말이 나오는데, 한(漢)나라 정현(鄭玄)이 해설하기를 "추운 계절이 돌아오매 어버이의 생각이 사무치는 것을 말한 것이다."라고 하였다.

않겠다고 다짐하였으므로, 이 때문에 끝내 소원을 이룰 수가 없게 되었으니, 통탄스러운 마음을 말로 표현할 수가 없습니다. 진동보(陳同父 진량(陳亮))는 해마다 회옹(晦翁 주희(朱熹))의 생신에 때맞추어 사람을 보내 문후를 올리곤 하였는데, 이 일을 또 생각하면 미상불 감탄이 절로 나오면서 부끄럽고 죄송스럽기 그지없습니다.

저번에 여쭈어보면서 운운(云云)한 것은 다른 뜻이 있어서가 아니고, 단지 농암(農巖 김창협(金昌協))의 '탁기가 선정을 발한다.〔濁氣發善情〕'라는 하나의 조목에 대해서 무엇이 옳고 그른지 알아보고 싶어서였습니다. 이것은 인물오상론(人物五常論)과는 원래 상관이 없는데, 이와 같은 문제를 만날 때마다 지레 자신의 비법을 훔쳐보지나 않을까 의심하여 남에게 가르쳐 주지 않으려고 아끼신 나머지 강변(講辨)의 길이 막히게 하고 이택(麗澤)[24]의 공(功)이 외롭게 되게끔 하니, 참으로 탄식할 일입니다. 다시 바라건대 마음을 평온히 가지시고 지적하여 가르쳐 주십시오.

24 이택(麗澤) : 못이 이어져 있다는 뜻으로, 붕우가 서로 도와 절차탁마하는 것을 말한다. 《주역》〈태괘(兌卦) 상(象)〉의 "두 개의 못이 서로 이어져 있는 것이 태이니, 군자는 이를 보고서 붕우와 함께 강습한다.〔麗澤兌 君子以朋友講習〕"라는 말에서 유래한 것이다.

역천 송형에게 답하는 글 8월

答櫟泉宋兄 八月

율옹(栗翁 이이(李珥))의 설을 융통성 있게 살펴보면 의심할 것이 없다는 것은 참으로 집사(執事)의 말씀과 같습니다만, "연옹……(淵翁……)"[25]이라는 말씀은 가혹하게 지적한 것이 온당치 못할 뿐만이 아닙니다. 그런데 이른바 탁기(濁氣)도 선정(善情)을 발할 수 있다고 한 말은 이치에 비추어 볼 때 과연 어떻습니까? 이에 대해서 분명히 일전어(一轉語)를 내려 가르쳐 주신다면 다행이겠습니다.

가제(家弟)는 선천적으로 품부 받은 자질이 보통 사람을 뛰어넘는데다, 또 본원(本源) 공부에 뜻을 두고서 세속의 학술이나 구이(口耳)의 습기(習氣)[26]를 본받으려 하지 않고 있으니, 참으로 기대할 만한 점이 있다고 하겠습니다. 바라건대 자주 깨우쳐 주시면서, 여유 있는 곳에서 덜어서 부족한 곳을 보충해 줌으로써,[27] 도(道)를 향해 나아가

25 연옹(淵翁) : 김창흡(金昌翕, 1653~1722)이다. 자는 자익(子益), 호는 삼연(三淵)으로 김상헌(金尙憲)의 증손이고 김수항(金壽恒)의 아들이다. 김창집(金昌集), 김창협(金昌協)의 아우이다.

26 구이(口耳)의 습기(習氣) : 공부한다면서 깊이 생각하여 소화하려 하지 않고 곧장 밖으로 드러내어 자랑하려고나 하는 천박한 태도를 가리키는 말이다. 《순자(荀子)》〈권학(勸學)〉의 "소인이 공부하는 것을 보면, 귀로 듣고는 곧바로 입으로 내놓는다. 입과 귀의 거리는 불과 네 치일 따름이니, 일곱 자나 되는 이 몸을 어떻게 아름답게 할 수가 있겠는가.〔小人之學也 入乎耳 出乎口 口耳之間則四寸耳 曷足以美七尺之軀哉〕"라는 말에서 나온 것이다.

27 여유……줌으로써 : 《주역》〈겸괘(謙卦) 상(象)〉에 "여유 있는 곳에서 덜어서 부

도록 하는 것이 어떻겠습니까?

족한 곳을 보충해 줌으로써, 각 존재에 걸맞도록 공평하게 베풀어 준다.〔裒多益寡 稱物平施〕"라는 말이 나온다.

역천 송형에게 보내는 글

與櫟泉宋兄

듣건대 홍자직(洪子直 홍익필(洪益弼))이 옥당(玉堂)에 쌍학(雙鶴)을 잡아서 바치지 않은 일로 인하여 그 자리에서 바로 정배(定配)하는 명을 받았다고 하는데, 혹시 들으셨습니까? 대개 옥당에 옛날에는 학이 있다가 지금은 없어졌는데, 성상께서 옥당에 하교하여 예전대로 기르라고 하셨습니다. 그래서 옥당이 해영(海營)에 공문을 띄워 학을 잡아서 바치라고 하였고, 해영에서는 또 즉시 배천(白川)에 분부하였는데, 배천에서 오래도록 그 일을 거행하지 않자, 옥당이 저인(邸人)을 잡아와서 엄하게 독촉하였습니다. 이에 자직(子直)이 마침내 저인의 고목(告目)을 대하고 글을 쓰기를 "관청에 아무리 꿩을 날려 보내는 고인(古人)의 풍류가 없기로서니, 어떻게 감히 논사(論思)하고 계옥(啓沃)하는 옥당에 진금(珍禽)과 이수(異獸)를 공물(貢物)로 바치게 한단 말인가.……" 하였답니다. 옥당의 이재간(李在簡) 등이 이 글을 보고는 크게 노한 나머지 곧장 성상께 아뢰어 죄를 청하자, 성상께서 처음에는 삭직(削職)을 명했다가 뒤이어 정배하게 했다고 합니다. 이 일이 매우 기이해서 사람으로 하여금 무릎을 치게 하는데, 사람은 글을 읽지 않으면 안 된다는 말이 정말 실감이 납니다.

역천 송형에게 답하는 글 병술년(1766, 영조42) 7월

答櫟泉宋兄 丙戌七月

한번 남쪽으로 떠나는 계사(啓辭)를 올린 뒤로는 소식이 단절되었는데, 날짜를 계산해 보면 이미 병천(甁泉)에 돌아와 계실 법도 하건만 어디를 통해서 알 길이 없기에, 멀리 산 너머 구름을 바라보며 마음속으로 애태우고 있던 차에, 홀연히 석수(石手)가 하서(下書)를 받들고 이르렀습니다. 종이 가득 보내 주신 내용을 접하니 직접 뵙고 가르침을 듣는 것과 다를 것이 없는데, 무더운 여정(旅程)의 행로(行路)에도 건강이 손상되지 않고 산재(山齋)에 돌아와 누워 청복(淸福)을 만끽하고 계심을 자세히 알고는 기쁨과 부러움을 금치 못하였습니다. 게다가 바다를 유람한 그 장관(壯觀)은 더욱 사람으로 하여금 마음을 치달리게 하니, 조랑말을 채찍질하여 집사(執事)의 뒤를 따르면서 진세(塵世)에 찌든 이 흉금(胸襟)을 조금이라도 씻어 내지 못한 것이 한스럽기만 합니다.

나는 그런대로 탈 없이 지내고 있습니다만, 전에 볼 수 없던 무더위를 맞아서 심신(心身)이 청명한 때가 하루도 없습니다. 독서하는 일과(日課)를 폐하고 있지는 않다고 혼잣말을 해 보기도 하지만, 그것도 그저 어렵사리 혼자서 하루하루 이어 가고만 있을 따름이니, 초묘(超妙)하게 자득(自得)한 것이 어찌 있을 수 있겠습니까.

검원(黔院)의 비문(碑文)[28]은 전편(全篇)이 모두 잘 되어 있으니 의

28 검원(黔院)의 비문(碑文) : 검원은 동춘당(同春堂) 송준길(宋浚吉)을 기리기 위

논할 곳이 없을 것도 같습니다만, 대략 몇 개의 쪽지를 종이 머리에 붙여서 결정을 기다릴 따름입니다. 대저 선생에 관한 문자(文字)를 살펴보면, 묘지(墓誌)를 제외하고는 후대에 증거로 삼을 수 있게끔 서술된 다른 자료가 없습니다. 이 검원이 다른 곳과는 이미 차이가 있는 만큼, 이 비에 선생의 행적을 차례로 서술하고 덕학(德學)을 형용하되, 대략 자운(紫雲)[29]의 묘비(廟碑)처럼 하여 묘도(墓道)에 빠진 내용을 보충한다면 합당하게 될 듯도 합니다. 당초에 이러한 뜻으로 작자(作者)와 상의하지 못한 것이 유감입니다만, 지금은 이미 어떻게 해 볼 수 없는 형편이니, 여기에다 조금 내용을 첨가하여 보충하고 약간 교정과 윤색을 가하여 원만하게 되도록 하더라도 해가 되지는 않을 것입니다. 이에 대해서 어떻게 생각하십니까?

해 1694년(숙종20)에 세운 검담서원(黔潭書院)을 말한다. 충북 청원군(淸原郡) 문의(文義)에 있다. 이 묘비(廟碑)는 김원행(金元行)이 짓고, 동춘의 현손(玄孫)인 송명흠(宋明欽)이 썼다. 역천(櫟泉)은 송명흠의 호이다.

29 자운(紫雲) : 경기도 파주(坡州)에 있는 율곡(栗谷) 이이(李珥)의 서원(書院) 이름으로, 1650년(효종1)에 사액(賜額)되었다.

역천 송형에게 답하는 글 정해년(1767, 영조43) 12월

答櫟泉宋兄 丁亥十二月

장계(長溪)로 여행할 계획을 세우셨다고 들었는데, 이것이 사실입니까? 내가 생각하기에, 모년(暮年)에는 꼭 이와 같이 정력(精力)을 허비할 것 없이 오직 한곳에 고요히 앉아서 읽지 못한 책을 한두 권 읽으며 백척간두(百尺竿頭)에서 한 걸음 앞으로 나아가는 것이 무엇보다도 가장 긴급한 일이라고 여깁니다. 이 밖에 세월을 헛되이 흘려보내는 일은 일절 없애야 할 것이니, 이것이 바로 이른바 '이욕(利欲)을 끊고 근원을 하나로 한다.〔絶利一源〕'[30]라고 하는 것입니다. 요즘에 이러한 뜻이 날이 갈수록 절실해지는 것을 느끼기에, 감히 말씀드리지 않을 수 없었습니다. 삼가 바라건대 더 마음을 기울여 채납(採納)해 주셨으면 합니다.

30 이욕(利欲)을……한다 : 《음부경(陰符經)》에 "소경이 잘 듣고, 귀머거리가 잘 본다. 이와 같이 이욕을 끊고 근원을 하나로 하면, 용병(用兵)의 효과가 10배이다.〔瞽者善聽 聾者善視 絶利一源 用師十倍〕"라는 말이 나오는데, 주희(朱熹)가 이에 대한 질문을 받고 해설한 내용이 《주자어류(朱子語類)》 권136에 보인다.

송형 사행[31]에게 답하는 글 임자년(1732, 영조8)

答宋兄士行 壬子

이름은 문흠(文欽)이다.

누누이 일러 주신 말씀을 접하고는 집사의 성대한 뜻을 알 수 있었습니다. 집사와 같은 영민(英敏)한 재질과 식견을 가지고 무슨 일인들 해낼 수가 없겠습니까. 그럼에도 그만 도리어 다른 곳으로 달아나며 머리를 돌리려 하지 않았으니 어찌 애석하지 않을 수 있었겠습니까. 그런데 이제 거기에서 빠져나왔으니 오도(吾道)에 서광(瑞光)이 비치게 되었습니다. 하지만 퇴계(退溪) 선생이 "오래 익힌 것은 잊기 어렵다.〔熟處難忘〕"[32]라고 말한 부분에 대해서, 계속 돌아다보며 통렬하게 방비(防

31 송형 사행(宋兄士行) : 영조 대의 학자인 송문흠(宋文欽, 1710~1752)으로, 사행은 송문흠의 자(字)이다. 호는 한정당(閒靜堂)이다. 역천(櫟泉) 송명흠(宋明欽)의 아우로, 형과 함께 도암(陶庵) 이재(李縡)를 사사하였으며, 인물성동론(人物性同論)을 지지하였다. 문장과 시와 예서(隸書)에 모두 능하였으며, 저서에 《한정당집(閒靜堂集)》이 있다.

32 오래……어렵다 : 퇴계(退溪)가 율곡(栗谷)에게 편지를 보내 "새로 좋아하게 된 것은 달지 않은 법이고, 오래도록 익힌 것은 잊기 어려운 법이다.〔新嗜靡甘 熟處難忘〕"라고 충고해 준 것을 말하는데, 여기서 새로 맛을 들인 것은 유학(儒學)을 가리키고, 오래도록 익힌 것은 불교를 가리킨다. 이 내용은 무오년(1558, 명종13)에 율곡에게 답장을 보낸 〈답이숙헌(答李叔獻)〉에 나오는데, 《퇴계집》 권14에 수록되어 있다. 퇴계는 이 서한에서 과거에 정명도(程明道)와 장횡거(張橫渠)와 주회암(朱晦菴) 등 여러 선현들도 한때 불교에 몸담았다가 잘못인 줄 알고 과감하게 뛰쳐나온 일이 있다고 전제한 뒤에 "과거 사람들의 말을 듣건대 족하가 불교 서적을 읽고서 꽤나 중독되었다고 하기에 마음속으로 애석하게 여긴 지가 오래되었다. 그런데 저번에 나를 찾아왔을 때

備)하지 않으면 안 될 듯도 싶습니다.

그리고 문장이라는 물건은 사람을 미혹시키기가 매우 쉽기 때문에 다른 것에 비해서 제거하기가 갑절이나 어렵습니다. 나도 일찍이 거기에 여러 차례나 중독되곤 하였는데, 다행히도 오래 익힌 것이 있었던 덕분에 완전히 빠져들어 헤어 나오지 못하는 지경에는 이르지 않았습니다. 지금은 거의 근절되었다고 스스로 생각하고 있습니다만, 그래도 속에 숨어서 엎드려 있는지 어떻게 알겠습니까. 집사와 같은 경우는 하나의 큰일로 파악하고 힘써서 제대로 다스려야 할 듯싶습니다.

내가 일찍이 혼자 생각하기를 '학자는 먼저 큰 원두(原頭)에 대해서 보는 바가 있어야 한다. 그리하여 모든 것을 떨쳐 버리고 「아침에 도를 들으면 저녁에 죽어도 좋다.〔朝聞道 夕死可〕」[33]라는 뜻을 지닌 뒤에야 박약(博約)[34]의 공부가 바야흐로 행해질 것이요, 예전의 습관대로 했다

그 사실을 숨기지 않으면서 잘못된 점을 이야기할 줄 알았고, 지금 보낸 두 통의 서한의 요지를 보아도 또 이와 같으니, 족하야말로 함께 도를 향해 나아갈 수 있는 사람이라는 것을 내가 확인하게 되었다. 다만 걱정되는 점이 있으니, 그것은 즉 새로 좋아하게 된 것은 달지 않은 법이고, 오래도록 익힌 것은 잊기 어려운 법이라서, 오곡의 결실을 미처 보기 전에 곡식과 비슷하게 보이는 돌피를 거두는 날이 느닷없이 닥치지나 않을까 하는 점이다. 이러한 폐단을 면하고자 한다면 역시 다른 데에서 구할 것이 아니라, 오직 궁리(窮理)와 거경(居敬)의 공부에 모든 힘을 기울여서 노력해야 할 것이다.〔往聞人言 足下讀釋氏書 而頗中其毒 心惜之久矣 日字之來見我也 不諱其實 而能言其非 今見兩書之旨又如此 吾知足下之可與適道也 所懼者 新嗜靡甘 熟處難忘 五穀之實未成 而稊稗之秋遽及也 如欲免此 亦不待他求 惟十分勉力於窮理居敬之工〕"라는 등의 말로 간곡하게 권면하고 있다.

33 아침에……좋다 : 《논어》〈이인(里仁)〉에 나오는 공자의 말로, 진리 탐구에 매진하는 것을 말한다.

34 박약(博約) : 박문약례(博文約禮)의 준말로, 스승에게 배워 식견을 넓히고, 그 지

안 했다 하는 병통이 없어질 것이다.'라고 하였습니다.

그런데 지난번 한천(寒泉 이재(李縡)의 거소)에 가서 가르침을 받을 때, 정자(程子)가 "성선(性善)을 알고 충신(忠信)을 근본으로 삼는 이것이 바로 먼저 큰 것을 세우는 것이다.〔知性善 以忠信爲本 此先立其大者〕"[35]라고 말한 것을 거론하여 깨우쳐 주시기에, 물러나서 읽어 보니 크게 의미(意味)가 있어서 갑자기 발전하는 느낌이 들기도 하였습니다. 그런데 성품과 기질이 범용(凡庸)하고 나약(懦弱)한 탓으로 분발하여 약진(躍進)하지 못한 나머지, 지금은 벌써 그런 말을 듣지도 못한 것처럼 되고 말았으므로, 애오라지 이것을 받들어 외우고 있는 중입니다. 집사께서도 행여 이것을 가져다가 익숙하게 완미(玩味)했으면 하는데, 터득하는 것이 있을 때마다 서로 알려 주면 수습(收拾)하여 빨리 발전하는 데에 도움이 될 수도 있을 것입니다.

지난번에 어떤 붕우(朋友)에게 답한 편지의 내용을 아래에 소개할까 합니다.

보내신 글을 보니, 독서하는 일에 재미가 붙으면서 진념(塵念)이

(知)를 예(禮)로 요약하여 행(行)으로 실천하는 것을 말한다. 안연(顏淵)이 스승인 공자의 도에 대해서 감탄하며 술회한 뒤에 "선생님께서는 차근차근 사람을 잘 이끌어 주시면서, 학문으로 나의 지식을 넓혀 주시고 예법으로써 나의 행동을 단속하게 해 주셨다.〔夫子循循然善誘人 博我以文 約我以禮〕"라고 말한 《논어》 〈자한(子罕)〉의 내용 중에서 발췌한 것이다.

35 성선(性善)을……것이다 : 《근사록(近思錄)》 권2 〈위학(爲學)〉에 나오는 명도(明道) 정호(程顥)의 말이다. 이 말 아래에 "성선을 아는 것은 지(知)의 대(大)이고, 충신을 근본으로 삼는 것은 행(行)의 대(大)이다."라는 요지의 해설이 붙어 있다.

없어지고 도심(道心)이 싹튼다고 하였는데, 이는 정말 듣고 싶던 말입니다.

대개 집사는 뜻이 아름답지 않은 것이 아닌데도, 용감하게 앞으로 곧장 나아가지 못하였는데, 이는 단지 한 무더기의 진념이 마음속에 뿌리를 벋고 있어서 몰아내려 해도 안 되었기 때문입니다. 그런데 지금 이미 없애 버렸고 보면 도심이 싹터서 독서하는 일이 재미있게 된 것도 형세상 자연스러운 일입니다.

다만 모르겠습니다만, 이른바 없애 버렸다고 하는 것이 과연 참으로, 속된 행태가 애처롭고 나의 책임이 막중하다는 것을 참으로 알아서 마치 술에 취한 자가 깨어나듯이 완전히 벗어나게 된 것입니까, 아니면 혹시라도 고요한 곳에 오래 있다 보니 마음이 조금 편안하고 고요해져서 우연히 맹동(萌動)[36]하지 않게 된 것입니까?

실제로 전설(前說)과 같다면, 이는 정녕 성인(聖人)이 될 바탕을 마련한 것이니, 앞으로 곧장 발전해 나가는 데에 무슨 어려움이 있겠

36 맹동(萌動) : 싹터서 일어난다는 뜻으로, 녹문이 정명도(程明道)의 고사를 염두에 두고 인용한 말이다. 《심경부주(心經附註)》 권1 천선개과장(遷善改過章)에 "나는 나이 16, 7세 때에 사냥을 좋아하였다. 그러다가 얼마 뒤에 자신 있게 말하기를 '이제는 이 버릇이 없어졌다.'라고 하였더니, 주무숙(周茂叔)이 이르기를 '어찌 말을 그렇게 쉽게 하는가. 단지 그 마음이 밑에 숨어서 발하지 않을 뿐이니, 어느 날 싹터서 일어나면 다시 처음처럼 될 것이다.'라고 하였다. 그로부터 12년이 지난 뒤에 저녁에 돌아오다가 전야(田野) 사이에서 사냥하는 자를 보고는 나도 모르게 기뻐하는 마음이 일어났으니, 과연 아직도 그렇지 않다는 것을 그때 비로소 알았다.〔予年十六七時 好田獵 旣而自謂已無此好 周茂叔曰 何言之易也 但此心潛隱未發 一日萌動 復如初矣 後十二年暮歸 在田野間 見田獵者 不覺有喜心 方知果未也〕"라는 정명도의 말이 소개되어 있다. 무숙(茂叔)은 주돈이(周敦頤)의 자(字)이다.

습니까. 그러나 혹시라도 그렇지 않아서 후설(後說)과 같다면, 이는 바로 이른바 전광석화(電光石火)의 소식(消息)[37]과 같은 것이니 아직은 믿을 수가 없습니다.

그러니 응당 이 기회를 이용해서 맹자(孟子)의 성선장(性善章)이나 《격몽요결(擊蒙要訣)》의 입지장(立志章) 및 옛사람이 의(義)와 이(利)를 분변한 문자 가운데 《심경(心經)》 말권(末卷)의 선리장(善利章)에 나오는 상산(象山)의 설[38] 같은 것을 취하여, 반복해서 깊이 생각하며 읽고 또 읽어야 할 것이니, 이렇게 해서 뭔가 뭉클하게 부끄럽고 두려운 생각이 들면서 분연(奮然)히 흥기(興起)하는 뜻이 있게 된 뒤에야 가능할 것입니다.

만약 이렇게 하지 않고 그저 한때의 의사(意思)만을 믿고서 곧장 '나의 일은 이제 끝났다.'라고 생각한다면, 조금 있다가 외물(外物)이 나의 눈앞에 다가오는 순간에 곧장 예전과 같이 발작(發作)하여

37 전광석화(電光石火)의 소식(消息) : 번개가 치듯 부싯돌이 번쩍하듯, 금방 일어났다가 금방 사라질 일시적인 현상이라는 말이다.

38 심경(心經)……설 : 《심경부주(心經附註)》 권4 계명이기장(雞鳴而起章)에 나오는 육상산(陸象山)의 "군자는 의리(義理)에 밝고 소인은 재리(財利)에 밝다고 하였으니……[君子喩於義 小人喩於利……]"라는 글을 말한다. 계명이기장의 본문이 "새벽에 닭이 울자마자 일어나서 부지런히 선행을 힘쓰는 자는 순 임금의 무리요, 새벽에 닭이 울자마자 일어나서 부지런히 이익을 구하는 자는 도척(盜蹠)의 무리이다. 순 임금과 도척의 구분을 알고 싶은가? 그것은 다름이 아니라 단지 이익을 탐하고 선행을 좋아하는 그 사이에 있을 뿐이다.[雞鳴而起 孶孶爲善者 舜之徒也 雞鳴而起 孶孶爲利者 跖之徒也 欲知舜與跖之分 無他 利與善之間也]"라는 《맹자》 〈진심 상(盡心上)〉의 말을 다루고 있기 때문에, '이여선(利與善)'이라는 마지막 구절을 취하여 선리장(善利章)이라고 부르기도 한다. 상산은 송나라 육구연(陸九淵)의 호이다.

어떻게 눌러 막을 수가 없을 것입니다. 가령 터진 곳을 꿰매고 새는 곳을 땜질하며 안배(按排)해 간다고 하더라도, 이는 단지 이른바 유지(油脂) 위에 그림을 그리고 얼음 위에 조각을 새기는 것과 같으니, 명백(明白)하고 적확(的確)하며 착실(著實)하고 활락(活絡)[39] 하는 재미는 결코 느끼지 못할 것입니다.

옛사람은 자기도 하지 못하는 일을 남에게 말하는 것을 부끄럽게 여겼는데, 내가 이런 고담(高談)을 늘어놓다니 참으로 얼굴이 화끈해지는 심정을 가누지 못하겠습니다. 그러나 내가 집사와 서로 사귀는 후은(厚恩)을 입었고, 또 이 일은 바로 내가 아침저녁으로 힘을 써도 제대로 안 되는 일이기 때문에 이렇게 감히 언급하면서 집사와 함께 노력해 보려고 원하는 것입니다.-여기까지가 붕우에게 보낸 편지의 내용이다.-

이 편지의 내용이 비록 보잘것없지만, 집사에게 혹 조금이라도 보탬이 될까 해서 언급해 보았습니다.

39 활락(活絡) : 편견 없이 툭 트인 공심(公心)으로 대하는 것을 말한다.

송형 사행에게 답하는 글
答宋兄士行

〔문〕 "이 때문에 군자는 푸줏간을 멀리하는 것이다.〔是以君子遠庖廚也〕"[40]라고 한 대목은, '이 때문에〔是以〕'라고 한 것으로 보면 바로 위의 두 구절의 뜻을 이은 것입니다. 그런데 주(註)에서는 "또한 이렇게 함으로써 미리 기르게 하는 것이다.〔亦以預養〕"라고 하여, 마치 위의 글과는 별도의 뜻이 있는 것처럼 하였으니, 그 이유는 무엇입니까? 그리고 흔종(釁鐘)을 하는 것이 국가의 전례(典禮)인 이상에는 군자(君子)가 그 광경을 보아도 당연하게 여겨야 할 것이니, 선왕(宣王)이 소를 바꾸게 한 것은 바로 측은지심(惻隱之心)이 과도(過度)하게 발한 것이라고 할 것입니다. 그래서 특별히 맹자(孟子)가 그의 선심(善心)을 유도하여 통하게 하려고 했기 때문에, 군자가 푸줏간을 멀리하는 마음을 얻었다고 말한 것이지, 그렇게 하는 것이 바로 군자의 예(禮)에 합당하다고 말한 것은 아닐 것입니다.

〔답〕 차마 보지 못하고 차마 먹지 못하겠기에 보지 않고 먹지 않는 것은 바로 그 당시의 일이니, 이것도 이 마음을 기르는 하나의 방법이

40 이 때문에……것이다 : 제 선왕(齊宣王)이 흔종(釁鍾)을 하기 위해 끌려가는 소의 울음소리를 듣고 비감(悲感)에 젖어 소를 양(羊)으로 바꾸게 한 일을 가지고 맹자가 왕을 설복하는 대목에 나오는 말인데, 《맹자》 〈양혜왕 상(梁惠王上)〉에 보인다. 흔종은 종을 새로 주조(鑄造)한 뒤에 희생(犧牲)을 잡아서 그 피를 종의 틈새에 발라 메는 것을 말한다.

되겠습니다마는, 가령 군자가 푸줏간을 멀리하는 것은 한 단계 수준을 올려서 말한 것으로, 오직 이와 같기 때문에 반드시 푸줏간을 멀리하여 애당초 이목(耳目)에 접하지 않게 하는 것이니, 이는 바로 이 마음을 미리 기르게 하려는 것입니다. 집주(集註)에서 '또한 이렇게 함으로써……〔亦以……〕'라고 한 것은 응당 이런 뜻으로 보아야 할 것입니다. 그리고 하단(下段)의 말씀도 그럴듯하긴 합니다만, 이것도 너무 심각하게 추리할 것이 없이, 단지 "이런 마음이면 충분히 왕 노릇할 수 있다.〔是心足以王〕"라는 대목과 관련해서 공부에 긴요한 부분으로 이해하기만 하면 될 것입니다.

〔문〕 "즐거워하기를 천하의 일로써 하고 근심하기를 천하의 일로써 한다.〔樂以天下 憂以天下〕"[41]라고 하였는데, 이것은 위에서 말한 두 가지 일을 겸해서 말한 것입니까, 아니면 전적으로 아래 조목만을 가리켜 말한 것입니까?

〔답〕 "즐거워하기를 천하의 일로써 하고 근심하기를 천하의 일로써 한다."라고 한 것은, 두 가지를 통틀어 말한 것이 옳습니다. 집주의 뜻을 보아도 그런 것 같습니다.

41 즐거워하기를……한다 : 《맹자》 〈양혜왕 하(梁惠王下)〉에 나오는 말이다. 이 대목과 관련된 내용을 소개하면 다음과 같다. "백성의 낙을 즐거워하면 백성들도 그 임금의 낙을 즐거워하고, 백성의 근심을 근심하면 백성들도 그 임금의 근심을 근심한다. 즐거워하기를 천하의 일로써 하고 근심하기를 천하의 일로써 하는데도, 왕 노릇하지 못하는 경우는 있지 않다.〔樂民之樂者 民亦樂其樂 憂民之憂者 民亦憂其憂 樂以天下 憂以天下 然而不王者未之有也〕"

〔문〕 "천하에 벼의 싹이 자라나도록 억지로 조장(助長)하지 않는 자가 적다.〔天下之不助苗長者寡矣〕"[42]라고 하였는데, 이것은 학문을 하려고 뜻을 둔 자의 입장에서 말한 것이기 때문에, 전적으로 조장한다는 한쪽 편에 나아가서 다과(多寡)를 논한 것입니다. '유익함이 없다고 해서 버려두는 자〔以爲無益而舍之者〕'는 바로 자기(自棄)하는 자이니, 만약 이것으로 망(忘)의 한쪽 편을 채운다면 미비(未備)할 듯싶습니다. 어떻게 생각하십니까?

〔답〕 조장한다는 것이나 벼 싹을 김매지 않는 것〔不耘苗〕은 모두 학문을 하는 자의 입장에서 말한 것일 뿐입니다. 만약 김매지 않는 것을 가지고 완전히 자기한 자의 경우에 해당시킨다면 '망(忘)'이라는 글자의 뜻과는 서로 비슷하지 않으니, 유익함이 없다고 해서 버려둔다고 말한 것은 그냥 가볍게 보아 넘겨야 할 것 같습니다.

〔문〕 "벼슬길에 나아가서는 자기의 현능(賢能)함을 감추지 않고 반드시 자기의 도리를 다하였다.〔進不隱賢 必以其道〕"라는 것과 "버림을 당해도 원망하지 않고 곤액(困厄)을 당해도 민망해하지 않았다.〔遺佚不怨 阨窮不憫〕"라는 것에, 어째서 불공(不恭)의 뜻이 들어 있는 것입니까?[43]

〔답〕 "벼슬길에 나아가서는 자기의 현능함을 감추지 않았다."라는 대목

42 천하에……적다 : 《맹자》 〈공손추 상(公孫丑上)〉의 호연장(浩然章)에 나온다.

43 벼슬길에……것입니까 : 맹자가 유하혜(柳下惠)에 대해 비평한 마지막 구절에 "백이(伯夷)는 좁고 유하혜는 불공(不恭)하다. 좁은 것과 불공한 것은 군자가 따르지 않는 것이다.〔伯夷隘 柳下惠不恭 隘與不恭 君子不由也〕"라는 말이 나온다. 《孟子 公孫丑上》

은 위에 나오는 "수준 낮은 임금을 섬기는 것을 부끄럽게 여기지 않았고, 작은 벼슬도 낮게 생각하지 않았다.〔不羞不卑〕"라는 구절과 연결해서 보아야 합니다. 원망하지 않고 민망해하지 않았다는 대목 역시 한 세상을 가지고 노는 의사(意思)를 띠고 있는 듯합니다. 그러나 이것도 한 글자 한 구절씩 배비(排比 정비례하여 나누는 것)를 하여 끌어다 붙일 필요는 없을 것입니다.

〔문〕 "숭(崇)이란 곳에서 왕을 만나 보고는 물러나와 곧 떠나 버릴 뜻이 있었다.〔於崇得見王 退而有去志〕"[44]라고 하였습니다. 그런데 그 사이에 세월이 많이 흘렀는데도 왕과 뜻이 맞지 않은 상태에서 이와 같이 머뭇거리다니 참으로 이해할 수 없는 점이 있습니다.

〔답〕 물러 나와 곧 떠나 버릴 뜻을 가진 것은 사람을 알아보는 눈이 밝은 것이요, 차마 곧바로 떠나가지 못한 것은 남을 살려 주려는 인자함의 발로이니, 이 부분은 정말 완미(玩味)하기 좋은 곳이라 하겠습니다.

〔문〕 '갈(褐)'이라는 글자에 대해서 모포(毛布)라고 해설하였습니다[45]만, 맹자가 또 직접 직조(織造)해서 입는지의 여부를 물어보지 않았고 보면, 갈이라는 물건은 직조해서 나오는 것이 아닌 것이 분명

44 숭(崇)이란……있었다 : 맹자가 제(齊)나라를 떠날 때의 사정을 서술한 것인데, 《맹자》 〈공손추 하(公孫丑下)〉의 말미에 나온다.

45 갈(褐)이라는……해설하였습니다 : 신농(神農)을 숭상하는 허행(許行)이라는 자가 초(楚)나라에서 등(滕)나라에 왔을 때 그의 학술에 대해서 맹자가 비평하는 대목에 나오는데, 허행의 문도 수십 인이 모두 입은 갈옷에 대해서 주희(朱熹)는 "갈은 모포(毛布)이니, 천인(賤人)이 입는 옷이다."라고 해설하였다. 《孟子 滕文公上》

하니, 해설한 것이 의심스럽습니다.

〔답〕 '갈'이라는 글자에 대해서는 나도 의심이 듭니다만, 어쩌면 모포라고 하는 것이 굳이 직조를 하지 않고도 만들어지는 것인지도 모르겠습니다.

송형 사행에게 답하는 글 갑인년(1734, 영조10) 4월
答宋兄士行 甲寅四月

깊은 산속 적막한 곳에서 사방을 둘러보아도 사람 하나 없는데, 홀연히 옥대(玉臺)에서 직접 쓰신 서한이 전해졌으니, 이를 펼쳐 보고 위로되는 심정이 어찌 공연(跫然)의 기쁨[46] 정도일 뿐이었겠습니까. 또한 청화(淸和 4월)의 계절에 어버이를 모시고 지내는 체후(體候)가 모두 편안하시다는 것을 알았습니다.

황산(黃山)의 뱃놀이에 대해서 들은 이래로 나도 모르게 용동(聳動)하였습니다. 선생이 오신다는 소식이 널리 퍼져서 여기에서도 일찌감치 듣고 있었는데, 이와 같은 멋진 일이 있을 줄은 생각지도 못하였습니다. 어찌하여 미리 앞서서 알려 주지 않았습니까. 처음에는 옥주(沃州 옥천(沃川))에서 이곳으로 방향을 바꿔 들어오리라 여기고는 꽤나 기대를 했었는데, 끝내 아무런 소식도 없었으니 쓸쓸했던 그 아쉬움을 어찌 말로 다하겠습니까.

나는 지난달 초에 화양(華陽)으로 와서 머물고 있는데 벌써 50일이

46 공연(跫然)의 기쁨 : 저벅저벅 걸어오는 사람의 발자국 소리를 듣는 기쁨이라는 뜻으로, 홀로 외로이 거하는 사람에게 반가운 손님이 찾아와서 위로해 주는 것과 같은 즐거움이라는 말이다. 《장자(莊子)》 〈서무귀(徐无鬼)〉에, 텅 빈 골짜기에 숨어 사는 사람을 가정한 뒤에 "그런 사람은 저벅저벅 걸어오는 사람의 발자국 소리만 들어도 기뻐하는 법이다. 그런데 하물며 형제나 친척의 기침 소리가 바로 옆에서 들린다면 얼마나 더 기쁘겠는가.〔聞人足音跫然而喜矣 又況乎昆弟親戚之謦欬其側者乎〕"라고 말한 내용이 나온다.

지났습니다. 《중용(中庸)》을 한 번 다 읽고 나니 자못 그 의미가 보이기도 합니다만, 사우(師友)의 도움 없이 우두커니 멍청하게 앉아 있을 뿐, 경계하며 깨우쳐 줄 곳을 찾지 못해서 답답하기만 합니다.

멋진 유람을 다녀온 흔적을 남기지 않는다면 물론 흠이 되는 일이겠습니다만, 만약 그 당시의 담화를 통해서 반성하여 계발하는 효과를 거두는 것을, 예컨대 고인(古人)의 이른바 10년 동안 독서한 것보다 나은 것처럼 한다면,[47] 그 자취를 크게 남기는 것이 어찌 시(詩) 한 편을 남기는 것에 견주겠습니까. 당시의 정경을 추억하며 묘사하는 것이 어찌 당일의 담화를 추억하며 곱씹는 것만 하겠습니까.

나는 저번에 한두 명의 붕우와 함께 파계(巴溪)와 선유(仙游) 등 여러 곳을 유람하였는데, 바야흐로 시를 짓지 않겠다고 다짐하고 있었기 때문에 역시 한 편의 시도 남기지 못해서 자못 울적한 심정이 들기도 하였습니다만, 한편으로는 일이 덜어졌다고 생각하니 흉중(胸中)에 갈등(葛藤)이 줄어들기도 하였습니다.

지금 눈병이 악화되어 붓 가는 대로 간략히 적습니다. 산사(山寺)의 약속에 대해서는 하루도 마음이 치달리지 않는 때가 없는데, 요컨대는 조만간에 한번 이룬다고 하더라도 일찌감치 갔다 온 것만은 못하리라는 생각이 듭니다. 도암(陶菴 이재(李縡))의 설화(說話) 중에 들려줄 만한 것을 어째서 나에게도 전해 주어 그 혜택을 나누려고 하지 않으십니까.

47 고인(古人)의……한다면 : 주희(朱熹)가 편찬한 《이정전서(二程全書)》 권22상(上) 〈이천어록(伊川語錄)〉에 "고인이 '그대와 함께 하룻밤 동안 이야기를 나누는 것이, 10년 동안 독서한 것보다도 낫다.'라고 하였다. 그러니 만약 하루 동안에 얻는 것이 있다면 어찌 10년 동안 독서한 것보다 나은 정도일 뿐이겠는가.〔古人有言曰 共君一夜話 勝讀十年書 若一日有所得 何止勝讀十年書也〕"라는 말이 나온다.

송형 사행에게 답하는 글 병진년(1736, 영조12) 1월

答宋兄士行 丙辰元月

서한의 내용을 보건대, 어찌하여 그만 자신을 탓하고 낮추며 억누르는 것이 하나같이 이런 지경에 이르렀단 말입니까. 혹시라도 스스로 그 예기(銳氣)를 상해서 일신(日新)의 공부에 진척이 없게 된 것은 아닙니까. 바라건대 주자(朱子)가 말한 대로 더 이상 의심하거나 기다리지도 말고 더 이상 머뭇거리거나 돌아다보지도 말고, 오늘부터 다시 시작해서 분연(奮然)히 약진(躍進)하여 아무쪼록 한세상을 헛되이 보내는 사람이 되지 말아야 할 것입니다.

일월(日月)은 빨리 흐르고 천리(天理)는 밝히기 어려우니, 나이를 많이 먹고 나서 후회한들 무슨 소용이 있겠습니까. 근래에 이런 생각이 드는 것이 더욱 절실해지면서 여러 동지(同志)들과 공동으로 노력했으면 하는 마음입니다. 이 말이 참으로 간절하니, 천만 유념(留念)해 주셨으면 합니다.

양지(養之)[48]도 기꺼이 마음을 바꿔서 새로 시작하기로 하였습니다. 저번에 편지를 받아 보니, 이 도(道)에 감히 뒤로 물러나지 않겠다는 뜻을 두었는데, 오당(吾黨)이 또 이런 사람을 얻게 된 것이 매우 다행스럽습니다.

48 양지(養之) : 영조 대의 문신인 홍자(洪梓, 1707~1781)의 자(字)이다. 본관은 남양(南陽)으로, 문과(文科) 급제 뒤에 대사간(大司諫)·승지(承旨)·한성부 좌윤(漢城府左尹) 등을 지냈다.

송형 사행에게 보내는 글 정사년(1737, 영조13) 2월
與宋兄士行 丁巳二月

나는 노친을 모시고 세월만 그냥 보내면서 나이 한 살만 또 먹었습니다. 신년(新年) 이래로 질병이 몸을 떠나지 않은 탓으로 뜻을 새겨 과업(課業)을 행하지도 못한 채, 예전에 해 오던 습관을 버리지 못하는 자신을 미워하며 탄식하고 있을 뿐입니다.

'예(禮)' 자의 설(說)에 대해서는 그동안 깊이 관심을 기울여 왔습니다. 공자(孔子)와 안자(顔子)가 주고받은 것[49]으로부터 아래로 횡거(橫渠 장재(張載))의 가르침과 주자(朱子)의 훈계에 이르기까지 이 도리(道理)를 드러내 밝히지 않은 것이 없으니, 천고(千古)에 걸쳐 서로 전한 심법(心法)은 단연코 여기에서 벗어나지 않는다는 것을 더 이상 의심할 것이 없습니다.

"크고 넉넉하도다. 예의(禮儀)가 3백 가지요, 위의(威儀)가 3천 가지로다.〔優優大哉 禮儀三百 威儀三千〕"[50]라고 하였으니 참으로 이것이 아

49 공자(孔子)와……것 : 공자가 안회(顔回)에게 극기복례(克己復禮)가 곧 인(仁)이라고 가르쳐 주면서 "예가 아니면 보지 말고, 예가 아니면 듣지 말고, 예가 아니면 말하지 말고, 예가 아니면 행동하지 말라.〔非禮勿視 非禮勿聽 非禮物言 非禮勿動〕"라고 구체적으로 지시한 것을 말한다. 《論語 顔淵》

50 크고……가지로다 : 여기에서 예의(禮儀)는 기본적인 대강령(大綱領)인 경례(經禮)를 말하고, 위의(威儀)는 구체적인 소절목(小節目)인 곡례(曲禮)를 말한다. 《예기》〈예기(禮器)〉에 "경례가 3백 가지요, 곡례가 3천 가지인데, 그 정신은 하나이다.〔經禮三百 曲禮三千 其致一也〕"라는 말이 나오고, 《중용장구(中庸章句)》 제27장에 "위대하다, 성인의 도여. 물이 넘쳐흐르듯 끝없이 만물을 발육시켜 그 높은 도의 경지가

니면 크고 넉넉한 것을 어디에서 찾겠습니까. "행동거지와 주선하는 것이 예(禮)에 절로 맞는 것은 성덕(盛德)이 지극한 것이다.〔動容周旋中禮 盛德之至也〕"[51]라고 하였으니 참으로 이것이 아니면 예에 맞는 것을 어디에서 찾겠습니까. 이것이 바로 만 가지로 다른 것이 하나로 꿰어진다〔萬殊之一貫〕고 하는 것이니, 도(道)를 잠시도 떠날 수 없는 것[52]은 바로 이러한 까닭에서입니다.

이전에도 이와 같음을 몰랐던 것은 아닙니다만, 단지 진정으로 절실하게 여기지 못했던 탓으로, 이른바 예(禮)라고 하는 것을 그저 관혼상제(冠婚喪祭) 사이에서나 찾았을 뿐, 평소에 날마다 쓰는 지극히 가깝고 지극히 일상적인 곳에 이르러서는 일체 허술하고 간략하게 대했던 것이 사실입니다.

그리고 의문(儀文)과 도수(度數)에 대해서 매양 외(外)이고 말(末)이라고 간주하여 소홀히 하는 마음을 지닌 채, 내외(內外)와 본말(本末)이 도시 두 가지가 아니고, 돈화(敦化)와 천류(川流)[53]에 그 도(道)

하늘에까지 닿았도다. 크고 넉넉하도다 예의가 3백 가지요, 위의가 3천 가지로다.〔大哉聖人之道 洋洋乎發育萬物 峻極于天 優優大哉 禮儀三百 威儀三千〕"라는 말이 나온다.

51 행동거지와……것이다 : 요(堯)·순(舜)·탕(湯)·무(武)와 같은 성인(聖人)의 일을 서술하면서 언급한 것인데, 《맹자집주(孟子集註)》〈진심 하(盡心下)〉 33장에 나온다.

52 도(道)를……것 : 《중용장구》 제1장에 "도라는 것은 잠시도 떠날 수가 없는 것이다. 떠날 수가 있다면 그것은 도가 아니다. 그런 까닭에 군자는 보이지 않을 때에도 경계하고 근신하는 것이며, 들리지 않을 때에도 걱정하고 두려워하는 것이다.〔道也者 不可須臾離也 可離非道也 是故 君子戒愼乎其所不睹 恐懼乎其所不聞〕"라는 말이 나온다.

53 돈화(敦化)와 천류(川流) : 큰 덕과 작은 덕을 말한다. 《중용장구》 제30장에 "만물이 함께 길러지면서 서로 해치지 않으며, 도가 함께 행해지면서 서로 위배되지 않는다.

가 관통하지 않음이 없다는 것은 전혀 알지 못하였습니다.

그렇기 때문에 이(理)와 사(事)를 다른 두 개의 물건으로 분리(分離)한 나머지, 동정(動靜)과 어묵(語默)에 지킬 만한 법도가 없게 되고 말았으니, 천리(天理)를 무슨 방법으로 녹여서 익히겠으며, 인욕(人欲)을 무엇에 의거하여 복종시키겠습니까. 관혼상제의 예(禮)에 있어서도 비록 방치(放置)하지는 않았다고 하더라도, 평소에 행하는 것과는 막연하여 교섭(交涉)되는 점 없이 그저 일시적으로 잠시 행하는 문구(文具)가 될 따름이었습니다. 그런데 지금 가르쳐 일러 주신 덕분에 새로운 틀을 개발하고 새로운 뜻을 찾을 수 있게 되었으니, 어찌 천만다행이 아니겠습니까.

평소 거할 때의 잡다한 의례(儀禮)에 대해서는 이미 대략 선현(先賢)이 남긴 법도를 상고하여 대충 문목(門目)을 만들어 놓고는 바야흐로 형제들과 하나하나 실천해 가고 있습니다만, 산중(山中)에서 서적을 구하기가 정말 어려운 탓으로 아직도 미비(未備)한 것이 많고, 현재 유행하는 것들도 다시 상량(商量)해야 할 곳이 없지 않으니, 결국에는 가지고 가서 여쭈어 보아야 하겠습니다.

대개 반드시 편목(篇目)이 원만히 완성되어 유감없이 완전해지기를 기다린 뒤에야 행하려고 한다면, 행할 수 있는 때는 끝내 오지 않을

작은 덕은 냇물의 흐름과 같고, 큰 덕은 교화를 돈후히 하니, 이것이 바로 천지가 위대한 까닭이다.〔萬物竝育而不相害 道竝行而不相悖 小德 川流 大德 敦化 此天地之所以爲大也〕"라는 말이 나온다. 정현(鄭玄)은 "소덕천류(小德川流)는 적셔 주고 싹을 틔우는 것으로 제후를 비유한 것이요, 대덕돈화(大德敦化)는 만물을 돈후하게 생육하는 것으로 천자를 비유한 것이다.〔小德川流 浸潤萌芽 喩諸侯也 大德敦化 厚生萬物 喩天子也〕"라고 해설하였다.

것이기 때문에, 현재 이루어진 부분에 의거하여 일단 행하고 나서 점차적으로 고쳐 나가려고 합니다.

주 선생(朱先生)이 일찍이 정자(程子)의 '오래 보존하면 절로 밝아진다〔存久自明〕'는 말을 체험하고는 말하기를 "보존한 것이 오래되지도 않았는데 벌써 득력(得力)한 부분이 있는 것을 느끼는데, 하물며 참으로 오래 보존할 수 있다면 어떠하겠는가."라고 하였습니다.[54]

54 주 선생(朱先生)이……하였습니다 : 주희(朱熹)의 글 중에 "안자(顔子)와 맹자(孟子)가 같지 않은 곳을 논한 부분이 매우 좋으니, 바로 이런 곡절을 보아야만 비로소 막히는 곳이 없게 될 것입니다. 근래에도 단지 이와 같이 공력을 들이리라 생각하는데, 나는 최근에야 이 부분에 대해서 그동안 알지 못했던 뜻을 터득하고는 '오래 보존하면 절로 밝아질 것이니, 어찌 고심하며 탐색할 것이 있으리오.'라고 한 말씀이 진실하여 속이지 않는 말인 줄을 알게 되었습니다. 지금 오래되지도 않아서 벌써 이런 체험을 하였는데, 하물며 참으로 오래 보전할 수 있다면 또 어떠하겠습니까.〔所論顔孟不同處極善 正要見此曲折 始無窒礙耳 比來想亦只如此用功 熹近只就此處 見得向來所未見底意思 乃知存久自明何待窮索之語 是眞實不誑語 今未能久 已有此驗 況眞能久邪〕"라는 말이 나온다.《晦菴集 卷43 答林擇之書》"오래 보존하면 절로 밝아질 것이니, 어찌 고심하며 탐색할 것이 있으리오.〔存久自明何待窮索〕"라는 말은 정명도(程明道)의 〈식인편(識仁篇)〉이라는 유명한 글 속에 나오는데, 본문의 이해를 돕기 위하여 관련된 부분을 간단히 소개하면 다음과 같다. "학자는 먼저 인(仁)을 알아야 한다. 인이라는 것은 혼연(渾然)히 만물과 한 몸을 이루는 것이니, 의(義)와 예(禮)와 지(智)와 신(信)도 모두 인(仁)인 것이다. 이 도리를 알고서 성경(誠敬)의 태도를 가지고 보존하기만 하면 되니, 방비하며 점검할 것도 없고, 고심하며 탐색할 것도 없다. 마음속의 성경의 태도가 해태(懈怠)하다면 외물(外物)의 유혹을 방비해야 하겠지만, 마음이 해태하지 않다면 방비할 것이 뭐가 있겠는가. 이 도리를 터득하지 못했다면 고심하며 탐색해야 하겠지만, 성경의 자세로 이 도리를 오래도록 보존하면 절로 밝아질 것이니 고심하며 탐색할 것이 뭐가 있겠는가.〔學者須先識仁 仁者渾然與物同體 義禮智信皆仁也 識得此理 以誠敬存之而已 不須防檢 不須窮索 若心懈則有防 心苟不懈 何防之有 理有未得 故須窮索 存久自明 安待窮索〕"《二程遺書 卷2上》《宋元學案 卷13》

지금 이 일을 행한 것이 겨우 몇 달밖에 되지 않아서, 비록 차제(次第)가 이루어지지 않고 또 간단(間斷)이 없을 수는 없지만, 의사(意思)는 벌써 조금 달라진 것을 느끼고 있으니, 하물며 행한 것이 오래되고 익힌 것이 익숙해지면 그 효과가 또 이루 말할 수 없이 될 것입니다.

그러나 반드시 큰 근본〔大本〕과 큰 근원〔大原〕이 있는 곳에 대해서 먼저 투철(透徹)하게 볼 수 있게 되어야만, 그 뒤에 비로소 천리(天理)가 유행(流行)하는 묘한 경지를 참으로 알아서, 밝게 알지 못하고 자세히 살피지 못하는 병폐[55]가 없게 될 것이요, 그렇지 않고 단지 절문(節文)에만 급급하게 얽매인다면 역시 일을 이루지 못하게 될 것입니다.

나는 일찍이 학자(學者)는 사법(死法)[56]으로 《소학(小學)》을 보면 안 되니, 오직 먼저 《중용(中庸)》을 읽은 뒤에야 이런 병폐를 면할 수가 있다고 하였습니다. 지금 이 일에 있어서도 이러한 뜻을 가지고

55 밝게……병폐 : 성리학(性理學)을 배워 행하지 않은 데 따른 결함을 말한다. 《심경부주(心經附註)》 권4 〈존덕성재명(尊德性齋銘)〉에 "이 성학(聖學)을 버리고 달리 구한다면 배우는 것이 무엇을 배우겠는가. 가령 행실이 사마 문정공과 같고 재주가 제갈 충무후와 같다고 하더라도, 익히면서 밝게 알지 못하고 행하면서 자세히 살피지 못하는 병폐를 면치 못할 것이니, 이들 역시 자품(資稟)과 기국(器局)이 보통 사람보다 뛰어남에 지나지 않을 뿐, 성학에 얻음이 있다고 말할 수는 없는 것이다.〔舍此而他求 所學何學哉 假而行如司馬文正公 才如諸葛忠武侯 亦不免爲習不著行不察 亦不過爲資器之超於人 而謂有得於聖學則未也〕"라는 임천 오씨(臨川吳氏), 즉 오징(吳澄)의 말이 나온다. 사마 문정공은 사마광(司馬光), 제갈 충무후는 제갈량(諸葛亮)을 가리킨다.

56 사법(死法) : 죽은 법이라는 뜻으로, 툭 트인 마음으로 대하지 못하고 자신의 주장만을 고집하는 선입견이나 편견을 말한다. 《근사록(近思錄)》 권4 〈존양(存養)〉에 "사람의 마음은 항상 살아 있어야 한다. 그렇게 하면 두루 유행하여 다함이 없어서 한 모퉁이에 막히지 않는다.〔人心常要活 則周流無窮而不滯於一隅〕"라는 정명도(程明道)의 말이 나온다.

꿰뚫어야 할 것인데, 모르겠습니다만 어떻게 생각하십니까? 《대학(大學)》은 돌아온 뒤에 또 한 차례 복습하며 추구(推究)하였는데, 문의(文義) 사이에 비록 새로 얻었다고 말할 만한 것은 없어도, 다만 의미는 점차 길고 길어지는 것을 느끼고 있습니다.

송형 사행에게 보내는 글 기미년(1739, 영조15) 10월

與宋兄士行 己未十月

서쪽에서 왔다는 소식을 들은 뒤부터 내가 마음속으로 뛸 듯이 기뻐하면서 장차 만나 뵐 수 있을 것 같았는데, 끝내 그렇게 할 수 없었으므로 그저 크게 탄식하고 있을 뿐입니다.

지금쯤은 이미 나가서 숙배(肅拜)했으리라고 여기는데, 대단히 불편한 것이 어찌 없겠습니까. 성시(城市)에 한 걸음만 나가도 곧바로 마음을 무너뜨리고 발을 헛디딜 걱정이 있으니, 모쪼록 통렬히 스스로 성찰하여 이른바 천만인 가운데 있더라도 항상 자기 존재를 인식하는 것〔千萬人中 常知有己〕[57]처럼 할 것이요, 절대로 남을 따라서 길고(桔槹 두레박틀)처럼 오르락내리락해서는 안 될 것입니다.

삼연(三淵 김창흡(金昌翕))은 일찍이 유속(流俗)과 소인(小人)을 이웃으로 여기고 지냈습니다. 집사(執事)야 평소에 뜻이 굳고 곧으니까 물론 그럴 걱정이 없겠습니다만, 부지불각(不知不覺) 중에 무쇠가 슬그머니 용해(溶解)되는 것 같은 병폐는 비록 현자(賢者)라 하더라도 쉽게 면할 수가 없으니, 깊이 바라건대 더욱 유념하여 항상 연빙(淵氷)이 앞에 있는 것처럼 함으로써[58] 오도(吾道)를 빛내고 사우(士友)를

57 천만인……것 : 《심경부주(心經附註)》 권3 우산지목장(牛山之木章)에 나오는 노재 허씨(魯齋許氏), 즉 원(元)나라 허형(許衡)의 말이다.

58 연빙(淵氷)이……함으로써 : 조심스러운 마음으로 매사를 신중히 처리하는 것을 말한다. 연빙은 깊은 못과 얇은 얼음이라는 뜻으로, 《시경》 〈소아(小雅) 소민(小旻)〉

보람되게 해 주신다면 천만다행이겠습니다.

백춘(伯春)[59]이 집사의 출처(出處)를 논하면서 "흉적(凶賊)이 백료(百僚)의 우두머리로 거하는 상황에서 그 아래의 자리에 있는 자는 바로 같은 요속(僚屬)이다."라고 하였는데, 이 의리가 매우 직절(直截)한 것 같습니다만, 끝내 어떻게 생각하실지 모르겠습니다. 때는 이미 늦었다고 하더라도, 다시 상량(商量)해 보는 것이 어떨까 합니다.

의 "전전긍긍하여 심연에 임하듯 얇은 얼음을 밟듯 한다.〔戰戰兢兢 如臨深淵 如履薄氷〕"라는 말에서 나온 것이다.

59 백춘(伯春) : 영조 대의 학자 김원행(金元行, 1702~1772)의 자(字)이다. 미호(渼湖)와 운루(雲樓)라는 호가 있다. 김창협(金昌協)의 손자로, 시호(諡號)는 문경(文敬)이다. 1722년(경종2) 신임사화(辛壬士禍)에 종조(從祖)인 김창집(金昌集)이 노론 사대신(老論四大臣)의 한 사람으로 사사(賜死)되고 일가가 모두 유배될 적에 모친의 배소(配所)에서 공부하였으며, 1725년(영조1)에 부조(父祖)가 신원(伸冤)된 뒤에도 벼슬길에 나아가지 않고 학문에만 힘썼다. 당시 호락(湖洛)의 학파 중에서 인물성동론(人物性同論)을 주장하는 낙론(洛論)을 지지하였으며, 그의 학풍은 주리(主理)와 주기(主氣)를 절충하는 경향을 보였다. 저서에 《미호집(渼湖集)》이 있다.

송형 사행에게 보내는 글 12월

與宋兄士行 十二月

보여 주신 뜻을 보니 너무 지나치게 겸양하며 억누르고 계시는데, 겸양하는 것이 물론 미덕(美德)이긴 하지만 지나치면 자기(自棄)와 비슷하게 되고 맙니다. 예전부터 이런 뜻을 누차 말씀드렸는데, 지금은 더욱 절실하고 급박하니 깊이 스스로 체념(體念)하지 않으면 안 될 것입니다.

척추를 곧추 세우고 천길 높이 우뚝 서 있는 석벽(石壁)의 기상을 지니고서 속루(俗累)와 진심(塵心)이 침범하지 못하게 해야지, 그저 한바탕의 한가한 수작(酬酌)이라고 여기고는 귓가로 듣고서 흘려버리면 안 될 것입니다. 어떻게 생각하십니까?

옥주(沃州) 북쪽의 소식을 며칠 전에 듣건대, 백씨(伯氏)가 병천(瓶泉)에서 민장(閔丈 민우수(閔遇洙))을 따라 속리산(俗離山)을 유람하고 돌아왔다고 하니, 부러운 마음을 금할 수가 없습니다.

나는 처음에 이해가 가기 전에 옥화(玉華)로 갔다가 1월 초에 바로 도곡(陶谷)으로 나아가는 수십 일 일정의 계획을 세웠었는데, 인마(人馬)가 일이 생겨서 오지 못했으므로 옥화에 가는 것도 정지할 수밖에 없게 되었으니, 한번 만나는 것에도 운수(運數)가 작용한다는 말이 실감이 납니다.

송형 사행에게 답하는 글 경신년(1740, 영조16) 8월

答宋兄士行 庚申八月

나는 그동안 민장(閔丈 민우수(閔遇洙))과 서신을 약간 왕복(往復)하며 계발(啓發)을 받은 것이 많았습니다. 그리고 일상생활 중에 천리(天理)와 인욕(人欲)을 분변하는 일에 대해서도 조금 바라보이는 곳이 있어서 예전처럼 맹랑(孟浪)한 지경에는 이르지 않은 것 같기도 합니다. 하지만 처리하기 어려운 것은 '하지 말아야 한다〔勿〕'는 말이라서, 바야흐로 목숨을 걸고 한번 해 보려고 합니다만, 역시 했다 안 했다 하는 행태를 면하지 못하니 지극히 안타깝기만 합니다.

송형 사행에게 답하는 글 신유년(1741, 영조17) 2월
答宋兄士行 辛酉二月

〔문〕 좌우(左右)가 임생(林生)에게 답한 글을 보건대, 명덕(明德)을 논한 부분에서 지귀(至貴)하고 지미(至美)하고 지대(至大)하고 지존(至尊)하다면서 특수한 명호(名號)로 특별히 일컬어 말한 것은 너무 과장되고 온당치 못한 것으로, 문득 외가(外家)의 설화(說話)를 연상케 하니, 사람들로 하여금 다른 데로 방향을 바꿔 떠나가게 하지 않을까 걱정이 됩니다.

소부(邵溥)의 《문견후록(聞見後錄)》[60]을 보건대, 유신로(劉莘老 유지(劉摯))와 유원성(劉元城 유안세(劉安世))이 이천(伊川 정이(程頤))을 논핵(論劾)하는 장소(章疏)를 싣고 공소(孔蘇)[61]의 문자(文字)와 나란히 열거하였는데, 그 설이 지극히 기이하였습니다.

원성(元城)으로 말하면 바로 온공(溫公 사마광(司馬光))의 문인(門

60 소부(邵溥)의 문견후록(聞見後錄) : 소부는 소박(邵博)의 잘못이다. 강절(康節) 소옹(邵雍)의 아들인 소백온(邵伯溫)이 《문견록(聞見錄)》을 지은 뒤를 이어, 그의 아들인 소박이 《문견후록》을 지었으므로, 이 두 책을 합쳐서 보통 《소씨문견록(邵氏聞見錄)》이라고 하고, 소백온의 것을 《문견전록(聞見前錄)》이라고 구별해서 칭하기도 한다. 소백온은 이정(二程)을 극구 추앙한 데 반해서, 소박은 정씨(程氏)를 배척하고 소식(蘇軾)을 지지하였는데, 이는 강절 소옹이 죽은 뒤에 정씨의 문도가 자기들의 스승을 높이고 소옹을 폄하하였으므로 이에 격분하여 보복하려는 의도에서 그렇게 한 것이었다. 소부(邵溥)는 소박(邵博)의 형이다.

61 공소(孔蘇) : 공문중(孔文仲)과 소식(蘇軾)의 병칭이다.

人)으로 일찍이 당(黨)을 세우지도 않았는데, 무슨 까닭으로 이런 일이 있게 되었단 말입니까. 또 더군다나 스승이 천거한 사람을 그 제자가 반박하다니, 어찌 이럴 수가 있단 말입니까. 소(邵)는 강절(康節)의 손자로 망언(妄言)을 할 자가 아니니, 아무리 따져 보아도 그 이유를 찾을 수가 없습니다. 이 일이 얼마나 큰 절목(節目)인데, 아무 상관없이 똑같이 원우(元祐)의 인사[62]가 된 것은 어찌된 일입니까?

〔답〕 명덕(明德)의 설(說)에 대해서 가르침을 내려 주시며 비루하게 여기지 않으신 것에 대해 매우 감사하게 생각합니다.

대개 나의 당초의 뜻은 전적으로 이 마음〔心〕의 전체(全體)와 대용(大用)을 거론하면서도 하나로 이름하는 그 묘함을 드러내 밝힘으로써, 임생(林生)이 일방적으로 영각(靈覺)에 소속시키는 그 잘못을 바로잡으려고 한 것이었습니다. 그리고 그 어법(語法)은 정자(程子)가 "그 의리가 지극히 정미하여 어떻게 이름 지을 수 없기 때문에 임시로 지선이라는 명목(名目)을 붙인 것이다.〔以其義理精微之極 有不可得而名者 故姑以至善目之〕"[63]라고 한 것과 북계(北溪)가 "지중하고 지정(至正)하고 지정(至精)하고 지수하고 지신하고 지묘하여 다시 더할 수가 없기 때문에 억지로 이름하여 태극이라고 한 것이다.……〔至中至正至

62 원우(元祐)의 인사 : 군자(君子)의 당(黨)의 인사라는 말이다. 희풍(熙豐), 즉 신종(神宗)의 연호인 희령(熙寧)과 원풍(元豐) 연간에는 왕안석(王安石) 등이 득세하였고, 철종(哲宗)의 연호인 원우 연간에는 사마광(司馬光) 등이 집권하였는데, 주희(朱熹)는 희풍과 원우의 당을 각각 소인의 당과 군자의 당의 대칭으로 쓰곤 하였다.

63 그 의리가……것이다 : 《주자어류(朱子語類)》 권17에 나오는 정이천(程伊川)의 말이다.

精至粹至神至妙 不可以復加 故强名之曰太極……]"[64]라고 한 것을 차용한 것인데, 그것이 과당(過當)하다는 것을 자각하지 못하였습니다. 그러다가 지금 보내신 편지를 읽어 보건대, 그 말씀이 지극히 평실(平實)하고 질각(質慤)해서, 나의 마음속에 깊이 계발(啓發)되는 곳이 있으니, 어찌 감히 공경히 받아들이지 않겠습니까.

지난번에 윤우(尹友)를 만나 귀신(鬼神)에 대해 논변(論辨)하는 과정에서 이야기가 점점 번어 나가 명덕(明德)에까지 미쳤는데, 심(心)과 성(性)이 나뉘고 합해지는 대목과 관련하여 조금 풀리지 않는 곳이 있어서 설득(說得)이 끝내 쾌활(快活)하지 못하다는 것을 느꼈습니다. 요컨대 그동안 해 온 공부를 서슴없이 내버리고, 편지에서 말씀해 주신 것처럼 면전의 일을 눈으로 보는 것처럼 한 뒤에야 의논할 수 있을 것이요, 전적으로 필설(筆舌)만 가지고 다투어서는 안 될 것입니다.

내가 백춘(伯春)에게 답한 심설(心說)에 비록 대단한 착오는 없다고 하더라도, 문구(文句) 사이에 역시 온당하지 못한 곳이 있는 듯합니다. 필경에는 얼굴을 보지도 않고 초상화를 그리는 것과 같은 폐단을 면하지 못하겠기에, 우선 마음속에다 보관하고 밖에 내놓지 않고서 전심(專心)으로 일용(日用)하는 사이에 체험을 하며 진실하게 볼 수 있는 때가 오기를 기다리려고 합니다. 모르겠습니다만 어떻게 생각하십니까?

64 지중하고……것이다 : 주희(朱熹)의 제자인 북계(北溪) 진순(陳淳)의 《북계자의(北溪字義)》 권하(下) 〈태극(太極)〉에 "태극이 지극한 소이는 이러하다. 이 의리가 지중하고 지명하고 지정하고 지수하고 지신하고 지묘하여, 지극하고 극진해서 다시 더할 수가 없기 때문에, 억지로 이름하여 극이라고 한 것이다.[太極之所以至極者 言此理之至中至明至精至粹至神至妙至矣盡矣 不可以復加矣 故强名之曰極耳]"라는 말이 나온다.

두 유씨(劉氏)의 일은 듣고 보니 매우 해괴하긴 합니다만, 똑같이 원우(元祐)의 인사가 되는 것은 이상하게 여길 것이 없습니다. 대개 천삭낙촉(川朔洛蜀)의 분열(分裂)[65]이 있긴 하였지만, 화(禍)를 당할 조짐이 아직 드러나기 이전에 똑같이 소성(紹聖)의 당적(黨籍)에 들어가 있었으며, 똑같이 유배당하고 똑같이 죽어서 천부(天府)에 똑같이 이름이 기록되었습니다. 그래서 비록 입치(立幟)[66]한 동파(東坡 소식(蘇

65 천삭낙촉(川朔洛蜀)의 분열(分裂) : 송 철종(宋哲宗) 원우(元祐) 연간에 왕안석(王安石)의 신법(新法)을 반대하는 수구파(守舊派) 조신(朝臣) 가운데에, 정이(程頤)를 우두머리로 하는 낙당(洛黨)과 소식(蘇軾)을 영수로 하는 촉당(蜀黨)과 유안세(劉安世)의 삭당(朔黨)이 서로들 치열하게 공방전을 벌인 일을 말한다.《宋史 卷340, 卷427》천당(川黨)은 사천(四川) 출신인 소식의 촉당을 말한다. 녹문은 천당을 촉당과 다른 것으로 오인한 듯하다. 소백온(邵伯溫)의《문견전록(聞見前錄)》권13에 "철종이 즉위하고, 선인후(宣仁后)가 수렴(垂簾)하며 청정(聽政)을 함께 할 적에, 현자(賢者)들이 모두 조정에 모여들었다.……그러나 현자라고 해도 자기들끼리 어울리는 것을 면하지 못한 탓으로, 당시에 낙당·천당·삭당이라는 말이 있게 되었다. 낙당은 정정숙(程正叔) 시강(侍講)을 영수(領袖)로 하여 주광정(朱光庭)·가이(賈易) 등이 우익(羽翼)이 되었고, 천당은 소식을 영수로 하여 여도(呂陶) 등이 우익이 되었고, 삭당(朔黨)은 유지(劉摯)·양도(梁燾)·왕암수(王巖叟)·유안세가 영수가 되어 우익이 더욱 많았는데, 이 여러 당들은 서로 공격할 따름이었다.……그러다가 철종 소성(紹聖) 초에 이르러 장돈(章惇)이 재상이 되자 이들을 똑같이 원우의 당인(黨人)으로 지목하여, 모두 영해(嶺海) 밖으로 축출하였으니 슬픈 일이다.〔哲宗卽位 宣仁后垂簾同聽政 群賢畢集於朝……然雖賢者 不免以類相從 故當時有洛黨川黨朔黨之語 洛黨者 以程正叔侍講爲領袖 朱光庭賈易等爲羽翼 川黨者 以蘇軾爲領袖 呂陶等爲羽翼 朔黨者 以劉摯梁燾王巖叟劉安世爲領袖 羽翼尤衆 諸黨相攻擊而已……至紹聖初 章惇爲相 同以爲元祐黨 盡竄嶺海之外 可哀也〕"라는 말이 나온다.

66 입치(立幟) : 기치(旗幟)를 세웠다는 뜻으로, 술수(術數)를 써서 손쉽게 승리를 거두려 했다는 말이다. 한신(韓信)이 한(漢)나라 군대를 이끌고 조(趙)나라를 공격할 적에 먼저 경기(輕騎) 2천을 뽑아 각자 하나의 붉은 깃발〔赤幟〕을 지니게 하고는 조나

軾))라고 하더라도 오히려 명경(名卿)이 되는 데에 상관이 없는데, 하물며 다른 사람이야 더 말할 나위가 있겠습니까.

단지 신로(莘老)의 경우는, 이천(伊川)의 연보(年譜)에 "여 신공(呂申公)의 가전(家傳)에, 그가 여대방(呂大防)·유지(劉摯)·왕존(王存) 등과 함께 문중(文仲)을 공박하였다.……〔呂申公家傳載其與呂大防劉摯王存 同駁文仲……〕"[67]라고 하였습니다. 그렇다면 이미 문중을 반박해 놓고 또 이천을 반박할 리는 없을 듯하니, 어쩌면 소록(邵錄)에 혹시 오류가 있는 것인지도 모르겠습니다.

원성(元城)의 경우는, 이천의 연보에 또한 말하기를 "유 간의(劉諫議 유안세(劉安世))의 《진언집(盡言集)》에도 이론(異論)이 있다. 유(劉)는 소식(蘇軾)의 당(黨)이 아니니, 대개 서로 알지 못해서 그런 것일 뿐이다.〔劉諫議盡言集亦有異論 劉非蘇黨 盖不相知耳〕" 하였으니, 이에 의거하면 소록이 옳은 듯합니다. 대개 똑같이 군자라고 하더라도 혹 서로 알지 못해서 의심하는 경우도 있는데, 가령 아조(我朝)의 중봉(重峯 조헌(趙憲))이 송강(松江 정철(鄭澈))을 대한 것과 같은 것이 그 예라고 할 것이니, 이는 자기 당(黨)을 세워서 현인을 시기하는 무리와는 다른

라 군대를 유인하여 진영을 비우게 한 뒤에 그 진영에 들어가서 붉은 깃발 2천 개를 세우게 하자, 조나라 군대가 대경실색하여 궤멸한 입적치(立赤幟)의 고사에서 유래한 것이다. 《史記 卷92 淮陰侯列傳》

67 여 신공(呂申公)의……공박하였다 : 여 신공은 여공저(呂公著)를 가리킨다. 주희(朱熹)가 편찬한 《이천선생연보(伊川先生年譜)》에는 '傳' 뒤에 '亦'이 들어 있고, '仲' 뒤에 '所論朱光庭事 語甚激切'이 더 있다. 즉 "문중이 주광정(朱光庭)의 일을 논한 것을 함께 공박하였는데, 그 말이 매우 격렬하였다.〔同駁文仲所論朱光庭事 語甚激切〕"로 되어 있다.

점이 있습니다. 그리고 원성으로 말하면 일생 동안 언의(言議)와 지절(志節)이 이천(伊川)과 실로 기약하지 않아도 합치된 점이 있으니, 그가 끝내 깨닫지 못했으리라고 어떻게 단정할 수 있겠습니까.

송형 사행에게 답하는 글 11월

答宋兄士行 十一月

편지를 보건대, 어찌하여 그토록 크게 집착을 하십니까. 《가례(家禮)》의 내용이 만약, 도덕(道德)이 남의 사표(師表)가 된 뒤에야 빈(賓)이 될 수 있다고 말한 것이라면, 누가 감히 그 일을 맡을 수 있겠습니까.

오직 '어질고 예가 있다〔賢而有禮〕'는 표현을 쓴 것을 보면 그 안에 포함되는 대상이 매우 넓다는 것을 충분히 짐작할 수 있으니, 위로 대현(大賢)으로부터 아래로 어진 사대부(士大夫)에 이르기까지 그 일을 아무 혐의 없이 모두 맡을 수 있는 것입니다. 이것이 바로 예로부터 지금까지 그리고 사해(四海) 구주(九州) 어디에서든지 빈(賓)을 맡을 사람이 없어서 관례(冠禮)를 폐한 경우가 있지 않았던 이유입니다.

만약 반드시 주각(註脚)의 해석을 따르려 한 나머지, 이 '어질고 예가 있다'는 말을 가지고 대현의 지위(地位)에 밀어 올려놓는다면, 이 세상에서 어떻게 관례를 행한 자가 있겠으며, 이것이 또 어찌 《가례》의 뜻이라고 하겠습니까.

그렇다면 오늘날 세상에 처하여 이 말에 해당하는 인사를 구할 경우, 집사(執事)와 같은 분이 사양하며 자처하지 않는다면 또 누가 이 일을 맡겠습니까. 이것이 어찌 나의 사사로운 말이겠습니까.

두창(痘瘡)의 경계(警戒)가 혹 조금 완화되는 것은 5일 정도면 될 것이니, 한번 수고를 아끼지 말아 주시면 그런 다행이 없겠습니다. 민장(閔丈 민우수(閔遇洙))도 복중(服中)에 있고, 백춘(伯春 김원행(金元行))도 제사가 있기에, 장차 낭패를 당하지나 않을까 안타깝기 그지없습니다.

송형 사행에게 보내는 글 임술년(1742, 영조18) 5월

與宋兄士行 壬戌五月

윤형(尹兄)-득경(得敬)-이 세상을 떠나다니, 통석(痛惜)하며 비탄(悲歎)하는 심정이 시간이 갈수록 더욱 절실해집니다.

세도(世道)가 쇠미(衰微)해지고 정기(正氣)가 소멸하여, 배웠다는 사대부(士大夫)들이 오직 두리번거리고 머뭇거리며 녹위(祿位)를 보전할 생각만 하고 있는 때에, 오직 이 형만은 뜻을 세운 것이 구차하지 않아서 세속의 지위(脂韋)[68]하는 행태를 보이지 않았습니다.

비록 조정에 선 날이 얼마 안 되어 이렇다 하게 우뚝 수립한 공은 없었다고 하더라도, 일이 있을 때마다 모두 직언(直言)을 하며 자기 직책을 수행하여 한 세상의 통분하고 답답한 기운을 조금 풀어 주었습니다. 그리하여 세도에 보탬이 된 것이 참으로 얕지 않아서 지구(知舊)들이 그에게 기대한 것이 정말 적지 않았는데, 지금 느닷없이 이 지경에 이르고 말았습니다. 이 모두가 대운(大運)이 그렇게 몰아간 소치(所致)라고 할 것이니, 뭐라고 말을 하겠습니까.

신명(新命)을 받고서 이미 행공(行公)하고 있을 터인데, 전후(前後)로 서연(書筵)에 올라간 것이 모두 몇 번이며, 그동안에 혹 하순(下詢)하신 것도 있는지요? 강설(講說)하며 풍간(諷諫)할 즈음에 혹 들려줄 만한 것이 있으면 개의치 말고 나에게도 전해 주십시오.

68 지위(脂韋) : 미끈미끈한 기름과 무두질한 가죽처럼 유약하게 군다는 뜻으로, 보통 구차하게 세상에 영합하며 아첨하는 사람들을 비유하는 말로 쓰인다.

당금(當今)의 급무(急務) 가운데 그 어느 것이 세자(世子)를 보좌하는 일보다 더한 것이 있겠습니까. 그런데도 완전히 뒤죽박죽되어 한갓 문구(文具)만 일삼고 있으니, 비록 집사(執事)와 같은 분이 그 사이에 끼어 있더라도 미미한 음관(蔭官)으로서 어떻게 해 볼 수가 있겠습니까. 보내온 편지를 재삼 읽으며 개연(慨然)한 심정을 금하지 못하는 한편으로, 또한 일마다 힘을 기울이시고 그냥 포기하지 말아서 자기 직분을 다해 주시기를 바라마지 않습니다. 어떻게 생각하십니까?

송형 사행에게 보내는 글 갑자년(1744, 영조20) 8월

與宋兄士行 甲子八月

이별의 회포를 굳이 말할 것이 있겠습니까. 길을 떠난 뒤에 연일 비바람이 몰아쳐서 매우 걱정되었습니다.

나는 며칠 전에 노친을 모시고 북산(北山) 아래로 우거(寓居)를 옮겼는데, 별의별 번뇌로 뒤숭숭하여 안돈(安頓)하려면 아직도 멀기만 하니 답답한 심정을 말할 수가 없습니다. 여기에 온 지 벌써 3일이 되었는데도 사람의 얼굴을 보지 못하였는데, 만약 계속해서 이와 같기만 하다면 어찌 지극히 좋은 일이 아니겠습니까.

과문(科文)에 대해 우선은 유의(留意)하지 않고 있지만, 형세로 볼 때 장차 면하지 못할 것인데, 앞으로 또 대과(大科)가 있을 모양이니 민망하기 그지없습니다. 다만 정광운(鄭廣運)이라는 자가 논계(論啓)를 발하여 면시(面試)[69]를 청해서 윤허를 받았으니, 이 일이 끝내 시행된다면, 결코 과장(科場)에 들어갈 수가 없습니다. 실제로 그렇게만 된다면 정지하려고 하지 않아도 자연히 정지할 수밖에 없으니, 도리어 다행이라고 하겠습니다.

69 면시(面試) : 임금 앞에서 직접 시험을 보여 실력을 재확인하는 것을 말한다. 《영조실록》 20년 7월 25일 기사에 사헌부 장령(司憲府掌令) 정광운(鄭廣運)이 "면시하는 법은 당(唐)나라와 송(宋)나라 때에도 이미 행하였습니다. 이번 가을 정시(庭試)부터 등제(登第)한 사람은 방방(放榜)한 다음 날 어전에서 면시하여 요행을 바라는 풍조를 막아야 합니다."라고 아뢴 내용이 실려 있다.

송형 사행에게 답하는 글 정묘년(1747, 영조23) 1월
答宋兄士行 丁卯正月

〔문〕 상복(殤服) 중에서, 본래 그를 위해 자최복(齊衰服)과 대공복(大功服)을 입어 주어야 할 자가 상(殤)을 당했을 경우에, 중상(中殤)일 때에는 장상(長殤)의 복을 따르게 하였는데〔中從上〕,[70] 본래 지친(至親)의 정(情)이 중해서 이런 예제(禮制)를 만들었다면 모두 본복(本服)을 지칭해야만 타당할 듯싶습니다. 지금 출가(出嫁)한 딸이 있는데, 그 아우가 인후(人後)가 되어 중상의 나이에 죽었다면, 본복이 기년(期年)인 상(殤)에 해당시켜서 시마(緦麻)를 입어야 합니까, 아니면 소공(小功)인 상(殤)에 해당시켜서 복을 입지 말아야

70 상복(殤服)……하였는데 : 《의례(儀禮)》〈상복(喪服)〉 소공조(小功條)의 전(傳)에 "본래 그를 위해 대공(大功)을 입어 주어야 할 자가 상(殤)을 당했을 경우에, 중상(中殤)일 때에는 1등을 강등하여 소공(小功)을 입어서 장상(長殤)과 같게 하고, 본래 소공을 입어 주어야 할 자가 상(殤)을 당했을 경우에, 중상일 때에는 2등을 강등하여 복을 입지 않아서 하상(下殤)과 같게 한다.〔大功之殤中從上 小功之殤中從下〕"라는 말이 나오고, 시마조(緦麻條)의 전(傳)에 "장상과 중상을 위한 복은 본복(本服)에서 1등을 강등하고, 하상을 위한 복은 본복에서 2등을 강등한다. 본래 그를 위해 자최(齊衰)를 입어 주어야 할 자가 상(殤)을 당했을 경우에, 중상일 때에는 장상을 따라서 1등을 강등하여 대공복(大功服)을 입고, 대공을 입어 주어야 할 자가 상(殤)을 당했을 경우에 중상일 때에는 하상을 따라서 2등을 강등하여 시마복(緦麻服)을 입는다.〔長殤中殤降一等 下殤降二等 齊衰之殤中從上 大功之殤中從下〕"라는 말이 나온다. 상(殤)은, 20세가 되어 관례(冠禮)를 치르기 전인 미성년자의 죽음을 말한다. 19세에서 16세까지를 장상이라 하고, 15세에서 12세까지를 중상이라 하고, 12세에서 8세까지를 하상이라고 하는데, 이것을 삼상(三殤)이라고 한다.

합니까?

〔답〕 기년복(期年服)을 입어 주어야 할 친척이라도 이미 강등해서 소공이 되었다면 소공이 바로 본복이 되니, 응당 이 소공에 의거하여 그 상(殤)을 강등해야지, 다시 기년을 논하는 것은 온당치 않습니다. 그렇다면 소공의 상(殤)이라고 말해야 하고, 기년의 상이라고 말하면 안 되는 것이 어찌 명백하지 않습니까. 이미 소공의 상이라고 말해 놓고는 문득 중종상(中從上)의 예(例)를 따른다면, 피차 모순되어 의례(義例)를 이루지 못할 듯싶습니다. 정이 비록 무궁(無窮)하다 하더라도, 성덕자(盛德者)가 아닌 이상에는 감히 경솔히 의논할 일이 아닐 듯싶은데, 모르겠습니다만 어떻게 생각하십니까?《상복의(喪服議)》에 의거하면, 인후가 된 자가 자기 곤제(昆弟)의 장상과 종부(從父) 곤제(昆弟)의 장상을 위해 복을 입을 적에 똑같이 대공(大功)의 상(殤)에 걸맞게 하였습니다.

송형 사행에게 답하는 글

答宋兄士行

지난번에 〈소뢰궤식례(少牢饋食禮)〉와 〈특생궤식례(特牲饋食禮)〉에서 이성(利成)을 고하는 것이 같지 않다고 말씀하셨기에 돌아와서 상고해 보니, 같지 않은 것은 단지 문밖〔戶外〕 섬돌 위〔階上〕의 멀고 가까운 차이일 뿐이었고, 동서(東西)로 서로 향하는 것은 애당초 다름이 있지 않았습니다.

그리고 "서계……(西階……)"라는 이 말은 원래 없었습니다. 어쩌면 호외서면(戶外西面)의 '면(面)'이라는 글자가 '남(南)'이라는 글자로 잘못 기록되어서 그런 것이 아니겠습니까? 내가 예전에 이것을 보다가 '면(面)' 자의 잘못이 아닐까 하고 바로 의심이 들었는데, 지금 《시경(詩經)》〈초자(楚茨)〉의 소(疏) 중에서 이 글을 인용하며 바로 면(面)으로 기록한 것을 확인하고는,[71] 천견(淺見)이 잘못되지 않은 것을 비로소 알았습니다.

71 시경(詩經)……확인하고는 : 《시경》〈소아(小雅) 초자(楚茨)〉의 "효손이 자리로 간다.〔孝孫徂位〕"라는 부분에 대한 주희(朱熹)의 주에 "제사가 일단 끝나면, 주인이 조계(阼階)의 아래 서향(西向)의 자리로 가는 것이다.〔祭事旣畢 主人往阼階下西面之位也〕"라는 말이 나온다.

송형 사행에게 답하는 글
答宋兄士行

〔문〕 갑(甲)이 죽었습니다. 그의 장자(長子)인 을(乙)은 먼저 죽었는데 아들은 없고 처(妻)만 있으며, 차자(次子)인 병(丙)은 아들 무(戊) 하나를 두고는 역시 먼저 죽었으므로, 갑의 상(喪)에 상주(喪主)를 맡을 자가 없습니다. 《통전(通典)》에 의거해서 논한다면, 차자의 아들인 무가 도리로 볼 때 즉시 삼년복(三年服)을 입어야 할 것인데, 모르겠습니다만 어떻게 생각하십니까?

〔답〕 옛날에는 소종(小宗)에 입후(立後)하는 예(禮)가 없었기 때문에 《통전》에서 이와 같이 설한 것입니다. 지금은 이미 가소(賈疏)[72]를 따라서, 소종에 후계자가 없을 경우에는 지자(支子)가 비록 독자(獨子)라고 하더라도 감히 소종을 위해서 입후하지 않으면 안 되니, 소종을 대하는 것이 대종(大宗)과 아무 차별이 없습니다. 그렇다면 지금 갑의 상(喪)에 을이 죽었더라도 을의 처가 아직 살아 있으니, 어찌 그를 위해 입후하되 병의 아들이 얼른 스스로 승중(承重)하게 하지 않아서야 되겠습니까. 응당 급히 병의 아들로 을(乙)을 위해 입후하고 나서

72 가소(賈疏) : 당(唐)나라 가공언(賈公彦)의 소(疏)를 말한다. 《의례(儀禮)》에는 주공(周公)이 지었다는 경문(經文)이 있고, 이 경문을 해설한 자하(子夏)의 전문(傳文)이 있고, 이 전문을 해설한 한(漢)나라 정현(鄭玄)의 주(註)가 있는데, 이 주를 해설한 것이 가소이다. 가공언은 《의례의소(儀禮義疏)》 40권과 《주례의소(周禮義疏)》 50권을 지었는데, 가소나 소설(疏說) 혹은 소석(疏釋)이라고 하면 보통 《의례》의 해설을 가리킨다.

복상(服喪)하게 해야 할 것입니다. 대개 이 일을 만약《통전》에 의거하여 행하려고 한다면, 모름지기 철두철미하게《통전》의 내용을 파악하고 난 뒤에야 가능할 것이요, 그렇지 않으면 선불리 의논하기 어려울 듯합니다.

송형 사행에게 보내는 글

與宋兄士行

문자 작성하는 일을 반드시 며칠 사이에 끝내야 할 터인데, 삼가 바라건대 탕평(蕩平)의 해(害)를 이야기하는 대목에서 다음에 말씀드리는 내용도 삽입해 주셨으면 합니다.

"근래 '탕평(蕩平)'이라는 두 글자가 그만 길거리의 유행가 가락처럼 되고 말았습니다. 비록 소를 치는 아동과 말을 끄는 군졸이라도 언어가 모호(糢糊)하여 둘 다 옳다거나 둘 다 그르다고 하는 것을 보기만 하면 바로 '탕평'이라고 지목하며 한바탕 웃음거리로 삼곤 합니다. 그리고 심지어는 옷에도 탕평이 있고 띠에도 탕평이 있고 부채에도 탕평이 있게 되었으니, 지극히 어리석어도 신령스러운 곳에 본래 영원히 바뀌지 않을 공론(公論)이 있다는 것[73]을 바로 알 수 있는데, 전하(殿下)께서는 어찌하여 차마 300년의 종사(宗社)를 한바탕 웃음거리로 만들려고 하십니까. 전하께서는 이 '탕평'이라는 두 글자를 국시(國是)로 단정

73 지극히……것 : 민심이 천심이니 일반 백성들의 여론이 바로 정대한 공론(公論)이 된다는 말이다. 당(唐)나라 육지(陸贄)의 주초(奏草)에 "이른바 일반 서민들이 지극히 어리석어도 신령스럽다고 하는 이유는 대개 다음과 같습니다. 어수룩한 자들이 혹은 혼미하고 혹은 비루하여 어리석은 것처럼 보이지만, 상의 잘잘못을 판단하지 못하는 것이 없고, 상의 좋아하고 싫어하는 바를 알지 못하는 것이 없고, 상이 비밀로 하는 것을 전하지 않는 것이 없고, 상이 하는 일을 본받지 않는 것이 없으니, 이 점에서 바로 귀신과 비슷하기 때문입니다.〔所謂衆庶者 至愚而神 蓋以蚩蚩之徒 或昏或鄙 此其似于愚也 然而上之得失靡不辨 上之好惡靡不知 上之所秘靡不傳 上之所爲靡不效 此其類于神也〕"라는 말이 나온다. 《陸宣公翰院集 卷13 奉天請數對群臣兼許令論事狀》

하시고는 사람들이 논의하지 못하게 하셨습니다만, 신이 보기에는 한두 명의 부끄러움을 모르는 무리만이 옳다고 여길 뿐, 온 나라의 어진 사대부(士大夫)들은 옳다고 여기지 않고, 어진 사대부들만 옳다고 여기지 않을 뿐 아니라 아래로 소 치는 아동과 말을 끄는 군졸에 이르기까지 아무도 옳다고 여기는 자가 없습니다. 어찌 저 한두 명의 견식(見識)만이 온 나라 사람들보다 특출하여 그렇게 여기는 것이겠습니까.……" 라는 내용을 넣어 약간 포장(鋪張)하되, 가령 주자(朱子)가 진 시랑(陳侍郎)에게 준 글 속에서 국시를 논한 부분처럼 하면 좋을 것입니다.

그리고 "이들 무리가 언제 하나의 계모(計謀)를 건의하고 하나의 계책을 발의하여 임금의 지우(知遇)에 보답한 적이나 있었습니까. 요컨대 그들의 기량(伎倆)이라고 하면, 동쪽에서 한 사람을 취하고 서쪽에서 한 사람을 취하는 것을 공(公)으로 삼는 데에 불과할 뿐이요, 그 사이에 또 지극히 중한 죄를 범한 자를 취하여 세탁(洗濯)하고 장용(獎用)해서 영합(迎合)하며 은총을 굳힐 계책을 삼거나, 말하지 못하는 자들을 널리 뽑아 대각(臺閣)에 배치함으로써 사총(四聰)[74]을 옹폐(壅蔽)하려고 기도(企圖)하는 정도일 뿐입니다. 비록 그렇긴 하지만 이런 자들에게 또 무슨 정견(定見)이랄 것이 있겠습니까. 그저 이익이 있겠다 싶으면 그곳으로 달려가는 데에 지나지 않을 뿐입니다. 지금 전하께서 탕평(蕩平)에 마음을 두고 계시기 때문에 그들이 이렇게 하

74 사총(四聰) : 사방의 귀라는 뜻으로, 임금이 민생의 실상을 귀로 듣듯 환히 아는 것을 비유할 때 쓰는 말이다. 《서경》〈순전(舜典)〉의 순 임금이 즉위하고 나서 "사악에게 자문을 구하며 사방의 문을 활짝 열어 놓아 사방의 눈으로 자신의 눈을 밝게 하고 사방의 귀로 자신의 귀를 통하게 하였다.〔詢于四岳 闢四門 明四目 達四聰〕"라는 말에서 유래한 것이다.

는 것이지, 만약 전하께서 하루아침에 확연(廓然)히 각오(覺悟)하여 시비(是非)를 크게 밝히시면, 이들이 또 반드시 오늘날 정론(正論)을 주장하는 이들보다 먼저 승순(承順)하고 봉영(逢迎)하는 것을, 마치 채경(蔡京)이 차역(差役)과 고역(雇役)을 대한 것[75]처럼 할 것이니, 이와 같은 부류를, 상황이 급하게 되었을 적에 어떻게 믿을 수 있겠습니까. 전하께서 바야흐로 대지(大志)를 분발하여 지치(至治)를 일으키려 도모하고 계시니, 지금이야말로 현재(賢才)를 널리 구하고 준량(俊良)을 높이 등용하여, 천위(天位)를 함께하고 천직(天職)을 다스려야 할 것입니다. 그럼에도 불구하고 전하께서 의지하고 신임하는 자들을 돌아다보면, 그만 완둔(頑鈍)하고 뻔뻔하여 시세(時勢)나 따르고 이익에 붙좇는 한두 사람에 관심을 두고 계실 따름이기에, 사방의 식견 있는 인사들치고 적이 탄식하며 깊이 우려하지 않는 이가 없습니다. ……"라는 내용도 넣어 주십시오.

또 "《역(易)》에 '경(敬)으로써 안의 마음을 곧게 하고, 의(義)로써 밖의 일을 바르게 한다.'[76]라고 하였고, 《맹자(孟子)》에 '정직한 것으로

75 채경(蔡京)이……것 : 사마광(司馬光)이 재상이 되어 왕안석(王安石)의 신법(新法)인 면역법(免役法)을 폐하고 차역법(差役法)을 회복하려 하자 채경이 이를 전폭적으로 지지하며 따랐고, 그 뒤에 장돈(章惇)이 재상이 되어 왕안석의 신법을 옹호하자 채경이 차역법을 폐하고 고역법(雇役法)의 시행을 주장한 것을 말한다. 차역(差役)은 중앙과 지방 관청의 토목공사와 영선(營繕), 특정한 물품의 생산과 수송, 기타 의무적으로 종사하는 노역(勞役)을 말하는데, 요역(徭役)·부역(賦役)·역역(力役)이라고도 한다. 고역(雇役)은 면역(免役), 즉 실역(實役)을 면제받고 종사하지 않는 자에게 규정에 따라 금품을 거두어 다른 사람에게 그 일을 대역(代役)하게 하는 것을 말한다.

76 경(敬)으로써……한다 : 《주역(周易)》〈곤괘(坤卦) 문언(文言)〉에 "군자는 경으로써 안의 마음을 곧게 하고, 의로써 밖의 일을 바르게 하니, 이렇게 경과 의가 확립되어서 그 덕이 외롭지 않다.〔君子敬以直內 義以方外 敬義立而德不孤〕"라는 말이 나온다.

양성하고 해치는 일이 없게 하면, 천지 사이에 가득 찬다.'[77]라고 하였고, 손사막(孫思邈)이 말하기를 '지혜는 원만하게 하고자 하고 행실은 바르게 하고자 할 것이다.〔知欲圓而行欲方〕'라고 하였으니,[78] 공자(孔子)와 맹자(孟子)부터 정주(程朱) 등 제현(諸賢)에 이르기까지 전수(傳授)한 심법(心法)은 오직 '직(直)' 자와 '방(方)' 자에 있다고 할 것입니다. 그런데 근년 이래로 풍속이 일변(一變)하여 오로지 원숙(圓熟)하고 연미(軟美)하고 구차(苟且)하고 습장(襲藏 깊이 숨겨둠)하는 것으로 법문(法門)을 삼아, 그야말로 주자(朱子)가 기롱(譏弄)한 것처럼, '한 해를 마치도록 함께 있어도 그 뜻이 어디를 향하는지 알 수가 없고, 종일토록 함께 이야기해도 그 뜻이 어디에 있는지 알 수 없게끔 하고 있으니〔窮年與之處而不知其志之所向 終日與之言而不知其意之所在〕',-제발(題跋)의 권(卷)에 보인다.- 과연 어떻게 이런 일이 빚어지게 되었단 말입니까. 그냥 따라서 하는 일이 습관으로 굳어져서 명절(名節 명예와 절조)이 날로 무너진 나머지, 장차 풍도(馮道)[79]를 중니(仲尼)로

77 정직한……찬다 : 《맹자》 〈공손추 상(公孫丑上)〉에 "호연지기(浩然之氣)의 속성은 지극히 크고 지극히 강하다. 따라서 정직한 것으로 양성하고 해치는 일이 없게 하면, 천지 사이에 가득 차게 된다.〔其爲氣也 至大至剛 以直養而無害 則塞于天地之間〕"라는 말이 나온다.

78 손사막(孫思邈)이……하였으니 : 손사막은 음양(陰陽)·추보(推步)·의약(醫藥) 등에 정통했던 당(唐)나라의 은자(隱者)로, 《천금요방(千金要方)》과 《천금익방(千金翼方)》이라는 의서(醫書)를 짓기도 하였는데, 그의 이 말은 원래 《회남자(淮南子)》 〈주술훈(主術訓)〉과 《문자(文子)》에 실려 전해져 왔다.

79 풍도(馮道) : 오대(五代) 시대의 재상(宰相) 이름이다. 일생 동안 후당(後唐)·후진(後晉)·거란(契丹)·후한(後漢)·후주(後周) 등 다섯 나라의 조정에서 여섯 명의 임금을 섬긴 것을 자랑하며 장락로(長樂老)라고 자호(自號)한 고사가 전한다. 《新五代史 卷54 雜傳24 馮道》

인정하는 지경에 이르게 되었으니, 생각이 여기에 이르고 보면 어찌 대단히 한심하게 여길 일이 아니겠습니까.……"라는 내용도 넣어 주십시오.

이런 내용은 삽입할 만한 곳이 있으면 삽입하되, 단지 대의(大意)는 이와 같이 하고 문자(文字)는 다시 통절히 정채(精彩) 있게 하면 좋을 것입니다. 근일 심회(心懷)가 지극히 불평스러워서 새벽에 일어나면 분만(憤懣)한 심정을 금할 수 없기에 붓 가는 대로 아무렇게나 써 내려가다 보니 우습기도 하고 슬프기도 합니다. 이 글을 보신 뒤에 채록(採錄)할 만하면 채록하고 안 되겠다 싶으면 치지도외(置之度外)해도 괜찮습니다.

송형 사행에게 보내는 글

與宋兄士行

문자 작성을 오늘은 반드시 끝내야 할 터인데 어떻게 생각하십니까? 가형(家兄)[80]은 '합계(合啓)를 하거나 이 소(疏) 가운데 하나의 조목을 뽑아서 합계를 하는 것은 누구나 다 할 수 있지만, 이번의 소(疏)는 우리가 아니면 할 수가 없다.'라고 생각하기 때문에, 더욱 여기에 뜻을 두고 있는 것입니다. 대저 상이 간흉(奸凶)을 교화시켜 선량한 사람이 되게 하여 참된 탕평〔眞蕩平〕을 이루는 뜻[81]을 분명히 알게 하고자 하는 것이 이 한 편 소의 요지(要旨)입니다.

송(宋)나라 철종(哲宗) 원우(元祐) 말에 여대방(呂大防)과 범순인(范純仁)이 은밀히 자신을 보전할 꾀를 품고 조정(調停)하는 의론을 주창한 나머지, 마침내 소인(小人)들이 그 기회를 틈타 조정에 진출하게 함으로써, 소성(紹聖)과 원부(元符) 연간에 화란(禍亂)이 일어날 기색이 하늘까지 잇닿았습니다. 그러다가 휘종(徽宗) 건중정국(建中

80 가형(家兄) : 녹문의 형 임명주(任命周, 1705~1757)를 말한다. 1747년(영조23) 12월에 지평(持平)으로 있으면서 10개 항목의 계사(啓辭)를 올려 참된 탕평〔眞蕩平〕을 이루려고 하다가 왕이 진노하는 바람에 제주(濟州)로 유배되었으며, 이듬해에 나주(羅州)로 옮겨졌다가 1750년에 풀려났다.

81 간흉(奸凶)을……뜻 : 《근사록(近思錄)》 권10 〈정사(政事)〉에 "옛날의 성왕(聖王)이 간흉을 교화시켜 선량한 사람이 되게 하고, 원수와 적을 바꾸어 신민이 될 수 있게 하였던 것은 그들을 끊지 않았기 때문이다.〔古之聖王 所以能化姦凶爲善良 革仇敵爲臣民者 由弗絶也〕"라는 정이천(程伊川)의 말이 나온다.

靖國) 때에 이르러 원우와 소성 때에 모두 잘못한 점이 있었다고 하여, 대공(大公)하고 지정(至正)한 방법으로 붕당(朋黨)을 녹여 없애 보려고 하였습니다. 이에 한충언(韓忠彦)과 증포(曾布)를 나란히 재상으로 삼았는데, 증포는 희풍(熙豐)의 사람이지만 장채(章蔡 장돈(章惇)과 채경(蔡京))와는 조금 다른 자였고, 한충언은 원우의 사람이지만 지론(持論)이 평완(平緩)한 자였습니다.

두 사람이 마음을 같이하여 양당(兩黨)을 함께 등용하면서, 주자(朱子)가 말한 것처럼 '왼쪽으로는 식철(軾轍)을 제거하고 오른쪽으로는 경변(京卞)을 제거하였는데〔左除却軾轍 右除却京卞〕',[82] 얼마 지나지 않아서 소인(小人)이 나란히 진출하고 군자(君子)는 모조리 축출되어 갈수록 무너지고 혼란해지다가 정강(靖康)의 화(禍)[83]를 당하고 말았습니다.

황조(皇朝 명(明)나라)의 동림(東林)[84]은 모두 정인(正人)과 군자(君

82 왼쪽으로는……제거하였는데 : 식철(軾轍)은 소식(蘇軾)과 소철(蘇轍) 형제를, 경변(京卞)은 채경(蔡京)과 채변(蔡卞) 형제를 가리킨다. 대본에는 '左除軾轍 右除京卞'으로 되어 있는데, 《주자어류(朱子語類)》 권130에 의거하여 '除' 뒤에 '却'을 보충하여 번역하였다.

83 정강(靖康)의 화(禍) : 송(宋)나라 흠종(欽宗) 정강 2년(1127)에 금(金)나라 군대가 휘종(徽宗)·흠종 두 황제와 황태후·황후·황태자·종실 등 3천 인을 포로로 데리고 간 사건을 말하는데, 이로 인해서 북송(北宋)이 마침내 멸망하였다. 이에 고종(高宗)이 남경(南京)에서 즉위한 뒤에 이강(李綱)을 불러들여 재상으로 삼는 한편, 다시 장강을 건너 남쪽으로 피해서 임안(臨安)에 행도(行都)를 세우니 이것이 역사에서 칭하는 남송(南宋)이다.

84 동림(東林) : 명(明)나라 신종(神宗) 만력(萬曆) 연간에 고헌성(顧憲成) 등이 동림서원(東林書院)을 중수(重修)하고 고반룡(高攀龍) 등과 함께 이곳에서 강학(講學)하며 조정의 정사를 비평하며 의논하였는데, 그때 참여했던 사람들과 이에 동조했던

子) 들이었는데, 간인(奸人)들이 붕당(朋黨)으로 지목하여 도륙(屠戮)한 참화(慘禍)가 동경(東京)[85] 때보다도 혹독하였습니다. 그 뒤에 의종황제(毅宗皇帝)가 즉위한 초기에 손수 흉악한 환관(宦官)을 제거하고 여지없이 역안(逆案)[86]을 확정하였으므로, 처음의 정사는 청명

사람들을 통틀어 일컫는 말이다. 이 동림서원은 원래 송(宋)나라 양시(楊時)가 강학했던 곳으로, 지금의 강소성(江蘇省) 무석시(無錫市)에 있다. 이 동림학파의 명성이 점점 커지면서 적대 세력에 의해 동림당(東林黨)이라고 지목을 받았는데, 희종(熹宗) 천계(天啓) 연간에 환관(宦官)인 위충현(魏忠賢)이 전권(專權)을 행사하자 동림의 제인(諸人)이 끝까지 항거하다가 모두 혹독한 박해를 받았으며, 그 뒤에 숭정(崇禎)이 즉위하자 위충현이 실세(失勢)하여 자진(自盡)하면서 당금(黨禁)이 비로소 풀렸다.《明史 卷231 顧憲成列傳》《明史紀事本末 東林黨議》

85 동경(東京) : 후한(後漢)의 당고(黨錮)를 말한다. 동경은 동한(東漢), 즉 후한의 별칭이다. 전한은 장안(長安)에 도읍하고 후한은 낙양(洛陽)으로 도읍을 바꿨기 때문에 낙양을 동경으로 부르고 장안을 서경(西京)으로 부른 데에서 유래한 것이다. 당고는 후한 영제(後漢靈帝) 때에 환관들의 전횡(專橫)을 막기 위해 진번(陳蕃)과 이응(李膺) 등이 대장군 두무(竇武)와 함께 환관을 모살(謀殺)하려다가 오히려 실패한 나머지 진번과 이응 등 1백여 인이 피살당한 뒤에 계속해서 사형과 유배를 당하고 수금(囚禁)된 자가 7백여 인에 이르렀던 사건을 말한다.《後漢書 卷67 黨錮列傳》

86 역안(逆案) : 반역(叛逆)의 안건(案件)이라는 뜻인데, 여기서는 엄당(閹黨)인 위충현(魏忠賢)의 반역안(叛逆案)을 말한다. 위충현이 권력을 독점하면서 정치가 부패의 극을 치달리는 가운데, 누차 대옥(大獄)을 일으켜 동림당인(東林黨人)을 살육하였는데, 천계(天啓) 7年(1627)에 사종(思宗)이 즉위하매 위충현이 목매어 자살하자 그 시체를 채찍질하고 머리를 매달게 하였으며, 위충현을 후원했던 희종(熹宗)의 유모 객씨(客氏)도 태살(笞殺)하였다. 그리고 의종(毅宗) 숭정(崇禎) 2년(1629)에 또 조서(詔書)를 반포하여 역안을 확정하고, 위충현에게 빌붙었던 사람들을 6등급으로 나누어, 중한 자는 사형에 처하고 가벼운 자는 종신토록 채용하지 못하게 하였는데, 남명(南明) 복왕(福王) 홍광(弘光) 때에 마사영(馬士英)과 완대성(阮大鋮)이 권력을 장악하자 다시 이 역안을 뒤집고는 동림당인을 무자비하게 탄압하며 보복을 일삼았다.

(淸明)해서 우뚝하게 볼만한 점이 있었습니다.

그러나 불행히도 사람을 잘못 임용(任用)하여 사총(四聰)을 혹란(惑亂)하게 한 탓으로 붕당을 세운다는 참소가 들어온 위에 조정(調停)해야 한다는 논의가 또 일어나는 바람에, 마침내 사정(邪正)이 뒤섞여 나와 소소(宵小 소인)가 기회를 엿보는 사태를 빚었습니다. 그리하여 그 유폐(流弊)가 심지어는 마사영(馬士英)과 완대성(阮大鋮)[87]의 무리로 하여금 남도(南渡)한 뒤에 역안을 뒤집고, 국운(國運)이 끊길 때에 국맥(國脈)을 좀먹게까지 하였으므로, 이른바 정인(正人)과 군자(君子) 들이 초야(草野)에서 머리를 나란히 하고 단지 순국(殉國)의 충성을 스스로 바칠 따름이었으니, 여기까지 생각이 미치면 어찌 통곡하지 않을 수 있겠습니까.

공자(孔子)가 "곧은 자를 기용하고 굽은 자를 버려두면 굽은 자를 곧게 만들 수 있다.〔擧直錯諸枉 能使枉者直〕"라고 한 일단(一段)에 대해서 자하(子夏)가 "불인(不仁)한 자들이 멀리 사라졌다.……〔不仁者

87 마사영(馬士英)과 완대성(阮大鋮) : 마사영은 만력(萬曆) 44년(1616)에 완대성과 함께 회시(會試)에 급제한 인연이 있다. 숭정(崇禎) 말에 복관(復官)되어 봉양 총독(鳳陽摠督)이 되었으며, 이자성(李自成)이 경사(京師)를 함락하자, 남경(南京)에서 복왕(福王)을 세우고는 국정을 전횡하였다. 청병(淸兵)을 막을 계책을 세우지 않다가 남경이 함락된 뒤에 군대가 패하여 포로로 잡혀 죽었다. 완대성은 홍광(弘光) 때에 마사영이 집정(執政)하자 병부 상서(兵部尙書)에 임명되어 동림(東林)과 복사(復社)의 제인(諸人)에게 혹독하게 보복하였으며, 뒤에 청(淸)나라에 항복하여 선하령(仙霞嶺)의 공격에 참여했다가 죽었다. 대본에는 '阮大成'으로 되어 있는데, 《명사(明史)》 권128에 의거하여 '成'을 '鋮'으로 바로잡아 번역하였다.

遠……〕"라고 드러내 밝힌 대목[88]을 참된 탕평〔眞蕩平〕의 증거로 삼을 수 있을 듯합니다. 그리고 주자(朱子)가 유 승상(留丞相)에게 보낸 글[89] 5편(篇) 및 《어류(語類)》의 〈함괘(咸卦)〉 2책(冊)과 병행해서 송(宋)·명(明)의 이사(二史)에 대해서도 상세히 살피지 않으면 안 될 것입니다.

성상께서 탕평(蕩平)을 하려고 하는 이면에는 필시 오해한 부분이 있을 것입니다. 하나는 이쪽이라고 해서 어찌 꼭 모두 옳겠으며 저쪽이라고 해서 어찌 꼭 그르겠느냐고 여기는 것이고, 또 하나는 이쪽이라고 해서 어찌 모두 현능(賢能)하고 재주가 있겠으며 저쪽이라고 해서 어찌 모두 불초(不肖)하고 재주가 없겠냐고 여기는 것일 겁니다. 그러니 이 두 가지 대목에 대해서 단락을 나누어 설파(說破)해야 마땅할 듯합니다.

상단(上段)에 대해서는 대개 "의리(義理)를 살피려면 먼저 대체(大體)를 살펴야 합니다. 대체를 먼저 살피지 않고 오직 자질구레한 득실(得失)의 사이에서만 따지려 들면 도리어 대체를 어지럽힐 우려가 혹

88 공자(孔子)가……대목 : 공자가 번지(樊遲)에게 "곧은 자를 기용하고 굽은 자를 버려두면 굽은 자를 곧게 만들 수 있다.〔擧直錯諸枉 能使枉者直〕"라고 일러 주었는데, 번지가 그 뜻을 이해하지 못하고 자하(子夏)에게 물어보자, 자하가 "순 임금이 천하를 소유하고는 많은 사람들 중에서 고요를 발탁하니 불인한 자들이 멀리 사라졌고, 탕왕이 천하를 소유하고는 많은 사람들 중에서 이윤을 발탁하니 불인한 자들이 멀리 사라졌다.〔舜有天下 選於衆 擧皐陶 不仁者遠矣 湯有天下 選於衆 擧伊尹 不仁者遠矣〕"라고 설명한 대목이 《논어》 〈안연(顔淵)〉에 나온다.

89 주자(朱子)가……글 : 주희(朱熹)가 사대부의 붕당(朋黨)을 걱정한 승상 유정(留正)에게 보낸 글을 말하는데, 군자의 당(黨)을 적극적으로 옹호하는 내용으로 되어 있다. 《회암집(晦菴集)》 권28에 〈여유승상서(與留丞相書)〉라는 제목으로 나온다.

없지도 않습니다."라는 내용으로 말씀드리되, 주자가 "먼저 그 시비를 정한 뒤에야 절도에 맞는지 안 맞는지를 비로소 논할 수 있다.〔先定其是非然後 方可論中節不中節〕"라고 말한 것을 인용해도 좋을 듯하고, 또 율옹(栗翁)이 을사년(1545, 명종 즉위년)의 일을 처리한 것[90]을 이곳에 삽입해도 좋을 듯한데, 오직 좋은 쪽으로 재량껏 처리하면 될 것입니다.

하단(下段)에 대해서는 대개 《논어(論語)》의 "주공과 같은 훌륭한 재능이 있다고 할지라도 교만하고 인색하다면 그 나머지는 볼 것이 없다.〔如有周公之才之美 使驕且吝 其餘不足觀也〕"[91]라는 말과 주자(朱子)가 어떤 사람의 염결(廉潔)에 대한 질문에 답하면서 "염은 자기 하나의 사일 뿐이니, 어떻게 말 잘하는 입이 나라를 뒤엎는 화를 구할 수 있겠는가.……〔廉一己之私耳 豈足以救其利口覆邦家之禍哉……〕"-〈함괘(咸卦)〉에 보인다.-라는 말을 인용하면서, 명백하게 지적하여 진술하되, 다만 너무 박절하게 느낄 염려가 없게 하는 것이 좋을 것입니다.

그리고 그 아래에 이어서 전일에 고한 대로 "전하의 뜻이 본래 한쪽

90 율옹(栗翁)이……것 : 율곡(栗谷) 이이(李珥)가 을사사화(乙巳士禍) 때의 윤원형(尹元衡) 등의 위훈(僞勳)을 삭제할 것을 청하여 끈질기게 노력한 끝에 결국 선조의 윤허를 받아 낸 것을 말한다. 《선조실록(宣祖實錄)》 2년 9월 25일 기사에 이이가 어전에서 영의정 이준경(李浚慶)의 주장을 반박하며, 신정(新政) 초에 위훈을 삭제하고 명분을 바로잡음으로써 국시(國是)를 정하도록 청한 기사가 실려 있고, 《선조실록》 10년 11월 28일 조에 위훈 삭제의 일을 윤허한 기사가 실려 있으며, 그해 12월 8일 조에 위훈을 삭제하고 신원(伸冤)한다는 교서(教書)를 중외(中外)에 반포하였다는 기사가 실려 있다.

91 주공과……없다 : 《논어》 〈태백(泰伯)〉에 나오는 공자의 말이다. 대본에는 '雖有周公之才之美……'로 되어 있는데, '雖'는 '如'의 잘못이기에 바로잡아 번역하였다.

편을 버리고 싶지 않은 마음에서 나왔더라도, 실제로 이는 온 나라 사람들을 모두 버리는 결과가 되고 맙니다.……"라는 내용을 언급하고, 끝으로 "그보다는 시비(是非)를 크게 밝혀서 국론(國論)이 통일되고 민지(民志)가 안정되게 하여, 다 함께 대도(大道)로 나아가 회극(會極)하고 귀극(歸極)하게 하는 것[92]이 좋지 않겠습니까.……"라는 것으로 마무리하는 것이 좋을 듯한데, 이러한 곳을 설득할 때에는 이른바 회자(劊子 사형 집행인)의 수단처럼 골수(骨髓)까지 파고 들어가야만 비로소 주상께서 듣고서 감동하게 할 수 있을 것입니다.

92 회극(會極)하고……것 : 회극과 귀극(歸極)은 《서경》 〈홍범(洪範)〉에 나오는 '회기유극 귀기유극(會其有極 歸其有極)'의 준말로, 그 극이 있는 곳으로 모여들고, 그 극이 있는 곳으로 돌아온다는 뜻이다. 그 극이 있는 곳이란 "임금이 치우침 없는 바른 표준을 세상에 세운다.〔皇建其有極〕"라는 말에서 나온 것으로, 황극(皇極), 즉 제왕이 세상을 다스리는 준칙(準則)을 말한다. 영조의 탕평(蕩平)이라는 개념도 기자(箕子)가 주 무왕(周武王)에게 일러 주었다는 〈홍범〉에서 나온 것인데, 그 대목을 소개하면 다음과 같다. "편벽되고 기울어짐이 없게 하여 왕의 의를 따르고, 사사로이 좋아하는 생각이 없게 하여 왕의 도를 따르고, 사사로이 싫어하는 생각이 없게 하여 왕의 길을 따르시오. 편벽됨이 없고 편당함이 없으면 왕의 도가 넓어질 것이요, 편당함이 없고 편벽됨이 없으면 왕의 도가 평평해질 것이며, 뒤집어짐이 없고 치우침이 없으면 왕의 도가 정직해지리니, 그 극이 있는 곳으로 모여들고 그 극이 있는 곳으로 돌아올 것입니다.〔無偏無陂 遵王之義 無有作好 遵王之道 無有作惡 遵王之路 無偏無黨 王道蕩蕩 無黨無偏 王道平平 無反無側 王道正直 會其有極 歸其有極〕"

송형 사행에게 답하는 글

答宋兄士行

질문하신 두 조목의 뜻은 삼가 잘 알았습니다.

"강등하여 복이 없는 자는 마를 한다.〔降而無服者麻〕"[93]라고 분명히 경문(經文)에 실려 있고, 인정(人情)에도 곡진(曲盡)하여 더 이상 의심할 것이 없으니, 결단하여 행한다면 어찌 매우 좋지 않겠습니까.

부(婦)가 남편의 본생(本生)의 조부모(祖父母)를 위해서 소공(小功)의 복을 입는데, 본생의 조부모가 자기의 손부(孫婦)를 위해 시마(緦麻)의 복을 입는다면, 본소(本疏)의 "주고받으며 서로 보답한다.〔往來相報〕"[94]라는 뜻에 크게 어긋나니 결코 안 될 일입니다.

그렇게 하는 것이 도리어 자기의 서손(庶孫)의 부(婦)를 위한 복보다 중하게 되는 것은 참으로 의아하게 여길 만합니다. 그러나 부(婦)가

93 강등하여……한다 : 《예기》 〈분상(奔喪)〉에 "복이 없지만 자리를 마련하는 것은 오직 형수(兄嫂)와 시숙(媤叔)일 때이다. 부인의 경우 강등하여 복이 없는 자는 마를 한다.〔無服而爲位者 唯嫂叔 及婦人降而無服者麻〕"라고 나와 있다. 마를 한다는 것은 수질(首絰), 즉 짚에다 삼 껍질을 감아서 머리에 두르는 것을 말한다.

94 주고받으며 서로 보답한다 : 《의례》 〈상복(喪服)〉 부장기장(不杖期章)에 "남의 후사가 된 자가 자기 본생부모(本生父母)를 위해서 입는다. 본생부모도 그를 위해 같이 입어서 보답한다.〔爲人後者爲其父母 報〕"라고 하였는데, 그 소(疏)에 "같이 입어서 보답한다고 말하는 것은 그 아들이 이미 깊이 억제하여 본소에서 말한 '주고받으며 서로 보답한다.'라는 법과 같게 했기 때문이다.〔言報者 旣深抑之 使同本疏往來相報之法故也〕"라고 하였다. 본소(本疏)는 《의례》 〈상복〉의 조문(條文)에 대해서 언급한 가공언(賈公彦)의 소를 말한다.

본생(本生)의 구고(舅姑)를 위하여 대공(大功)의 복을 입는 까닭에, 구고(舅姑)도 이에 보답하여 대공의 복을 입는데, 이것 역시 자기의 서부(庶婦)를 위해 소공(小功)을 입는 것보다 중하여, 그 유례(類例)가 서로 통하지 않는 것이 위의 경우와 다름이 없으니, 어쩌면 복(服)은 비록 중하더라도 의(義)는 실제로 소원(疎遠)하기 때문에 이와 같이 해도 상관없는 것인지도 모르겠습니다.

대저 〈상복(喪服)〉의 소(疏)에서 "본소(本疏)에서 말한 대로 서로 주고받으며 보답한다.……"라고 한 것과 전(傳)에서 "방존(旁尊)을 위해서는 더 높여서 복을 입지 않는다."[95]라고 한 것이 지극히 의미가 있어서 깊이 성인(聖人)의 뜻을 얻었으니, 저쪽의 경우가 의심스럽다고 해서 여기에까지 끌어다 적용하여 강제로 빼앗아 가면 결코 안 될 것입니다.

조복(弔服 조상(弔喪)할 때 입는 옷차림)을 벗는 것은 말씀하신 것이 옳은 듯합니다. 장례(葬禮)를 행할 적에 예전에 벗었던 상복을 다시 입는 것〔及葬 反服其服〕에 대해서는, 〈소기(小記)〉의 "우제와 졸곡을 곧바로 하면 문(免)을 하고, 만일 곧바로 우제를 지내지 않으면 문을 하지

95 방존(旁尊)을……않는다 : 《의례》 〈상복(喪服)〉의 "백숙부모를 위해 기년복(期年服)을 입는다.〔世父母 叔父母〕"의 전문(傳文)에 "백부와 숙부를 위해서 왜 기년복을 입는가? 그들은 존자(尊者), 즉 부친과 같기 때문이다. 그렇다면 백숙부가 형제의 아들을 위해서 왜 역시 기년복을 입는가? 그들은 방존인 만큼 본래 형제의 아들이 그들을 더 높여서 기복(期服)을 입어 줄 필요가 없는데도 입어 주었으므로, 그들 역시 형제의 아들에게 기복으로 보답하는 것이다.〔世父叔父何以期也 與尊者一體也 然則昆弟之子何以亦期也 旁尊也 不足以加尊焉 故報之也〕"라는 말이 나온다. 방존은 근친(近親)이라는 말과 같다. 정존(正尊)은 자기 부친을 가리킨다.

않는다.……〔報虞卒哭則免 如不報虞則除之……〕"라는 것에 의거하면,[96] 졸곡(卒哭) 뒤에 벗는 것이 옳을 듯하니, 모르겠습니다만 과연 어떻게 정해서 행해야 하겠습니까?

96 장례(葬禮)를……의거하면 : 《예기》〈상복소기(喪服小記)〉에 "시마(緦麻)와 소공(小功)의 상을 당했을 적에, 우제(虞祭)와 졸곡(卒哭) 때에는 문(免)을 한다. 그리고 장례를 끝냈어도 즉시 우제를 지내지 않을 때는 상주(喪主)라도 일단 관을 썼다가, 우제를 지낼 때가 되면 모두 문을 한다. 형제의 상을 당했을 적에, 장례를 지내지 못했어도 기한이 차서 상복을 벗었을 경우에는, 장례를 행할 때가 되어서 벗었던 상복을 다시 입으며, 곧바로 우제와 졸곡을 하면 문을 하고, 만일 곧바로 우제를 지내지 않으면 문을 하지 않는다.〔緦小功 虞卒哭則免 旣葬而不報虞 則雖主人皆冠 及虞則皆免 爲兄弟旣除喪已 及其葬也 反服其服 報虞卒哭則免 如不報虞則除之〕"라는 말이 나온다. 문은 고대 상복(喪服)의 하나로, 관을 벗고 괄발(括髮)하며 한 치 넓이의 흰 베 조각을 머리에 두르는 것이다.

송형 사행에게 답하는 글 무진년(1748, 영조24) 2월

答宋兄士行 戊辰二月

몇 년 동안 종유(從遊)하다가 갑자기 떨어져 있게 된 사실만으로도 슬프고 허전한 심회를 가눌 수가 없는데, 조개(皁蓋)[97]가 출발할 즈음에 끝내 갈림길에서 손잡고 송별하지 못하였으므로, 가슴에 맺혀 잊히지 않는 생각이 지금까지도 가시지 않고 있습니다.

처음 임소(任所)에 도착해서 두서(頭緖)가 없는 것은 본래 면할 수 없는 바입니다만, 이제 일월(日月)이 조금 오래되었으니 이민(吏民)들과도 점차 신뢰가 쌓여서 서먹한 일이 많이 없어졌겠지요?

대저 수재(守宰)가 된 자가 진실로 민사(民事)에 마음을 두고서, 본령(本領)을 일단 세우고 분수(分數)에 일단 밝으면-"한신(韓信)이 많으면 많을수록 좋다고 말한 것도 단지 분수에 밝았기 때문이다."[98]라고 말한 것이 매우 좋습니다.- 단지 현재 행해지는 조제(條制) 가운데에 나아가 조정하며 운전

97 조개(皁蓋) : 흑색의 수레 덮개라는 뜻으로, 지방관을 가리킨다. 《속한서(續漢書)》 권29 〈여복 상(輿服上)〉에 "중 2천 석과 2천 석은 모두 수레 덮개를 흑색으로 한다.〔中二千石 二千石皆皁蓋〕"라고 하였다. 군수(郡守)는 녹봉이 2천 석이다.

98 한신(韓信)이……때문이다 : 《근사록(近思錄)》 권9 〈치법(治法)〉에 "한신이, 거느리는 군사가 많으면 많을수록 좋다고 말한 것도 단지 분수에 밝았기 때문이다.〔韓信將兵 多多益辨 只是分數明〕"라는 정이천(程伊川)의 말이 실려 있다. 여기에서 분수(分數)는 군대의 조직과 편제(編制)를 말한다. 한 고조(漢高祖)가 한신에게 얼마의 군사를 거느릴 능력이 있느냐고 묻자, 많으면 많을수록 좋다〔多多益善〕고 대답한 고사가 《사기(史記)》 권92 〈회음후열전(淮陰侯列傳)〉에 나온다. 다다익선(多多益善)은 다다익판(多多益辨)이라고도 한다.

(運轉)하기만 해도 소강(少康)[99]의 정사를 이룰 수 있을 것입니다.

요컨대 인(仁)으로 체(體)를 삼고 명(明)으로 용(用)을 삼으며 청(淸)으로 자기를 규율하고 엄(嚴)으로 관리를 단속하는 네 가지만 있으면 극진하게 되리라고 여겨지는데, 모르겠습니다만 어떻게 생각하십니까?

나는 노인(老人)의 행색으로 그럭저럭 편히 지내고 있습니다. 어제는 가형(家兄)의 서한을 받았는데, 이번 달 초사흘 진시(辰時)에 배를 띄워 신시(申時)에 제주(濟州)에 잘 도착해서 침식(寢食)과 기모(氣貌)가 모두 평소보다 낫다고 하니, 그 기쁨을 말할 수가 없습니다.

바람이 순할 때를 기다려서 백도(白島)라고 하는 곳에 올라가, 석봉(石峯)의 위에 우옹(尤翁 송시열(宋時烈))이 제(題)한 옆에다 제명(題名)했다는데, 이곳은 전후(前後)로 유배당한 나그네의 발자취가 미치지 않은 곳이랍니다.

편지에서 유람하는 장관(壯觀)을 크게 빼기는가 하면, 일체의 세상 생각과 집안 걱정이 전혀 마음에 걸리지 않는다면서, 절해(絶海)의 천극(栫棘 위리(圍籬))을 보아도 심상(尋常)한 일같이만 여기고, 도리어 심신(心神)이 태연(泰然)해지는 것을 느낀다고 하니, 이를 통해서 그 불굴(不屈)의 기상을 볼 수 있을뿐더러, 자위(慈闈)의 걱정하시는 심정을 조금은 풀어 드릴 수도 있을까 합니다.

99 소강(少康) : 조금 안정된 세상이라는 말이다. 요순(堯舜) 시대를 가장 태평한 시대라는 뜻에서 대동(大同)의 시대라고 하고, 우(禹)·탕(湯)·문왕(文王)·무왕(武王)·성왕(成王)·주공(周公)의 시대를 대동 시대보다는 못해도 조금 다스려진 세상이라 하여 소강 시대라고 한다는 말이 《예기》〈예운(禮運)〉에 나온다.

송사능[100]에게 답하는 글 병진년(1736, 영조12)

答宋士能 丙辰

이름은 능상(能相)이다.

삼가 새해에 어버이를 모시는 기쁨과 함께 복 많이 받으시고 공부하는 재미도 월등하시리라 생각합니다.

지난여름에 편지를 받고 보니, 알뜰하고 간절한 말씀이 종이에 가득하여, 실로 사람을 감격하게 하는 점이 있었습니다. 스스로 돌아보건대 누추하고 졸렬한 몸이 어떻게 이를 감당하겠습니까.

단지 정미(精微)한 의리(義理)는 본래 초학(初學)이 급급(汲汲)해 할 성격의 것이 아니고, 또 그 곡절(曲折)과 분합(分合)의 대목에 관해서는 실로 쉽게 이야기할 수 없는 점이 있으니, 참으로 정밀히 사색하고 세밀히 관찰하여 융회(融會)되기를 구하지 않고서 한갓 언어로 처리하려고만 한다면, 이는 노형(老兄)이 당부하신 뜻에 보답하는 일이 결코 못 될 것입니다.

이 때문에 감히 경솔하게 답변을 드리지 못한 채 지금까지 시간을 끌어왔으니, 너무도 완둔(頑鈍)하여 결례(缺禮)했다고 말할 만합니다. 그러니 비록 인정을 받고 있다는 것을 알면서도 겸연쩍어지면서

100 송사능(宋士能) : 영조 대의 학자인 송능상(宋能相, 1710~1758)으로, 사능은 송능상의 자이다. 호는 운평(雲坪)·동해자(東海子)이다. 송시열(宋時烈)의 현손이며, 한원진(韓元震)의 문인이다. 학행으로 천거되어 장령(掌令)과 장악원 정(掌樂院正)을 역임하고, 만년에 묘향산(妙香山)에 들어가 학문에 전념하였다.

슬퍼지는 심정은 헤아릴 수가 없습니다.

요즈음 《태극도설(太極圖說)》과 《통서(通書)》를 읽는 기회에 다시 며칠 동안 깊이 생각해 보았는데, 감히 융석(融釋)했다고 스스로 말할 수는 없어도, 예전에 비해서는 그래도 차이가 있었습니다. 그래서 삼가 별폭(別幅)에 적어서 대략 성의(盛意)에 답하긴 했습니다만, 그래도 감히 중요하지도 않은 말을 아무렇게나 뇌까리지는 못하겠기에, 그저 보내온 편지에서 인용한 주자(朱子)의 설에 대해 참호(參互)하고 고정(考訂)하여 그 본의(本意)를 밝히기만 하였으니, 선입견을 위주로 하지 마시고 자세히 체찰(體察)해 주신다면, 또 개발(開發)하는 데에 하나의 도움이 될 수도 있을 것입니다. 조만간 송촌(宋村)에서 한번 모이면, 다 토로하지 못한 내용을 그때 죄다 말씀드려 볼까 합니다.

나는 지난여름 이래로 걱정스러운 일이 연달아 일어나서, 과업(課業)이 갈수록 더욱 황폐해지기만 하는데, 여기에 또 세색(歲色)이 새로워져서 점점 나이만 더 먹고 있으니, 장차 일컬어지는 일도 없이 죽을까 싶어서 그저 밤낮으로 두려움에 떨고 있을 뿐입니다. 모르겠습니다만 노형(老兄)께서는 헤어진 뒤로 책자(冊子)를 몇 권이나 떼시고, 어려운 일을 몇 건이나 행하셨으며, 계속해서 일신(日新)하는 의취(意趣)를 얼마나 느끼고 계십니까?

다시 바라건대 조금 얻었다고 만족하거나 한 가지 선행(善行)만으로 자기를 제한하지 마시고, 넓고 큰 것을 끝까지 추구하면서도 정밀하고 은미한 것을 완전히 파악하라는 가르침[101]에 깊이 힘써서, 선열(先烈)

101 넓고……가르침 : 《중용장구(中庸章句)》 제27장에 "군자는 덕성을 존숭하고 학문을 연구한다. 넓고 큰 것을 끝까지 추구하면서도 정밀하고 은미한 것을 완전히 파악하

을 빛내고 사도(斯道)를 복되게 해 주십시오. 그리고 나처럼 어리석어 헤매는 자도 사모하고 기대하는 바가 있어서, 돌아갈 곳이 없는 지경에 이르지 않게 해 주시기를 간절히 축원합니다.-이 편지는 초년(初年)에 인물성동론(人物性同論)을 주장할 때 지은 글이다. 별폭(別幅)의 글은 여기에 수록하지 않는다.-

고, 높고 밝은 최고의 경지를 이루면서도 중용의 길을 걷는다. 옛것을 익히면서 새것을 알고, 돈후한 자세를 견지하며 예를 숭상한다.〔君子尊德性而道問學 致廣大而盡精微 極高明而道中庸 溫故而知新 敦厚以崇禮〕"라는 말이 나온다.

신성보[102]에게 보내는 글 기미년(1739, 영조15) 8월

與申成父 己未八月

이름은 소(韶)이다.

나는 문을 걸어 닫고 조용히 거처하면서 다행히 다른 시끄러운 일이 없기에, 마침내 예전에 주서(朱書 주자의 글)를 읽던 일과(日課)를 계속하면서 아울러 《중용(中庸)》을 강송(講誦)하노라니, 의사(意思)가 제법 쾌활해짐을 느끼고 문로(門路)가 점차 분명해지는 것 같아서, 종전의 허다한 강설(講說)이 공언(空言)으로 돌아가지 않을 희망을 갖게 되었습니다만, 자질구레한 세속의 얽매임이 왕왕 사람의 의사(意思)를 망치는 것이 있으니 매우 한탄스럽습니다.

대개 일용(日用)의 사물이 이(理) 아닌 것이 없으니, 완미하며 탐구하고 체득하여 실행하는 것이 그다지 어려울 것이 없을 듯도 하지만, 그렇지 못한 것은 구각(軀殼)이 이를 방해하기 때문입니다. 그리고 이목(耳目)과 사지(四肢)의 욕심을 끊는 것이 당연히 쉬울 것도 같지만, 도(道)를 보는 것이 밝지 않으면 이것 역시 면강(勉強)한다고 해서

102 신성보(申成父) : 신소(申韶, 1715~1755)로, 성보는 신소의 자(字)이고 성중(成仲)이라는 자도 있으며 호는 함일재(涵一齋)이다. 청(淸)나라의 배신(陪臣)이 되지 않겠다고 맹세하고 춘추대의(春秋大義)를 강마하며 과거에 나아가지 않고 벼슬하지 않은 채 죽었는데, 송명흠(宋明欽)과 김원행(金元行) 등이 그의 신주(神主)에 처사(處士)라고 쓰게 하고, 대제학 황경원(黃景源)은 그의 묘지(墓誌)를 지으면서 명(明)나라 유사(遺士)라고 일컫기도 하였다. 1821년(순조21)에 참의(參議)의 증직(贈職)을 내릴 때에도 교지(敎旨)에 청나라의 연호를 쓰지 않았다고 한다.

끊어질 수는 없는 것입니다.

그렇기 때문에 학문의 길이라는 것도 많은 말을 할 것이 없이, 단지 사욕(私欲)을 극복하는 것〔克己〕과 이치를 밝히는 것〔明理〕 두 가지일 뿐입니다. 따라서 구각과 관련이 있기만 하면 버리고 또 버리면서 오직 털끝만큼이라도 미진한 점이 있을까 두려워하고, 도리(道理)에 속하기만 하면 밝히고 또 밝히면서 오직 털끝만큼이라도 놓치는 것이 있을까 두려워하여, 각기 그 공을 이루어 가면서 실제로 상호 간에 자뢰(資賴)하여 발전할 수 있게 해야 할 것입니다.

그리하여 도리(道理)가 밝아질수록 구각이 더욱 가벼워지고, 구각이 가벼워질수록 도리가 더욱 밝아져서 극치에 이르게 되면, 안중(眼中)에 다시 구각이 보이지 않게 되면서, 연비어약(鳶飛魚躍)[103]하는 어느 것이나 그 도리가 밝게 드러나고, 동용(動容)하고 주선(周旋)하는 것 모두가 예(禮)에 맞지 않음이 없을 것이니, 주자(朱子)가 말한 "구각은 비록 사람이라도, 혼연히 한 덩어리의 천리(天理)이다."라고 하는 경지를 이야기할 수 있게 될 것입니다.

이것이 바로 선비가 되는 것에서 시작하여 성인이 되어 마치는 학문의 길[104]로, 그 맥리(脈理)와 계급(階級)이 분명히 눈앞에 있으니 털끝

103 연비어약(鳶飛魚躍) : 솔개가 날고 물고기가 뛴다는 뜻으로, 천지간에 약동하는 만물의 실상을 비유한 말이다. 《중용장구》 제12장에 "시에 이르기를 '솔개는 날아서 하늘에 이르고, 물고기는 못에서 뛴다.'라고 하였으니, 이는 천지의 도가 높은 하늘이나 낮은 못이나 모두 똑같이 행해지고 있음을 말한 것이다.〔詩云鳶飛戾天 魚躍于淵 言其上下察也〕"라는 말이 나온다. '솔개는 날아서……' 시는 《시경》 〈대아(大雅) 한록(旱麓)〉에 보인다.

104 선비가……길 : 《순자(荀子)》 〈권학(勸學)〉에 "학문하는 뜻은 선비가 되는 것에

만큼이라도 다른 방법은 없는 것입니다. 선성(先聖)이 가르쳐 주신 정일(精一)[105]과 극복(克復)[106]이 성학(聖學)의 두뇌(頭腦)라는 것을 예전부터 알고는 있었으면서도 여전히 범홀(泛忽)히 대하는 잘못을 면치 못하였는데, 이제 와서는 방흔(棒痕)과 괵혈(摑血)[107]이 참으로

서 시작하여 성인이 되어 마치는 데에 있다.〔其義則始乎爲士 終乎爲聖人〕"라는 말이 나온다.

105 정일(精一) : 정밀하게 살피고 한결같이 지키면서 중도를 행하는 것을 말한다. 《서경》〈대우모(大禹謨)〉의 "인심은 위태하고 도심은 은미하니, 오직 정밀하고 일관되게 하여 그 중도(中道)를 진실로 잡아야 한다.〔人心惟危 道心惟微 惟精惟一 允執厥中〕"라는 16자(字)를 압축해서 말한 것인데, 주희(朱熹) 등 송유(宋儒)가 이것을 요(堯)·순(舜)·우(禹) 세 성인이 서로 도통(道統)을 주고받은 십육자심전(十六字心傳)이라고 강조한 뒤부터, 개인의 도덕 수양과 치국(治國)의 원리로 숭상해 왔다.

106 극복(克復) : 극기복례(克己復禮)의 준말로, 자신의 사욕을 이겨 천하의 공도(公道)인 예(禮)로 돌아오게 하는 것을 말한다. 공자에게 수제자 안연(顔淵)이 인(仁)에 대해서 묻자, 공자가 "극기복례가 바로 인이다. 하루라도 극기복례를 할 수 있게 되면, 온 천하 사람들이 그 인에 귀의할 것이다.〔克己復禮爲仁 一日克己復禮 天下歸仁焉〕"라고 대답하면서, 구체적인 조목으로 물시(勿視)·물청(勿聽)·물언(勿言)·물동(勿動)의 사물(四勿)을 제시한 대목이 《논어》〈안연(顔淵)〉에 나온다.

107 방흔(棒痕)과 괵혈(摑血) : 원래는 방망이로 내려치고 손바닥으로 때려서 생긴 붉은 핏자국이라는 뜻의 선종(禪宗)의 용어인데, 후대에 성현이 사람들에게 간절하게 일러 준 가르침, 혹은 그 가르침을 사람들이 간절하게 받아들여야 함을 비유하는 말로 쓰이게 되었다. 《주자어류(朱子語類)》 권34에 "대개 성인이 하시는 일은 예를 들면 방망이로 내려쳐서 한 가닥 혈흔(血痕)이 생기게 하고 손바닥으로 때려서 혈인(血印)이 생기게 하는 바로 그런 것과 같은 것이다.〔大槪聖人做事 如所謂一棒一條痕 一摑一掌血 直是恁地〕"라는 말이 나오고, 권10에 "모름지기 한 방망이와 한 손바닥마다 혈흔이 생기는 것처럼, 사람의 문자를 볼 때에도 이와 같이 해야 할 것이니, 어찌 대충 보며 소홀히 해서야 되겠는가.〔須是一棒一條痕 一摑一掌血 看人文字 要當如此 豈可忽略〕"라는 말이 나온다.

나를 속이지 않는다는 것을 알았습니다.

그러나 공부(工夫)의 총회(總會)는 또 하나의 '경(敬)' 자에 있는 것으로, 우유함영(優遊涵泳)[108]하는 것이 명리(明理)의 요법이 되고, 용맹스럽게 제거하여 없어지게 하는 것이 극기(克己)의 요체(要諦)가 되는 것입니다. 이는 실로 종신토록 해야 할 사업인 만큼, 벌벌 떨면서 혹시 잃지나 않을까 바야흐로 두려워하고 있습니다.

마음속으로는 꽤나 통절하고 분명하게 느끼고 있습니다만, 종이와 먹에 드러내려고만 하면 문득 의사가 흐릿해져서 죄다 말씀드리지 못하니, 그저 대의(大意)만을 보고 내가 말하고자 하는 뜻을 이해해 주면 좋겠습니다.

108 우유함영(優遊涵泳) : 조급히 서둘지 않고 여유 있게 한가로이 오래도록 탐구하여 자기 몸에 배어들면서 완전히 내 몸의 일부가 되게 하는 것을 말한다.

신성보에게 보내는 글 신유년(1741, 영조17) 2월

與申成父 辛酉二月

전월(前月)에 답장을 받고 지금까지 깊이 위로됩니다. 금일 봄빛이 화창한 이때에 어버이를 모시고 공부하는 체후(體候)가 또 어떠하십니까? 무슨 책을 읽고 있으며, 일용(日用)의 공부는 점차 융석(融釋)하는 데가 있음을 느끼고 있습니까? 어찌하여 한두 가지라도 나에게 보여 주려 하지 않습니까.

성주 노인(聖周老人)은 다행히 그런대로 건강하여 글을 읽는 데에 집중할 수 있게 된 덕분에, 도리(道理)의 체면(體面)과 성현(聖賢)의 문로(門路)가 점차 분명해지는 듯도 합니다만, 자기 자신의 거경(居敬)과 집의(集義)의 실사(實事)에 대해서는 끝내 진실하게 득력(得力)하는 곳이 없으니, 필경에는 사소하게 얻은 것이 있다고 해도, 그것 역시 결국은 탑(塔)을 마주하고 상륜(相輪)을 이야기하는 것에 불과할 것입니다.[109]

109 자기……것입니다 : 도(道)는 오직 거경(居敬)과 집의(集義) 등 실천궁행(實踐躬行)을 통해서만 이룰 수 있는 것이니, 논리적인 사변(思辯)만을 통해서 파악하려 하면 안 된다고 경계하는 말이다. 상륜(相輪)의 고사는, 정명도(程明道)가 왕안석(王安石)에게 "공이 도에 대해서 이야기하는 것은 바로 13층 탑 위의 상륜을 설명하는 것과 같다. 공은 멀리 바라보면서 상륜은 이러이러하다고 지극히 분명하게 말하고 있다. 그러나 나와 같은 사람은 우직해서 그렇게 하지를 못하고 직접 탑 안으로 들어가서 상륜을 향해 올라간다. 힘들지만 부지런히 등반하며 계속 올라가서 13층에 이르면, 그때에 비록 상륜을 보고서 공이 말한 것처럼 말할 수는 없어도, 나는 실제로 탑 안에 있으면서 상륜과 점점 가까워지니, 요컨대는 반드시 거기에 이를 수 있다고 하는 것이

대개 이 도리는 전적으로 일용하는 곳에서 익히는 데에 있습니다. 독서하여 도리를 밝히는 것은 단지 그 단서를 여는 것일 뿐이니, 독서하면서 궁행(躬行)하지 않는다면 책벌레와 무엇이 다르겠습니까. 이 뜻이 진절(眞切)하지 않은 것이 아니지만, 행할 때에는 끝내 말할 때와 다르기 때문에, 바야흐로 두려워하면서 스스로 어떻게 해야 할지 모르겠습니다.

그러나 먼저 도리를 밝히지 않는다면 이른바 궁행한다는 것도 단지 구차하게 회우(悔尤)[110]를 면하는 것일 뿐이요, 시원하게 융석하는 맛은 느낄 수 없을 것입니다. 이것이 바로 《대역(大易)》의 "지혜로 높이고 예법으로 낮춘다.〔知崇禮卑〕"[111]라는 가르침이 성학(聖學)의 전체(全體)가 되는 소이(所以)이니, 털끝만큼이라도 한쪽에만 의지해서는 안 되는데, 어느 날에 이런 발원(發願)을 충족시켜서 스스로 청명(淸

다.〔公之談道 正如說十三級塔上相輪 對望而談曰 相輪者如此如此 極是分明 如某則戆直 不能如此 直入塔中 上尋相輪 辛勤登攀 邐迤而上 直至十三級時 雖猶未見相輪 能如公之言 然某卻實在塔中 去相輪漸近 要之須可以至也〕"라고 한 말에서 유래한 것이다. 《二程遺書 卷1》 상륜은 불교 사탑(寺塔)의 꼭대기에 있는 금륜(金輪)으로, 금찰(金刹)·금당(金幢)·노반(露盤) 등으로 칭하기도 하는데, 여기에서는 도(道)를 상징하는 말로 쓰였다.

110 회우(悔尤) : 후회와 허물이라는 뜻으로, 언행(言行)상의 잘못을 말한다. 자장(子張)이 벼슬해서 출세하는 방법을 배우려고 하자, 공자가 "말에 허물이 적어지고, 행동에 후회할 일이 적어지면, 녹이 그 속에 들어 있다.〔言寡尤 行寡悔 祿在其中矣〕"라고 대답해 준 고사에서 유래한 것이다. 《論語 爲政》

111 지혜로……낮춘다 : 《주역》 〈계사전 상(繫辭傳上)〉에 "지혜로 높이고, 예법으로 낮추나니, 높이는 것은 하늘을 본받는 것이요, 낮추는 것은 땅을 본받는 것이다.〔知崇禮卑 崇效天 卑法地〕"라는 말이 나온다.

明)하고 쾌락(快樂)한 경지에 서게 될는지 모르겠습니다.

성보 씨와 같은 탁월한 식견과 아름다운 자질은 정녕 쉽게 얻을 수 있는 것이 아닌데, 다만 문자상의 공부가 부족할까 염려됩니다. 이것이 비록 질병 탓이라고는 하지만, 그래도 여기에다 모두 핑계를 대면 안 될 것입니다. 주서(朱書 주희의 글)는 몇 권이나 보았습니까? 내 생각으로는 그보다는 먼저 《대학(大學)》에 힘쓰는 것이 좋을 듯도 합니다. 왜냐하면 의리(義理)의 두뇌(頭腦)와 학문의 차제가 모두 이 책에 들어 있으니, 참으로 제대로 잘 읽기만 한다면 다른 것은 칼을 들이대는 대로 해체하는 것[112]이 가능하기 때문입니다.

그리고 그 책은 문자가 많지 않아서 병중에 읽기에도 적당하니, 주선생(朱先生 주희(朱熹))의 독법(讀法)에 의거하여 날마다 1절(節)이나 1장(章)을 취하여 숙독하며 상세히 음미하는 것이 좋겠습니다. 그리하여 아직 입에 오르지 않았으면 반드시 입에 오르게 하고, 아직 투철하게 통하지 못했을 때에는 반드시 투철하게 통하게 하여, 이 한 단락이 더 이상 볼 것이 없게 한 뒤에 또 한 단락을 바꾸는 방식으로 한 편(篇)을 끝낼 것이요, 그런 뒤에 다시 처음부터 순환하여 몇 번을 반복하면 그 의미가 하나로 꿰뚫어지고 안목이 툭 트여서 필시 한 단계 더 발전할 수 있을 것입니다.

이에 앞서 누차 독서의 절목에 대해 질문을 받고서도 여태 답변을 드리지 못했기에 이렇게 감히 언급하게 되었습니다. 나는 일찍이 이

112 칼을……것 : 어떤 문제든지 손쉽게 해결하는 것을 비유하는 말이다. 《진서(晉書)》 권34 〈두예열전(杜預列傳)〉에 "대나무를 자를 때 몇 개의 마디만 지나가면 모두 칼을 들이대는 대로 곧장 쪼개진다.〔破竹 數節之後 皆迎刃而解〕"라는 말이 있다.

책을 몇 번 읽긴 하였지만 매양 어물쩍 넘겨 버린 병통이 있어서 여태 마무리하지 못하고 있습니다. 성보 씨가 이와 같이 박실(朴實)하게 용공(用功)하여 그 소득(所得)을 나에게도 보여 줌으로써, 계발(啓發)되고 함양(涵養)되어 과업을 마칠 수 있게 해 준다면, 그런 다행이 어디에 있겠습니까.

신성보에게 답하는 글 무진년(1748, 영조24)

答申成父 戊辰

〔문〕 부친의 초상을 당하여 장례 지내기 전에, 모상(母喪)에서 개장(改葬)할 때의 성복(成服)의 여부에 대해서[113]

〔답〕 〈잡기(雜記)〉에 "영구(靈柩)가 빈소(殯所)에 있을 적에 외상(外喪) 소식을 들으면 다른 방에 가서 곡(哭)을 한 뒤에 개복(改服)하고 그 자리에 나아간다.〔有殯聞外喪 哭之他室 改服卽位〕"[114]라고 하였는데, 그 소(疏)에 이르기를 "유빈(有殯)은 부모상을 당해서 아직 매장하지 않은 것을 말한다. 외상은 멀리 있는 형제의 상을 당한 것을 말한다. 개복은 자기의 중한 상복을 바꿔 입는 것이니, 금방 죽어서 아직 성복(成服)하지 않은 복(服)을 착용함을 말한다. 즉위(卽位)는 다른 방의 자리로 나아감을 말한다."라고 하였습니다. 이에 의거하건대, 참최복(斬衰服)으로 빈소에 있을 적에 비록 형제의 상을 당하더라도 상복을 바꿔 입어야 하는데, 하물며 모상에 개장(改葬)할 때의 상복이야 더 말할 나위가 있겠습니까.

내 생각으로는, 모친의 묘를 열 적에 잠시 시마복(緦麻服)을 착용하여 성복을 하는 것이 마땅하고, 그 뒤에는 비록 모상과 관련된 일이라

113 부친의……대해서 : 부친과 합장(合葬)하기 위하여 이미 죽어서 매장한 모친의 묘를 열 때의 상복(喪服)에 대해서 질문한 것인데, 개장(改葬)하는 것도 상례(喪禮)에 해당하기 때문에 모상(母喪)이라고 한 것이다.

114 영구(靈柩)가……나아간다 : 《예기》 〈잡기 하(雜記下)〉의 내용을 발췌한 것이다.

도 감히 참최복을 바꾸지 말아야 할 듯한데, 이렇게 해도 근거가 없지는 않을 듯싶습니다.-상인(喪人)[115]이 비록 산에서 내려오지 않은 때라도 응당 자리를 마련하고 성복해야 할 것입니다.-

〔문〕 천장(遷葬)할 때의 조전(祖奠)과 견전(遣奠)에 대해서

〔답〕 회형(晦兄)[116]은 "《의례(儀禮)》에 의거하건대 견거(遣車)가 있으면 견전(遣奠)[117]의 예(禮)가 있어야 할 듯하다."라고 하였고, 대덕(戴德)[118]은 "견전은 없다."라고 하였으며, 유울지(庾蔚之)[119]는 "조전(祖奠)[120]과 견전 모두 있다."라고 하였고, 개원례(開元禮)[121]에서는 "견전은 있고 조전은 없다."라고 하였으며, 《비요(備要)》[122]에서는 "조전과

115 상인(喪人) : 상중(喪中)에 있는 사람이라는 뜻으로, 보통 상주(喪主)를 가리키는 말로 쓰인다.

116 회형(晦兄) : 자(字)가 회가(晦可)인 송명흠(宋明欽)을 말한다. 송준길(宋浚吉)의 후손으로, 이재(李縡)의 문인이며, 녹문과는 이종사촌 간으로 녹문보다 6년 연상이다.

117 견전(遣奠) : 발인(發靷)할 때 문 앞에서 지내는 제전(祭奠)을 말한다.

118 대덕(戴德) : 서한(西漢)의 금문경학가(今文經學家)로, 《대대례(大戴禮)》 89편을 편찬하였다. 그의 조카인 대성(戴聖)이 다시 이것을 《소대례(小戴禮)》 49편으로 줄였는데, 이것이 바로 지금 전해지는 《예기(禮記)》이다.

119 유울지(庾蔚之) : 예론(禮論)에 밝아서 예에 관한 주석을 많이 냈던 수(隋)나라의 학자이다.

120 조전(祖奠) : 발인 하루 전날 노신(路神)에게 올리는 제전을 말한다.

121 개원례(開元禮) : 대당개원례(大唐開元禮)를 줄인 말로, 당 현종(唐玄宗) 개원 20년(732)에 집현원 학사(集賢院學士)에게 명하여 모두 150권으로 정리하게 한 오례(五禮)의 예문(禮文)이다.

122 비요(備要) : 사계(沙溪) 김장생(金長生)이 편찬한 《상례비요(喪禮備要)》를 말

견전 모두 없다.……" 하였습니다.

《비요》를 상고해 보건대, 영구(靈柩)를 옮겨서〔遷柩〕 상여(喪輿)에 나아간 뒤에 설(設)하는 전(奠)이 바로 견전(遣奠)인 것 같은데, 다만 천구(遷柩)하고 사연을 고한 뒤에 상여에 싣는 1절(節)을 누락했기 때문에, 보는 자들이 제대로 살피지 못한 채 견전의 예가 없다고 말하는 것일 뿐입니다. 대저 이에 대해서는 일단 명확한 근거가 없는 만큼, 단지 《비요》에서 정한 대로만 한다면 허물을 줄일 수 있을 듯합니다.

〔문〕 장례할 때에 구의(柩衣)를 정돈하고 현훈(玄纁)을 증정하는 것에 관하여

〔답〕 우옹(尤翁)이 황주경(黃周卿)에게 답한 글에 "구의와 명정(銘旌) 등을 정돈하는 일은 모두 장구(葬具)와 관계되는 만큼 모친을 먼저 해야 할 듯하다."[123]라고 하였는데, 이 설이 지극히 분명합니다. 다만 현훈을 증정하는 일에 대해서는 중한 분을 먼저 하고 가벼운 분을 뒤에 해야 한다고 하였는데,[124] 이에 대해서는 감히 알 수 없는 점이 있습니

한다. 신의경(申義慶)이 편집한 《상제서(喪制書)》를 정리하고 《주자가례(朱子家禮)》의 미비한 부분을 보충하였다.

123 구의와……듯하다 : "동시에 발인(發靷)한다면 부친의 영구(靈柩)를 먼저 해야 한다는 것이 노선생의 설이다. 장례할 때에 구의(柩衣)와 명정을 정돈하고 현훈을 증정하는 등의 일은 모두 장구에 관계된 만큼 모친을 먼저 해야 할 듯하다.〔同時發引則先父柩 是老先生之說也 葬時整柩衣銘旌贈玄纁等事 皆係葬具則似當先母矣〕"라는 우암(尤庵) 송시열(宋時烈)의 말이 《송자대전(宋子大全)》 권109 〈답황주경(答黃周卿)〉에 나온다.

124 현훈을……하였는데 : 현훈(玄纁)은 검은 비단과 붉은 비단이라는 뜻으로, 속백(束帛), 즉 다발로 묶어서 망자(亡者)를 위한 마지막 예물로 영구에 안치하여 함께

다. 나의 생각으로는 현훈을 증정하는 것도 단지 장구(葬具)에 관계된 일일 뿐이니, 굳이 정(情)을 펴고 억누르는 것을 따질 것이 없다고 여깁니다. 어떻게 생각하십니까?

매장하는 것이다. 중한 분은 부친, 가벼운 분은 모친을 가리킨다. 《송자대전》 권103 〈답윤이화(答尹爾和)〉에 “매장은 가벼운 분을 먼저 하고 중한 분을 뒤에 할지라도, 현훈을 증정할 때에는 중한 분을 먼저 하고 가벼운 분을 뒤에 해야 합니까?〔窆雖先輕後重 而贈當先重後輕耶〕”라는 질문에 대해 “증정하는 것은 정을 펴는 일이니, 중한 분을 먼저 하고 가벼운 분을 뒤에 해야 함을 알 수 있다.〔贈是伸情之事 其先重後輕可知〕”라는 우암(尤庵)의 대답이 나온다. 또 《상변통고(常變通攷)》 권17 〈상례(喪禮) 제주(題主)〉 고비동일장제주(考妣同日葬題主) 조에 “대개 매장하는 일은 정을 억누르는 일이기 때문에 모친을 먼저 하고 부친을 뒤에 하지만, 신주(神主)를 제(題)하는 것은 정을 펴는 일이기 때문에 부친을 먼저 하고 모친을 뒤에 하는 것이다.〔蓋葬是奪情之事 故先母後父 而題主是伸情之事 故先父後母〕”라는 우암의 말이 소개되어 있다.

신성보에게 답하는 글

答申成父

문서는 잘 도착했습니까? 사당에 고하는〔告廟〕 예(禮)를 졸곡(卒哭) 때까지 기다리려고 하면, 조조(朝祖)[125]하는 절목이 장애가 될 것도 같으니, 그보다는 당일에 즉시 고하는 것이 온당하리라 생각됩니다.

우옹(尤翁 송시열(宋時烈))의 고상(告喪)의 예(例)에 의거하여, 주과(酒果)는 진설하지 말고서, 축(祝)이 고하되 "효자(孝子) 모(某)가 죽고 아들을 두지 못했으므로, 삼가 유의(遺意)에 따라 모친(某親) 모(某)의 아들 모(某)를 후사(後嗣)로 삼아 이제 계하(啓下)되었기에 삼가 고합니다.-혹은 '삼가 고합니다.〔謹告〕' 대신 '감히 뵈옵니다.〔敢見〕'라고 한다.-……"라고 하고, 다 고하고 나서 후사가 된 자가 재배(再拜)하고 물러나면 될 것이니, 이렇게 한다면 예의(禮意)에 크게 벗어나지는 않을 듯합니다. 어떻게 생각하십니까?-백춘(伯春)[126]은 "상인(喪人)이 배알(拜謁)하는 것은 끝내 의거(依據)할 곳이 없다. 조조할 때에 비록 사당에 들어가더라도, 중한 일은 영구(靈柩)를 따르는 데에 있으니, 또 배알할 필요는 없다."라고 말하는데, 이 말도 일리가 있는 듯합니다. 만약 그렇다면 단지 입후(立後)한 사유만 고하고 묘현(廟見)하는 한 절목은 우선 졸곡이 끝날 때까지 기다리는 것도 온당할 듯하니, 이것도 아울러 헤아려서 처리하셨으면 합니다.-

125 조조(朝祖) : 발인(發靷)하기 하루 전에 혼백(魂帛)을 받들고 사당으로 가서 조상에게 하직 인사를 올리는 의식이다.

126 백춘(伯春) : 275쪽 주59 참조.

김자정[127]에게 답하는 글 갑자년(1744, 영조20) 4월

答金子靜 甲子四月

이름은 양행(亮行)이다.

〔문〕 〈태극후론(太極後論)〉의 통회(統會)[128] 한 단(段)에서 바야흐로 각기 태극을 갖추고 있는〔各具〕 뜻을 논하고 있는데, 통종회원(統

127 김자정(金子靜) : 김양행(金亮行, 1715~1779)으로, 자정은 김양행의 자(字)이다. 호는 지암(止庵)·여호(驪湖)이며, 시호(諡號)는 문간(文簡)이다. 김수항(金壽恒)의 증손이며, 민우수(閔遇洙)의 문인이다. 이간(李柬)의 인물동성론(人物同性論)에 동조한 김창흡(金昌翕)의 영향을 받아서 낙론(洛論)을 지지하였다. 1758년(영조34)에 학행(學行)으로 천거되어 사간원 정언(司諫院正言)에 임명되었으나 나아가지 않다가, 그 뒤에 직제학(直提學)을 거쳐 이조 참의(吏曹參議)와 형조 참판(刑曹參判)을 지냈다. 저서로 《지암문집(止庵文集)》 9권이 있다.

128 통회(統會) : 통종회원(統宗會元)과 같은 말로 "통(統)에 종(宗)이 있게 된 까닭이요, 회(會)에 원(元)이 있게 된 까닭이다.〔統之所以有宗 會之所以有元〕"라는 말을 줄인 것이다. 여기에서 통(統)과 회(會)는 개별적이고 구체적인 존재자(存在者)들을 가리키는 말로 분수(分殊)에 해당하고, 종(宗)과 원(元)은 가장 높은 근본적인 원리라는 말로 이일(理一), 즉 태극에 해당한다. 주희(朱熹)가 주돈이(周敦頤)의 〈태극도설(太極圖說)〉을 해설한 소위 〈태극후론(太極後論)〉에 이 말이 나오는데, 본문의 이해를 돕기 위하여 관련된 대목을 소개하면 다음과 같다. "만물이 태극에서 나오는 것은 동일하나, 각각 태극을 갖추었다고 말한다면 또한 의심할 만한 점이 있다. 그러나 일물(一物) 가운데에 천리(天理)가 완전히 갖추어져서 서로 가차(假借)하지도 않고 서로 능탈(陵奪)하지도 않으니, 이것이 바로 통(統)에 종(宗)이 있게 된 까닭이요, 회(會)에 원(元)이 있게 된 까닭이다. 그렇다면 각기 하나의 태극을 갖추었다고 말하지 않을 수 있겠는가.〔萬物之生 同一太極者也 而謂其各具 則亦有可疑者 然一物之中 天理完具 不相假借 不相陵奪 此統之所以有宗 會之所以有元也 是則安得不曰各具一太極哉〕"《性理大全 卷1 太極圖說》

宗會元)을 말한 것이 오히려 동일(同一)한 뜻을 지니고 있어서, 위 아래로 상호 조응(照應)하지 않는 것이 의심스럽습니다.

〔답〕 혹자(或者)가 질문한 뜻을 보건대, 대개 만물(萬物)이 동일한 태극인데 지금 각구(各具)라고 말하면 동일하다고 말한 것과 서로 크게 어긋나는 것 같은 이 점을 의심했기 때문에, 선생(先生 주희(朱熹))이 변론하며 이 하나의 대목에 대해서 긴요하게 설파한 것입니다.

소위 통종회원이라고 한 뜻은, 대개 각구한 일리(一理)가 바로 통체(統體)[129]의 일리가 되는 소이(所以)이니, 참으로 각구한 속에 나아가 서로 가차(假借)하지도 않고 서로 능탈(凌奪)하지도 않는 묘한 경지를 체인(體認)하지 않으면, 통체라고 하는 것도 산만(散漫)하고 공허(空虛)하여 착실하게 모착(摸捉)할 곳이 없게 될 것이라는 말입니다.

이는 회(會)가 있은 뒤에야 원(元)이라는 것을 보게 되고, 통(統)이 있은 뒤에야 종(宗)이라는 것을 보게 되는 것과 같으니, 만약 회와 통이라는 것이 없다면 어느 곳에서 원과 종을 볼 수 있겠습니까.

이것이 바로 통체를 말하고 나서 또 각기 일리를 구비한 것〔各具一理〕을 말하지 않을 수 없었던 소이이니, 이렇게 보면 뜻이 조금 통할 것 같지도 않습니까? 그러나 감히 확실하다고 말하지는 못하겠으니, 반론이 있으면 가르침을 내려 주십시오.

129 통체(統體) : 총체(總體) 혹은 전체(全體)라는 말과 같다. 《근사록(近思錄)》 권1 〈도체(道體)〉에 "대개 합해서 말하면 만물(萬物)이 전체가 하나의 태극이요, 나누어 말하면 일물(一物)이 각기 하나의 태극을 갖추고 있다.〔蓋合而言之 萬物統體一太極也 分而言之 一物各具一太極也〕"라는 주희(朱熹)의 말이 나온다.

권형숙[130]에게 답하는 글 갑자년(1744, 영조20) 5월

答權亨叔 甲子五月

이름은 진응(震應)이다.

〔문〕 우연히 정서(程書)를 읽다 보니, 혹자가 "만이(蠻夷)가 중국을 어지럽히면 어떻게 처리해야 옳은가?"라고 묻자, 정자(程子)가 "여러 도(道)의 방백(方伯)은 대의(大義)를 밝혀 물리치는 것이 의(義)이고, 기타 열국(列國)은 삼가면서 자기 봉강(封疆)을 굳건히 지키는 것이 옳다. 만약 오랑캐와 화호(和好)하여 구차히 침포(侵暴)를 면하려고만 한다면 그것은 중국을 어지럽히는 길이 된다.……"라고 대답하였습니다.[131]

이것을 기준으로 삼는다면, 태왕(太王)이 훈육(獯戎)을 섬긴 것[132]은 응당 지당(至當)한 도리가 못 될 듯싶은데, 맹자(孟子)는

130 권형숙(權亨叔) : 권진응(權震應, 1711～1775)으로, 형숙은 권진응의 자(字)이다. 호는 산수헌(山水軒)이다. 권상하(權尙夏)의 증손(曾孫)이며, 한원진(韓元震)의 문인이다. 독서에 전념하여 과거 시험을 보지 않았으나 초선(抄選)에 뽑혀 자의(諮議)가 되었다. 1771년(영조47)에 왕이 산림 세력을 당론(黨論)의 온상이라고 배척하며 만든 《엄제방유곤록(儼堤防裕昆錄)》에 대해서 상소하여 반박한 일 때문에 제주(濟州)에 안치(安置)되었다가, 이듬해에 풀려나 돌아와서 병으로 죽었다.

131 혹자가……대답하였습니다 : 《성리대전(性理大全)》 권69 〈이적(夷狄)〉에 나온다. 정자(程子)는 정이(程頤)이다. 대본은 '或問蠻夷猾夏 處之若何而後宜 程子曰諸道方伯 明大義以攘之 義也 其餘列國 謹固封疆可也 若與之和好 以苟免侵暴則亂華之道也云云'으로 되어 있는데, 《성리대전》에는 '諸道'가 '諸侯'로 되어 있고, '攘之'가 '攘却之'로 되어 있다.

과연 무엇을 취해서 그렇게 말한 것입니까, 아니면 태왕이 빈(邠) 땅에 있었으니, 그도 서융(西戎) 지역의 사람에 불과할 뿐이라서, 애당초 화이(華夷)를 구별하지 않아서 그런 것입니까?

〔답〕《맹자(孟子)》의 교린국장(交鄰國章)을 가지고 살펴보건대, 자소사대(字小事大)[133]하는 것이야말로 천리(天理)의 당연한 것으로 정자(程子)의 설과 병행하여 서로 어긋나지 않음을 바로 알 수 있습니다. 대개 화이를 변별하는 것을 물론 엄하게 하지 않을 수 없습니다만, 그가 혹 피폐(皮幣)와 견마(犬馬)로 기미(羈縻 회유)하여 중국의 근심이 되지 않게 한 것 역시 성왕(聖王)이 만물로 하여금 각자 제자리를 얻게 한 하나의 방법입니다. 하지만 너무 친호(親好)에 기울어진 나머지 중국을 혼란스럽게 해서는 안 될 것입니다.

보내온 글에서 "태왕이 빈 땅에 거했으니 그도 서융일 뿐이었다. ……"라고 한 것은 옳지 않을 듯합니다. 대개 성인(聖人)이 임한 곳이면 바로 거기가 중국인 것이니, 어찌 그 땅이 본래 서융에 속했다고

132 태왕(太王)이……것 : 주(周)나라 태왕이 빈(邠) 땅에 거할 적에 적인(狄人)이 침략하였는데, 태왕이 그들을 피폐(皮幣)와 견마(犬馬)와 주옥(珠玉)으로 섬겨도 화를 면치 못하게 되자 홀로 그곳을 떠나 기산(岐山)의 아래에 거주하니, 빈 땅 사람들이 모두 그곳으로 따라와 살았다는 고사가 《맹자》 〈양혜왕 하(梁惠王下)〉에 나온다. 맹자는 태왕이 지자(智者)라서 하늘을 두려워하여〔畏天〕 이소사대(以小事大)했다고 설명하고 있다. 훈융(獯戎)은 바로 적인으로, 《맹자》에는 훈육(獯鬻)으로 나온다. 태왕은 문왕(文王)의 조부(祖父)인 고공단보(古公亶父)를 추존한 호이다.

133 자소사대(字小事大) : 대국이 소국을 보살펴 주는 것과 소국이 대국을 섬기는 것을 말한다. 《맹자》 〈양혜왕 하〉 교린장(交鄰章)의 주희의 주석에 "천(天)은 이(理)일 뿐이다. 대국이 소국을 보살피는 것과 소국이 대국을 섬기는 것은 모두 이(理)의 당연한 것이다.〔天者 理而已矣 大之字小 小之事大 皆理之當然也〕"라는 말이 나온다.

해서 바로 훈육(獯鬻)과 같다며 화이(華夷)와 변별하지 못할 리가 있겠습니까. 나의 소견은 이와 같은데, 옳은지 그른지 잘 모르겠습니다.

김유도[134]에게 답하는 글 신사년(1761, 영조37) 7월

答金幼道 辛巳七月

이름은 지행(砥行)이다.

성주(聖周)는 공경히 글을 올립니다.

영예(令譽)를 흠모한 시일이 이미 오래되었는데, 이 지방에 우거(寓居)한 뒤부터는 성광(聲光)을 또 매우 가깝게 모시게 되었습니다. 그런데 다만 한 번도 얼굴을 뵌 날이 없어서 감히 경솔하게 지척지서(咫尺之書 서신)를 받들어 올려 하풍(下風 아랫자리)에서 가르침을 구하지 못한 채, 그저 스스로 목을 빼고서 사모하는 마음만 치달릴 뿐이었습니다.

그러다가 지난번에 가제(家弟)를 통하여 집사(執事)가 지은 심성시설(心性詩說) 1통(通)을 얻어 보고는 삼가 읽으며 침잠(沈潛)하여 완미(玩味)한 것이 10회 정도일 뿐만이 아니었습니다. 그리하여 궁격(窮格 궁리(窮理) 격물(格物))의 공부가 세밀히 사모(絲毛)에까지 들어간 것과 자득(自得)한 그 맛이 유속(流俗)을 초탈(超脫)한 것을 엿보고는 구구하게 사모하며 희열하였습니다만, 그러면서도 한두 가지 의심할 만한 점이 없지 않았습니다.

134 김유도(金幼道) : 김지행(金砥行, 1716~1774)으로, 유도는 김지행의 자이다. 호는 밀암(密庵)이고 윤봉구(尹鳳九)의 문인이다. 과거를 보지 않고 공주(公州)에서 학문을 닦았으며, 50세에 감역(監役)에 임명되었으나 나아가지 않았다. 저서에 《밀암집(密菴集)》이 있다.

삼가 생각건대 의리(義理)라고 하는 것은 천하의 공물(公物)이니, 형적(形跡)에 구애받거나 번리(藩籬)로 제한할 수 있는 것이 아니고, 소견에 따라 의심나는 점을 말씀드려서 시원하게 풀리기를 기대하는 것이 의리에 있어 혹 해가 되지 않을 것 같기도 합니다. 그런데 이 좋은 기회를 인연하여 강문(講問)하는 실마리를 열게 되어서, 마침내 식형(識荊)[135]의 소원을 이룰 수 있게 되었으니, 고루(孤陋)한 나에게 있어서는 더더욱 크나큰 행운이 아닐 수 없습니다.

그래서 감히 무턱대고 외람되게 지두(紙頭 문서의 여백(餘白))에 나의 소견을 약간 설명하였으나, 마음속으로는 부끄럽고 송구하여 스스로 편안치 못하였는데, 그만 넓은 도량으로 포용하시어 그 죄를 묻지 않고서 도리어 기꺼이 그 논의에 참여하여 토론하시며, 한 단락마다 변설(辨說)하여 양쪽 주장을 철저히 분석하였을 뿐만 아니라, 또 특별히 수서(手書)를 내려 고원(高遠)하게 의리를 개진하셨으니, 이는 우루(愚陋)한 내가 감당할 수 있는 바가 아니라서, 재삼 음미하며 감탄을 금치 못하였습니다.

나는 어렸을 때부터 자신의 힘을 헤아리지도 않고, 망녕되이 고인(古人)이 말한 위기지학(爲己之學)[136]에 뜻을 두었는데, 자질이 범용

135 식형(識荊) : 한 형주(韓荊州)를 안다는 말로, 평소 존경하는 인물을 한번 만나 인정을 받고 싶다는 뜻으로 흔히 쓰인다. 당(唐)나라 한조종(韓朝宗)이 형주 장사(荊州長史)로 명망이 높아서 한 형주로 일컬어졌는데, 이백(李白)의 〈여한형주서(與韓荊州書)〉에 "태어나서 만호후에 봉해지기보다는 단지 한번 한 형주를 알기를 원한다.〔生不用萬戶侯 但願一識韓荊州〕"라는 말이 나온다.

136 위기지학(爲己之學) : 남이 알아주기를 바라면서 공부하는 위인지학(爲人之學)에 반대되는 말로, 오직 자신의 덕성을 닦기 위해서 공부하는 것을 말한다. 《논어》

(凡庸)할뿐더러 행실에도 힘쓰지 않은 탓으로, 지금 늙어서 백발이 된 채 그저 올연(兀然)히 앉아 있는 일개 용렬한 인간이 되어 있을 뿐입니다.

또 더군다나 점괴(苫塊)[137]하고 죽지 못한 목숨이라서 신정(神精)이 소진되고 형해(形骸)만 겨우 남아 있는지라, 일용(日用) 중에 수작(酬酢)하는 것도 번번이 모두 앞에서 잊고 뒤에서 실수하는 형편이니, 비록 남은 기운이나마 책려(策勵)하여 군자(君子)의 뒤를 스스로 뒤좇아 가고 싶어도 그렇게 할 수가 없기 때문에, 한밤중에 잠들지 못할 때마다 과거의 씩씩했던 마음을 상기(想起)하며 혼자서 장탄식할 따름입니다.

이른바 심성(心性)의 설에 대해서는, 대개 어린 나이 때부터 한(韓)과 이(李)[138] 두 분 공이 왕복한 글을 얻어 보았는데, 이설(李說)에 계합(契合)하는 점이 있어서 이를 수용(受用)할 것을 주장한 것이 거의 반생(半生)이나 되었습니다.

그러다가 10여 년 전에 우연히 《맹자(孟子)》의 생지위성장(生之謂

〈헌문(憲問)〉에 "옛날의 학자들은 자신을 위한 학문을 하였는데, 오늘날의 학자들은 남에게 보여 주기 위한 학문을 한다.〔古之學者爲己 今之學者爲人〕"라는 공자(孔子)의 말이 나온다.

137 점괴(苫塊) : 효자가 상중(喪中)에 비통한 뜻을 표하기 위하여 거적자리를 깔고 흙덩어리를 벤다는 침점침괴(寢苫枕塊)의 준말로, 부모상을 당한 것을 비유하는 말이다.

138 한(韓)과 이(李) : 인물성상이(人物性相異)를 주장한 남당(南塘) 한원진(韓元震, 1682~1751)과 인물성구동(人物性俱同)을 주장한 외암(巍巖) 이간(李柬, 1677~1727)을 가리킨다.

性章)에 대해서 명도(明道)가 이기(理氣)의 대원(大原)에 입각하여 성(性)을 논한 설[139]을 읽어 보고는 말 없는 가운데 깊이 깨달아지는 점이 있는 듯하였습니다. 그리하여 그때 처음으로 이공(李公)의 견해가 심(心)에 있어서는 참으로 의심할 것이 없으나, 성(性)에 있어서는 아직도 상량(商量)해야 할 것이 많고 도리어 심설(心說)과도 모순이 된다는 것을 느꼈습니다.

이에 반복(反覆)하여 구핵(究覈)하고 고심하여 사색(思索)하면서, 의리(義理)의 실상에 징험해 보고 성현(聖賢)의 가르침과 비교해 본 것이 그동안 몇 년이나 되었습니다. 그런 뒤에 비로소 자신(自信)할 것이 있는 것처럼 되었습니다만, 융회(融會)하고 관통(貫通)했다고 말하려면 아직도 미흡하다고 할 것입니다.

지금 보내오신 내용에 대해서 하나하나 반복하여 답변을 끝까지 해 드려야 마땅하겠습니다만, 붕우가 강론(講論)하는 것은 말솜씨를 발휘하여 승리를 거두려는 것이 아니라 대개 절마(切磨)하여 옳음을 구하기 위해서라는 생각이 들었습니다. 그런데 근세(近世)의 제공(諸公)을 보면 그렇지가 않아서, 단지 경쟁(競爭)만 하고 조롱만 할 뿐이니, 진실하게 절마하고 강론하는 것과 비교한다면 어찌 그 거리가 백천리(里) 정도만 떨어져 있다고 하겠습니까.

지금 만약 다시 생각해 보려고는 하지 않고, 한갓 전일(前日)의 견해

139 맹자(孟子)의……설 : 《이정유서(二程遺書)》 권2상(上)의 생지위성장(生之謂性章)에 대한 정명도(程明道)의 해설에 이 내용이 상세히 나온다. 주희가 지은 《맹자정의(孟子精義)》 권11의 생지위성장에도 같은 내용이 실려 있다. 생지위성장은 《맹자집주(孟子集註)》 〈고자 상(告子上)〉 3장을 말한다.

에만 의지하여 줄곧 쟁변(爭辨)하기만 한다면 이는 남을 나무라면서 자기가 본받는 격이 될 것이니, 돌아보건대 피차간에 무슨 유익함이 있겠습니까.

이에 우선 답변을 보류하고 한두 달 정도 찬찬히 생각해 본 뒤에 다시 의논드려 볼 생각입니다. 그동안에 행여 하늘의 신령한 힘을 입어서 새로운 견해를 얻을 수 있다면 물론 대단히 좋겠습니다만, 그렇게 되지 않는다고 하더라도 나의 입장에서도 자기를 속이는 폐단이 없을 수 있을 것이요, 그쪽 입장에서도 하나의 소득을 취할 수도 있을 것입니다.

대저 고견(高見) 중에 의심이 없을 수 없는 것이 네 가지가 있습니다. 첫째는 성(性)은 일원(一源)이 있는데 심(心)은 일원이 없다는 것이요, 둘째는 인(人)의 심성(心性)은 선악(善惡)을 나눌 수 없는데, 물(物)의 심성은 편전(偏全)을 나눌 수 있다는 것이요, 셋째는 이원(理原)과 기원(氣原)의 이(理)에 차이가 있다는 것이요, 넷째는 성(性)과 인의예지(仁義禮智)에 구별이 있다는 것입니다.

이 네 조목은 바로 의리(義理)의 대두뇌(大頭腦)가 되는 것들이니, 각자 들은 것만을 떠받들고 각자 아는 것만을 실행해서 성인이 되고 현인이 될 수 있는 것이 결코 아닙니다. 나도 물론 제목(題目)을 달고 사의(思議)에 들여서, 기력(氣力)을 전부 다 바쳐 진리를 구하려고 노력하겠습니다만, 집사께서도 나의 답변을 기다릴 것 없이 먼저 스스로 마음을 비우고 재차 생각하여 난만(爛漫)한 결과를 이룰 수 있도록 도모해 주시기 바랍니다.

그런데 내가 이 기회에 나름대로 말씀드릴 것이 있습니다. 강론(講論)한 설에 직설적으로 찌를 붙여서 비평을 가하는 것은 좋습니다만,

혹 조롱하는 기색을 띠는 것은 온당치 못한 일입니다. 가령 "하구(下句)를 말할 때 벌써 상구(上句)를 잊어버렸다."라고 말하는 것은 조롱하는 것에 가까운 말일 수도 있습니다. 지금이 교분을 처음 맺는 때이기에 감히 이렇게 말씀드리지 않을 수 없었는데, 참으로 집사이기 때문에 이런 말씀을 올릴 수도 있었으니, 또한 기꺼이 듣고서 죄를 주지 않으시리라고 생각합니다.

김유도에게 답하는 글 임오년(1762, 영조38) 10월

答金幼道 壬午十月

전서(前書)를 배수(拜受)하지 않은 것은 아닙니다만, 단지 아름다운 은혜를 받아들일 만한 새로운 소견이 일단 없는 이상에는, 그냥 주고받고 하면서 이야기만 길어지는 것은 당초에 가르침을 청한 본의(本意)가 실로 아니겠기에, 다시 그 주제(主題)에 나아가서 한 번 더 기력(氣力)을 써서 견식이 조금 나아지기를 꾀하려 하였습니다. 그러고 나서 조목별로 질의를 해야만 난만(爛漫)하고 소상(消詳)해질 것이요, 그렇게 해야만 피차간에 유익하게 주고받아 한가로이 경쟁하는 데에 귀착되지 않을 것이기 때문이었습니다.

하지만 우환(憂患)에 빠져든 나머지 한가히 앉아서 독서할 시간이 전혀 없었고, 몇 달 전부터는 또 직명(職名)에 얽매여서 도로(道路)에서 분주하다 보니 심신(心神)이 혼란스러워서 이 일을 돌아볼 겨를이 더욱 없었습니다. 그래서 미적거리며 계속 미루다가 지금까지 연락을 드리지 못하고 말았는데, 이따금 이에 대한 생각이 들 때마다 목구멍에 뭐가 걸린 것만 같았습니다.

그런데 뜻하지 않게 넓은 도량으로 포용하시어 나를 꾸짖지 않았을 뿐만 아니라 오히려 재차 수한(手翰)을 보내어 누누이 가르쳐 주면서 속마음을 토로하셨으니, 모르겠습니다만 누열(陋劣)한 내가 어떻게 고명(高明)에게 이런 은혜를 받게 되었단 말입니까. 재삼 감격스럽고 부끄러워서 스스로 몸 둘 바를 정말 알지 못하겠습니다.

그러나 내가 즉시 답변을 올리지 못했던 까닭은 이미 위에서 말씀드린 것과 같습니다만, 그 밖에 또 다른 이유가 하나 있었습니다.

대개 이와 같은 도리(道理)는 지극히 명백(明白)하고 이간(易簡)해서 면전에 밝게 드러나 있을 뿐만 아니라, 우리 두 사람으로 말하더라도 모두 오랜 기간 공부를 계속해서 밑바닥까지 철저히 궁구(窮究)했다고 자인(自認)하고 있는 만큼, 과연 어느 쪽이 진견(眞見)인지는 알지 못한다 하더라도, 요컨대는 전연 맹랑(孟浪)한 지경에 이르지 않았다는 것만은 분명하다고 할 것입니다. 그런데 지금 그만 이처럼 어긋나서 남과 북으로 서로 갈라졌으니, 이것이 어찌 죄다 의견이 서로 배치되어서 그런 것이겠습니까. 대개는 또한 의사를 충분히 표현하여 전달하지 못한 탓으로 서로들 완전히 이해하지 못해서 그런 것일 수도 있는 것입니다.

시험 삼아 고명(高明)이 조목별로 변론한 것을 가지고 말하건대, 왕왕 연인(燕人)이 영인(郢人)의 편지를 좋아한 것과 비슷한 경우[140]가 많이 나오기도 하는데, 그렇다면 이것을 가지고 스스로 돌아볼 때에, 고명의 본의(本意)에 대해서 내가 일일이 모두 이해하여 착오가 없었다고 또 어떻게 감히 말하겠습니까. 이와 같은데도 불구하고 줄곧 메아

140 연인(燕人)이……경우 : 원래의 뜻을 곡해(曲解)하여 잘못 전하는 것을 말한다. 초(楚)나라 영(郢)에 사는 사람이 연(燕)나라 상국(相國)에게 밤에 편지를 쓸 적에, 불이 밝지 않자 시자(侍者)에게 "촛불을 들어라.〔擧燭〕"라고 명령하면서 자기도 모르게 '거촉(擧燭)'이라는 두 글자를 편지 속에 잘못 기입하였다. 그런데 연나라 상국이 그 편지를 받고서 '거촉은 밝음을 숭상하는 것인데, 밝음을 숭상하려면 현인을 발탁하여 등용해야 한다.〔擧燭者 尙明也 尙明也者 擧賢而任之〕'라고 생각하고는, 왕에게 건의한 결과 나라가 잘 다스려졌다는 영서연열(郢書燕說)의 이야기가 전한다.《韓非子 外儲說左上》

리나 좇고 그림자나 따라다니며 쟁변(爭辨)하여 마지않는다면, 마음과 입이 서로 응하지 않고 질문과 대답이 서로 걸맞지 않을 것이니, 어찌 너무도 우스운 일이 되지 않겠습니까.

사정이 그렇다면 우선 외면으로 드러내어 말하는 것을 참고서 내면으로 더욱 정진하다가, 뒷날 자리를 같이하는 날을 기다려서 각기 마음에 온축한 것을 구명하며 느긋하게 세세히 강론해 보는 것이 더 낫지 않겠습니까. 그러면 말이 떨어지자마자 머리를 끄덕이면서 자기도 모르게 한번 웃게 되지 않으리라고 어찌 장담하겠습니까. 설혹 그렇게 되지 않는다고 하더라도, 필시 서로 다르게 된 단초(端初)가 어디에 있는지를 알아서 변론이 두서(頭緖)가 있게 되어 귀일(歸一)되는 것을 기약할 수 있을 것인데, 모르겠습니다만 집사는 어떻게 생각하십니까?

그리고 편지 말미에 "중리……(衆理……)"라고 말씀하신 것에 대해서는, 이 일이 끝나지 않았다고 해서 이내 그만두고 강(講)하지 않는 것은 안 될 일인 듯싶습니다. 공자(孔子)와 증자(曾子)가 주고받은 것을 가지고 살펴보건대, 먼저 관(貫)에 대해서 강(講)한 뒤에 일(一)에 대해서 대답할 수 있었으니, 그 완급(緩急)과 선후(先後)가 본디 이와 같은 것입니다.[141] 나의 소견은 이와 같으니, 아울러 양찰해 주셨으면 합니다.

141 공자(孔子)와……것입니다 : 관(貫)하는 곳을 이해하지도 못하고서 문득 애매하게 일(一)을 먼저 말하려는 조급함을 경계하는 말이다. 여기서 관과 일은 각각 사(事)와 이(理), 용(用)과 체(體)를 가리킨다. 공자가 증삼(曾參), 즉 증자를 불러서 "나의 도는 하나의 이치로써 모든 일을 꿰뚫고 있다.〔吾道一以貫之〕"라고 하자, 증삼이 "네, 그렇습니다.〔唯〕"라고 곧장 대답하고는, 다른 문인에게 "부자의 도는 바로 충서이다.〔夫子之道 忠恕而已矣〕"라고 설명해 준 내용이 《논어》 〈이인(里仁)〉에 나온다.

김유도에게 답하는 글 계미년(1763, 영조39) 3월
答金幼道 癸未三月

전에 말씀하신, 이천(伊川)이 중(中)과 성(性)을 나누는 것에 대해 설한 대목을 돌아와서 상고해 보건대, 이는 대개 여여숙(呂與叔)과 문답(問答)한 것이었습니다.[142] 여숙이 곧장 중(中)을 성(性)으로 여겼

142 이천(伊川)이……것이었습니다 : 여숙(與叔)은 송(宋)나라 여대림(呂大臨)의 자(字)이다. 정이천(程伊川)의 문하생으로, 사양좌(謝良佐)·유작(游酢)·양시(楊時)와 함께 '정문 사선생(程門四先生)'으로 일컬어졌으며, 특히 예학(禮學)에 정통하였다. 두 사람의 문답은《이정문집(二程文集)》권10에 나오는데, 본문의 이해를 돕기 위하여 이와 관련한 이천의 답변 내용을 소개하면 다음과 같다. "중(中)이 바로 성(性)이라는 그대의 이 말은 매우 온당치 못하다. 중(中)이라는 것은 성(性)의 체단(體段)을 표현한 것이니, 천(天)은 원(圓)하고 지(地)는 방(方)하다고 칭하는 것과 같다. 그런데 마침내 방원(方圓)이 바로 천지(天地)라고 말하면 되겠는가. 방원을 일단 천지라고 말할 수 없고 보면, 만물도 결코 방원에서 나온 것이 아니다. 마찬가지로 중을 일단 성이라고 말할 수 없고 보면, 도가 어떻게 중에서 나온다고 칭하겠는가. 대개 중이라는 개념은 과불급(過不及)에서 그 명칭이 나온 것이니, 만약 단지 중을 성이라고 한다면, 중과 성은 합일(合一)될 수가 없는 것이다. 솔성지위도(率性之謂道)와도 그 의미가 본시 다르니, 성(性)과 도(道)를 합일해서 말할 수도 없다. 중은 단지 체(體)를 말할 수 있을 뿐이니, 성(性)과 덕(德)을 같이할 수가 없다. 이런 의리를 살펴본다면, 성과 덕을 같이할 수 없다고 하는 그 문자도 온당치가 않으니, 자거(子居)가 '중(中)은 성(性)의 덕이다.'라고 대답한 것이 오히려 근사하다.〔中卽性也 此語極未安 中也者 所以狀性之體段 如稱天圓地方 遂謂方圓爲天地 可乎 方圓旣不可謂之天地 則萬物決非方圓之所出 如中旣不可謂之性 則道何從稱出于中 蓋中之爲義 自過不及而立名 若只以中爲性 則中與性不合 與率性之謂道 其義自異 性道不可合一而言 中止可言體 而不可與性同德 觀此義 謂不可與性同德 字亦未安 子居對以中者性之德 卻爲近之〕" 자거(子居)는 화숙(和叔)의 아들이라는 주가 붙어 있는데, 화숙은 정명도(程明道)의 제자인 형서(邢恕)의 자(字)이다.

기 때문에, 이천이 "중(中)이라는 것은 성(性)의 체단(體段)을 표현한 것이니, 천(天)은 원(圓)하고 지(地)는 방(方)하다고 칭한 것과 같다. 그런데 마침내 방원(方圓)이 바로 천지(天地)라고 말하면 되겠는가." 라고 대답한 것이니, 이 대목이 바로 그 주의(主意)가 있는 곳입니다.

대개 중(中)은 허자(虛字)이니, 성(性)은 중(中)한 물사(物事)라고 하는 것은 가능하지만, 곧장 중(中)을 성(性)이라고 하는 것은 불가합니다. 이것은 천지를 방원한 물사라고 할 수는 있지만, 곧장 방원을 천지라고 하는 것은 불가한 것과 같습니다.

이천이 "중(中)과 성(性)은 합일되지 않는다."라고 하고, 또 "성(性)과 덕(德)을 같이할 수 없다."라고 한 것도 모두 이런 뜻일 뿐입니다. 그러므로 그 하단(下段)에서 "성과 덕을 같이할 수 없다고 말해도 온당치 않다. 중(中)은 성(性)의 덕이라는 말이 오히려 근사하다.……"라고 한 것이니, 그러고 보면 그 뜻이 더욱 분명하다고 할 것입니다. 지금 만약 "이 성(性)은 있고 이 중(中)은 없다."라고 말한다면, 장차 "이 천지(天地)는 있고 방원(方圓)은 없다."라고 말하시렵니까.

대개 미발지중(未發之中)[143]의 미발(未發)이 비록 심(心)에 속한다 하더라도, 중(中)은 원래 성(性)에 속하는 것이니, 지금 중과 성을 나누어서 두 개로 만든다면, 모르겠습니다만 과연 어떠하겠습니까? 바라건대 더 상량(商量)하고 일러 주시어 이쪽의 미암(迷暗)을 깨뜨려 주십시오.

143 미발지중(未發之中) : 《중용장구》 제1장의 "희로애락이 발하기 이전을 중이라고 한다.〔喜怒哀樂之未發 謂之中〕"라는 말을 줄인 것이다.

김유도에게 보내는 글 경인년(1770, 영조46)

與金幼道 庚寅

주자(朱子)가 연평(延平)의 간중(看中)의 가르침[144]에 대해서 병통이 있다고 논의했다 하더라도, 행장(行狀)에서 극구 모사(模寫)하였을 뿐만 아니라, 하숙경(何叔京)에게 답한 글에서 또 드러내 밝히되, 구산(龜山) 문하(門下)의 상전(相傳)한 지결(旨訣)이라고 하면서 마음을 모두 다하지 못한 것을 한스럽게 여기기까지 하였고 보면,[145] 그를 받들

144 연평(延平)의 간중(看中)의 가르침 : 연평은 세상에서 연평 선생으로 칭한 이통(李侗, 1093~1163)을 말한다. 그는 예장(豫章) 선생 나종언(羅從彦, 1072~1135)에게 배웠고, 나종언은 구산(龜山) 선생 양시(楊時, 1053~1135)에게 배웠는데, 3인이 모두 남검(南劍), 즉 복건(福建) 출신이었으므로 이들을 남검 삼선생(南劍三先生)이라고 부른다. 양시는 정호(程顥)를 사사(師事)하다가 정호가 죽자 정이(程頤)에게 수학(受學)하였는데, 남송(南宋) 때 학자들에게 정씨(程氏)의 정종(正宗)으로 숭봉되었다. 《이정수언(二程粹言)》은 양시가 지은 것이다. 나종언은 주희에 의해 양시의 문생 중 제1인으로 추존되었다. 이통은 40년 동안 세상과 단절하고 정좌(靜坐)를 좋아하며 '말없이 앉아 마음을 맑게 하고 천리를 체인할 것〔默坐澄心 體認天理〕'을 주장하였는데, 동문인 주송(朱松)이 아들 주희(朱熹)를 그에게 보내 공부하게 하였다. 간중(看中)은 미발(未發)인 중(中)의 기상을 본다는 말이다. 이통이 주희에게 편지를 보내면서, 예전에 나종언에게 배울 때의 일을 술회하며 "선생이 나에게 '고요한 가운데에서 희로애락미발지위중의 미발을 어떠한 기상으로 지어 보아야 하는가?'라는 문제를 주셨다.〔先生令靜中看喜怒哀樂未發之謂中 未發作何氣象〕"라고 말하고는, 주희에게도 이 문제를 궁구해 보도록 권한 내용이 《심경부주(心經附註)》 권1 천명지위성장(天命之謂性章)에 나오는데, 본문의 다른 내용들도 이 장을 참고하면 이해하는 데에 도움이 될 것이다.

145 하숙경(何叔京)에게……보면 : 숙경은 주희의 문인인 하호(何鎬)의 자(字)이다. 호는 대계(臺溪)이다. 이 내용 역시 《심경부주》 권1 천명지위성장의 간중(看中)의

어 높인 것이 지극했다고 할 것입니다.

그리고 주자가 만년(晩年)에 이르러 진안경(陳安卿)과 함께 '관(觀)' 자의 뜻을 해석하면서 "보지 않는 것으로 보는 것이다.……〔以不觀觀……〕"라고 한 것은 또 '관' 자를 살아 있는 눈으로 보려고 한 것이니,[146] 처음부터 심각하게 비평하려는 뜻이 있지 않았던 것을 또한 알 수 있습니다.

대개 어떤 때는 그 유폐(流弊)를 염려해서 논의하였고, 또 어떤 때는 그 본의(本意)를 살펴서 취한 것이니, 진정 이 둘을 병행하여도 어긋나는 것이 아닙니다. 지금 이렇게 "관(觀)은 생각하는 것이 아니다. 생각하면 이미 발한 것〔已發〕이다.〔觀不是思 思則發矣〕"-이 두 구는 고양계(高梁溪)의 말이다.-라고 말한 것[147]도 바로 '보지 않는 것으로 본다〔以不觀

원문 바로 다음에 인용되어 나온다.

146 주자가……것이니 : 안경(安卿)은 주희의 제자 진순(陳淳)의 자(字)이다. 호는 북계(北溪)이다. '관(觀)' 자는 진순이 "연평(延平)이 미발지전의 기상을 보려 한 것과 양씨가 미발지전을 체험하려고 한 차이가 무엇입니까?〔延平欲於未發之前觀其氣象 此與楊氏體驗於未發之前者 異同如何〕"라고 물었을 때의 관기상(觀氣象)의 관(觀)을 말한다. 보지 않는 것으로 본다는 말은 그저 무심하게 볼 뿐 의식적으로 생각하며 보는 것이 아니라는 뜻인데, 주희가 이렇게 대답한 것은 관(觀)이 실제로 보는 것이라고 해석할 경우에는 이미 사량(思量)하는 뜻이 들어 있어서 이발(已發)이 되는 만큼 앞뒤가 들어맞지 않는 병통이 있기 때문에 연평을 감싸 주려는 뜻에서 나온 것이었다.《朱子語類 卷103》 양씨는 양시(楊時)를 말한다. 그는 "이른바 중을 체인(體認)한다.〔體所謂中〕"라는 설을 제기하였는데, 주희는 이 설도 비판하였다.

147 관(觀)은……것 : 명(明)나라 고반룡(高攀龍)의 《고자유서(高子遺書)》 권1에 "구산(龜山) 문하에서는 정좌(靜坐)한 가운데 희로애락미발지전(喜怒哀樂未發之前)의 기상이 무엇인지 보는 것을 상전(相傳)하는데, 이는 고요한 속에서 견성(見性)하는 법이다. 요컨대 관(觀)이라는 것은 바로 미발(未發)의 것으로, 관은 생각하는 것이

觀]'는 뜻인데, 고명은 무슨 이유로 이렇게까지 엄하게 배척하는 것입니까?

그리고 "마땅히 보아야 하고 마땅히 들어야 한다.……[須見須聞……]"[148]라고 한 것도 주자의 착오가 아닌데, 고명(高明)이 그만 너무 지나치게 유추(類推)해서 그런 것이 아닐까 싶습니다.

대개 질문하는 자가 일단 "정좌(靜坐)하고 있을 때 보아야 하느냐 보지 말아야 하느냐."라고 물은 이상에는, 대답하는 것도 정좌하고 있을 때의 상황에서 말해야 타당한 것입니다. 만약 범범하게 이발(已發)한 뒤의 문견(聞見)을 가지고 대답한다면, 질문과 대답이 서로 걸맞지 않아 너무도 무미(無味)할 것입니다.

다만 상문(上文)에서 질문한 내용이 '무견(無見) 무문(無聞)'이었고 보면, 이발한 뒤의 문견을 지칭하는 듯한 인상을 주었기 때문에, 정자(程子)의 대답이 그와 같았던 것인데, 주자가 문득 기록한 자의 잘못이라고 한 것은 대개 이 이 견문(見聞)이라는 글자가 아래의 '수견(須見)

아니니, 생각하면 이미 발한 것임을 알겠다.[龜山門下相傳 靜坐中觀喜怒哀樂未發前作何氣象 是靜中見性之法 要知觀者卽是未發者也 觀不是思 思則發矣]"라는 말이 나온다. 양계(梁溪)는 고반룡의 호이다. 또 경일(景逸)이라는 호도 있다.

148 마땅히……한다 : 정좌하고 있을 때에 앞에 지나가는 사물을 "보아야 하느냐 보지 말아야 하느냐?[還見 不見]"라는 질문을 받고, 정자(程子)가 제사(祭祀)와 같은 대사(大事)가 있을 때에는 '보지도 말고 듣지도 말아야 하겠지만[不見不聞]', 만약 일이 없을 때에는 '눈은 마땅히 보아야 하고 귀는 마땅히 들어야 한다[目須見 耳須聞]'고 대답하였는데, 이에 대해 여자약(呂子約)이 "듣는 것이 없고 보는 것이 없는 것이 미발이다.[未有聞未有見爲未發]"라고 하자, 주자가 정문(程門)의 묻고 기록한 자에게도 책임이 있고, 후인들 역시 제대로 읽지 못하는 병폐가 있다고 비평한 것을 말한다. 자약은 여조검(呂祖儉)의 자인데, 동래(東萊) 여조겸(呂祖謙)의 아우이다.

수문(須聞)'의 견문과 서로 어긋났기 때문이었습니다.

그러나 이 문답을 상세히 살펴보건대, 누차 화제가 바뀌며 매우 번잡했으므로, 질문하는 자가 본시 앞뒤의 관계를 분명하게 살펴보지 못했을뿐더러, 기록하는 자도 위아래의 문자를 꼭 교감(校勘)했다고 할 수도 없으니, 독자(讀者)로서는 단지 정자(程子)가 답변한 말을 따라서 질문한 자의 뜻을 이해하기만 하면 될 것입니다. 그래서 주자가 다른 날에 말한 것을 보면, 왕왕 정자의 이 말을 인용하면서 잘못되었다고 하지 않았으니, 그 뜻이 어떠했는지를 알 수가 있습니다.

그런데 고명이 이미 주자를 잘못이라고 비평했고 보면, 미발(未發)의 경지를 보는 것이 너무도 아득하고 어둡기만 하니, 주자가 기롱한 '정신없이 잠들어 있는 경우〔爛熟睡著〕'[149]와 매우 흡사하다는 느낌이 듭니다. 이는 말실수로 끝날 문제가 아니니 다시 생각해서 논의하지 않으면 안 될 것입니다. 모르겠습니다만 어떻게 생각하십니까?

149 정신없이……경우 : 《회암집(晦菴集)》 권48 〈답여자약(答呂子約)〉에 "이것은 타당하지도 않은 말인데, 어찌하여 타인이 기록한 서로 모순이 되는 설을 믿는 것인가. 그리하여 억지로 이발의 명칭을 가지고 미발의 내용을 침범함으로써, 사람으로 하여금 태어나서 죽을 때까지 한순간도 미발의 시절이 다시는 없고 오직 정신없이 잠들어 있을 때만이 미발이 될 수 있게 한단 말인가.〔此固未當之言 而寧信他人所記自相矛盾之說 强以已發之名 侵過未發之實 使人有生已后 未死已前 更無一息未發時節 惟有爛熟睡著可爲未發〕"라고 질책한 말이 나온다.

김유도에게 보내는 글
與金幼道

신명묘리(神明妙理)[150]의 한 단락에 대한 고명(高明)의 말씀도 이해할 수가 없습니다. 묘(妙)해야만 그 뒤에 신명(神明)을 말할 수 있고, 그래야만 지(知)를 말할 수 있는 것인데, 단지 신명을 말하고 지(知)를 말하기만 한다면, 묘(妙)를 또 설할 필요도 없이 묘가 절로 그 안에 있는 것이 되고 맙니다.

주자(朱子)가 반드시 '묘(妙)'와 '재(宰)' 두 글자를 언급한 이유는, 대개 그 체(體)와 용(用)의 사실을 갖추 거론하여, 이 지(知)의 영령(靈靈)하고 묘묘(妙妙)하고 진진(眞眞)하고 적적(的的)한 본래의 체단(體段)을 드러내 밝힘으로써, 사람들로 하여금 치지(致知)라고 하는 것도 이 본래의 체단을 회복하는 것에 불과하다는 것을 알게 하려는 것입니다. 따라서 이 지(知)는 단지 흐리멍덩한 빈껍데기〔儱侗空殼子〕를 말하는 것이 아니니, 반드시 사람이 이 지(知)를 가지고 궁리(窮理)해 가서 인식하는 것이 있기를 기다린 연후에 이 지(知)가 비로소 중리(衆理)에 묘(妙)할 수 있는 것입니다.

성인(聖人)이야 원래 이 본체(本體)를 온전히 다 발휘하시니 더 말

150 신명묘리(神明妙理) : 주희(朱熹)가 치지(致知)의 지(知)에 대해서 "저 '지'라는 글자로 말하면 심의 신명으로, 중리를 묘하여 만물을 재하는 것이다.〔若夫知則心之神明 妙衆理而宰萬物者也〕"라고 해설한 것을 압축한 말이다. 《大學或問 卷1》 묘(妙)는 묘용(妙用), 즉 묘하게 운용한다는 말이고, 재(宰)는 주재(主宰)한다는 말이다.

할 것이 없습니다만, 대현(大賢) 이하 중인(衆人)에 이르기까지 그 본체는 동일한 것입니다. 다만 지(知)에 개폐후박(開蔽厚薄)의 천차만별(千差萬別)이 있는 까닭에 묘(妙)에도 명암대소(明暗大小)의 천태만상(千態萬象)이 있는 것일 뿐이요, 그 폐암(蔽暗)한 이면(裏面)의 중리에 묘(妙)한 본체는 원래 자여(自如)한 것입니다.

대개 지(知)가 이(理)를 묘(妙)하는 것은 본체(本體)이고 천(天)이며, 치지(致知)하여 이 지(知)로 하여금 그 이(理)를 묘하게 하는 본체를 회복하게 하는 것은 공부(工夫)이고 인(人)입니다.

그런데 지금 고명(高明)은 그만 "이(理)가 밝혀지지 않아 지(知)가 지극해지지 않은 때에 그 지각(知覺)은 이(理)가 아직 묘해지지 않은 것과 동일하다."라고 하는가 하면, 또 "지(知)가 지극하지 않은 것은 신명(神明)이 이(理)에 묘(妙)하지 못했기 때문이다."라고 하여, 지(知)는 천(天)에 속하고 묘(妙)는 인(人)에 속하며, 지(知)에도 이(理)를 묘(妙)하지 않은 지(知)가 있고, 이(理)에도 지(知)에 따른 두 개의 이(理)가 있는 것처럼 하고 있으니, 이것이 비록 언어상의 실수 같기는 하지만, 그래도 끝내 석연치 못함을 느끼겠습니다.

원래 고명이 심(心)과 이(理)가 합일(合一)하는 묘처(妙處)에 대해서 아직도 약간 쇄탈(灑脫)하지 못한 점이 있지 않나 하고 내가 매양 나름대로 의심을 하면서도 감히 말하지 못하였는데, 지금 보건대 변의(辨疑)하며 찌를 붙인 설명 중에 "물(物)의 용(用)이 죄다 인심(人心)에 있는 것이 아니다."라고 하였으니, 참으로 이와 같다면 이는 심(心)의 밖에 실제로 물(物)이 있는 것입니다.

고명의 병통의 근본이 참으로 여기에 있는바, 격물(格物)에 관한 설도 여기에서 판박이로 나온 것에 불과하니, 또 이렇게 갈등을 빚을 수밖에 없는 것입니다. 만약 심(心)의 밖에 물(物)이 있다는 뜻에 대해서 명백히 분석하여, 예전부터 성현(聖賢)이 서로 전수(傳授)한 것이 잘못된 지결(旨訣)임을 깨뜨려 보여 주신다면, 이것도 하나의 큰 통쾌한 일이 될 것입니다.

녹문집

제4권

書서

이원명[1]에게 보내는 글

與李原明

이름은 의철(宜哲)이다.

그동안에 있었던 일은 말하고 싶지도 않습니다. 그때 공주(公州)에 있다가 편여(篌輿 대를 엮어 만든 가마)가 밤중에 벌써 읍저(邑底 읍내)를 통과했다는 말을 듣고는 뒤쫓아 갈 수도 없었으므로 슬피 한탄하고 걱정하며 며칠이 지나도록 스스로 마음을 다잡지 못하였습니다.

서울에 돌아오고 나서 소식을 알아보기 위해 우하(寓下 객지의 처소)에 이르렀으나 영윤(令胤)을 만나 보지 못하여 자세한 내용을 듣지는 못했습니다만, 바다를 잘 건너가신 상황을 대략 알고는 조금 위로가 되었습니다. 요즘 날씨가 매우 추운데, 험난한 지경에 처해서도 형통한 가운데 기거(起居)를 신명(神明)이 보호해 주리라 삼가 생각합니다.

전배(前輩)가 적소(謫所)에 있을 적에 또한 위리(圍籬)를 깎아서

1 이원명(李原明) : 이의철(李宜哲, 1703~1778)로, 원명은 이의철의 자(字)이다. 호는 문암(文庵)이고 이재(李縡)의 문인으로, 1748년(영조24)에 문과(文科)에 급제하였다. 1752년에 정언(正言)의 신분으로 왕이 언로(言路)를 막는다고 상소하여 영조(英祖)의 노여움을 사서 제주도 대정(大靜)으로 유배되었다가 이듬해에 풀려나 승지(承旨)와 예조 판서(禮曹判書) 등을 거쳐 홍문관 대제학(弘文館大提學)에 이르렀다. 《문암집(文庵集)》을 비롯하여 많은 저서를 남겼다. 〈이원명에게 보내는 글〉은 이의철이 귀양 갈 당시의 일을 서술한 것인데, 그때 영조가 배도(倍道)하여 그를 압송하도록 명하였다. 배도는 이틀 걸리는 길을 하루에 가는 것을 말한다.

글을 써 놓고 읽은 일도 있었습니다.[2] 모르겠습니다만 무슨 책을 가지고 가서 몇 권이나 읽었으며, 동심인성(動心忍性)하며 증익불능(增益不能)한 것[3]은 또 과연 어떠하신지요? 멀리 남쪽 하늘을 바라보며 단지 몽상(夢想)으로 수고로울 따름입니다.

올리신 소(疏)는 시골에 있을 적에 너덜너덜한 파본(破本)을 얻어서 읽어 보았는데, 글자가 많이 잘못되어서 더러 구두를 뗄 수도 없었으나, 대의(大意)는 알 수 있었습니다. 그 내용이 명백하고 통절(痛切)한 가운데 격언(格言)이 또 많아서 임금의 마음을 바로잡고 의리(義理)를 밝힐 수 있었으니, 이는 참으로 쉽게 얻지 못할 문자로 사람으로 하여금 흠탄(歆歎)해 마지않게 하였습니다.

하늘의 노여움은 당초 하루를 가지 못하고, 산과 바다도 꼭 사람을 죽이지는 않을 것이니, 이때를 당하여 부지런히 힘써야 할 것은 오직 자기 분수에 해당하는 일일 뿐입니다. 깊이 바라건대, 빠른 시일 안에

2 전배(前輩)가……있었습니다 : 송강(松江) 정철(鄭澈)의 고사를 인용한 것이다. 송준길(宋浚吉)의 《동춘당집(同春堂集)》 권10 〈답김유선(答金由善)〉에 "정송강이 강계에서 귀양살이할 적에 《대학》의 소주를 외우며 위리안치(圍籬安置)한 나무를 깎아서 거기에 글을 썼다.〔鄭松江之謫江界也 誦大學小注 白圍籬木而書之〕"라는 말이 나온다.

3 동심인성(動心忍性)하며 증익불능(增益不能)한 것 : 마음을 격동시키고 성질을 참음으로써 예전에 잘하지 못했던 일을 더욱 잘하게 되었다는 뜻으로, 시련을 견디며 더욱 발전하는 것을 비유하는 말이다. 《맹자(孟子)》 〈고자 하(告子下)〉의 "하늘이 어떤 사람에게 큰 사명을 내리려 할 때에는, 반드시 먼저 그의 마음과 뜻을 고통스럽게 하고, 그의 힘줄과 뼈를 수고롭게 하고, 그의 육체를 굶주리게 하고, 그의 몸을 궁핍하게 하여, 그가 행하는 일마다 어긋나서 이루지 못하게 하나니, 이는 그의 마음을 격동시키고 그의 성내는 것을 굳게 참고 버티도록 하여, 그가 잘하지 못했던 일을 더욱 잘할 수 있게 해 주기 위함이다.〔天將降大任於是人也 必先苦其心志 勞其筋骨 餓其體膚 空乏其身 行拂亂其所爲 所以動心忍性 增益其所不能〕"라는 말에서 나온 것이다.

주자(朱子)의 글을 취하여 더욱 정독을 하셨으면 합니다. 그리하여 거경(居敬)·극기(克己)와 치지(致知)·역행(力行)의 공부에 다시 진일보하여, 더 널리 개척하며 사려(思慮)를 완양(完養)하고 의리(義理)를 함영(涵泳)하여 단련하면, 뒷날 돌아올 적에 크게 수용(受用)할 수가 있어서 오늘날 성취한 정도일 뿐만이 아닐 것이니, 원성(元城)의 은산철벽(銀山鐵壁)[4]은 말할 거리도 안 될 것입니다. 어떻게 생각하십니까? 하고많은 소회를 글로 다할 수가 없습니다. 오직 때에 따라 더욱 보중하시기만을 기도드립니다.

4 원성(元城)의 은산철벽(銀山鐵壁) : 조금도 꺾이지 않고 태연자약하게 귀양살이를 하는 것을 말한다. 《주자어류(朱子語類)》 권130에 "원성이 남도에 유배되었을 적에 그 모습이 마치 은산철벽과 같았다.〔元城在南都 似個銀山鐵壁〕"라는 말이 나온다. 원성은 송(宋)나라 원성 출신인 유 원성(劉元城)으로, 전상호(殿上虎)라는 별명을 얻었던 직신(直臣) 유안세(劉安世, 1048~1125)를 가리킨다.

홍양지[5]에게 답하는 글 병진년(1736, 영조12) 1월

答洪養之 丙辰正月

이름은 자(梓)이다.

해가 바뀌었는데도 소식이 아득하여 바야흐로 그리운 생각이 간절하던 차에 방금 수서(手書)를 받고는 신원(新元)에 어버이를 모시는 체후(體候)가 고루 경사스럽고 학문하는 재미가 보통이 아님을 잘 알았기에 지극히 위로되는 구구한 마음을 금하지 못하겠습니다.

나는 노모(老母)를 모시고 그럭저럭 지내고 있습니다만, 산골에서 새해를 맞고 보니, 노대(老大 노쇠)의 슬픔과 상로(霜露)[6]의 감회 모두에 스스로 억제할 수 없는 점이 있습니다. 게다가 이군삭거(離群索居)[7]하는 처지라서 경발(警發)할 곳이 전혀 없기 때문에, 일용(日用)의 사이에 감히 혼자서 노력을 하지 않는 것은 아니지만, 끝내 재미없이

5 홍양지(洪養之) : 홍자(洪梓, 1707~1781)로, 양지는 홍자의 자(字)이다. 본관은 남양(南陽)으로, 문과(文科) 급제 뒤에 대사간(大司諫), 승지(承旨), 한성부 좌윤(漢城府左尹) 등을 지냈다.

6 상로(霜露) : 서리와 이슬이라는 뜻으로, 돌아가신 어버이를 생각하는 효자의 마음을 비유할 때 쓰는 말이다. 《예기(禮記)》 〈제의(祭義)〉에 "서리와 이슬이 내린 때에 군자가 이를 밟다 보면 처창한 마음이 들게 마련인데, 이는 날씨가 싸늘해져서 그런 것이 아니다.〔霜露旣降 君子履之 必有悽愴之心 非其寒之謂也〕"라는 말이 나오는데, 한(漢)나라 정현(鄭玄)이 해설하기를 "추운 계절이 돌아오매 어버이의 생각이 사무치는 것을 말한 것이다."라고 하였다. 여기서는 작고한 부친에 대한 감회를 말한다.

7 이군삭거(離群索居) : 《예기》 〈단궁 상(檀弓上)〉에 나오는 말로, 친지나 벗들과 헤어져서 혼자 외로이 사는 생활을 가리킨다.

떫기만 해서 득력(得力)을 하기가 쉽지 않습니다. 그래서 매양 지난날에 함께 절차탁마(切磋琢磨)했던 추억을 떠올리며 어느 때이고 생각이 치달리지 않은 적이 없었습니다.

《시경(詩經)》도 아직 공부를 시작하지 못했는데, 최근에 백춘(伯春 김원행(金元行))이 재차 편지를 보내《중용(中庸)》의 의의(疑義)를 재촉하는 바람에 어쩔 수 없이 뜻을 집중하여 수정(修正)하면서 풍송(諷誦)하였고, 이와 함께《통서(通書)》도 대략 읽어 넘기면서 〈태극도설(太極圖說)〉과 〈서명(西銘)〉의 예(例)처럼 하였는데, 감히 소득이 있었다고 스스로 말할 수는 없어도, 의사(意思)는 자못 시원하게 터지는 것을 느낍니다. 다만 안질(眼疾) 때문에 뜻을 새겨서 공부하지 못하는 것이 안타까울 뿐입니다.

보내오신 글을 보건대, 도체(道體)에 대해 보이는 곳이 있으면서 뒤로 물러나는 뜻이 없게 되셨다고 하니, 너무나도 훌륭하고 훌륭하십니다. 만약 이런 좋은 조짐을 계기로 해서 더욱 넓게 밀고 나가며 혹시라도 했다 안 했다 하는 일이 없게 된다면, 노형(老兄)의 영재(英才)로 볼 때에 백춘이 말한 대로 분명히 힘을 적게 들이고도 큰 효과를 거둘 수 있을 것입니다.

다만 석화(石火 부싯돌의 불빛)와 같은 한때의 소식은 믿기 어려운 반면에 옛날부터 물든 습관은 빠지기 쉬운 법인데, 이는 실로 내가 일찍이 실컷 겪어 보았던 일입니다. 깊이 바라건대, 조금 얻은 것으로 만족하지 말고, 다시《맹자(孟子)》의 성선장(性善章)과《격몽요결(擊蒙要訣)》의 입지장(立志章)을 가져다가 반복해서 탐구하여, 성인(聖人)은 꼭 이루어야 하고 속태(俗態)는 정말 슬퍼해야 할 일임을 참으로 보아서, 범속함을 벗어나 첫째가는 인물이 되어야 하겠다고 스스로 다짐해야 할 것입니다.

그런 뒤에 날마다 문자의리(文字義理)를 가지고 물을 대 주며 북돋아 주어, 이 마음으로 하여금 항상 정대(正大)하고 광명(光明)한 영역에서 노닐게 하여 사욕(私欲)이 들어올 수 없게끔 하면, 안과 밖이 다 함께 밝아지면서 앞으로 나아가는 것을 스스로 그만둘 수 없게 될 것입니다. 사랑하며 우러르는 마음이 지극한 나머지 번다하게 누누이 말씀드리는 것이 이에 이르렀습니다. 주제넘은 경솔한 발언들을 용서해 주시면 다행이겠습니다.

홍양지에게 답하는 글
答洪養之

〔문〕 망종(亡從 죽은 종형제)의 복제(服制)와 관련하여 차아(次兒 둘째 아들)가 이미 소공복(小功服)을 입고 끝냈습니다. 그런데 최근에 비로소 예사(禮斜)[8]가 발급되었으니, 다시 기년복(朞年服)을 입어야 합니까? 기년복을 입는다면 성복(成服)을 바꿔야 하는데, 성복하고 나서 일수(日數)가 기월(朞月)에 이른 때에 벗는 것이 온당합니까, 본상(本喪)의 초기(初朞)에 벗어야 합니까? 아니면 처음부터 가복(加服)을 할 필요 없이, 다만 소대(素帶)의 상복 차림으로 초기(初朞)까지 가는 것이 옳습니까?

〔답〕 말씀하신 내용을 잘 알았습니다. 이것은 바로 '당시에 은혜를 받지 않은 자에게는 상복을 요구하지 않는다〔不責非時之恩〕'는 경우에 해당하니, 단지 본복(本服 소공복)을 입기만 하면 되고, 소대 차림으로 기월을 마칠 필요도 없습니다. 대개 인후(人後)가 된 자는 부모상(父母喪) 이외에는 원래 추후(追後)에 가복을 하는 일이 없습니다.

8 예사(禮斜) : 예조에서 양자(養子)의 청원을 허가해 주던 증명서를 말한다.

이의보[9]에게 보내는 글 정사년(1737, 영조13) 3월

與李毅甫 丁巳三月

이름은 제원(濟遠)이다.

과거에 급제하셨다는 소식을 듣고 나서 벌써 몇 달이 지났지만, 여태 한 글자도 사람들을 따라서 축하하는 말을 올리지 못했습니다. 이것이 어찌 다만 완둔(頑鈍)하고 예의를 몰라서 그런 것일 뿐이겠습니까. 참으로 그 일이 축하할 만한 것인지를 알지 못했기 때문이기도 하였습니다.

세상이 쇠하고 도(道)가 없어져서 온 세상이 더럽고 탁하기만 한데, 이러한 때를 당하여 족하(足下)의 문학(文學)과 덕망(德望)으로 고과(高科)에 올라 현요(顯要)의 지위에 올라서게 되었으므로, 오당(吾黨)의 사람들 거의 모두가 경외하며 서로들 경축을 하니, 교유(交遊)하는 대열에 끼여 있는 나의 입장에서도 어찌 유독 그렇게 해야 하지 않겠습니까.

그러나 명망이 있게 되면 비방이 뒤따라 모여드는 법인데, 더군다나 족하는 사람들이 모두 쳐다보는 처지로 보통 사람들과는 더욱 다른 점이 있는 데야 더 말할 나위가 있겠습니까. 조금 걸맞지 않은 일이 있을 때마다 의방(疑謗)이 번번이 가해지면서, 족하 개인의 일로만

9 이의보(李毅甫) : 이제원(李濟遠, 1709~1752)으로, 의보는 이제원의 자(字)이다. 이재(李縡)의 아들로, 1736년(영조12)에 문과(文科)에 급제하여 벼슬이 대사간(大司諫)에 이르렀다.

끝나지도 않을 것입니다. 이는 족하 혼자 전전긍긍하고 두려워하며 조금이라도 해이해지면 안 되는 문제일 뿐만이 아니라서, 지구(知舊)들 모두가 이 때문에 속으로 걱정하며 깊이 우려하고 있습니다. 그런데 내가 우체(迂滯 우활(迂闊))한 것은 또 그보다도 심하니, 그렇다면 억지로 말을 만들어 축하하고 싶어도 그럴 수가 있겠습니까.

오직 바라건대 족하는 과정(過庭)의 가르침[10]을 깍듯이 받들어서 힘껏 공부하고 독실하게 실천하셨으면 합니다. 그리하여 득상(得喪)과 화복(禍福)으로 기뻐하거나 슬퍼하지 말고 오직 도(道)만을 따르면서 부끄러움을 끼칠까 두려워함으로써, 한세상의 사람들로 하여금 군자(君子)가 이 세상에 유익하다는 것을 분명히 알게 하여 아름다운 명성이 위로 존정(尊庭 부친)에까지 미치게 하십시오. 그렇게 하면 내가 비록 게으르고 미련하지만 삼가 문하(門下)에 직접 나아가 재배(再拜)하고 축하함으로써, 이처럼 포만(逋慢)하게 군 죄를 갚아야 할 것인데, 그렇게 되기만을 바야흐로 두 손을 맞잡고서 기다리고 있습니다.

지금 봄 날씨가 싸늘한데 어버이를 모시며 벼슬하시는 체후(體候) 모두가 복되시리라고 믿습니다. 나는 연래에 더욱 게을러 빠져서 붕우의 기대에 부응할 만한 일이 한 가지도 없으므로 그저 밤낮으로 두려워하고 있을 뿐입니다.

10 과정(過庭)의 가르침 : 부친의 훈계를 말한다. 공자가 홀로 서 있을 때에 아들 백어(伯魚)가 종종걸음으로 뜰을 지나가자〔趨而過庭〕, 공자가 그를 불러 세우고서 시(詩)와 예(禮)를 배워야 한다고 가르침을 내렸던 고사에서 유래한 것이다. 《論語 季氏》

박사수[11]에게 답하는 글 임신년(1752, 영조28)

答朴士洙 壬申

이름은 성원(聖源)이다.

〔문〕 선비(先妣)의 담사(禫祀)[12]는 금년 5월에 있고, 선형(先兄)의 대상(大祥)은 그보다 한 달 전에 있으며, 형수(兄嫂)의 대상은 또 5월 1일에 있는데, 고애(孤哀 박성원 본인)의 아들인 종식(宗植)이 선형의 양자(養子)로 나갔으므로 모두 승중(承重)[13]하여 세 번의 최복(衰服)의 상례(喪禮)를 주관해야 할 입장입니다. 5월 1일 이후에는 세 개의 상〔三喪〕이 모두 '상제(祥祭)의 뒤 담제(禫祭)의 앞'에 해당되는데, 전상(前喪 선비(先妣)의 상)의 담제를 행하는 한 가지 절

11 박사수(朴士洙) : 박성원(朴聖源, 1697~1757)으로, 사수는 박성원의 자(字)이다. 호는 겸재(謙齋)·광암(廣巖)이고, 이재(李縡)의 문인으로, 1728년(영조4)에 별시 문과에 급제하였다. 1744년에 지평(持平)의 신분으로 영조(英祖)가 기로소(耆老所)에 들어가는 일을 반대하여 남해(南海)에 위리안치(圍籬安置)되었다가 2년 뒤에 석방되었으며, 뒤에 정조(正祖)가 되는 세손(世孫)을 보도(輔導)하였다. 예서(禮書)를 연구하는 과정에서 의문 사항에 해석을 달아 《예의유집(禮疑類輯)》을 저술하였다.

12 담사(禫祀) : 담제(禫祭)라고도 하는데, 대상(大祥)을 지낸 뒤에 한 달을 건너서 지내는 제사이다. 즉 대상을 치른 뒤의 다음다음 달〔中月〕로, 초상부터 윤달을 따지지 않고 27개월이 되는 달의 하순의 정일(丁日)이나 해일(亥日)에 지내는 제사를 말한다. 담제를 지내는 달을 담월(禫月)이라고 하고, 그때 입는 옷을 담복(禫服)이라고 한다. 대상은 죽은 뒤 2년, 정확히는 25개월 만에 지내는 제사를 말한다. 참고로 소상(小祥)은 죽은 뒤 1년, 정확히는 13개월 만에 지내는 제사를 말하는데, 연복(練服)을 입기 때문에 연제(練祭)라고도 한다.

13 승중(承重) : 조상의 제사를 승계하여 봉사자(奉祀者)가 되는 것을 말한다.

목에 대해서는 상고할 만한 분명한 글이 없습니다.

혹자는 말하기를 "병유상(竝有喪)[14] 조의 상제(祥祭)를 행하는 예(例)를 가지고 유추해 보면 담제도 그와 같을 것이니, 전상(前喪)의 담제 때에는 담복(禫服)을 입고 거행하고 그 뒤에 다시 후상(後喪)의 상복(祥服)을 착용하는 것이 좋겠다."라고 하고, 혹자는 말하기를 "상복은 비록 길복(吉服)에 가깝다고 하나 그래도 상중(喪中)의 복장이라서 본래 혐의할 것이 없는 데 반하여, 담복은 참색(黲色 청흑색)을 써서 상을 마친 뒤의 복장이 되니 잠시 차용한다 하더라도 온당치 못한 점이 있다."라고 하고, 또 논난(論難)하는 자는 말하기를 "고례(古禮)에 '이달에 담제를 지낸다.〔是月禫〕'[15]라는 글이 있고, 또 '중월이담(中月而禫)'에 대해서 왕숙(王肅)이 중월을 월(月)의 중(中)으로 풀었는데, 주자(朱子)가 이를 옳다고 하였다.[16] 고례가 이

14 병유상(竝有喪) : 두 사람 이상의 상(喪)이 한꺼번에 겹친 경우를 말한다.

15 이달에 담제(禫祭)를 지낸다 : 《예기》 〈단궁 상(檀弓上)〉에 "대상(大祥)이 지나면 호관(縞冠)을 착용하며, 이달에 담제를 지내고, 달을 넘겨서 음악을 연주한다.〔祥而縞 是月禫 徙月樂〕"라는 말이 나온다. 호관은 흰색 비단으로 만든 갓을 말한다.

16 중월이담(中月而禫)에……하였다 : 《의례(儀禮)》 〈사우례(士虞禮)〉에 "1년이 지나 소상(小祥)이 되면 '이 상사(常事)에 제물을 올립니다.'라고 하고, 다시 1년이 지나 대상(大祥)이 되면 '이 상사(祥事)에 제물을 올립니다.'라고 하며, 중월(中月)에 담제(禫祭)를 지낸다.〔朞而小祥 曰薦此常事 又朞而大祥 曰薦此祥事 中月而禫〕"라는 말이 나온다. 상사(常事)는 소상을 말하고, 상사(祥事)는 대상을 말한다. 그런데 중월에 대해서 정현(鄭玄)은 "중은 간과 같다.〔中猶間〕"라고 하여 대상에서 한 달을 건너뛴 27개월 만에 담제를 지낸다고 하였고, 왕숙(王肅)은 중월을 월중(月中)으로 해석하여 대상과 같은 달에 지낸다고 하였다. 《通典 卷87 喪制 禮變》 한편 주희(朱熹)는 《주자어류(朱子語類)》 권89 〈예(禮)6 관혼상(冠昏喪)〉의 상(喪)에서 "25개월 만에 대상을 지내고 곧바로 담제를 올리는 문제와 관련하여 살펴보건대, 왕숙의 설처럼 해야만 '이달

미 이와 같고 보면, 지금 후상(後喪)의 대상을 마치고 나서 같은 달에 전상(前喪)의 담제를 행해도 무방할 듯하다."라고 합니다. 이런 주장들 중에서 어떤 것을 따라야 합니까?

〔답〕 병유상(竝有喪)을 당한 경우에 후상이 끝나지 않으면 전상의 담제를 행할 수가 없는데, 이는 담제가 바로 길제(吉祭)이기 때문입니다. 그렇다면 상제(祥祭)를 경과했다 하더라도 27개월 이전은 여전히 상을 마치지 않은 것이니, 어떤 길사(吉祀)도 모두 행할 수가 없는 것인데, 어찌하여 유독 담제의 경우만 의심한단 말입니까.

그리고 혹자가 왕숙(王肅)을 인용하여 운운한 것은 옳지 않은 듯합니다. 지금 만약 왕숙의 주장대로 해 오다가 상월(祥月) 중에 담제를 행한다면 모르지만, 그렇지 않고 이미 정현(鄭玄)의 주장을 채택해 오다가 다시 왕설(王說)을 끼워 넣어서, 담제를 지내기도 전에 담제 지낸 뒤의 예(禮)를 행하려고 한다면, 이는 반쯤 올라갔다가 다시 밑으로 떨어지는 격이니 사리에 맞지 않습니다. 과연 그와 같이 한다면 시향(時享) 등과 같은 다른 길사의 경우도 담제의 기일이 이미 지나갔다는 핑계를 대고서 모두 행할 것입니까. 나의 소견이 이러한데, 옳은지 어쩐지 모르겠습니다.

에 담제를 지내고 달을 넘겨서 음악을 연주한다.'라는 말에 부합한다. 지금 정현(鄭玄)의 설을 따르는 것이, 예가 의심스러울 때에는 후하게 하는 쪽을 따르는 경우에 해당된다고 하더라도, 합당하다고는 할 수 없다.〔二十五月祥後便禫 看來當如王肅之說 於是月禫徙月樂之說爲順 而今從鄭氏之說 雖是禮疑從厚 然未爲當〕"라고 하였다. 그러나 《주자가례(朱子家禮)》 〈상례(喪禮) 담(禫)〉에서는 대상지후 중월이담(大祥之後 中月而禫) 조에서 "중월은 한 달을 건너뛰는 것이다. 따라서 초상 때부터 이때까지 윤달을 따지지 않고 모두 27개월이다.〔間一月也 自喪至此 不計閏 凡二十七月〕"라고 해설하여 정현의 의견을 채택하는 다른 입장을 보였다.

김중척[17]에게 답하는 글 갑자년(1744, 영조20) 1월

答金仲陟 甲子正月

이름은 상무(相戊)이다.

〔문〕 중월이담(中月而禫)에 대해서

〔답〕 중월이담에 대해서는 나도 매양 정설(鄭說 정현(鄭玄)의 해설)이 낫다고 여깁니다. 왜냐하면 다른 것은 논하지 않더라도, 단지 '중월(中月)'이라는 두 글자에 대한 그의 주장이 지극히 간명(簡明)하고, 또 〈잡기(雜記)〉의 "15개월이 지나서 담제(禫祭)를 지낸다.〔十五月禫〕"[18] 라는 말이 분명한 증거가 되기 때문입니다.

왕숙(王肅)은 중월을 월중(月中)으로 풀었습니다만, 상제(祥祭)가 하순에 있을 경우 그 뒤에 담제를 행하면 바로 월말이 되니 어떻게 중월이 될 수 있겠습니까. 만약 이달을 벗어나지 않는다는 뜻이라고 말한다면 조금 통할 것 같기도 합니다만, '중월'이라는 두 글자를 그렇게 풀이하는 것도 너무 완만(緩漫)하다는 느낌이 드니, 경(經)의 본의(本意)가 아닐 듯싶습니다. 또 "15개월이 지나서 담제를 지낸다."에

17 김중척(金仲陟) : 김상무(金相戊, 1711~?)로, 중척은 김상무의 자(字)이다. 김장생(金長生)의 6세손으로, 의흥 현감(義興縣監)을 거쳐 승지(承旨)와 공조 참의(工曹參議)를 지냈다.

18 15개월이……지낸다 : 《예기》 〈잡기 하(雜記下)〉에 "기년(期年)의 상은 11개월이 지나 소상(小祥)의 제사를 지내고, 13개월이 지나 대상(大祥)의 제사를 지내며, 15개월이 지나서 담제(禫祭)를 지낸다.〔期之喪十一月而練 十三月而祥 十五月而禫〕"라는 말이 나온다.

대해서 "부친 생존 시에 모친상을 당하여 굽혀서 펴지 못했기 때문에 담제(禫祭) 지내는 시기를 연장한 것이다.……"라고 한 것은 그 주장이 더욱 구차하고 왜곡되어 전혀 말이 되지 않습니다. 그리고 "이달에 담제를 지내고, 달을 넘겨서 음악을 연주한다.〔是月禫 徙月樂〕"라고 한 것은 왕설(王說)을 뒷받침하는 큰 증거가 되기에 부족할 듯싶습니다.

공소(孔疏)에서 "공자가 이날에 조곡(弔哭)을 하면 노래를 부르지 않았다.〔子於是日哭則不歌〕"라는 말을 인용하고는 "이 글이 다른 글과 연결되는 곳이 없는데도 이날이라고 하였다.〔文無所繼 亦云是日〕"라고 하였는데,[19] 이 설이 매우 명백합니다. 지금 만약 "대상(大祥)이 지나면 호관(縞冠)을 착용한다.〔祥而縞〕"라는 구절을 하나의 문장으로 독립시키고 "이달에 담제를 지내고, 달을 넘겨서 음악을 연주한다."라는 구절을 또 하나의 문장으로 독립시켜 상호 호응(呼應)하면서 상문(上文)의 "대상이 지나면 호관을 착용한다."를 이어받지 않게 하면 저절로 의심할 것이 없을 것입니다.-고인(古人)이 제사 지낼 때에는 반드시 날짜를 가렸는데, 만약 왕설과 같이 한다면 담(禫)과 길제(吉祭)에 날짜를 가리지 않고 아무렇게나 행한단 말입니까. 열흘 안쪽으로 세 개의 대제(大祭)를 설행한다면 시일이 촉박하여 구차하게 될 것이니, 이는 결코 성인의 뜻이 아닙니다.-

〔문〕 부인(婦人)이 지키는 것[20]에 대하여

19 공소(孔疏)에서……하였는데 : 당(唐)나라 공영달(孔穎達)이 지은 《예기정의(禮記正義)》 권6 〈단궁 상(檀弓上) 3〉에 이 내용이 나온다. "공자가……"라는 말은 《논어》 〈술이(述而)〉에 보인다.

20 부인(婦人)이 지키는 것 : 부인 두 명이 빈소(殯所)에 머물러 영좌(靈座)를 지키게 하는 것〔留兩婦人守之〕을 말한다.

〔답〕 일단 빈소(殯所)를 차리고 나면 장부(丈夫)는 모두 상차(喪次)로 돌아가기 때문에 부인에게 지키게 하는 것일 뿐이니, 무슨 다른 뜻이 있겠습니까.

〔문〕 딸의 자식과 자매의 자식을 위해서 혹은 시마복(緦麻服)을 입고 혹은 소공복(小功服)을 입어 주는 것은 부(父)를 위주로 추론한 것이라는 설에 대해서

〔답〕 외조(外祖)가 외손(外孫)을 위해서나 종모(從母)가 자매(姊妹)의 자식을 위해서 모두 보복(報服 되갚아 입어 주는 것)을 하지만, 외조의 경우는 신분이 높기 때문에 복을 낮추는 것이고, 저쪽에서 이미 종모를 위해 복을 입은 이상에는 이쪽에서도 저쪽을 위해 되갚지 않을 수 없어서 그런 것일 뿐이니,-외친(外親)에 대한 복은 본래 시마(緦麻)일 뿐인데, 외조는 높은 신분 때문에 소공(小功)으로 더하는 것이고, 종모는 명분 때문에 소공으로 더하는 것입니다. 보복을 할 때에는 외조는 신분이 높기 때문에 소공으로 되갚지 않고 본복인 시마로만 되갚으며, 종모는 높지 않기 때문에 똑같이 소공으로 되갚는 것입니다.- 애당초 부(父)를 기준으로 추론해서 복을 입는 것이 아닙니다. 사행(士行 송문흠(宋文欽)) 형이 자매를 기준으로 추론한 것이라고 말한 것도 옳지 않습니다.

주자(朱子)의 설을 〈도식(圖式 상복도식(喪服圖式))〉에서 인용하였는데, 예경(禮經)의 예(例)와 합치되지 않는 것 같기에 언제나 이 점을 의심하였습니다. 혹 기록이 잘못되지 않았나 싶기도 해서 매양 붕우에게 질의해 보려다가 아직 못했는데, 지금 편지를 주신 기회에 여쭤 보게 되었으니, 재량(裁量)하여 가르쳐 주시면 다행이겠습니다.

〔문〕 장자(長者)가 부친상을 당하여 2년 되는 달에 죽었을 경우에

대하여

〔답〕 접복(接服 복을 대신 이어서 입는 것)에 대한 설은 《예기》 〈상복소기(喪服小記)〉의 "상(殤)으로 죽은 자의 후사가 된 자는 그 복으로 복상(服喪)을 한다.〔爲殤後者以其服服之〕"라는 소(疏)에 처음 보입니다. 그리고 《통전(通典)》에도 "남은 달수를 채워서 복을 입는다.〔服其殘月〕"라는 설이 있습니다. 그러나 이것은 모두 인후(人後) 된 자가 소후(所後)의 상(喪)을 위한 경우를 말하는 것일 뿐입니다.-지금의 경우는 사마조(司馬操)의 "나의 중한 복은 지금부터 시작된다.〔我重自始〕"[21]라는 설을 따라서 해야지, 접복의 설을 쓰면 안 됩니다.-

조(祖)의 상중(喪中)에 부(父)가 죽은 경우에 대해서, 《통해(通解)》의 〈상복도식(喪服圖式)〉[22]에 "적자가 상을 마치지 못하고 죽은 경우에

21 나의……시작된다 : 혹자가 "갑(甲)이 죽자 갑의 아들이 복을 입고서 연제(練祭)를 지냈는데 갑의 아들이 또 죽었다. 이에 갑의 아우 을(乙)이 그의 아들 경(景)으로 뒤를 잇게 했다면, 경은 백부를 위하여 기년복을 마쳤으니 다시 25개월복을 입을 이유가 없다.〔甲死 甲兒持服 已練 甲兒死 甲弟乙方以子景後之 景無緣爲伯持周服畢復更制二十五月服〕"라고 하자, 사마조(司馬操)가 "경이 갑의 연제 뒤에 와서 갑의 후사가 되었으면, 저쪽에서의 상은 비록 강쇄(降殺)되었다 해도, 나의 중한 복은 지금부터 시작되는 것이니, 다시 먼 달까지 복을 입는다고 해서 의리에 무슨 해가 되겠는가.〔景以甲練後方來後甲 彼喪雖殺 我重自始 更制遠月 於義何傷〕"라고 반박하였다. 《常變通攷 卷10 喪禮 本宗服 母 三年內立後》 사마조는 남조(南朝) 송(宋)나라 사람으로, 태상승(太常丞)을 역임하였다.

22 통해(通解)의 상복도식(喪服圖式) : 《통해》는 《의례경전통해(儀禮經傳通解)》의 준말로, 주희가 《의례》를 중심으로 《예기》와 경사(經史)의 예설(禮說) 및 선유(先儒)의 학설 등을 모아 편찬한 책이다. 주희가 죽은 뒤에 《통해》의 속집이 나왔는데, 황간(黃幹)이 편찬한 《상례(喪禮)》 15권과 양복(楊復)이 편찬한 《의례상복도식(儀禮喪服圖式)》 2권과 《제례(祭禮)》 13권이 들어 있다.

는 적손이 승중하되, 죽은 것이 소상 이전이면 소상으로 복을 이어받고, 소상 이후에는 심상으로 대신한다.〔嫡子未終喪而亡者 嫡孫承重 亡在小祥前者 小祥受服 在小祥後者 申心喪〕"라고 하였는데, 이는 대개 〈상복소기(喪服小記)〉의 "부인이 친가의 부모상에 대해서, 연제(練祭) 이전에 시가(媤家)에서 이혼을 당한 경우에는 삼년복을 입고 연제를 마치고 이혼을 당한 경우에는 그만둔다.〔婦人爲父母喪 未練而出則三年 已練而出則已〕"라는 문구를 모방해서 그렇게 말한 것입니다.

그러나 소상 이후에 심상으로 대신한다고 말한 것에 대해서는 사계(沙溪 김장생(金長生)) 선생이 의심스럽게 여겼으므로, 지금 예(禮)를 안다고 하는 집에서는 〈상복소기〉의 소(疏)에 나오는 접복(接服)의 설을 인용해서 남은 달수를 채우며 복을 입는 것이 이미 통행(通行)하는 예(禮)가 되었는데, 지금도 그렇게 하는 것이 과연 어떠할지는 알지 못하겠습니다.

《예기(禮記)》〈잡기(雜記)〉에 "부모의 삼년상이 겹쳤을 경우에는 경질(潁絰)로 바꾸고 나서 연제(練祭)와 상제(祥祭)를 모두 행한다.〔三年之喪旣潁 其練祥皆行〕"[23]라고 하였고, 또 "부모의 상중에 장차 소

23 부모의……행한다 : 《예기》〈잡기 하(雜記下)〉에 나온다. 이에 대해 당(唐)나라 공영달(孔穎達)은 《예기정의(禮記正義)》의 소(疏)에서 "먼저 부친상을 당하고 나서 모친이 죽었을 경우에는 연제(練祭)와 상제(祥祭)를 또한 그렇게 하는 것이다. 그래서 《의례(儀禮)》〈상복(喪服)〉 자최삼년장(齊衰三年章)에서 '부친이 죽으면 모친을 위한다.〔父卒則爲母〕'라고 한 것이다."라고 하였고, 《통전(通典)》에 나오는 진(晉)나라 두예(杜預)의 해설 역시 "부친의 장례를 이미 행했는데 모친이 죽었을 경우에는 모친을 위한 상복을 입고 우제(虞祭)까지 지내고 나서 다시 원래의 상복을 입는다. 부친의 상복을 입고 연제를 지냈으면 모친의 복을 입으며, 상복을 벗어야 할 때에는 부친의 상복을 입고 그 복을 벗은 뒤에 모친의 복을 다시 입는다."라고 하였다.

상(小祥) 또는 대상(大祥)의 제사를 올리려고 할 때 형제가 죽었을 경우에는 형제의 빈장(殯葬)을 끝내고 나서 제사 지낸다. 만일 주거를 같이하는 자가 죽었을 경우에는 비록 미천한 신첩이라도 장의(葬儀)가 끝나고 나서 제사 지낸다.〔父母之喪將祭 而昆弟死 旣殯而祭 如同宮則雖臣妾 葬而後祭〕"라고 하였습니다.

지금 장자(長子)가 죽었으니, 승중손(承重孫)의 입장에서 보면 삼년상이 겹친 경우에 해당하고, 제자(諸子)의 입장에서 보면 형제로서 주거를 같이하는 자가 죽은 경우에 해당합니다. 따라서 똑같이 빈장(殯葬)한 뒤에 제사를 올려야 할 것이니, 어찌 선만선제(先滿先除)[24]를 핑계 대고 상제를 기다리지도 않고서 서둘러 자기의 복을 벗어서야 되겠습니까.

주자(朱子)가 증무의(曾無疑)[25]에게 답한 글로 말하면, 연상(練祥)을 뒤로 물린 것이 단지 장자 때문이었으므로 제자 중에 선만(先滿)한 자가 선제(先除)할 수 있었지만, 지금의 경우는 상제를 뒤로 물리는 것이 바로 모두에게 해당하는 것으로 제자와 적손(嫡孫)에게 당초 선만과 후만(後滿)의 차이가 없으니, 어찌 똑같은 예로 견줄 수가 있겠습

24 선만선제(先滿先除) : 상복 입는 달수가 먼저 찬 사람은 먼저 벗고 나중에 차는 사람은 나중에 벗는다는 말이다. 《주자어류(朱子語類)》 권89에 "친상을 당해서 형제가 먼저 찬 사람은 먼저 복을 벗고 뒤에 차는 사람은 뒤에 벗는데, 이는 밖에서 부음(訃音)을 듣는 것에 선후의 차이가 있기 때문이다.〔親喪 兄弟先滿者先除服 後滿者後除 以在外聞喪有先後者〕"라는 말이 나온다.

25 증무의(曾無疑) : 주희의 문인인 증삼이(曾三異)로, 무의는 증삼이의 자(字)이다. 호는 운소(雲巢)이다. 저서에 《신구관제통고(新舊官制通考)》와 《통석(通釋)》이 있다.

니까.-보내오신 글에서 국휼(國恤)의 졸곡(卒哭)을 언급한 것이 바로 이것과 동일한 예입니다.-

〔문〕 거상(居喪) 중에 남을 조문하는 일에 대해서

〔답〕 〈증자문(曾子問)〉에서 "삼년상 중에 남을 조문한다면 또한 허례(虛禮)가 아니겠는가."[26]라고 말한 것이 매우 좋습니다. 그러나 증자(曾子)가 자장(子張)의 죽음을 곡(哭)했고 보면[27] 조문해도 상관없을 듯합니다.

그리고 〈단궁(檀弓)〉에 "빈소를 모시고 있을 때 촌수가 먼 형제의 상을 들으면 비록 시마복에 해당하더라도 반드시 간다.〔有殯 聞遠兄弟之喪 雖緦必往〕"라고 하였습니다. 시마복의 형제에게도 가는데, 더군다나 붕우의 경우는 비록 복(服)은 없어도 동도(同道)의 은혜와 기년(期年)의 의리가 있는데,-정씨(鄭氏)가 "스승에 대해서는 심상(心喪) 삼년이요, 붕우에 대해서는 기년(期年)이 가하다.〔爲師心喪三年 於朋友期可〕"라고 해설한 것이

26 삼년상……아니겠는가 : 증자(曾子)가 "삼년상을 행하면서 남을 조문할 수 있습니까?〔三年之喪弔乎〕"라고 묻자, 공자가 "삼년상에서는 연제(練祭)를 지낸 뒤에도 남과 함께 모여 서 있거나 여행도 가지 않는다. 군자는 예(禮)에 따라서 자신의 심정을 밖으로 표현하는 법인데, 남을 슬퍼할 겨를이 없는 삼년상을 당하여 남을 조문하며 곡한다면, 그것은 또한 허례(虛禮)가 아니겠는가.〔三年之喪 練不群立 不旅行 君子禮以飾情 三年之喪而弔哭 不亦虛乎〕"라고 말한 내용이 《예기》 〈증자문(曾子問)〉에 나온다.

27 증자(曾子)가……보면 : 《예기》 〈단궁 하(檀弓下)〉에 "자장(子張)이 죽자, 증자가 모친의 상중에 있었는데도 자최복(齊衰服)을 입고 가서 곡하였다. 혹자가 '자최복을 입고는 조문하는 것이 아니다.'라고 하니, 증자가 '내가 조문한 것이겠는가. 벗의 죽음을 곡했을 뿐이다.'라고 하였다.〔子張死 曾子有母之喪 齊衰而往哭之 或曰 齊衰不以弔 曾子曰 我弔也與哉〕"라는 말이 나온다.

숙초불곡(宿草不哭)의 주(註)에 보인다.-[28] 어찌 가서 곡하지 않아서야 되겠습니까. 증자가 "내가 조문한 것이겠는가. 벗의 죽음을 곡했을 뿐이다.〔我弔也與哉〕"라고 말한 것이, 말은 비록 간략해도 뜻이 매우 명백해서 실로 음미할 만하니, 참으로 성인(聖人)의 말씀입니다. 사계(沙溪 김장생(金長生)) 선생이 율옹(栗翁 율곡(栗谷) 이이(李珥))을 곡(哭)할 때에도 이것을 인용하여 증거로 삼았으니, 이는 바꿀 수 없는 의론일 듯싶습니다. 소(疏)의 설은 근거가 없으니 따르면 안 됩니다.

28 정씨(鄭氏)가……보인다 : 《예기》 〈단궁 상(檀弓上)〉에 "붕우의 묘소에 한 해를 넘겨 풀이 묵으면 곡하지 않는다.〔朋友之墓 有宿草而不哭焉〕"라는 증자(曾子)의 말이 나오는데, 이에 대해 정현(鄭玄)이 "숙초는 뿌리가 묵은 것을 말한다. 스승에 대해서는 심상 삼년, 붕우에 대해서는 기년이 가하다.〔宿草 謂陳根也 爲師心喪三年 於朋友期可〕"라고 해설하였다.

김중척에게 답하는 글 정축년(1757, 영조33)

答金仲陟 丁丑

전에 말씀하신 심설(心說)을 최근에야 비로소 사행(士行 송문흠(宋文欽)) 형을 통해서 얻어 보았습니다. 대체로는 물론 좋았습니다만, 단지 심(心)과 성(性)이 나뉘고 합해지는, 지극히 정밀하고 은미한 부분에 대해서는 죄다 감파(勘破 간파(看破))하지 못한 점이 있지 않나 싶습니다.

대개 심(心)에는 성(性)과 합해서 전언(專言)하는 것이 있고, 성(性)과 상대해서 편언(偏言)하는 것이 있습니다. 전언하는 경우에는 심(心)이 본래 선(善)하다고 말해도 물론 안 될 것이 없겠습니다만, 그래도 '선'이라는 글자는 여전히 성분상(性分上)에 귀착되고, 편언하는 경우에는 단지 '신명(神明)'과 '영묘(靈妙)' 등의 글자를 놓는 것은 가능하지만 '선'이라는 글자를 놓는 것은 불가합니다.

그리고 청탁(淸濁)과 수박(粹駁)으로 말하면 본시 기질상(氣質上)에 속하는 것이고 원래 심체(心體)와는 관계가 없는 만큼, '탁박(濁駁)'이라는 글자를 말할 수 없을 뿐만 아니라 '청수(淸粹)'라는 글자도 말하면 안 된다는 설이 매우 좋긴 합니다만, 이는 창졸간에 말할 수 있는 것이 아니고 대개는 그렇다는 것입니다.

보내오신 글에서 "심(心)이 만약 불선(不善)하다면 성(性)이 순선(純善)한 것을 어느 곳에서 볼 수 있겠느냐.……"라고 하신 대목은, 심(心)과 성(性)을 두 개의 물건으로 확연히 분리하고, 또 정상(精爽)을 청수와 똑같이 간주한 듯한 인상을 주니, 다시 더 정밀하게 궁구하지 않으면 안 될 것입니다.

김중척에게 답하는 글 경인년(1770, 영조46) 12월
答金仲陟 庚寅十二月

예의(禮疑)에 대해서 자문을 구하셨습니다만, 말씀하신 의견이 지극히 명백해서 더 의논할 것이 없습니다.

대저 예(禮)에서 "대종자(大宗子)를 위해서 족인(族人)이 자최삼월(齊衰三月)의 복을 입는다."[29]라고 한 것은 그가 시조(始祖)의 종통(宗

29 대종자(大宗子)를……입는다 : 《의례》〈상복(喪服)〉 자최삼월(齊衰三月) 조에 "장부(丈夫)와 부인(婦人)이 종자(宗子)를 위해 입는다.〔丈夫婦人爲宗子〕"라는 말이 나오는데, 본문의 이해를 돕기 위하여 유장원(柳長源)의 《상변통고(常變通攷)》에서 이와 관련된 내용을 발췌하여 소개하면 다음과 같다. "주(註)에 '종자는 별자(別子)를 계승하는 후예로서 백 세대가 지나가도 옮기지 않으니, 이것이 이른바 대종(大宗)이다.〔宗子繼別之後 百世不遷 所謂大宗也〕'라고 하였고, 소(疏)에 '남자와 여자 모두 대종자를 위해서 자최 삼월복을 입는다.〔男子女子皆爲大宗子齊衰三月〕'라고 하였다. 전(傳)에 '왜 자최 삼월인가? 조(祖)를 높이기 위해서이다. 조를 높이려고 하기 때문에 종(宗)을 공경하는 것이니, 종을 공경하는 것이 조를 높이는 의리인 것이다.〔何以齊衰三月也 尊祖也 尊祖故敬宗 敬宗者 尊祖之義也〕'라고 하였고, 이에 대한 소(疏)에 '조(祖)는 별자로서 시조(始祖)가 된 이를 말하니, 100세대가 지나가도 옮기지 않는다. 제사하는 날을 당하여 동종(同宗)이 모두 와서 배석하여 제사를 돕기 때문에, 조를 높인다고 말하였다. 종을 공경한다는 것은 대종이 높여야 할 조(祖)의 통(統)이기 때문에 동종이 그를 공경함이니, 이는 조를 높이는 의리인 것이다.〔祖謂別子爲祖 百世不遷 當祭之日 同宗皆來陪位及助祭 故云尊祖也 敬宗者 大宗者尊之統 故同宗敬之 尊祖之義也〕'라고 하였다."《常變通攷 卷13 喪禮 宗服 宗子》 별자는 제후의 자식으로서 제후의 지위를 계승하지 않은 자를 말한다. 《의례(儀禮)》의 경문(經文)은 주공(周公)이 지었다고 하는데, 이 경문을 해설한 것이 자하(子夏)의 전(傳)이고, 이 전문을 해설한 것이 한(漢)나라 정현(鄭玄)의 주(註)이고, 이 주를 해설한 것이 당(唐)나라 가공언(賈公彦)의 소(疏)이다.

統)을 계승했다는 것을 가리킵니다.

아조(我朝)에서 말하는 불천지위(不遷之位)와 같은 것은 본래 경(經)에 보이지 않습니다만, 조(祖)가 일단 불천(不遷)인 이상에는 그 조(祖)의 자손이 되는 자들은 그 종자(宗子)에 대해서 또한 자기를 소종(小宗)에 견주어 그를 존경해야만 할 것입니다. 만약 반대로 전일(前日)에 족인(族人)이 모여서 다 함께 높인 대종을 훼손하여 그 복(服)을 이쪽으로 옮긴다면 '조(祖)를 높이기 위해서 종(宗)을 공경하는〔尊祖敬宗〕' 의리에 크게 어긋나지 않을까 걱정됩니다.

김중척에게 답하는 글 신묘년(1771, 영조47) 봄

答金仲陟 辛卯春

〔문〕 아조(我朝)의 시조(始祖)인 신라(新羅)의 사공(司空)에 대해 제단(祭壇)을 설치하고 시향(時享)을 올리는 일과 관련하여, 위에서 대신(大臣)에게 수의(收議)하라는 명이 있었다.……

〔답〕 말씀하신 일에 대해서는 우거(寓居)하는 중에 상고할 만한 서책이 없기에, 그냥 억견(臆見)으로 논해 볼까 합니다.

아조가 건국(建國) 초기에 만약 오묘(五廟)[30]의 제도를 갖추고서 사친(四親) 이외에 또 태조(太祖)의 묘(廟)를 세웠다면 신라의 사공을 당연히 태조로 삼아서 백세(百世)토록 불천(不遷)해야 할 것입니다.

그러나 지금은 이미 그렇지 않아서 단지 사친의 묘만 세웠고 보면, 이제 와서 조가(朝家)가 비록 고례(古禮)에 따라 묘제(廟制)를 추가로 바로잡으려 하더라도, 다만 정주(程朱)가 송조(宋朝)의 희조(僖祖)[31]를 태조로 삼아야 한다고 논한 뜻에 의거해서, 목조(穆祖 이성계(李成桂)의 고조)를 태묘(太廟)에 봉향(奉享)하여 동향(東向)의 자리에 바로 모시고, 목조 이상으로는 더 확대하지 말아야 할 것이니, 이것이 바로 정(情)은 비록 무궁(無窮)해도 분(分)은 유한(有限)하다고 하는 것입니다.

30 오묘(五廟) : 제후국의 종묘(宗廟)를 말한다. 처음 봉(封)해진 임금이 태묘(太廟)가 되고, 고조와 증조와 조부와 부친이 사친묘(四親廟)가 된다. 사친묘를 이소(二昭) 이목(二穆)이라고 한다. 중국은 칠묘(七廟)이다.

31 희조(僖祖) : 송 태조(宋太祖) 조광윤(趙匡胤)의 고조(高祖)인 조조(趙朓)를 추존(追尊)한 묘호(廟號)이다.

그리고 단선(壇墠)[32]의 제도로서 《예기(禮記)》에 보이는 것은 바로 고조(高祖) 이상으로 친진(親盡)한 1, 2세(世)를 가리켜 말한 것일 뿐입니다. 그리고 고조와 태조의 2조(祖)에 대해서 "단을 만들어 제사 지낸다.〔爲壇祭之〕"라고 한 것과 같은 것은 바로 대부(大夫)의 예(禮)이니, 애당초 천자(天子)와 제후(諸侯)의 예로 인용할 수 있는 것이 아닙니다.

지금 의논하는 자들이 만약 신라의 사공을 시조라고 말하면서 사당을 세울 것을 추가로 청한다면, 그 말이 비록 지나치긴 해도 의거할 만한 점이 있다고 하겠습니다만, 지금 그만 단선의 제도를 여기에 적용하려 하다니, 도대체 단선의 제도를 시조에 대해서 어떻게 논의할 수 있단 말입니까. 진퇴(進退)에 의거할 곳이 없고 의리(義理)에 타당하지도 않으니 결코 해서는 안 될 것입니다.

32 단선(壇墠) : 단은 흙을 쌓아 올려 만든 제단(祭壇)이고, 선은 흙을 깎아서 조금 낮게 한 제사 터이다. 《예기》 〈제법(祭法)〉에 이와 관련된 내용이 상세히 나온다.

송시해[33]에게 답하는 글

答宋時偕

이름은 익흠(益欽)이다. 기유년(1729, 영조5)과 경술년(1730) 연간의 글이다.

허령(虛靈)의 허(虛)는 미발(未發)과 이발(已發)을 통틀어 말한 것이고, 허정(虛靜)의 허(虛)는 미발인 때만을 가리켜 말한 것입니다. 이것이 그처럼 다르게 되는 것은 단지 가리키는 것이 혹 편(偏)하고 혹 전(全)한 데에 달려 있을 뿐이요, '허(虛)' 자의 뜻이 이런 식으로 두 가지가 있는 것은 아닙니다.

대개 허령과 허정, 미발과 이발을 논할 것 없이 '텅 비어 통한다〔空通〕'고 하는 것이 바로 올바른 해석이요, 체질(體質)과 방소(方所)가 없다고 말하는 것은 역설적인 표현으로, 그 뜻을 드러내 밝히기 위한 것입니다.

그러나 실제로는 공통(空通)하기 때문에 체질과 방소가 없는 것이요, 체질과 방소가 없기 때문에 공통한 것이니, 결론적으로 말하자면 미상불 같다고 해야 할 것입니다.

그리고 정(靜)할 때에 본시 공통하다면, 동(動)할 때에 유독 공통한 것이 안 되겠습니까. 이발한 때에 본시 체질과 방소가 없다고 말할 수 있다면, 미발인 때에 유독 체질과 방소가 없다고 말하면 안 되겠습니까.

33 송시해(宋時偕) : 시해는 송익흠(宋益欽, 1708~1757)의 자(字)이다. 김창협(金昌協)의 문인으로, 홍천 현감(洪川縣監)·사복시 주부(司僕寺主簿)·보은 현감(報恩縣監) 등을 역임하였다.

나름대로 백춘(伯春 김원행(金元行))이 논한 것을 생각해 보건대, 허령의 허(虛)와 허정의 허(虛)를 같지 않게 보기 때문에, 허령을 해석한 곳의 말이 너무 뒤범벅이 되어 요령(要領)이 없게 된 것입니다. 그리고 허명(虛明)의 허(虛)로 통석(通釋)하는 것이 비교적 온당하다고 말한 것도 아직 투철(透徹)하게 보지 못한 것입니다. 나는 허명의 허는 바로 허령의 허로, 모두 공통하다고 말할 수 있고 모두 체질과 방소가 없다고 말할 수 있다고 생각합니다. 모르겠습니다만 어떻게 생각하십니까?

송시해에게 답하는 글

答宋時偕

〔문〕 존알(存遏)[34]은 원래 두 가지 일이 아닙니다. 인욕(人欲)의 측면에서는 막는 것이 되고, 천리(天理)의 측면에서는 보존하는 것이 되니, 공부하는 것으로 보면 한 가지인 것입니다. 이는 바로 중흥(中興)의 군주가 적을 물리치고〔攘賊〕 나라를 회복하는 것〔復國〕과 같으니, 어찌 두 가지 일이라고 하겠습니까.

〔답〕 존알이 물론 한 가지 일이라고 말할 수도 있겠습니다만, 그래도 두 가지 일이라고 말하지 않으면 안 될 것입니다.

대개 알욕(遏欲)의 측면에서 살펴보면 인욕이 막힘에 따라 천리가 자연히 보존되는 만큼 그것이 한 가지 일이라는 것이 의심할 것이 없으니, 예컨대 사악함을 방지하면 성실함이 스스로 보존되고〔閑邪存誠〕 사욕을 극복하면 예(禮)가 자연히 회복되는 것〔克己復禮〕 등이 이것이라고 할 것입니다.

그러나 존(存)과 알(遏)을 나누어 두 측면에서 살펴보면, 존리(存理)와 알욕(遏欲)이 두 가지가 되지 않을 수 없으니, 예컨대 고요한 가운데 함양하고〔靜而涵養〕 움직임 가운데 성찰하는〔動而省察〕 과정에서 함양하는 것은 존리이고 성찰하는 것은 알욕인 것이며, 선단(善端)은 확충(擴充)하고 악념(惡念)은 극치(克治)하는 과정에서 확충하는 것은 존리이고 극치하는 것은 알욕인 것입니다.

34 존알(存遏) : 천리를 보존하고〔存天理〕 인욕을 막는다〔遏人欲〕는 말을 줄인 것이다.

인욕이 줄어들고 천리가 자라나는 것과 적을 물리치고 나라를 회복하는 등의 말은 바로 내가 상단(上段)에서 거론한 것으로, 말이 부당한 것은 아니지만 너무도 알욕에 비중을 많이 둔 나머지 하단(下段)에서 거론한 것과 조응(照應)하는 데에는 미치지 못하는 듯합니다. 따라서 말이 완비되지 못했을 뿐만 아니라, 서로 도와서 닦아 가며 체용(體用)을 함양하는 공부에 있어서도 결함이 있을 듯합니다.

송시해에게 답하는 글

答宋時偕

〔문〕《대학(大學)》 전문(傳文) 3장(章)의 "현현친친(賢賢親親)"[35]의 주(註)에 나오는 "각자 제자리를 얻게 하였다.〔各得其所〕"라는 말의 뜻을 듣고 싶습니다.

〔답〕 선왕(先王)이 백성을 새롭게 한 것으로 말하면 모두 지극한 선〔至善〕에 머물게 한 것이었습니다. 그래서 그 유풍(遺風)과 여택(餘澤)이 선왕이 죽은 뒤에까지 미쳐서, 천하의 각 사람들로 하여금 제자리를 얻지 못함이 없게 한 것〔使天下莫不各得其所〕입니다.

예컨대 그 덕업(德業)의 성대함을 흠모하여 호선(好善)의 마음을 일으킨 것은 후현(後賢)이 제자리를 얻은 것이요, 그 이궐(貽厥)[36]의

35 현현친친(賢賢親親) : 《대학장구(大學章句)》 전 3장의 "군자는 전왕(前王)의 현덕(賢德)을 어질게 여겨 흠모하고 그의 친족 관계를 친하게 여겨 친애하며, 소인은 전왕이 즐겁게 해 준 일을 즐겁게 여기고 이롭게 해 준 일을 이롭게 여긴다.〔君子賢其賢而親其親 小人樂其樂而利其利〕"라는 말을 발췌한 것인데, 주희의 주에 "전왕은 주나라 문왕과 무왕이다. 군자는 후현(後賢)과 후왕(後王)이요, 소인은 후민(後民)이다."라고 하고 "전왕이 백성을 새롭게 한 것으로 말하면, 모두 지극한 선에 머물게 하여 천하 후세에 어떤 사람도 제자리를 얻지 못하는 일이 없게 하였다.……〔前王所以新民者 止於至善 能使天下後世無一物不得其所……〕" 하였다.

36 이궐(貽厥) : 자손에게 좋은 계책을 물려주는 것을 말한다. 《시경》 〈대아(大雅) 문왕유성(文王有聲)〉의 "풍수 옆에도 기 곡식이 자라는데, 무왕이 어찌 이곳에 천도(遷都)하는 것과 같은 큰일을 하지 않으리오. 그의 자손들에게 좋은 계책을 물려주고, 그의 아들에게 편안함과 도움을 주려 함이니, 무왕은 참으로 임금답도다.〔豐水有芑 武王豈不仕 詒厥孫謀 以燕翼子 武王烝哉〕"라는 말에서 유래한 것이다.

은택을 이어받아서 영구(永久)한 복록을 보존한 것은 후왕(後王)이 제자리를 얻은 것이요, 배불리 먹고 배를 두드리며〔含哺鼓腹〕 보육(保育)의 지치(至治)를 즐겁게 여기고 경전착정(耕田鑿井)[37]하며 분제(分制)의 아름다움을 이롭게 여긴 것은 후민(後民)이 제자리를 얻은 것이니, 이것이 바로 세월이 오래갈수록 더욱 선왕을 잊지 못하는 까닭입니다.

37 경전착정(耕田鑿井) : 밭 갈고 우물을 판다는 뜻으로, 태평한 생활을 비유하는 말이다. 옛날 요(堯) 임금이 다스리던 시대에 나이 80이 된 노인이 길가에서 땅을 치며 노래하였는데, 어떤 사람이 이를 보고서 "위대하도다, 임금님의 덕이여.〔大哉 帝之德也〕"라고 찬탄을 하자, 그 노인이 "해가 뜨면 일어나고 해가 지면 쉬면서, 내 우물 파서 물을 마시고 내 밭을 갈아서 밥을 먹는데, 임금님의 힘이 나에게 도대체 무슨 상관인가.〔日出而作 日入而息 鑿井而飮 耕田而食 帝力於我何有哉〕"라고 대답했다는 고사가 진(晉)나라 황보밀(皇甫謐)의 《제왕세기(帝王世紀)》에 전한다.

송시해에게 답하는 글

答宋時偕

“인심(人心)이 또한 도심(道心)이 된다.〔人心亦道心〕”[38]라고 한 율곡(栗谷)의 뜻은, 대개 “도심(道心)이 주인이 되고 인심(人心)은 그 명을 듣는 것이니, 그렇다면 인심이라는 것이, 그 경계를 논하자면 비록 인심에 속할지라도 실제로는 또한 도심이 하는 것이다. 예컨대 옷 입고 밥 먹는 것은 인심이지만, 하나같이 모두 의리(義理)로써 주재(主宰)하여 망녕되고 잡된 것이 조금도 없게 하면 실제로는 도심이 되는 데에 해가 되지 않는다.”라고 하는 것이니, 보내온 글에서 의심한 것처럼 인심과 도심이 나뉘는 것을 전연 살피지 않은 채 인심이 도심이라고 곧장 인정한 것이 아닙니다.

그리고 주자(朱子)가 “배고프고 목마를 때 먹고 마시는 것은 인심이요, 바르게 마시고 먹는 것은 도심이다.”라고 하였고, 또 “인심과 도심이 하나가 되어 흡사 저 인심이 없어진 것 같다.”라고 하였는데,[39] 이는

38 인심(人心)이……된다 : 《율곡집(栗谷集)》 권10 〈답성호원(答成浩原)〉에 “성인은 기질이 청수하고 성(性)이 그 체(體)를 온전히 하여 털끝만큼도 인욕의 사(私)가 없으므로, 발동할 적에 마음이 하고자 하는 대로 따라도 법도를 넘지 않아서 인심(人心)이 또한 도심(道心)이 되는 것이다. 이를 비유하자면 청정한 그릇에 물을 담으면 한 점의 찌꺼기도 없는 까닭에, 그것이 발동할 적에 본래 맑은 물이 쏟아져 나와 흘러내리는 것도 모두 맑은 물인 것과 같다.〔聖人氣質淸粹 性全其體 無一毫人欲之私 故其發也 從心所欲 不踰矩 而人心亦道心也 譬如淸淨之器儲水 無一點塵滓 故其動也 水之本淸者傾瀉而出 流行者皆淸水也〕”라는 말이 나온다.

39 주자(朱子)가……하였는데 : 《주자어류(朱子語類)》 권78에 “배고프면 먹으려 하

인심이 도심에 합치된 것을 극론(極論)한 것이니 "인심이 또한 도심이 된다."라고 한 설과 글은 달라도 뜻은 같은 것입니다.

고 목마르면 마시려 하는 것은 인심이요, 마시고 먹는 것을 올바르게 하는 것은 도심이다. 하나의 마음이 단지 도(道) 위에만 있게 하여 이윽고 저 인심이 스스로 항복해서 보이지 않게 되면, 인심과 도심이 하나가 되어 흡사 저 인심이 없는 것과 같게 될 것이니, 단지 도심이 순일해서 저 인심 위에 도심이 모두 발현되도록 해야만 할 것이다.〔飢欲食渴欲飮者人心也 得飮食之正者道心也 須是一心只在道上 少間那人心自降伏得不見了 人心與道心爲一 恰似無了那人心相似 只是要得道心純一 道心都發見在那人心上〕"라는 말이 나온다.

맹성백에게 답하는 글 임자년(1732, 영조8)

答孟成伯 壬子

이름은 이대(以大)이다.

보여 주신 입지(立志)의 설은 명백하고 간절하여, 고명(高明)의 조예(造詣)가 초탈(超脫)한 것을 볼 수 있었습니다. 혼천(昏淺)한 나로서는 미칠 바가 아니었으니, 너무나도 훌륭하고 훌륭하십니다.

그러나 그중에 "살피는 것이 정밀하고 보는 것이 명확하고 힘쓴 것이 오래되고 터득한 것이 깊은 뒤에 뜻을 세울 수 있다."라고 한 것은 혹 성현(聖賢)의 가르침에 맞지 않을 듯싶습니다. 행여 《논어(論語)》의 지도거덕장(志道據德章)[40]을 가지고 상호 비교하여, 어떤 것이 뜻을 세우는 일이며 어떤 것이 명확하게 보고 깊이 터득하는 일인지를 알아서, 선후(先後)와 심천(淺深)의 나뉨에 미혹되지 않는다면, 오늘의 이 설은 변석(辨析)할 필요도 없이 옳지 않다는 것을 깨달을 수 있을 것입니다.

대저 입지라고 하는 것은 단지 분연(奮然)히 그리고 확연(確然)히 용맹(勇猛)하고 독실(篤實)하게 뜻을 세우는 것이니, 예컨대 주자(朱子)가 "생각하고 생각하는 것이 여기에 있어서 하기를 싫어하지 않는다.〔念念在此 而爲之不厭〕"[41]라고 한 것이 이것입니다. 가령 세상의 유

40 지도거덕장(志道據德章) : 공자가 "진리에 뜻을 두고, 덕에 의거할 것이요, 인에 의지하고, 예의 세계에 노닐어야 한다.〔志於道 據於德 依於仁 游於藝〕"라고 말한, 《논어》〈술이(述而)〉의 대목을 말한다.

자(儒者)들이 구습을 버리지 못한 채 했다 안 했다 하는 것이야 물론 흐물흐물하고 쇠퇴해서 뜻을 세웠다고 말할 수가 없습니다만, 고명(高明)께서 그만 이를 징계하려 한 나머지 거꾸로 명확하게 보고 깊이 터득하는 것을 입지의 앞에 놓았다면, 이것 또한 전도(顚倒)되고 착란(錯亂)된 것으로, 성인(聖人)의 본의(本意)가 아니라고 할 것입니다. -가령 보는 것이 명확하고 터득한 것이 깊어지면 뜻이 더욱 견고해져서 동요하거나 빼앗기는 걱정이 없게 된다고 말하는 것은 괜찮지만, 보는 것이 명확하고 터득한 것이 깊어진 뒤에야 비로소 뜻을 세울 수 있다고 말하는 것은 불가합니다.-

41 생각하고……않는다 : 《논어》 〈위정(爲政)〉의 "나는 열다섯 살에 학문에 뜻을 두었다.〔吾十有五而志于學〕"라는 공자의 말에 대한 주희의 주석 중에 나오는 말이다.

맹성백에게 답하는 글 무오년(1738, 영조14) 5월

答孟成伯 戊午五月

심설(心說)에 대해서 좌우(左右)가 논하신 것은 본래 나의 의견과 차이가 없는데, 다만 금수(禽獸)와 초목(草木)에 대한 표현이 너무 곡절(曲折)이 없어서 사람들이 미혹하기 쉽겠기에 대략 찌를 붙여서 평하였습니다. 그런데 지금 답변을 받아 보건대, 명백하고 상세하여 더 의심할 것이 없으니, 너무도 다행스럽습니다.

대개 천지(天地)와 인물(人物)은 공통적으로 단지 하나의 신(神)일 뿐입니다. 하늘에 있어서는 끊임없이 운행하여 만물을 발생시키는 것이 이것이요, 땅에 있어서는 하늘의 시혜(施惠)를 받아들여 만품(萬品)을 양육하게 하는 것이 이것이요, 사람에게 있어서는 일신(一身)을 주재(主宰)하여 만변(萬變)에 수작(酬酢)하게 하는 것이 이것입니다. 나아가 조수(鳥獸)가 달리고 날고 피하고 나아가게 하는 것〔走飛避趨〕과 초목(草木)이 피고 지고 무성하고 시들게 하는 것〔開落榮瘁〕과 기물(器物)이 닫히고 열리고 이루어지고 무너지게 하는 것〔闔闢成壞〕 등도 바로 이 신(神)이 그 골자(骨子) 아닌 것이 없습니다.

비록 각자 만나는 형기(形氣)에 편정(偏正)과 통색(通塞), 청탁(淸濁)과 수박(粹駁)의 차이가 있기 때문에 잘하는 일들도 각기 그 형기에 따라 같지 않은 점이 있다고 하더라도, 같지 않게 된 까닭은 바로 형기의 작용일 따름이지 신(神)의 본체(本體)가 그런 것은 아닙니다.

그러므로 천(天)과 지(地), 인(人)과 물(物)을 막론하고, 그 구각(軀殼)을 없애 버리면 바로 상통(相通)하지 않음이 없으니, 애당초

형(形)이 있고 성(聲)이 있는 물(物)의 형질(形質)이 일정(一定)하여 다시 바뀔 수 없는 것과 같은 것이 아닙니다. 이것이 이른바 "신은 만물 속에서 묘하게 작동하지만, 물은 국한되어 통하지 못한다. 동하되 동하지 않고 정하되 정하지 않는 것이다.〔神妙萬物 物則不通 動而無動 靜而無靜〕"[42]라고 하는 것입니다.

이를 비유하자면 불과 같습니다. 탁한 기름으로 연소(燃燒)하면 그 빛이 침침하고 맑은 기름으로 연소하면 그 빛이 밝지만 그 불은 하나일 뿐입니다. 다만 불을 붙이는 기름에 청탁(淸濁)의 차이가 있기 때문에 불도 이에 따라서 밝고 침침한 차이가 나는 것이니, 참으로 그 기름을 바꾸기만 하면 침침한 것도 미상불 밝아지게 되는 것입니다.

저 불은 형(形)이 있는 물(物)이지만 찌꺼기에 비교하면 조금 정영(精英)하기 때문에 국한되지 않는 것이 그래도 이와 같은데, 하물며 이 허령(虛靈)한 본체로 말하면 지극히 신묘(神妙)하고 지극히 현미(玄微)하여, 볼 수 있는 모습도 없고 들을 수 있는 소리도 없고 찾을 수 있는 자취도 없으니, 어떻게 청탁과 편정을 가지고 국한할 수 있겠으며, 조각조각 찢어발겨서 만 가지로 같지 않게 할 수가 있겠습니까. 이런 주장은 또한 엉성하고 천박하다고 할 만합니다.

이 대목이 바로 대두뇌(大頭腦)에 해당하는 곳이니, 진실로 이에 대해서 밝게 착안(着眼)하여 쇄연(灑然)히 융석(融釋)하면, 그 나머지

42 신은……것이다 : 주돈이(周敦頤)의 《통서(通書)》 제16 〈동정(動靜)〉에 "동하면 정이 없고 정하면 동이 없는 것은 물이다. 동하되 동하지 않고 정하되 정하지 않은 것은 신이다. 물은 국한되어 통하지 못하지만, 신은 만물 속에서 묘하게 작동한다.〔動而無靜 靜而無動者 物也 動而無動 靜而無靜者 神也 物則不通 神妙萬物〕"라는 말이 나온다.

지엽적인 문제는 자연히 칼을 대는 대로 쪼개져 나갈 것입니다. 보내오신 글이 물론 상세하고 분명합니다만, 애오라지 이런 측면에서 힘을 발휘(發揮)하여 전서(前書)의 본의(本意)를 밝히고, 아울러 말씀 중의 미흡한 부분을 간추리는 것이 어떻겠습니까?

보내온 글 중에 그 기(氣)의 속성이 지극히 청(淸)하고 지극히 정(精)하다며 운운(云云)하신 것은 어폐(語弊)가 있지 않을까 싶습니다. 대개 여기에는 '탁(濁)'이라는 글자를 붙일 수 없을 뿐만 아니라, 비록 '청(淸)'이라는 글자도 붙일 수가 없으니, 단지 정명(精明)하고 영묘(靈妙)하다고 말하는 것이 옳을 것입니다.

글의 말미에 일러 주신 것은 더욱 탄복(歎服)을 금치 못하겠습니다. 우리가 일단 서로 모이지도 못하는 상황에서 오직 서찰(書札) 하나만을 가지고 강문(講問)하는 자료를 삼을 뿐인데, 이마저도 여의치 못하여 한 번 왕복(往復)하는 사이에 걸핏하면 시월(時月)을 허비하곤 하니 깊이 개탄하는 바입니다. 앞으로는 더 이상 이와 같이 하지 말아서 서로 기대하는 성의(盛意)에 부응해야겠습니다.

윤중삼에게 답하는 글

答尹重三

이름은 모른다.

지난가을 금곡(金谷)에 이르러서 형의 글이 자수(子綏)의 처소에 있다는 말을 듣고는 찾아봤더니 벌써 망실(亡失)한 뒤였으므로 이 마음이 허탈해지는 것을 스스로 그만둘 수가 없었습니다. 그런데 돌아오다가 홀연히 청천(靑川)에서 8월 9일에 쓰신 수한(手翰)을 전해 받고 보니, 거듭 안부를 물어 주신 사의(辭意)가 진지하였을 뿐만 아니라, 별지(別紙)에서 또 누누이 일러 주신 뜻이 의리(義理)의 정미(精微)한 오의(奧義) 아님이 없었습니다. 스스로 생각건대 비루하고 용렬한 내가 어떻게 이런 은혜를 감당하겠습니까. 너무도 감사하고 행복해서 어떻게 사례해야 할지 정말 모르겠습니다.

나는 춘하(春夏) 이래로 거듭 안질(眼疾)이 더쳐서 한 권의 책도 보지 못한 채, 종일토록 그저 눈을 감고 우두커니 앉아 있는데, 일월(日月)은 멈추지 않아서 올해도 벌써 반이나 지나갔으니, 우울하고 속이 상해서 광질(狂疾)이 발작할 것만 같습니다. 그러니 존형(尊兄)이 고요한 곳에서 학업에 힘쓰는 것을 생각할 때마다 어찌 부러운 생각이 들지 않는 때가 있겠습니까.

보내온 글에서 "집안을 신실하게 감화시켰다.〔化孚庭內〕"라고 하셨는데, 이것이 무슨 말씀입니까? 지난번에 나름대로 '예(禮)' 자에 뜻을 두고는 대략 사마온공(司馬溫公 사마광(司馬光))의 《거가잡의(居家雜儀)》를 본받아서 《거가의절(居家儀節)》 1권을 지어 보았습니다. 그러고서 처음에는 하나하나 그대로 실천해 보려고 하였으나, 그 뒤에 구습(舊習)에 젖어 흐지부지되었으므로 지금에 와서는 있는 듯 없는 듯하여 백에 하나도 거행하지 못하니 도대체 거론할 것이 뭐가 있다고 하겠습니까.

그럼에도 회형(晦兄)[43]이 한담(閑談)한 말을 과장해서 듣고는 마침내 와전(訛傳)하여 존형의 귀에 들어가게까지 하였으므로, 그 말씀을 듣고 나서는 탄식과 부끄러움이 교차하고 있습니다. 그렇긴 하지만 만약 이 일을 계기로 하여 서로 더불어 강명(講明)하며 힘껏 행함으로써 평소의 뜻을 저버리지 않게 된다면 이런 다행이 또 어디에 있겠습니까. 서로 쓸쓸히 바라보기만 할 뿐 만날 기약이 없는 상황에서 막상 서신을 보내려니 양량(悢悢 비상(悲傷))한 심정을 가누지 못하겠습니다.

심설(心說)로 말하면 이 선생(李先生)의 원설(原說)이 대체로는 본래 의심할 것이 없습니다만 "전적으로 기(氣)만을 가리켜 말한다면……〔單指氣……〕"의 한 단락[44]만은 어폐(語弊)가 있는 듯해서 감히 여쭈어보았던 것인데, 보내온 글에서 일전어(一轉語)를 보여 주신 것이 전설(前說)에 비해 더욱 명백하고 직절(直截)하였으니 더 논의할 것이 없습니다.

심군(心君)이 형기(形氣)를 주재(主宰)하는 것이야 물론 말씀하신 뜻과 같습니다마는, 심(心)이 발동하여 운용(運用)하는 것은 전적으로

43 회형(晦兄) : 자(字)가 회가(晦可)인 송명흠(宋明欽)을 말한다. 송준길(宋浚吉)의 후손으로, 이재(李縡)의 문인이며, 녹문과는 이종사촌 간으로 녹문보다 6년 연상이다.

44 전적으로……단락 : "전적으로 기만을 가리켜 말한다면 성인과 중인의 마음은 같지 않을 수 있다.〔單指氣而言 則聖人衆人之心 容有不齊〕"라고 한 이재(李縡)의 말을 가리킨다. 《鹿門集 卷1 上陶庵李先生》

형기에 의지하는 것이니, 형기가 아니면 심이 절로 발동할 수 없는 법입니다. 그러므로 외물(外物)이 한번 접촉하여 형기가 요동치는 경우에는 심이 그 때문에 혼란스럽게 되지 않을 수 없으니, 이는 본시 이세(理勢)의 필연인 것입니다.

대개 심체(心體)는 형체가 없고 형기는 자취가 있는데, 형체가 없는 것이 항상 약하고 자취가 있는 것이 항상 강한 것은, 바로 '이(理)는 약하고 기(氣)는 강한 것'이나 '성(性)이 기(氣)에 엄폐되는 것'과 똑같은 도리로, 의심할 것이 없습니다. 최근에 한두 명의 붕우와 함께 이에 대해서 꽤나 상세히 논하였는데, 조만간 이것을 한번 보시면 나의 뜻을 알 수 있을 것이니, 지금은 겨를이 없어서 자세히 말씀드리지 않겠습니다.

귀신(鬼神)에 대한 설은 끝내 의견이 일치하지 않았으니, 안타까운 심정을 어찌 말로 다하겠습니까. 그러나 지금은 단지 장구(章句)만을 가지고 증명해 볼까 합니다.

대저 귀신이 단지 형이하(形而下)인 것이라면 비록 형체와 소리가 없다고 하더라도 결국은 형기 속의 물사(物事)일 뿐이니, 소이연(所以然)의 이(理)와는 어찌 크게 차이가 나지 않겠습니까. 그럼에도 불구하고 어찌하여 전혀 의심을 하지 않고 곧장 단정하여 "보이지도 않고 들리지도 않으니 은(隱)[45]이다.〔不見不聞隱也〕"라고 하시는 것입니까?

45 은(隱) : 비은(費隱)의 은을 말한다. 비와 은은 각각 도(道)의 용(用)과 체(體)를 말하는데, 여기서는 각각 형이하(形而下)와 형이상(形而上)을 대변한다. 《중용장구》 제12장에 "군자의 도는 비하고 은하다.〔君子之道 費而隱〕"라는 말이 나오는데, 그 주석에 "비(費)는 용(用)이 광대함을 말한 것이요, 은(隱)은 체(體)가 은미(隱微)함을 말한 것이다."라고 하였다.

고명(高明)은 매양 말하기를 "기(氣)가 미현(微顯)함에 따라 이(理)도 함께 미현한다.〔氣之微顯 理與之俱微顯〕"라고 하시는데, 이 말은 너무도 호도(糊塗)하는 것이 아닌가 싶습니다. 대저 이기(理氣)가 물론 서로 떨어지지 않는다고 하더라도, 그것이 나뉘는 것은 문란(紊亂)하게 할 수 없는 점이 있습니다. 따라서 귀신(鬼神)과 이(理)의 계한(界限)이 실제로 분명히 존재한다면, 미현은 원래 기(氣)의 미현이요, 비은(費隱)은 원래 이(理)의 비은일 것인데, 어찌 서로 떨어지지 않는다는 것 때문에 문득 뭉뚱그려 말을 하여, 도무지 명백하게 구별되는 점이 없게 함으로써, 후인(後人)으로 하여금 기(氣)를 이(理)로 인식하게 하는 폐단을 만들어서야 되겠습니까. 삼가 바라건대 마음을 비우고 기운을 평온히 하여 다시 나의 전서(前書)-《용차(庸箚)》[46]에 보인다.-를 가져다가 통렬히 혈전(血戰)을 가한다면 귀일(歸一)될 가망이 있게 되리라 기대해 봅니다.

보내온 글에서 심(心)과 귀신(鬼神)을 비병(比竝 병렬(竝列))하여 설하신 이 대목이 바로 긴요(緊要)하면서도 의난(疑難 난해)한 곳입니다. 대저 심(心)의 허령(虛靈)한 것을 물론 기(氣)에 소속시켜야 하겠습니다만, 허령하다고 하는 그것이 무슨 물(物)이 있는 것이겠습니까. 이는 하나의 양능(良能)에 불과한 것으로, 천명지성(天命之性)과 차이 없이 합치하는 것이고 보면, 또한 그것을 이(理)라고 말해서 안 될 것이 뭐가 있겠습니까.

맹자(孟子)는 "인(仁)은 사람의 마음이다.〔仁人心也〕"[47]라고 하였

46 용차(庸箚) : 이재(李縡)의 《중용차기(中庸箚記)》를 말한다.

47 인(仁)은 사람의 마음이다 : 《맹자》 〈고자 상(告子上)〉에 맹자가 "인(仁)은 사람

고, 정자(程子)는 "심(心)은 생도(生道)이다.〔心生道也〕"[48]라고 하고 또 "하늘에 있으면 명(命)이라 하고, 사람에게 있으면 성(性)이라 하고, 몸에서 주재(主宰)하면 심(心)이라 하니, 기실은 하나이다.〔在天爲命 在人爲性 主於身爲心 其實一也〕"[49]라고 하였고, 소자(邵子)는 "심(心)은 태극이다.〔心爲太極〕"[50]라고 하였으며, 주자(朱子)의 경우에는 이와 같이 설한 것이 더욱 많습니다.-천군(天君)이 주재한다는 등의 말이 모두 그런 것이다.- 이런 곳에 분명히 착안할 수 있으면 귀신(鬼神)의 설도 시원하게 풀릴 것인데, 어떻게 생각하십니까?

의 마음이요, 의(義)는 사람의 길이다.〔仁人心也 義人路也〕"라고 전제하고는 "학문의 도는 다른 것이 아니라 방심을 구하는 것일 뿐이다.〔學問之道無他 求其放心而已矣〕"라고 말한 대목이 나온다.

48 심(心)은 생도(生道)이다 : 《근사록(近思錄)》 권1 〈도체(道體)〉에 "심은 생도이다. 이 마음이 있어야 이 형체를 갖추어 생하니, 측은지심은 사람의 생도이다.〔心生道也 有是心 斯具是形以生 惻隱之心人之生道也〕"라는 정이천(程伊川)의 말이 나온다. 생도(生道)는 생리(生理)와 같은 말인데, 이 생(生)에 대해서는 생생불궁(生生不窮)의 생, 생물위심(生物爲心)의 생, 생활(生活)의 생 등 해석이 다양하다.

49 하늘에……하나이다 : 《근사록》 권1 〈도체〉에 나오는데, 대본의 '在天爲命'과 '在人爲性' 사이에 '在物爲理'라는 말이 더 들어 있다.

50 심(心)은 태극이다 : 소옹(邵雍)의 《황극경세서(皇極經世書)》 권14 〈관물 외편 하(觀物外篇下)〉에 나오는데, 바로 그다음에 "도는 태극이다.〔道爲太極〕"라는 말이 또 이어진다.

이자야[51]에게 답하는 글

答李子野

이름은 사질(思質)이다.

〔문〕 고조모(高祖母)를 승중(承重)한 자가 부제(祔祭)[52]를 행하는 경우, 응당 6대(代) 조비(祖妣)의 신위(神位)에 부(祔)해야 하는데, 신주(神主)를 매안(埋安)한 지가 이미 오래되었습니다. 혹자는 말하되 "묘소(墓所)에 고하고 지방(紙榜)으로 제사를 지내야 한다."라고 하는데, 이것이 어떻습니까?

〔답〕 부제를 폐할 수는 없습니다. 신주를 이미 매안했다고 하더라도, 《예기(禮記)》에 "단(壇)을 설치하여 제사 지낸다."[53]라는 글이 있으니, 지방으로 제사를 행해야 마땅하고 묘소에는 고할 필요가 없을 듯한데, 옳은지 모르겠습니다.

51 이자야(李子野) : 이사질(李思質)로, 자야는 이사질의 자(字)이다. 호는 흡재(翕齋)이다. 실학자로, 1759년(영조35)에 고양 군수(高陽郡守)에 제수되었으며, 《정계만록(淨溪漫錄)》과 《훈음종편(訓音宗編)》의 저서가 있다.

52 부제(祔祭) : 신주를 사당에 모실 때의 제사를 말한다.

53 단(壇)을…… 지낸다 : 대부(大夫)의 경우 묘(廟)가 없는데 기도할 일이 있을 때에는 "단을 설치하여 제사 지낸다.〔爲壇祭之〕"라는 말이 《예기》 〈제법(祭法)〉에 나온다.

이수이에게 답하는 글 임오년(1762, 영조38)

答李壽而 壬午

이름은 규항(奎恒)이다.

〔문〕 배고프면 먹고 싶어 하고 추우면 입고 싶어 하는 것은 인심(人心)입니다. 그런데 먹고 싶고 입고 싶어 하는 이 마음을 미루어서, 남이 배고프지 않고 춥지 않게 해 주고 싶어 한다면, 이것도 인심이라고 하겠습니까?

〔답〕 배고프면 먹고 싶고 추우면 입고 싶어 하는 것은 물론 인심입니다. 그러나 남의 기한(飢寒)을 걱정하여 옷 입히고 싶고 먹이고 싶어 하는 것은 바로 도심(道心)이니 어떻게 인심이라고 할 수가 있겠습니까. 가령 적자(赤子)가 우물 속으로 기어들어 가려는 것을 보고는 출척(怵惕)하며 측은(惻隱)하게 여겨서 구해 주려 하는 것도 장차 죽게 될 것을 안타깝게 여겨서 목숨을 살려 주려고 하는 것에 불과합니다. 그러나 이것은 바로 만물을 살리려는 천지(天地)의 마음이 원두(原頭)로부터 곧장 아래로 내려온 것이니, 어떻게 그것이 형기(形氣)와 관련이 있다고 해서 인심에 소속시켜서야 되겠습니까. 대개 똑같이 형기와 관련이 있다고 하더라도, 자기를 위하는 것〔爲己〕과 남을 위하는 것〔爲人〕은 공사(公私)에 있어서 판이(判異)하니 혼동해서 보면 안 될 것입니다. 모르겠습니다만 어떻게 생각하십니까?

〔문〕 맹자(孟子)가 "불가기(不可磯)[54]도 불효이다.〔不可磯亦不孝〕" 라고 하였는데, 이것이 무슨 말입니까?

〔답〕 '기(磯)' 자를 그냥 '격(激)' 자의 뜻으로 보면 분명해질듯 합니다. -격(激)하게 하는 것은 바위이고, 바위에 부딪쳐서 격해지는 것은 물이니, '기(磯)'라는 글자는 응당 격하게 하는 뜻이 되어야 마땅하다.- 대개 격하게 하는데도 노하지 않으면 이것은 가기(可磯)입니다. 그런데 지금 살짝 격하였는데도〔微激〕 갑자기 노했기 때문에 불가기(不可磯)라고 말한 것이니, 이 불가기는 살짝 격할 수도 없게 한다는 말과 같습니다. 어버이의 과실이 작은 것이 살짝 격한 것이니, 작은 과실을 보고서 문득 노한다면, 이것은 살짝 격할 수도 없게 하는 것입니다.

54 불가기(不可磯) : 부모나 임금 등 윗사람의 허물이 적은데도 아랫사람이 번번이 지적을 하여 윗사람이 겁을 낸 나머지 꼼짝도 하지 못하게 하는 잘못을 말한다. 맹자가 《시경》에 나오는 〈소반(小弁)〉과 〈개풍(凱風)〉 시를 해설하면서 고자(高子)의 시 해석을 비평한 대목에 이 표현이 나온다. 《孟子 告子下》

이수이에게 답하는 글

答李壽而

〔문〕 "진기지위충 이실지위신(盡己之謂忠 以實之謂信)"[55]이라고 하였는데, 여기에서 '이(以)' 자는 그 충(忠)을 채우는 것을 말합니까?

〔답〕 이실(以實)은 그 실을 가지고 한다〔以其實〕는 뜻입니다. 있으면 있다고 하고 없으면 없다고 하며, 탁자는 탁자라고 하고 향로는 향로라고 하는 것이 이것입니다. 만약 상구(上句)에 연결해서 '충을 가지고 사에 실하면〔以忠而實於事〕'이라고 해석하면 문의(文義)가 순조롭지 못하니, 정주(程朱)의 본의(本意)가 아닙니다. 모르겠습니다만 어떻게 생각하십니까?

〔문〕 "은(殷)나라는 하(夏)나라의 예(禮)를 인(因)하였다."에서, 삼강(三綱)은 오상(五常)에서 나오는 것인데, 강(綱)이 상(常)보다 먼저인 것은 무엇 때문입니까?[56]

〔답〕 여기에서 말한 오상(五常)은 또한 일에 드러난 것을 말해야 할

55 진기지위충 이실지위신(盡己之謂忠 以實之謂信) : 증자(曾子)의 삼성오신(三省吾身) 중 "남을 위해 도모함에 충하지 못한가.〔爲人謀而不忠乎〕"에 대한 주희의 주석에 나오는 말이다.《論語集註 學而》 진기지위충은 '나의 마음을 다하는 것을 충이라고 한다'는 뜻이다.

56 은(殷)나라는……때문입니까 :《논어》〈위정(爲政)〉의 "은나라는 하나라의 예를 인하였다.〔殷因於夏禮〕"라는 공자의 말에 대해서, 한(漢)나라 마융(馬融)이 "인한 것은 삼강오상을 말한다.〔所因謂三綱五常〕"라고 해설하고, 주희가 다시 삼강을 나열하고 나서 "오상은 인의예지신이다.〔五常謂仁義禮智信〕"라고 해설한 것을 질문한 것이다.

듯싶으니, 오륜(五倫)과 같은 부류가 이것입니다.

〔문〕 오(奧)를 제사 지낼〔祭奧〕 적에 신주(神主)는 없고 시동(尸童)만 있는 것[57]은 체면(體面)을 존중하여 절문(節文)을 간략히 하려는 뜻입니까?

〔답〕 신주(神主)를 설치하여 부엌 뜰에서 제사 지내고 시동(尸童)을 맞아들여 오(奧)에서 제사 지내는 것이 조(竈)의 제사를 지내는 예(禮)이니, 그 절문(節文)이 본래 이와 같습니다. 이는 종묘(宗廟)의 제사를 지낼 적에 당(堂)에서는 신주를 설치하고 시동을 맞아들였다가 제물(祭物)을 옮겨서 실(室)에 들어와서는 다시 신주를 설치하지 않고 시동만 맞아들이는 것과 같으니, 집주(集註)에서 "대략 종묘 제사 때의 의례와 같다.〔略如祭宗廟之儀〕"라고 한 것이 이것입니다. 대개 오(奧)의 제사에서 제사를 받는 대상은 바로 조신(竈神)이지 오(奧)가 아닙니다. 보내온 글에서 "오를 제사 지낸다.……〔祭奧……〕"라고 하였는데, 이것이 어찌 오신(奧神)을 제사 지내는 것을 말함이겠습니까.

〔문〕 주(註)에 "인(仁)을 편안히 여기는〔安仁〕 경지에 대해서는 안민(顏閔) 이상이 아니면 그 맛을 알지 못한다."[58]라고 하였습니다.

57 오(奧)를……것 : 《논어》 〈팔일(八佾)〉의 "오(奧)에 잘 보이기보다는 차라리 조(竈)에 잘 보이라.〔與其媚於奧 寧媚於竈〕"라는 대문의 주희의 주석에 나오는 내용인데, 이수이(李壽而)는 오를 오신(奧神)으로 간주하고 질문하였다. 오는 방 아랫목의 으슥한 구석을 말하고, 조(竈)는 부엌을 말한다.

58 인(仁)을……못한다 : 《논어》 〈이인(里仁)〉의 "인자는 인을 편안히 여기고, 지자는 인을 이롭게 여긴다.〔仁者安仁 知者利仁〕"라는 공자의 말에 대해 사씨(謝氏), 즉

그렇다면 안민도 모두 안인(安仁)하지는 못하고 그 맛만 안 것입니까?

〔답〕 안인은 성인(聖人)의 일입니다. 안자(顔子)의 지위가 비록 높다고 하더라도, 아직 불면이중(不勉而中)[59]에는 이르지 못했고 보면, 어떻게 곧장 안인을 말할 수 있겠습니까.

〔문〕 불처불거(不處不去)[60]가 무첨무교(無諂無驕)[61]에 비하면 공부

상채(上蔡) 사양좌(謝良佐)가 "인을 편안히 여기는 경지에 대해서는, 안회(顔回)나 민자건(閔子騫) 이상으로 성인과 차이가 멀지 않은 사람이 아니면 이 맛을 알지 못한다. 여러 제자들이 비록 탁월한 재능이 있더라도, 도를 보는 데에 미혹하지 않았다고 말할 수는 있어도, 아직 인을 이익으로 여기는 수준을 면하지는 못하였다.〔安仁者 非顔閔以上 去聖人爲不遠 不知此味也 諸子 雖有卓越之才 謂之見道不惑則可 然未免於利之也〕"라고 해설하였다.

59 불면이중(不勉而中) : 힘쓰지 않아도 중용에 합치되는 성인의 경지를 말한다. 《중용장구》 제20장의 "성(誠)의 경지에 이르면 억지로 힘을 쓰지 않아도 과(過)와 불급(不及)이 없고, 굳이 생각을 하지 않아도 터득을 해서 자연히 도에 합치되는데, 이런 분이 바로 성인이다.〔誠者 不勉而中 不思而得 從容中道 聖人也〕"라는 말에서 나온 것이다.

60 불처불거(不處不去) : 정당한 도리로 얻어진 것이 아니면 부귀(富貴)에도 처하지 아니하고 빈천(貧賤)도 버리지 않는다는 말인데 "부와 귀는 사람들이 원하는 바이지만 정당한 도리로 얻어진 것이 아니면 거기에 처하지 않으며, 빈과 천은 사람들이 싫어하는 바이지만 정당한 도리로 얻어진 것이 아닐지라도 버리려고 안달하지 않는다.〔富與貴是人之所欲也 不以其道得之 不處也 貧與賤是人之所惡也 不以其道得之 不去也〕"라는 공자의 말에서 나온 것이다. 그리고 그 뒤에 바로 "군자가 부귀나 탐내고 빈천을 싫어하여 인을 버리는 일을 한다면, 군자라는 이름을 어떻게 이루겠는가. 군자는 밥 한 그릇 먹는 동안에도 인을 어김이 없어야 하니, 아무리 바쁘더라도 반드시 이렇게 해야 하고, 아무리 위급한 상황이라도 반드시 이렇게 해야 한다.〔君子去仁 惡乎成名 君子無終食之間違仁 造次必於是 顚沛必於是〕"라는 말이 이어진다. 《論語 里仁》

61 무첨무교(無諂無驕) : 가난해도 비굴하지 않고 부유해도 교만하지 않는다는 뜻인

가 조금 더 깊은 것 같고, 조차전패필어시(造次顚沛必於是)가 낙(樂)과 호례(好禮)에 비하면 지위가 조금 더 높은 것 같습니다.

〔답〕 불처불거(不處不去)와 무첨무교(無諂無驕)는 참으로 말씀하신 대로입니다. 그러나 낙과 호례에 대해서는 집주(集註)에서 '심광체반(心廣體胖)'과 '안처선 낙순리(安處善 樂循理)'로 말을 했으니, 그렇다면 조차필어시(造次必於是)에 비해서 그 지위가 낮지 않을 듯합니다.

〔문〕 "맹무백(孟武伯)이 자로(子路)가 인(仁)한지 물었다.〔孟武伯問子路仁乎〕"의 말장(末章)의 소주(小注)에서, 주자(朱子)가 "세 사람의 마음이 도시 불인(不仁)한 것이 아니고 단지 불순(不純)할 뿐이다.〔三子之心 不是都不仁 但不純〕"[62]라고 하였고, 또 "'인(仁)'이라는 글자를 말하기만 하면 그것은 바로 전체(全體)를 말하는 것이다.〔纔說仁字 便以全體言〕"[63]라고 하였습니다. 이것은 그 기간이 오래가지 못하기 때문에 그들의 마음이 불순하고 그들의 인(仁)이 전체가 못

데, 자공(子貢)이 "가난해도 비굴하게 굴지 않고 부유해도 교만하게 굴지 않으면 어떻습니까?〔貧而無諂 富而無驕 何如〕"라고 묻자, 공자가 "그것도 괜찮기는 하다. 그러나 가난해도 즐거워하고 부유해도 예를 좋아하는 것만은 못하다.〔可也 未若貧而樂 富而好禮者也〕"라고 대답한 말에서 나온 것이다. 《論語 學而》 이에 대해서 주희의 주에 "즐거워하면 마음이 넓어지고 몸이 펴져서 그 가난함을 잊을 것이요, 예를 좋아하면 선에 처함을 편히 여기고 도리를 따르기를 즐거워해서 또한 그 부유함을 스스로 알지 못할 것이다.〔樂則心廣體胖 而忘其貧 好禮則安處善樂循理 亦不自知其富矣〕"라고 해설하였다.

62 세 사람의……뿐이다 : 세 사람은 자로(子路)와 염유(冉有)와 공서적(公西赤)이다. 대본의 '但不純'이 소주(小注) 원문에는 '但是不純爾'로 되어 있다.

63 인(仁)이라는……것이다 : 이 부분이 소주 원문에는 '蓋纔說箇仁字 便用以全體言'으로 되어 있다.

되는 것입니까?

〔답〕 '석 달 동안 인을 어기지 않는 자〔三月不違〕'와 '하루나 한 달에 한 번쯤 인에 이르는 자〔日月至焉〕'[64]가 나아간 경계(境界)의 차이점에 대해서 일찍이 도암(陶庵 이재(李縡))에게 질문하니, 답하기를 "경계는 같은데, 단지 공부의 생숙(生熟)과 의미의 심천(淺深)이 같지 않을 뿐이다.……" 하였습니다.

대개 그 영역에 나아갈 수 있었다고 일단 말한 이상에는, 지언(至焉)하는 때에도 그 경계가 불위(不違)의 경우와 같지 않음이 없어야 할 것입니다. 그러나 이른바 같다고 하는 것은 단지 대체적인 기상(氣象)을 가지고 말한 것일 뿐이고, 사실은 심체(心體)를 밝히는 데에 아직 미진(未盡)한 점이 있고 극기(克己)의 공부에 아직 미달(未達)한 점이 있으니, 그렇다면 한때 석화(石火)처럼 번쩍 일어난 인(仁)이, 어떻게 안자(顔子)의 전체(全體) 대용(大用)이 영롱(玲瓏)하고 투철(透徹)하여 유행(流行)하며 환히 드러나는 그 인(仁)과 완전히 합치하여 털끝만큼도 차이가 없을 수 있겠습니까. 그러고 보면 주자(朱子)의 이른바 "불순하고 전체가 아니다."라고 한 것이 물론 평상시의 일을 거론하여 말한 것이기는 하지만, 그들이 지언(至焉)하는 때의 경우에도 '순(純)'과 '전(全)'이라는 글자를 쓸 수는 없을 듯합니다.

64 석 달……자 : 《논어》 〈옹야(雍也)〉의 "안회(顔回)는 그 마음가짐이 석 달 동안 인(仁)의 도리를 어기지 않는다. 그 밖의 사람들은 하루나 한 달에 한 번쯤 인의 경지에 이를 뿐이다.〔回也 其心三月不違仁 其餘則日月至焉而已矣〕"라는 공자의 말을 발췌한 것이다.

김군보에게 답하는 글 갑자년(1744, 영조20) 1월

答金君保 甲子正月

이름은 철행(哲行)이다.

〔문〕〈곡례(曲禮)〉의 도사제사(禱祠祭祀)[65]의 주(註)에 "사(祠)는 문(文)을 위주로 한다.〔祠以文爲主〕"라고 하였는데, 이것은 교제(郊祭)의 종류를 말하는 것입니까? 그리고 "사(祀)는 안(安)으로 도를 삼는다.〔祀以安爲道〕"라고 하였는데, 이것은 오사(五祀)[66]의 등속을 말하는 것입니까?

〔답〕 사(祠)에 대해서는 《주례(周禮)》〈종백(宗伯)〉의 주(註)에 "복을 구하면 도(禱)라고 하고, 구한 것을 얻으면 사(祠)라고 한다.〔求福曰禱 得求曰祠〕"라고 하였고, 또 도종인(都宗人)의 주에 "보새(報賽)[67]하는

65 도사제사(禱祠祭祀) : 네 가지 종류의 제사 이름이다. 이는 마치 상(庠)·서(序)·학(學)·교(校)가 조금씩 뜻이 다르지만 모두 학궁(學宮)인 것과 같다. 《예기》〈곡례 상(曲禮上)〉에 "도(禱)하고 사(祠)하고 제(祭)하고 사(祀)하며 귀신에게 제물(祭物)을 바치는 것도 예(禮)가 아니면 내면이 성실하지도 않고 외면이 장엄하지도 않게 된다.〔禱祠祭祀 供給鬼神 非禮 不誠不莊〕"라는 말이 나온다. 원(元)나라 진호(陳澔)가 지은 《예기집설(禮記集說)》의 해설에 따르면 "도(禱)는 구복(求福)하는 것으로 뜻을 삼고, 사(祠)는 문(文)을 위주로 하고, 제(祭)는 봉양하는 것으로 일을 삼고, 사(祀)는 안(安)으로 도를 삼는다.〔禱以求爲意 祠以文爲主 祭以養爲事 祀以安爲道〕"라고 하였는데, 사계(沙溪) 김장생(金長生)도 문(文)과 안(安)은 무슨 뜻인지 자세히 모르겠다고 하였다. 《沙溪全書 卷16 經書辨疑 禮記 曲禮上》

66 오사(五祀) : 봄과 초여름과 늦여름과 가을과 겨울에 각각 지게문〔戶〕과 부엌〔竈〕과 집 중앙의 토지신〔中霤〕과 대문〔門〕과 한길〔行〕에 제사 지내는 것을 말한다.

것을 사(祠)라고 한다.〔報賽曰祠〕"라고 하였습니다. 이는 대개 구복(求福)하여 구하는 것을 얻었을 경우에 제사를 올려서 보답하는 것이니, 가령 〈주송(周頌)〉에서 굿을 하여 전조(田祖)의 은혜에 보답하는 것[68]이나 지금 비가 오면 감사하는 제사를 올리는 것과 같은 종류가 이것입니다. 보내온 글에서 "교제……(郊祭……)"라고 한 것은 옳지 않을 듯합니다. 사(祀)는 오사(五祀)의 등속인 듯합니다.

〔문〕 조문(弔問)을 하지 않는 세 가지 경우[69] 중에, 겁이 나서 자살한 경우〔畏〕는 수긍이 갑니다만, 압사한 경우와 익사한 경우는 수긍이 가지 않는 점이 있습니다. 군자(君子)가 위험한 담장 아래에 서 있지 않더라도,[70] 그리고 효자(孝子)가 배를 타고 가면서 물속에 들어가지 않더라도,[71] 혹 불의(不意)의 사고를 당하여 압사하고 익사하는

67 보새(報賽) : 농사일이 끝난 뒤에 풍년을 감사하는 뜻으로 굿을 벌여 신에게 감사하는 것 혹은 그 굿을 말한다.

68 주송(周頌)에서……것 : 《시경》 〈주송 풍년(豐年)〉의 주(註)에 "이는 추동(秋冬)에 농사에 보답하여 굿하는 악가(樂歌)이니, 전조(田祖)와 선농(先農)과 방사(方社)의 등속에 제사하는 것이다.〔此秋冬報賽田事之樂歌 蓋祀田祖先農方社之屬也〕"라는 말이 나온다. 전조는 신농씨(神農氏), 선농은 후직(后稷), 방사는 사방의 신과 토지신(土地神)을 말한다.

69 조문(弔問)을……경우 : 《예기》 〈단궁 상(檀弓上)〉에 "죽어도 조문을 하지 않는 것에 세 가지가 있다. 겁이 나서 자살한 경우와 압사(壓死)한 경우와 익사(溺死)한 경우가 그것이다.〔死而不弔者三 畏厭溺〕"라는 말이 나온다.

70 군자(君子)가……않더라도 : 《맹자》 〈진심 상(盡心上)〉에 "명을 아는 자는 무너지려고 하는 위험한 담장 아래에 서 있지 않는다.〔知命者 不立乎巖墻之下〕"라는 말이 있다.

71 효자(孝子)가……않더라도 : 증자(曾子)의 문인인 악정자춘(樂正子春)이 마루에

경우도 있는데, 이런 경우에도 조문하면 안 되는 것입니까?

〔답〕 이것도 대체적으로 그렇다는 말일 뿐이니, 요컨대는 당시의 상황을 참작해서 조처해야 할 것입니다.

서 내려오다가 발을 다친 뒤에, 부모님으로부터 받은 완전한 몸을 제대로 간수하지 못했다고 자책하면서 몇 달 동안이나 외출을 하지 않은 고사가 있는데, 그때 그가 문인들에게 일러 준 말 가운데 "길을 걸어가더라도 지름길을 택하지 말 것이요, 배를 타고 가더라도 물속에 들어가 몸을 적시지 말 것이다.〔道而不徑 舟而不游〕"라는 내용이 나온다.《禮記 祭義》

이백눌[72]에게 답하는 글 무술년(1778, 정조2) 12월

答李伯訥 戊戌十二月

이름은 민보(敏輔)이다.

몇 년 동안 멀리 떨어져서 항상 잊지 못하면서도 마음속으로 생각할 뿐이었는데, 한 통의 서찰이 홀연히 손에 들어올 줄이야 어찌 알았겠습니까. 필한(筆翰)이 날리며 약동하고 진의(眞意)가 종이 가득 흘러넘쳐서 100번쯤 경건히 읽노라니 참으로 맑은 의표(儀表)를 접하고 정다운 말씀을 듣는 것과 다름이 없었습니다. 그러니 막힌 가슴이 시원하게 터지는 심정이 응당 어떠하였겠습니까. 다만 서찰이 삼복더위 때에 나와서 눈 내리는 세밑에야 도착했으니, 여기가 얼마나 궁벽(窮僻)한 곳인지 상상할 수 있을 것입니다. 이러한데도 오히려 소식이 이어지기를 소망할 수 있겠습니까.

지금 겨울 날씨가 따뜻한 때에 삼가 정사를 행하시는 기거(起居)가 항상 청중(淸重)하리라 생각합니다. 공무(公務)를 처리하는 겨를에도 서찰을 보낼 때와 같이 또한 사색하며 완미(玩味)하는 일을 그만두지 않고 계십니까? 어찌하여 여기에서 가까운 하나의 작은 고을을 구하여 나와 함께 적막한 물가에서 계속 강습하며 남은 세월을 보내려 하지 않으십니까?

72 이백눌(李伯訥) : 이민보(李敏輔, 1720~1799)로, 백눌은 이민보의 자(字)이다. 호(號)는 상와(常窩)·풍서(豐墅)이고, 시호(諡號)는 정효(貞孝)이다. 관직이 형조판서에 이르렀으며, 저서에 《충역변(忠逆辯)》과 《상와고(常窩稿)》가 있다.

나는 해가 갈수록 점점 쇠약해져서 지금은 거의 말만 하는 하나의 송장이 되어 있습니다. 이른바 기력이 허약하여 계속 설사만 하는 증상이 이미 고질화되어 실로 다시 일어나 사람 노릇을 할 가망이 없게 되었습니다만, 나의 조문(朝聞)[73]하려는 생각만은 이 때문에 조금이라도 쇠해진 적이 없습니다. 다만 총명(聰明)이 날로 줄어들어서 한 치쯤 나아가면 한 자쯤 뒤로 물러나곤 하는데, 이러다가 하루아침에 숨을 거두면 끝내 천고(千古)의 한(恨)이 될까 두렵습니다.

심성(心性)에 대해서 운운(云云)하신 말씀은, 터득하지 못하면 그만두지 않는다〔不得不措〕[74]는 성심(盛心)을 볼 수 있기에 흠탄(欽歎)하여 마지않았습니다. 그러나 상달(上達)은 하학(下學)의 바탕이 있어야 하고, 일원(一源)은 분수(分殊)를 벗어나지 않는 법입니다.[75] 만약 단지 형체도 그림자도 없고 더듬어 잡을 수도 없는 곳에 나아가서 노심초사(勞心焦思)하며 계속 천착(穿鑿)한다면, 갈수록 더욱 망탕(莽蕩)해질 뿐만이 아니라 따로 병통(病痛)이 생기지 않을까 걱정됩니다.

그러니 아무쪼록 이와 같은 제목(題目)은 우선 한쪽에 제쳐 두고,

73 조문(朝聞) : 조문석사(朝聞夕死)의 준말로, 《논어》 〈이인(里仁)〉의 "아침에 도를 들으면 저녁에 죽어도 좋다.〔朝聞道 夕死可矣〕"라는 공자(孔子)의 말을 발췌한 것이다.

74 터득하지……않는다 : 《중용장구》 제20장의 "생각하지 않는다면 모르지만 일단 생각할진댄 터득하지 못하면 그만두지 않는다.〔有不思 思之 不得 不措也〕"라는 말을 발췌한 것이다.

75 상달(上達)은……법입니다 : 형이상학적인 원리〔理一〕를 파악하기 위해서는 형이하학적인 다양한 현상〔分殊〕을 분석하는 작업이 선행되어야 한다는 말이다. 《논어》 〈헌문(憲問)〉에 "나는 아래로부터 배워서 위에 도달했다.〔下學而上達〕"라는 공자의 말이 나온다.

먼저 《대학(大學)》·《논어(論語)》·《맹자(孟子)》·《시경(詩經)》·《서경(書經)》 등의 명백한 전훈(典訓)을 취하되, 주 선생(朱先生 주희(朱熹))의 독법(讀法)에 의거해서 읽어 가고 읽어 오는 사이에 우유(優遊)하게 점점 젖어서 배어들게 하셨으면 합니다. 그리하여 오늘 하나의 도리를 밝히고 내일 하나의 의리를 깨우쳐서, 거세(巨細)가 서로 드러나고 심천(深淺)이 상호 자뢰(資賴)하는 가운데, 오래오래 여물고 익어서 안계(眼界)가 점점 트이게 되면, 오늘의 이 의안(疑案) 역시 혹 사색할 필요도 없이 자연히 면전(面前)에 그 해답이 드러나 보이게 될 수도 있을 것입니다. 이 말이 비록 억측에 가깝다 하더라도, 지리(至理)는 참으로 이것 밖에 있지 않으니, 모쪼록 나의 제안을 채택해 주셨으면 합니다.

경사(敬思 이상목(李商穆))의 글에 대한 발문(跋文)은 참으로 고명(高明)이 의심할 수도 있겠습니다만, 이것은 내가 몇 년을 두고 깊이 사색하여 터득한 것입니다. 이 밖에는 더 이상 통할 수 있는 설이 없는데, 이는 내가 감히 털끝만큼이라도 으르며 몰아가려는 생각에서 하는 말이 아닙니다. 하지만 역시 많은 말을 할 필요 없이 오직 어떻게 묵식심통(默識心通)하느냐에 달려 있을 뿐입니다.

유도(幼道 김지행(金砥行))의 문자(文字)는 한번 슬쩍 보아서 지금 기억할 수는 없습니다만, 초년(初年)과 만년(晩年)의 주장에 별로 차이가 없습니다. 대저 성선(性善)을 본연(本然)으로 하고 오상(五常)을 본부(本賦)로 하는데, 본연은 인(人)과 물(物)이 모두 동일한 반면에 본부는 인과 물이 각각 다르다는 하나의 설을 처음부터 끝까지 고집하며 바꾸지 않았으니, 보내온 글에서 운운한 것은 조검(照檢)을 잘못하지 않았나 싶습니다.

《주서차의(朱書箚疑)》는 매우 유감(遺憾)이 많기에 나름대로 대략 수보(修補)해 보고 싶어서 공역(功役)을 한 지 지금 이미 절반이 넘었습니다만, 향곡(鄕曲)에 서적이 없는 데다 붕우들과도 떨어져 있어서 함께 상의해 볼 수가 없습니다. 이 때문에 고명이 가까이 와 주셨으면 하고 더욱 바라는 것인데, 그것이 어찌 뜻대로 되겠습니까.

이백눌에게 답하는 글 임인년(1782, 정조6)

答李伯訥 壬寅

〔문〕 성설(盛說 상대방의 논설)-경사(敬思 : 이상목(李商穆))의 글에 대한 발문(跋文)이다.-에서, 기질지성(氣質之性)을 모두 '발동한 뒤〔發後〕'와 관련하여 말씀하신 것 같았는데, 이에 대해서는 잘 알아들었습니다. 그러나 주자(朱子)가 이미 "기질지성도 그 속에 포함되어 있다.〔氣質之性亦在其中〕"라고 말하였는데, 이것은 또 어떻게 처리해야 합니까? 그리고 성설에도 "사람이 태어날 때 기질을 얻은 뒤에는 청탁(淸濁)과 수박(粹駁)이 하나로 정해져서 바뀌지 않으니, 발후(發後)의 선악(善惡)은 모두 여기에 근원한다.……"라고 하신 내용이 있습니다.

참으로 그렇다고 한다면 단지겸지(單指兼指)[76]를 일시일처(一時一處)[77]에서 구하지 않을 수 없는 만큼, 곧장 선악(善惡)이 혼재(混

76 단지겸지(單指兼指) : 단지는 '기질(氣質)은 제외하고 이(理)만을 가리켜 말한다〔捨氣質而單指其理〕'는 뜻이고, 겸지는 '기질도 포함해서 이(理)와 함께 가리켜 말한다〔兼氣質而幷指其理〕'는 뜻이다. 단지는 본연지성(本然之性)과 미발(未發)의 대칭으로, 겸지는 기질지성(氣質之性)과 이발(已發)의 대칭으로 쓰이기도 한다.

77 일시일처(一時一處) : 미발(未發)의 시(時)와 대본(大本)의 처(處)를 말한다. 대본은 《중용장구》 제1장의 "중은 천하의 대본이다.〔中也者 天下之大本〕"라는 말에서 추출한 것이다. 또 기질선악지성(氣質善惡之性)도 발후(發後)에 나오는 것이 아니라 본연단지지성(本然單指之性)과 똑같이 미발지시(未發之時)에 있는 것이 일시(一時)이고, 기질선악지성도 심외(心外)에서 구할 수 있는 것이 아니라 본연단지지성과 똑같이 대본지처(大本之處)에 있는 것이 일처(一處)라는 뜻으로 쓰이기도 한다.

在)한다는 결론으로 내몰리게 됩니다. 과연 미발(未發)에는 담연(湛然)히 허정(虛靜)하다고 말하는 것이 옳다면, 기질(氣質)은 본색(本色)이 없는 것이니 탁박(濁駁)을 어떻게 말할 수 있겠습니까.

기(氣)에는 영핍(贏乏)이 있고 이(理)에는 승부(勝負)가 없다고 하는 것으로 말하면, 면재(勉齋 황간(黃榦))가 바로 이런 설을 제기하였는데, 미발전기질(未發前氣質)의 논도 여기에 근거해서 주장하는 것입니다. 그런데 면재는 놔두고서 당로(塘老 남당(南塘) 한원진(韓元震))만 공격한다면, 이는 평심(平心)의 논의가 되지 못할 듯싶습니다.

성설(盛說)에서 당로의 설에 대해 삼층(三層)이라고 하면서, 예로부터 이런 말이 없다고 하였습니다만, 그의 뜻은 단지 삼설(三說)을 구비해야 성(性)을 논할 수 있다는 것일 뿐이니, 어찌 참으로 층급(層級)이 있다고 말하는 것이겠습니까.

그리고 각지(各指)의 일위(一位)로 말하면, 전인(前人)이 밝히지 못한 것을 밝힌 것〔發前未發〕으로 상정(常情)을 멀리 벗어난 것인데도, 고명(高明)은 지금 그만 삼위(三位)의 성(性)이 '방촌(方寸) 사이에 머리를 나란히 하고 다리를 함께 뻗고 있는 격〔齊頭幷足於方寸之間〕'이라고 하면서, 가소롭다고까지 말하는 등 거의 여지없이 배척하였습니다.[78] 고명이 문자(文字)를 보는 눈이 이처럼 활안(活眼)

78 고명(高明)은……배척하였습니다 : 《녹문집》 권26 〈차미호신기음3편……(次渼湖神氣吟三篇……)〉에 이 내용이 나오는데, 관련 부분을 소개하면 다음과 같다. "남당(南塘)의 삼층설(三層說)은 예로부터 이런 말이 없었다. 분수(分殊)라고 하고 이일(理一)이라고 하는 것 모두가 전지(專指)이니, 이 분수와 이일에 즉(卽)하는 이외에는 다시 층위(層位)가 없는데도 불구하고, 지금 전지 이외에 다시 각지(各指)의 일위(一位)를 설정하였다. 그리하여 오상(五常)을 각지로 하여 그것을 인물부동지성(人物不同

이 못 될 줄이야 어찌 생각하였겠습니까. 고명을 신임하는 나의 처지에서 보더라도 당분간은 고명이 배척하는 것을 지지하면서 각지(各指)의 오묘한 주장을 그냥 버려두기는 어렵다고 여깁니다.

그리고 고명은 매양 소리개가 날고 물고기가 뛰는 것〔鳶飛魚躍〕도 성(性)을 따르는 것이라면서 이는 기질(氣質)이 아니고 본연(本然)이라고 하십니다. 이것이야말로 각지의 뜻인데, 홀연히 배척을 하신다면, 이는 모순(矛盾)이 될 듯싶습니다.

〔답〕 내가 이 문제에 대해서 나름대로 일반(一斑)[79]을 본 것이 있다고 혼자서 생각하는 것은, 바로 성범(聖凡)이 일치하는 이 기(氣)의 본체(本體)에 대해서 대략 측도(測度)한 것이 있기 때문입니다.

전일(前日)에 봉람(奉覽)해 드린 권자(卷子) 속에서 이 일을 전적으로 논하였는데, 이 문제는 이기(理氣) 심성(心性)의 대원두(大源頭)요 대긍경(大肯綮)이 되는 것인 만큼, 이에 대해서 실제로 투철하게 융회

之性)이라고 하였고, 태극(太極)을 전지(專指)로 하여 그것을 인물개동지성(人物皆同之性)이라고 하였으며, 다시 기질지성(氣質之性)을 겸지(兼指)로 하여 그것을 인인물물부동지성(人人物物不同之性)이라고 하였다. 이는 일물(一物)의 안에 삼위(三位)의 성(性)이 방촌(方寸) 사이에 머리를 나란히 하고 다리를 함께 뻗고 있는 격이라고 하는 것과 같으니, 정말 가소롭기 짝이 없다.〔南塘三層說 古無是語矣 曰殊曰一 皆是專指 卽殊卽一 更無層位 今於專指之外 更設各指一位 以五常爲各指而謂之人物不同之性 太極爲專指而謂之人物皆同之性 又以氣質之性爲兼指 而謂之人人物物不同之性 是一物之中 三位之性 齊頭竝足於方寸之間矣 誠堪好笑〕"

79 일반(一斑) : 표범 무늬 중의 하나의 반점(斑點)처럼, 전체는 못 되어도 부분적으로나마 갖추었다는 뜻으로, 보통 자신의 식견을 낮추어 말하는 표현으로 쓰인다. 진(晉)나라 왕헌지(王獻之)가 소년 시절에 도박 놀음을 옆에서 지켜보며 훈수를 하다가, "대롱으로 표범을 보고는 그 반점 하나를 보는 식이다.〔管中窺豹 見一斑〕"라고 비평을 받은 고사에서 나온 것이다. 《世說新語 方正》

(融會)할 수만 있다면, 소위 '미발전기질……(未發前氣質……)' 등의 설도 자연히 얼음 녹듯 풀어지면서 더 이상 의심할 것이 없게 될 것입니다.

그런데 지금 보내온 말씀을 상세히 살펴보건대, 전혀 검토해 보지도 않은 것 같은데, 어쩌면 선입견에 사로잡힌 나머지 다른 사람의 말에 대해서는 모두 범범하게 보아 넘겨서 그런 것이 아니겠습니까.

남당(南塘)의 삼층설(三層說) 중에 단지각지(單指各指)는 바로 정자(程子 정이(程頤))의 이일분수(理一分殊)의 설이요, 주자(朱子)의 각구통체(各具統體)[80]의 설입니다. 그런데 보내온 글에서 전인(前人)이 밝히지 못한 것을 밝힌 것이라고 하였으니, 이는 조금 소홀했던 것이 아니겠습니까.

정주(程朱)의 밝은 가르침이 해와 별처럼 분명하여 털끝만큼도 결함이 없는데, 지금 기필코 신기(新奇)하게 되기를 힘써서 마디에서 가지를 내고는, 심지어 '인(人)과 물(物)이 모두 같은 성〔人物皆同之性〕'이 있고 '인과 인이 같고 물과 물이 같은 성〔人與人同物與物同之性〕'이 있고 '인과 인, 물과 물이 같지 않은 성〔人人物物不同之性〕'이 있다고 하였으니, 이것이 어찌 삼위(三位)의 성(性)이 방촌(方寸)의 사이에 머리를 나란히 하고 발을 함께 뻗고 있는 것과 비슷하지 않습니까. 정녕 본 것에 착오가 없다고 한다면, 어찌 크게 어병(語病)을 빚은 것이

80 각구통체(各具統體) : 만물 속에 각기 하나의 태극이 갖추어져 있다는 말이다. 통체(統體)는 총체(摠體) 혹은 전체(全體)라고 하는 말과 같다. 《근사록(近思錄)》 권1 〈도체(道體)〉에 "대개 합해서 말하면 만물(萬物)이 전체가 하나의 태극이요, 나누어 말하면 일물(一物)이 각기 하나의 태극을 갖추고 있다.〔蓋合而言之 萬物統體一太極也 分而言之 一物各具一太極也〕"라는 주희의 말이 나온다.

아니겠습니까.

나는 이런 식의 신기한 제목을 매우 싫어합니다. 가령 김유도(金幼道 김지행(金砥行))의 본부(本賦)니 본연(本然)이니 하는 설에 대해서도 일찍이 심각하게 비판하였으니, 당로(塘老)에 대해서만 그런 것이 아닙니다. 면재(勉齋)의 설도 물론 잘못되었습니다. 이 밖에는 다른 설을 아직 보지 못했는데, 그의 '심선악숙특종자(心善惡淑慝種子)'의 설이 하나하나 당로의 견해와 같은 것일 줄이야 어찌 알았겠습니까.

이백눌에게 답하는 글 계묘년(1783, 정조7) 봄

答李伯訥 癸卯春

보내온 글에서 이미 "심(心)이 기(氣)의 신명(神明)이 되고 기(氣)가 심(心)의 질간(質幹)이 되는 것을 모르는 것이 아니다.……"라고 해 놓고는 다시 "기질(氣質)의 기량(伎倆 기능)과 작용(作用)이 어떻게 이 심(心)으로 하여금 능선능악(能善能惡)을 그와 같이 할 수 있게 한단 말인가?"라고 하였으니, 이 두 구절은 이해할 수 없는 점이 있습니다.

기질이 이 심(心)으로 하여금 능선능악할 수 있게 하는 것에 어찌 다른 이유가 있겠습니까. 그것은 바로 그 심(心)이 기(氣)의 신명(神明)이 되고 기(氣)가 심(心)의 질간(質幹)이 되어 서로 인의(因依)하고 서로 견련(牽連)하기 때문입니다. 지금 이것을 버리고 다른 데에서 그 소이연(所以然)을 찾으려고 한다면, 이는 '노새를 타고서 노새를 찾는 것〔騎驢覓驢〕'[81]과 비슷한 일이 되지 않겠습니까.

대개 질간이라고 하는 것은 응당 본말(本末)을 아우르고 정추(精粗)를 합해서 말하는 것이니, 혼백(魂魄)·혈기(血氣)와 오장(五臟)·백해(百骸)와 본체(本體)·사재(査滓 찌꺼기)가 모두 그 안에 들어 있는 것입니다.

81 노새를……것 : 범부가 자기 마음속의 불성(佛性)을 알지 못하고서 밖에서만 찾으려 하는 것을 비유하는 선종(禪宗)의 말이다. 기우멱우(騎牛覓牛)라고도 한다. 《경덕전등록(景德傳燈錄)》〈지공화상대승찬(志公和尙大乘贊)〉에 "즉심즉불(卽心卽佛)을 알지 못하는 것은, 참으로 노새를 타고서 노새를 찾는 것과 비슷하다.〔不解卽心卽佛 眞似騎驢覓驢〕"라는 말이 나온다.

성인(聖人)의 질간(質幹)은 본말(本末)과 정추(精粗)를 막론하고 모두 표리(表裏)가 통연(洞然)하니, 완전히 정순(精純)하여 털끝만큼도 사재(査滓)가 있지 않습니다. 그러므로 그 기질의 작용에 있어서도 신명(神明)의 준칙(準則) 아닌 것이 없으니 다시 분별해서 말할 필요가 없습니다.

그러나 중인(衆人)의 질간으로 말하면 본체가 담일(湛一)한 것은 비록 같다고 하더라도-이것은 잠시 인분(人分)의 정통(正通)한 측면에 대해서만 말한 것이다.- 유기(游氣)가 분요(紛擾)하여 질(質)을 합성(合成)할 때에, 정(精)하면 혼백(魂魄)이 되고 추(粗)하면 혈기(血氣)가 되며 안으로는 오장(五臟)이 되고 밖으로는 백해(百骸)가 되는 과정에서 모두 사재의 뒤섞임이 없을 수가 없습니다.

이 때문에 고요할 때를 당하여 사재가 첩복(帖伏 납작 엎드림)해서 본체가 투명하게 맑으면 이 심(心)의 소령(昭靈)한 본체가 우뚝 드러나서 성인과 털끝만큼의 차이도 없지만, 발동할 때에 미쳐서 사재가 들썩이며 교란해서〔騰攪〕 본체가 혼탁해지면 이 심의 소령한 본체가 또한 이에 따라 어두워지고 뒤집어지는 등 별의별 영향을 받게 되니, 이른바 신명의 변화가 헤아릴 수 없게 되는 것은 단지 이 기질의 사재가 작용하기 때문입니다.

대개 사재라고 하는 것을 담일한 본체와 혼합해서 설할 수는 없다고 하더라도, 담일한 본체의 밖에 있다고 말할 수도 없습니다. 그러므로 기기(氣機)가 일단 발동하여 사재가 용사(用事)하게 되면 본체도 문득 그 영향을 받게 마련인 것입니다. 그리하여 담일한 것이 탁박(濁駁)하게 변화하고 신명 역시 소령한 본체를 잃는 것 또한 이치로 보나 형세로 보나 필연적인 결과로, 이것이 바로 앞에서 말한, 서로 인의(因依)하고 서로 견련(牽連)한다는 것이니, 그 말류(末流)가 극도에 이르는 것이 대개 이와 같습니다.

내가 대학설(大學說) 중에서 거론한 청수(淸水)와 이사(泥沙)의 비유는 내가 생각해도 매우 친절하고 맛이 있습니다. 담일은 비유하자면 맑은 물〔淸水〕과 같고, 사재는 비유하자면 이사와 같으며, 신명은 비유하자면 잘 비춰 주는 것과 같습니다. 고요해서 이사가 첩식(帖息)하면 물이 맑아서 아주 작은 것도 모두 비춰 주지만, 움직여서 이사가 교란(攪亂)하면 청수가 혼탁하게 변해서 비춰 주는 것도 밝지 못할 것이니, 이에 대해 분명히 착안(着眼)하면 저절로 의심이 없어질 것입니다.

유기(游氣)가 응취(凝聚)하는 과정에서 오행(五行)의 다과(多寡)와 청탁(淸濁)이 만 가지로 다양하니, 치우치게 중한 것들〔偏重〕과-예컨대 목기(木氣)가 많고 금기(金氣)가 많은 것과 같은 부류이다.- 지나치게 맑은 것들〔過淸〕이-가령 노장(老莊)과 불가(佛家)와 같은 부류이다.- 비록 선(善)하다고 해도 그것 역시 사재의 영향을 받는 점에 있어서는 다를 것이 없습니다. 대개 음양(陰陽)이 충화(冲和)하고 오기(五氣)가 균정(均亭)하여 담일한 본체를 온전히 하지 않은 이상에는-즉 성인(聖人)의 기질(氣質)을 말한다.- 그것을 사재라고 말해도 좋을 것이니, 결론적으로 말하면 안자(顔子)의 거친 것〔麤〕[82]이나 맹자(孟子)의 영기(英氣)와 같은 것도 모두 사재라고 할 것입니다.

82 안자(顔子)의 거친 것 : 《근사록(近思錄)》 권3 〈치지(致知)〉에 "학문을 함에 사리를 미루어 연구하지 못하는 것은 단지 마음이 거칠어서 그렇다. 안자가 성인의 경지에 이르지 못한 것도 마음이 거칠어서이다.〔學不能推究事理 只是心麤 至如顔子未至於聖人處 猶是心麤〕"라는 횡거(橫渠) 장재(張載)의 말이 실려 있다.

이백눌에게 답하는 글

答李伯訥

〔문〕 사재(査滓)가 들썩여 교란하는〔騰攪〕 중에 기량(伎倆)과 작용(作用)이 만 가지로 같지 않아서 강약(强弱)과 명암(明暗)이 사람마다 각자 다르게 되는 현상은 모두 기질(氣質)의 소행이 아닌가 하고 일찍부터 의심하였습니다.

나 자신이 체험한바 지극히 천근(淺近)한 것을 가지고 말해 보건대, 어려서부터 심약하고 겁이 많았는데 지금도 날이 어두워지면 촛불을 쥐고서 혼자 앉아 있지 못하기 때문에 잠깐이라도 반드시 곁에 사람이 있어야 하고 그렇지 않으면 견딜 수가 없습니다. 그런데 부녀(婦女)나 천례(賤隷)는 더러 이런 것을 어려워하지 않으니, 그들이 어찌 사리를 아는 견식이 나보다 나아서 그런 것이겠습니까.

그리고 나는 산수(算數)나 계산하는 등의 일을 전혀 이해하지 못해서 팔팔구구(八八九九)와 같은 등속에 대해서도 멍청해지지 않을 수가 없는데, 아동(童兒)과 상한(常漢)들은 혹 말이 떨어지자마자 바로 알아듣기도 합니다. 내가 비록 혼루(昏陋)하다 해도 어찌 어리석은 저들보다야 못하겠습니까. 내가 이와 같이 둔하기만 한 것은 필시 그 이유가 있을 것입니다.

이는 영소(靈昭)의 질곡(桎梏)이나 물루(物纍)의 골몰(汨沒)과 관련이 있는 것이 아니라, 원래 천부(天賦)의 자질이 편색(偏塞)해서 이 지경에 이른 것이니, 담일(湛一)한 본체(本體)가 탁박(濁駁)하게 변한 것일 뿐이라고 범범하게 논할 수는 없을 것입니다.

내가 가르침을 청한 것은 전적으로 여기에 있는데, 저번에 "기질(氣質)의 기량(伎倆)과 작용(作用)이 어떻게 이 심(心)으로 하여금 능선능악(能善能惡)하게 할 수 있단 말인가?"라고 질문한 것이 대의(大意)는 비슷하지만, 이제 다시 선악(善惡)과 청탁(淸濁)을 용나(勇懦)와 민둔(敏鈍)으로 바꿔서 상세히 설명해 주시기를 천만번 간절히 바라는 바입니다.

정자(程子)와 장자(張子 장재(張載))가 처음 기질에 대한 설을 내놓았는데, 선배(先輩)들은 이를 제대로 처리하지 못하였습니다. 여호(黎湖)[83]와 한천(寒泉 이재(李縡))의 주장도 외암(巍巖 이간(李柬))의 혈육(血肉) 형질(形質)의 견해와 다를 것이 없는데, 이에 대해서는 신임이 가지 않습니다. 그리고 강문(江門)[84]에서 상전(相傳)한 심즉기질(心卽氣質)의 설도 옆 사람의 시비(是非)를 돌아보지 않고 상정(常情)을 멀리 벗어난 것이라고 말할 수는 있겠습니다만, 고명(高明)이 궁구하여 얻은 것처럼 담일(湛一)을 추출해 내지는 못했다

83 여호(黎湖) : 박필주(朴弼周, 1665~1748)의 호이다. 자는 상보(尙甫)이고, 요계(蓼溪)라는 다른 호가 있다. 1717년(숙종43)에 영의정 송상기(宋相琦)의 추천으로 세자시강원 자의(世子侍講院諮議)가 된 뒤에, 지평(持平)·장령(掌令)·진선(進善)·집의(執義) 등을 지내고, 세자시강원 찬선(世子侍講院贊善)·이조 판서(吏曹判書)·의정부 우찬성(議政府右贊成) 등을 역임하였다. 저서에 《여호집(黎湖集)》, 《독서수차(讀書隨箚)》, 《주자왕복휘편(朱子往復彙編)》, 《춘추유례(春秋類例)》 등이 있다. 시호(謚號)는 문경(文敬)이다.

84 강문(江門) : 권상하(權尙夏)의 문파를 가리킨다. 그가 충북 제천(提川)의 황강(黃江)에서 제자들을 길렀던 데에서 유래한 것인데, 그 문하 중에서 특히 뛰어난 한원진(韓元震)·채지홍(蔡之洪)·현상벽(玄尙璧) 등 여덟 명을 강문 팔학사(江門八學士)라고 칭하였다.

고 할 것입니다.

〔답〕 별지(別紙)에서 말씀하신 본래의 뜻을 모두 잘 알았습니다. 전후(前後)로 질문하신 뜻이 여기에 있었다는 것을 이제야 알았으니, 잘못 듣고서 즉시 이해하지 못한 것이 참으로 부끄럽습니다. 그러나 지금 답변드릴 내용이라고 한다면, 단지 전에 말씀드린 것일 뿐으로 다시 별다르게 설명드릴 것이 없습니다.

대개 사람이 이오(二五 음양오행)의 수기(秀氣)를 품부받고 태어나서, 안으로는 오장육부(五臟六腑)가 각각 주관하는 바가 있고 밖으로는 칠규(七竅)·백체(百體)가 각각 담당하는 것이 있는데, 그 속에 나아가서 청탁(淸濁)·후박(厚薄)과 혼명(昏明)·개색(開塞)과 영핍(贏乏)·강약(强弱) 등 형형색색으로 천차만별의 양상을 보이고 있습니다. 그리하여 맥락(脈絡)이 서로 연결되고 혈기(血氣)가 상호 통하면서 상생(相生)과 상극(相克)의 현상이 통합(通合)하여 변화가 끝없이 전개되지만, 이는 모두 이오의 영역 밖으로 벗어나지 않는 것으로, 그 본체를 통합하는 것은 담일이고 그 기기(氣機)를 관리하는 것은 신명(神明)인 것입니다.

가령 고명(高明)이 말한, 어려서부터 심약하고 겁이 많다고 한 것은 심(心)이 허(虛)하고-대장(大臟)을 가리킨다.- 담(膽)의 기(氣)가 부족하기 때문이요, 계산을 하지 못한다 운운(云云)한 것 역시 심력(心力)이 미약하고 비장(脾臟)에 막혀 어두운 곳이 있어서 그런 것인데,-이것이 추측한 말이기는 하지만 대개는 비슷할 것입니다.- 결론적으로 말하면 이 모두가 이른바 사재(査滓)라고 하는 것으로, 신명과 담일이 여기에 영향을 받기 때문입니다.

만약 이를 변화시켜서 신명과 담일이 스스로 주재(主宰)하게 하려면, 이(理)를 밝혀서 순습(馴習)하고 익히 생각해서 상세히 풀어내면 될 것이니, 그러면 나약한 것이 어찌 용감하게 될 수 없겠으며, 둔감한 것이 어찌 영민하게 될 수 없겠습니까.

그리고 지능(智能)과 기예(技藝)가 남보다 훨씬 뛰어난 것으로 말하면, 예컨대 신도방(信都芳)[85]이 객과 대화하다가 운기(雲氣)를 멀리 바라보고는 "맹춘(孟春)의 기(氣)가 이르렀다."라고 말하였는데 확인해 보니 실제로 그러하였습니다. 이와 같은 것은 필시 보는 것을 관장하는 간장(肝臟)의 기능이 분외(分外)로 영통(靈通)해서 그러할 것입니다.-다른 것도 모두 이와 비슷하다.- 이는 본시 기질(氣質)의 기량(伎倆)이 수행하는 것으로, 신명(神明)의 전체(全體) 중에 일부분일 따름인데, 성인(聖人)도 혹 이런 면에서는 미치지 못하는 바가 있을 수 있으니, 《중용(中庸)》에서 "성인이라도 알지 못할 면이 있고 행할 수 없는 면이 있다."[86]라고 한 것도 이런 곳을 아울러서 말한 것이라고 하겠습니

85 신도방(信都芳) : 북조(北朝) 북제(北齊)의 수학자이며 천문학자이다. 《수서(隋書)》〈율력지 상(律歷志上) 후기(候氣)〉에 "그가 일찍이 사람과 대화하다가 하늘을 가리키며 '맹춘(孟春)의 기(氣)가 이르렀다.'라고 하였는데, 사람이 가서 율관(律管)을 징험해 보니 율관 속의 재가 날아서 이미 기에 응하고 있었다. 그는 달마다 기를 관측하였는데 모두 그의 말과 어긋남이 없었다.〔嘗與人對語 卽指天曰孟春之氣至矣 人往驗管而飛灰已應 每月所候 言皆無爽〕"라는 기록이 전한다.

86 성인이라도……있다 : 《중용장구》 제12장에 "군자가 추구하는 도는 그 용(用)이 광범위하다. 그래서 필부필부(匹夫匹婦)의 어리석은 수준으로도 다 함께 알 수가 있지만, 그 도의 지극한 차원에 이르면 비록 성인이라도 알지 못할 면이 있다. 필부필부의 불초한 수준으로도 행할 수가 있지만, 그 도의 지극한 차원에 이르면 비록 성인이라도 행할 수 없는 면이 있다.〔君子之道 費 夫婦之愚 可以與知焉 及其至也 雖聖人亦有所不知焉 夫婦之不肖 可以能行焉 及其至也 雖聖人亦有所不能焉〕"라는 말이 나온다.

다. 그러니 보내온 글에서 "신명의 영소(靈昭)한 기능 이외의 곳에 있다."라고 말한 것은 혹 맞지 않을 듯도 합니다.

대저 편체(遍體 몸 전체)가 바로 기질이지만, 편체는 또 담일(湛一)이기도 하고 신명이기도 한데, 단지 작용하는 기괄(機括)이 방촌(方寸)에 있을 뿐입니다. 이 때문에 신명과 담일이 주재하면 방촌이 맑아지면서 사재(查滓)가 물러나 순종하게 되고, 사재가 주재하면 방촌이 흐려지면서 신명과 담일이 그 본체를 잃게 되니, 명도(明道)의 이른 바 "의리(義理)와 객기(客氣)가 항상 서로 승부를 다툰다."[87]라는 말도 바로 이것을 의미하는 것입니다.

외암(巍巖)의 혈육(血肉) 형질(形質)의 설에 대해서는 뭐라고 말했는지 기억나지 않습니다만, 남당(南塘)이 "방촌으로 초입(超入)한다. ……"라고 하며 배척한 것은 무리(無理)한 발언이 아닐까 싶습니다. 본시 일기(一氣)인데-오장(五臟)과 결부된 것은 모두 심(心)과 통한다.- 어찌 초입하기를 기다린 뒤에야 이르는 것이겠습니까.

모장(某臟) 모부(某腑) 모관(某官) 모체(某體)의 청탁미악(淸濁美惡)과 용나민둔(勇懦敏鈍) 등을 막론하고, 기기(氣機)가 작동하기만 하면 곧바로 방촌을 통해서 작용하게 되는데, 이것이 바로 이른바 "하

87 의리(義理)와……다툰다 : 《근사록(近思錄)》 권5 〈극기(克己)〉에 "의리와 객기(客氣)가 항상 서로 승부를 다툰다. 따라서 그 두 가지가 줄어들고 늘어나는 비율(比律)의 다소를 살피기만 해도 군자와 소인을 분별할 수가 있다. 의리가 차지하는 비율이 점점 많아질수록 객기가 줄어들고 흩어지면서 점점 적어짐을 자연히 알 것이니, 객기가 소진(消盡)된 자가 바로 대현(大賢)인 것이다.〔義理與客氣常相勝 只看消長分數多少爲君子小人之別 義理所得漸多 則自然知得客氣消散得漸少 消盡者是大賢〕"라는 명도(明道) 정호(程顥)의 말이 실려 있다.

나이기 때문에 신묘하다.〔一故神〕"[88]라고 하는 것이니, 이 말을 묵묵히 징험하면 정미(精微)한 이치를 볼 수 있을 것입니다. 나의 설명이 엉성하기만 하니 어찌 일일이 이치에 맞기야 하겠습니까마는, 오직 그 대의(大義)를 이해해서 융통(融通)하기만 하면 될 것입니다.

88 하나이기 때문에 신묘하다 : 음(陰)과 양(陽)이라는 상이한 두 개의 요소가 하나의 존재 속에 들어 있기 때문에 신묘하게 서로 감응하면서 변증법적으로 발전한다는 말이다. 장재(張載)의 《정몽(正蒙)》 〈태화편(太和篇)〉에 "하나의 물(物)에 두 개의 체(體)가 있는 것이 기(氣)이다. 하나이기 때문에 신묘하고, 둘이기 때문에 변화한다. 이것이 천(天)이 삼(三)이 되는 이유이다.〔一物兩體 氣也 一故神 兩故化 此天之所以參也〕"라는 말이 나오고, 또 "하나 속에 둘이 있기 때문에 신묘불측하고〔兩在故不測〕", "둘이 하나를 지향하며 추진하기 때문에 변화한다.〔推行于一〕"라는 자주(自註)가 각각 "하나이기 때문에 신묘하다.〔一故神〕"와 "둘이기 때문에 변화한다.〔兩故化〕"의 아래에 붙어 있다.

이백눌에게 답하는 글 을사년(1785, 정조9) 2월

答李伯訥 乙巳二月

홀연히 해가 바뀌어 밤낮으로 바라보며 연모(戀慕)하는 중에 문득 체중(遞中 우체(郵遞))을 통하여 고명(高明)의 글을 받았으니 위로되는 마음이 응당 어떠하였겠습니까. 연령이 높아질수록 공부가 독실하시어, 별폭(別幅)에 질문한 내용을 보더라도 출입(出入)하는 것이 미묘(微妙)하기만 하니, 일부(一部)의 《역경(易經)》이 찬연히 눈 안에 들어 있는 것 같습니다. 이것이 어찌 사람마다 미칠 수 있는 바이겠습니까. 엎드려 거듭 읽는 동안에 감탄을 금하지 못하였습니다.

나는 병이 나이와 함께 깊어지고 뜻이 기운을 따라 쇠해진 나머지, 삼동(三冬)[89]의 아까운 시간 대부분을 약 먹으며 신음하느라 소진해 버렸는데, 입춘(入春) 이후로 다행히 조금 안정되긴 하였으나 이처럼 세월을 흘려보내면서 남아 있는 날이 점점 줄어들기만 하니 무슨 일을 해 볼 수나 있겠습니까. 앞으로 다시 몇 년의 세월을 얻어서 원래 뜻했던 일 중의 만분의 일이라도 풀 수 있을는지 모르겠습니다.

보내온 글에서 "나를 알아주는 것은 하늘이다."[90]라고 말씀하셨는데,

89 삼동(三冬) : 겨울철 석 달 동안이라는 뜻으로, 농부들의 농한기처럼 한가해서 공부하기 좋은 시간을 말한다. 동방삭(東方朔)이 한 무제(漢武帝)에게 올린 글에 "나이 열셋에 글을 배워서 삼동에 익힌 문사의 지식이 응용하기에 이미 충분하다.〔年十三學書三冬文史足用〕"라는 말이 나온다. 《漢書 卷65 東方朔傳》

90 나를……하늘이다 : 《논어》 〈헌문(憲問)〉에 "나는 하늘을 원망하지도 않고 사람을 탓하지도 않는다. 아래로는 사람의 일을 배우고 위로는 하늘의 이치를 터득하려고

이는 정말 나의 마음을 알아주는 것이라고 하겠습니다. 세상이 나를 잊어버리든 말든 상관할 것이 뭐가 있겠습니까. 다만 긴긴 밤 잠들지 못할 적에 혹 예전의 씩씩했던 마음을 떠올리며 나도 모르게 위연(喟然)히 탄식을 발하면서 다시금 혼자 한번 웃을 따름입니다.

정전(程傳 정이(程頤)의 《주역》 해설)의 일단(一段)에 대해서 말씀하신 것은 다시 상량(商量)해 보시는 것이 옳을 듯합니다. 정전에 부족한 것이 있다면 그것은 단지 복서(卜筮)의 일일 뿐이고, 의리(義理)의 정심(精深)한 면과 문장(文章)의 농후(濃厚)한 면으로 말하면 곧장 단전(彖傳)이나 문언(文言)과 함께 나란히 전해질 만한 것으로, 한 글자 한 마디의 말도 실로 괘효(卦爻)의 뜻을 버리고 자작(自作)한 설은 찾아볼 수가 없습니다.

주자(朱子)가 "이천(伊川)은 천하의 의리(義理)를 64괘(卦) 384효(爻) 안에 산입(散入)하였다."[91]라고 하였는데, 대개 산입했다고 말한 것은 그가 얼토당토않게 강변(強辯)하여 편입시켰다는 말이 아닙니다. 하늘은 높고 땅은 낮으며[92] 방취물분(方聚物分)[93]하는 가운데, 일용(日

노력하는데, 나를 알아주는 분은 아마도 하늘뿐일 것이다.〔不怨天 不尤人 下學而上達 知我者 其天乎〕"라는 공자(孔子)의 말이 나온다.

91 이천(伊川)은……산입(散入)하였다 : 《회암집(晦菴集)》 권53 〈답호계수(答胡季隨)〉에 "역전(易傳)은 명백하여 보기에 어려운 곳이 없다. 다만 이것은 선생이 천하의 허다한 도리를 64괘와 384효 안에 흩어서 집어넣은〔散入〕 것이다. 따라서 그냥 역으로만 간주하면 의미를 못 느낄 것이니, 모쪼록 자기에게 닥쳐올 일로 간주해야 할 것이다. 그러면 바로 한 글자 한 구절마다 용처(用處)가 있게 될 것이다.〔易傳明白無難看處 但此是先生以天下許多義理 散入六十四卦三百八十四爻之中 將作易看 却無意味 須將來作事看 卽句句字字有用處耳〕"라는 말이 나온다.

92 하늘은……낮으며 : 《주역》 〈계사전 상(繫辭傳上)〉에 "하늘은 높고 땅은 낮으니

用)의 만사(萬事)와 어묵동정(語默動靜) 등 어떤 상황에서나 무엇이든 64괘 아닌 것이 없고 또한 384효 아닌 것이 없기 때문에, 문왕(文王)과 주공(周公)이 각기 본 바에 따라서 괘(卦)를 형상하여 말을 붙이고 효(爻)를 본떠 법을 설하여 후인(後人)을 가르친 것처럼, 이천이 특별히 공자(孔子)의 해석을 바탕으로 부연(敷衍)하여 확대 적용했다는 말입니다.

따라서 여기에다가 다시 설시(揲蓍)의 법(法)을 가지고 융통(融通)하면, 설시에서 얻은 괘효(卦爻)가 애당초 앞에서 말한 일용 동정(動靜) 등 어떤 상황에 있든 간에 제외되는 것이 없어서, 공자와 정자가 추연(推衍)한 것을 그 즉시 수용(受用)할 수 있을 것입니다. 그러니 여기에 나아가서 삼우이반(三隅以反)[94]하고 유추해서 통달한다면, 이것이 이른바 "이를 확대하여 같은 범주의 일에 적용한다면, 천하에서 할 수 있는 일을 모두 마칠 수 있다.〔引而伸之 觸類而長之 天下之能事畢矣〕"[95]라고 하는 것이니, 이렇게 하지 않고서 또 어떻게 이런 일을 이룰

건괘와 곤괘가 정해지고, 낮고 높은 것이 베풀어지니 귀하고 천한 것이 자리를 잡게 된다.〔天尊地卑 乾坤定矣 卑高以陳 貴賤位矣〕"라는 말이 나온다.

93 방취물분(方聚物分) : 《주역》 〈계사전 상〉의 "만물은 각자 취향에 따라 끼리끼리 모이게 마련인데, 이렇게 해서 만물이 서로 속성이 다른 집단으로 나뉘게 된다.〔方以類聚 物以群分〕"라는 말을 압축한 것이다.

94 삼우이반(三隅以反) : 하나의 사실을 가지고 나머지를 추리해서 아는 것을 말한다. 《논어》 〈술이(述而)〉의 "한 모퉁이를 가르쳐 주었는데도 나머지 세 모퉁이를 알아채어 반증하지 못한다면 더 가르쳐 줄 것이 없다.〔擧一隅不以三隅反 則不復也〕"라는 공자(孔子)의 말에서 나온 것이다.

95 이를……있다 : 《주역》 〈계사전 상〉에 나오는 말이다. 이 말 바로 뒤에 "도를 드러내고 덕행을 신묘하게 한다. 이 때문에 더불어 수작할 수 있으며 더불어 신을 도울

수 있겠습니까.

이렇게 한 뒤에야 복서(卜筮)와 의리(義理)가 하나로 관통(貫通)되면서 《역(易)》이 경(經)으로서의 역할을 하게 되어, 참으로 경천위지(經天緯地)하고 고금(古今)을 환히 비추며, 현도신덕(顯道神德)[96]하여 개물성무(開物成務)[97]할 수 있을 것입니다. 그렇지 않고 단지 복서와 상수(象數)의 설에 집착하여 얽매이게 되면, 《일촬금(一撮金)》[98]이나 《초씨역림(焦氏易林)》[99] 같은 세상의 점서(占書)와 별로 다르지 않게 될 것이니, 또 어떻게 경(經)이라고 말할 수 있겠습니까.

주자(朱子)가 말하기를 "제대로 이해하면 공자(孔子)의 설이라도 살아 움직이며 통하지 않는 곳이 없겠지만, 제대로 이해하지 못하면 문왕(文王)이나 주공(周公)의 설이라도 죽어 버릴 것이다.〔會看底 雖孔子說 也活 也無不通 不會看底 雖文王周公說 也死了〕"[100] 하였고, 또 〈문언(文言)〉의 잠룡물용장(潛龍勿用章)을 논하기를 "괘와 효의 본의를 제대로 이해한다면, 이런 때를 당하여 이런 지위를 차지하고 이런 사람이

수 있는 것이다.〔顯道 神德行 是故 可與酬酢 可與祐神矣〕"라는 말이 나온다. 뒤에 나오는 본문의 현도신덕(顯道神德)은 여기에서 유래한 것이다.

96 현도신덕(顯道神德) : 425쪽 주95 참조.

97 개물성무(開物成務) : 만물의 속성을 드러내 밝혀 천하의 일을 성취시킨다는 뜻으로, 《주역》 〈계사전 상〉에 나온다.

98 일촬금(一撮金) : 강절(康節) 소옹(邵雍)이 지은 점서이다. 이 역을 《관매역(觀梅易)》 혹은 《매화역(梅花易)》으로 칭하기도 한다.

99 초씨역림(焦氏易林) : 전한(前漢)의 초연수(焦延壽)가 지었다고 전해지는 점서이다. 그는 역을 맹희(孟喜)에게서 배워 경방(京房)에게 전했다고 한다.

100 제대로 이해하면……것이다 : 《주자어류》 권67 〈역(易)3 강령 하(綱領下)〉에 나온다.

되는 데에 아무런 문제가 없다.〔若會得卦爻本意 却不妨當此時居此位作此人也〕"[101]라고 하였으니, 그 말이 지극히 좋습니다.

정전(程傳)도 응당 이와 같이 보아야 할 것이니, 지금 보내온 글에서 "칠분(七分) 정도는 《역(易)》과 상관이 없다."라고 말한 것은 어쩌면 깊이 완미(玩味)할 틈이 없어서 그런 것이 아니겠습니까. 윤화정(尹和靖 윤돈(尹焞))이 일찍이 말하기를 "이천(伊川)의 생활 자체가 모두 《역(易)》이다. 《역》의 전(傳)을 지은 것은 그 생활을 그대로 옮겨 만든 것일 뿐이다.〔伊川踐履盡是易 其作傳 只是因而寫成〕"[102]라고 하였고, 동래(東萊 여조겸(呂祖謙))는 "이천이 지은 《주역》의 전은 한 글자도 바꿀 수 없다.〔易傳一字不可易〕"라고 말하기까지 하였으니, 그들이 어찌 소견이 없이 이렇게 말하였겠습니까.

본의(本義 주희의 《주역》 해설)에 대해서도 물론 유감(遺憾)이 없지는 않습니다만, 그것을 "초고(草藁)라서 정론(定論)이 못 된다."라고 말한다면 이 역시 너무 단정하는 말이 아닌가 싶습니다. 대저 복서의 강령(綱領)을 정돈하고 상점(象占)의 두 글자를 분별해 내어 경문(經文)의 한 글자 한 구절이 모두 낙착(落着)되게 함으로써, 책을 펴면 분명히 알아서 더불어 수작(酬酢)할 수 있게 해 주었으니, 이는 선생의 공업(功業) 중에서도 큰 것입니다. 그런데 가령 이천의 의리(義理)가 주잡(周匝 주밀(周密))한 것으로 말하면, 선생 자신도 "정 부자(程夫子)의 해설을 떼어 놓고 생각할 수 없다.〔離不得程夫子傳〕"라고 말하였습니

101 괘와……없다 : 《회암집(晦菴集)》 권59 〈답임정경(答林正卿)〉에 나온다.

102 이천(伊川)의……뿐이다 : 《회암집》 권41 〈답정윤부(答丁允夫)〉에는 원문이 '先生踐履盡一部易 其作傳 只是因而寫成'으로 되어 있어 대본과는 약간 다르다.

다. 그리고 호괘(互卦)[103]의 등속을 반대한다고 말한 것도 이에 대한 지식이 부족해서라기보다는 아마도 미처 설할 겨를이 없었기 때문에 역시 후인(後人)에게 기대했던 것일 뿐이라고 여기기도 합니다.

내역(來易)[104]에서 논한 "중효(中爻)[105]를 교착(交錯)하고 종합(綜合)한다.〔錯綜〕"라는 것은, 모두 송(宋)나라 말기의 제유(諸儒)에게서 나온 것으로 단지 그 명목(名目)만 변환한 것일 뿐입니다. 그렇긴 하지

103 호괘(互卦) : 상·하 2괘의 중괘(重卦) 안에서 2효(爻)에서 4효까지 하나의 괘를 취하고 3효에서 5효까지 하나의 괘를 취해 얻는 괘체(卦體)를 말한다. 예컨대 수뢰둔(水雷屯 ䷂)의 경우, 2효에서 4효까지가 곤(坤)이 되고 3효에서 5효까지가 간(艮)이 되어 이를 조합하면 산지박(山地剝 ䷖)이 되는데, 이때 박이 둔의 호괘가 되는 것이다. 호체(互體)라고도 한다. 송(宋)나라 이후에는 또 잡괘(雜卦)라고 칭하기도 하였다.

104 내역(來易) : 내씨역(來氏易), 즉 명(明)나라 내지덕(來知德, 1525~1604)의 역을 말한다. 그는 30여 년 동안 은둔하며 《주역》 연구에 몰두하여 독창적인 해석으로 당대에 절학(絶學)이라는 칭송을 받았다. 그는 상수(象數)에 의리(義理)를 결합시켜서 《주역》을 해석하였는데, 지나치게 상(象)을 중시한 나머지 상 이외에는 이(理)가 없다고 하는 등 다소 편파적으로 천착하는 경향을 보였으나, 상수 이론을 체계화했다는 점에서 역학사(易學史)에 한 획을 그었다. 그의 저술 중에 특히 《내주주역집주(來註周易集註)》가 후대에 많은 영향을 끼쳤다. 《내구당선생역주(來瞿塘先生易註)》 혹은 그냥 《내선생역경(來先生易經)》이라고도 한다.

105 중효(中爻) : 중괘(重卦)의 6효(爻) 중에 초효(初爻)와 상효(上爻)를 제외한 가운데 네 개의 효, 즉 2·3·4·5효를 말한다. 중효라는 용어는 《주역》 〈계사전 하(繫辭傳下)〉의 "물건을 뒤섞음과 덕을 잡음과 시비를 분변함 같은 것은 '가운데의 효〔中爻〕'가 아니면 갖추어지지 않는다.〔若夫雜物 撰德 辨德 辨是與非 則非其中爻 不備〕"라는 말에서 나온 것인데, 내씨(來氏)는 이 중효의 개념에 착안하여 그 의미를 더욱 유추해 발전시켰다. 그리하여 이 중효를 착종(錯綜)해서 상하체(上下體)를 합성하여 괘를 만들었는데, 이것이 그의 역학 중에 가장 특징적인 요소로 평가받는 착종중효(錯綜中爻) 이론이다.

만 괘변(卦變)의 일의(一義)를 종괘(綜卦)[106]로 총괄한 것만은 참으로 옛사람이 밝히지 못한 것을 드러내 밝힌 것입니다. 그래서 내가 일찍이 "내자(來子)가 전문한 역학으로 말하면, 상(象)에 너무 천착하는 흠은 있으나, 괘변을 종괘로 총괄한 그 안목만은, 독보적이라 평해도 무방하리라.〔來子專門學 說象猶多鑿 卦變綜以了 不妨隻眼屬〕"라는 시 한 수를 짓기도 하였는데, 붓을 잡고 쓰다 보니 그냥 이런 이야기까지 언급하게 되었습니다.

정승(貞勝)[107]에 관한 뜻은 보내온 말씀이 바로 나의 의견과 합치합

106 종괘(綜卦) : 중효를 착종하여 합성한 괘를 말한다.

107 정승(貞勝) : 《주역》〈계사전 하(繫辭傳下)〉 1장에 나오는 말로, 주희는 "정(貞)은 바르고 항상 그러한 것이다.〔貞 正也常也〕"라고 하여, 길(吉)과 흉(凶)이 언제나 서로 이기려고 다투는 일이 그치지 않는다고 풀었다. 이 편 전체의 내용에 대한 이해를 돕기 위하여 관련 부분을 소개하면 다음과 같다. "3효(爻)의 팔괘(八卦)가 배열되매 상(象)이 그 안에 있고, 이를 인하여 거듭 겹쳐 64괘가 되매 6효가 그 안에 있다. 여기에서 강양(剛陽)과 유음(柔陰)이 서로 밀고 당기매 변화가 그 안에서 이루어지고, 여기에 사(辭)를 붙여 명명하매 동효(動爻)가 그 안에 있나니, 길흉(吉凶)과 회린(悔吝)은 이 동효에서 생기는 것이다. 강(剛)과 유(柔)는 근본을 세우는 것이요, 변(變)과 통(通)은 때를 따르는 것이요, 길과 흉은 항상 서로 이기는 것이다. 천지(天地)의 도는 일관되게 보여 주는 것이요, 일월(日月)의 도는 언제나 밝은 것이요, 천하의 동(動)은 항상 일자(一者)에 귀속되는 것이다. 대저 건(乾)은 씩씩하여 사람들에게 평이함으로 나타내 보여 주고, 곤은 순종하여 간략함으로 나타내 보여 주니, 효(爻)는 이것을 본받은 것이요, 상(象)은 이것을 형상(形像)한 것이다.〔八卦成列 象在其中矣 因而重之 爻在其中矣 剛柔相推 變在其中矣 繫辭焉而命之 動在其中矣 吉凶悔吝者 生乎動者也 剛柔者 立本者也 變通者 趣時者也 吉凶者 貞勝者也 天地之道 貞觀者也 日月之道 貞明者也 天下之動 貞夫一者也 夫乾 確然 示人易矣 夫坤 隤然 示人簡矣 爻也者 效此者也 象也者 像此者也〕" 여기에서 동효는 노양(老陽)인 구(九)가 동하여 음(陰)으로 바뀌고, 노음

니다. 인용한 내주(來注)는 본래 횡거(橫渠 장재(張載))의 설인데,-《정몽(正蒙)》〈대역편(大易篇)〉에 보인다.- 주자(朱子)는 "이와 같이 하면 하문(下文)의 세 개의 '정(貞)' 자를 설명할 수 없다.〔若如此則下文三貞字說不去〕"[108]라고 하였습니다. 그러나 내가 생각하기에는, 내주에서 해석한 것처럼 이와 같이 하문의 '정(貞)' 자를 설명하더라도 뜻이 통할 수 있을 듯합니다.

다만 내주(來注)에서 나눈 장구(章句)를 살펴보건대, 구두(句讀)를 제대로 떼지 못한 듯합니다. 대개 이 장(章)은 '팔괘성렬(八卦成列)'에서부터 '생호동야(生乎動也)'까지가 1절(節)이고 '강유자입본(剛柔者立本)'에서부터 '정승자(貞勝者)'까지가 1절이고 '천지지도(天地之道)'에서부터 '정부일자야(貞夫一者也)'까지가 1절입니다.

이 장(章)의 요지(要旨)는 전적으로 길흉회린(吉凶悔吝)의 1구(句)에 있는데, 이른바 길흉회린이라는 것은 그 요지가 또 전적으로 정(正)과 부정(不正)에 있습니다. 정하면 길하고 부정하면 흉한 것이 바로 역(易)의 대의(大義)이니, 예컨대 "조금 정(貞)함이 이롭다.〔小利貞〕"[109]와 "정(貞)하면 길하고 형통하다.〔貞吉亨〕"[110]와 "가슴에 품은 것이 구

(老陰)인 육(六)이 동하여 양(陽)으로 바뀌는 것을 말한다.

108 이와……없다 : 《주자어류(朱子語類)》 권76 〈역(易)12 하계(下繫)〉에는 원문이 '如此則下文三箇貞字說不通'이라고 하여 대본과 약간 다르게 되어 있다.

109 조금 정(貞)함이 이롭다 : 《주역》 〈둔괘(遯卦)〉 괘사(卦辭)에 "〈둔괘〉는 형통하니, 조금 정(貞)함이 이롭다.〔遯 亨 小利貞〕"라는 말이 나오고, 그 단사에 "조금 정함이 이롭다는 것은 음이 갑작스럽게 자라나지 않고 점차적으로 자라나기 때문이다.〔小利貞浸而長也〕"라는 말이 나온다.

110 정(貞)하면 길하고 형통하다 : 《주역》 〈비괘(否卦) 초육(初六)〉에 "서로 뒤엉켜

오(九五)의 군(君)을 떠받드는 것이니, 소인은 이렇게 하여 길하다.〔包承小人吉〕"[111]와 "충성심이 있고 신하의 도를 지니고서 사리에 명철하다면 무슨 허물이 있으리오.〔有孚在道以明何咎〕"[112] 등이 모두 이것입니다. 그리고 자복혜백(子服惠伯)이 "충성과 신의의 일이라면 잘되겠지만, 그렇지 않다면 반드시 실패할 것이다.〔忠信之事則可 不然必敗〕"[113]라고 말한 것도 바로 성인(聖人)의 뜻을 얻은 것입니다.

그렇기 때문에 제2절(節)에서 재차 '길흉(吉凶)'의 두 글자를 제기하고는 '정승(貞勝)'이라는 말로 마무리한 것입니다.-횡거(橫渠)가 "대인은 지조를 지켜 비색(否塞)하니 형통하다.〔大人否亨〕"라는 것과 "지나치게 건너 이마까지 빠져 흉하니 누구를 탓할 수가 없다.〔過涉滅頂凶無咎〕"[114]의 말을 인용한 것이 이것과 조금 같지 않은 것 같지만, 사실은 이것도 그 안에 함께 포함되는 것입니다. 다만 전적으

있는 잔디 뿌리를 뽑아 올리듯 동류와 더불어 함이니, 정(貞)하면 길하고 형통하다.〔拔茅茹 以其彙 貞 吉 亨〕"라는 말이 나온다.

111 가슴에……길하다 : 《주역》 〈비괘(否卦) 육이(六二)〉에 "가슴에 품은 것이 구오(九五)의 군(君)을 떠받드는 것이니, 소인은 이렇게 하여 길하고, 대인은 지조를 지켜 비색(否塞)하니 형통하다.〔包承 小人 吉 大人 否 亨〕"라는 말이 나온다.

112 충성심이……있으리오 : 《주역》 〈수괘(隨卦) 구사(九四)〉의 효사(爻辭)이다.

113 충성과……것이다 : 남괴(南蒯)가 계손씨(季孫氏)를 배반하려 하며 시초점을 쳤는데 황상원길(黃裳元吉)의 점괘를 얻자 크게 길하게 여겨 자복혜백(子服惠伯)에게 물어보니, 자복혜백이 "내가 이에 대해서 일찍이 배운 것이 있다. 지금 하려고 하는 일이 충성과 신의의 일이라면 잘되겠지만, 그렇지 않다면 반드시 실패할 것이다. 밖으로 강하고 안으로 온화함이 충성인 것이요, 화평을 근본으로 삼아 정(貞)하게 나아가는 것이 신의인 것이다.〔吾嘗學此矣 忠信之事則可 不然必敗 外彊內溫 忠也 和以率貞 信也〕"라고 대답하며 충고한 고사가 《춘추좌씨전(春秋左氏傳)》 소공(昭公) 12년 조에 나온다.

114 지나치게……없다 : 《주역》 〈대과괘(大過卦) 상육(上六)〉의 효사(爻辭)이다.

로 이것만 가지고 설한다면 조금 미흡할 듯합니다.-

그러나 이른바 정(貞)이라고 하는 것은 사람의 지력(智力)에서 나오는 것이 아니라 바로 천지(天地)의 전덕(全德)으로, 상면(上面)에서 아래로 곧장 뚫고 내려오는 것입니다. 그렇기 때문에 하문(下文)에서 특별히 '천지(天地)'와 '일월(日月)' 2구(句)를 거론하여 "천하의 동(動)은 항상 일자(一者)에 귀속되는 것이다.〔天下之動 貞夫一者也〕"라는 구를 받은 것입니다. 그리고 이렇게 하여 천인(天人)을 관통하고 만사(萬事)를 포괄하는 모든 것이 하나의 '정(正)' 자임을 밝혀서, 상문(上文)의 '생호동(生乎動)'과 '정승(貞勝)'의 두 구절을 거듭 마무리한 것이니, 이와 같이 본 뒤에야 위와 아래의 문의(文義)가 또한 서론과 결론이 호응하여 명백(明白)하고 정절(精切)하며 의미심장(意味深長)해지면서 더 의심할 것이 없게 될 것입니다.

만약 내씨(來氏)의 설과 같이 장(章)의 첫머리에서부터 '취시자야(趣時者也)'까지를 1절(節)로 하고 '길흉자정승자(吉凶者貞勝者)'부터 '정부일(貞夫一)'까지를 1절로 하면, 분단(分段)도 없고 전환(轉換)도 없고 관쇄(關鎖)도 없어서 문세(文勢)와 어맥(語脈)에 도시 향배(向背)가 없게 되니, 이것은 결코 성인(聖人)의 뜻이 아닙니다.

그리고 하문의 '건(乾)'과 '곤(坤)'의 2구(句)는 위의 천지의 구를 받으니, 이(易)와 간(簡)이 바로 정(貞)이 됩니다. 그런데 그 아래에서 또 "효(爻)는 이것을 본받은 것이요, 상(象)은 이것을 형상(形像)한 것이다.〔爻也者效此者也 象也者像此者也〕"라고 말하였고 보면, 획을 긋기 이전과 이후〔畫前畫後〕의 역(易)이 천지와 시괘(蓍卦) 안에 들어 있어서, 문자(文字)도 없이 혼연(渾然)히 흔적이 없음을 볼 수 있으니, 그 묘함을 어떻게 말로 표현할 수가 없습니다.

이백눌에게 답하는 글
答李伯訥

〔문〕〈건괘(乾卦)〉의 현룡재전(見龍在田)에 대하여 문언(文言)의 위와 아래에서 두 번이나 군덕(君德)을 말하였습니다.

〔답〕사람들이 많이 구이(九二)의 '만나 보면 이로운〔利見〕 대인(大人)'을 구오(九五)로 돌리기 때문에, 본의(本義)에서 재차 군덕을 해석하여, 만나 보면 이로운 대인은 바로 구이요 구오가 아님을 밝힌 것입니다. 그런데 정전(程傳)은 이미 군덕을 구이에 소속시켰는데, 아래의 학취문변장(學聚問辨章)[115]에서는 거꾸로 이견대인(利見大人)을 이견구오(利見九五)로 한 것과 같은 인상을 주었기 때문에, 주자(朱子)가 이 대인을 해설한 것이 두 가지로 된 것처럼 여긴 것입니다.

〔문〕〈곤괘(坤卦)〉 육이(六二)의 소상(小象)에 나오는 '육이(六二)의 동함〔六二之動〕'에 대하여

〔답〕육이(六二)가 동(動)한다고 할 때의 이 '동(動)' 자는 계사(繫辭)에서 '도에는 변동함이 있다〔道有變動〕'[116]고 할 때의 동(動)이요, 설시

115 학취문변장(學聚問辨章) : 《주역》〈건괘(乾卦) 문언(文言) 구이(九二)〉 하단의 "군자는 배워서 모으고 물어서 분변하며……이는 임금의 덕을 갖춘 사람이다.〔君子學以聚之 問以辨之……君德也〕"라고 한 장구를 말한다.

116 도에는 변동함이 있다 : 《주역》〈계사전 하(繫辭傳下)〉 10장에 "역의 도에는 변동함이 있기 때문에 효(爻)라고 말한다.〔道有變動 故曰爻〕"라는 말이 나온다. 효는 즉 교(交)로, 음과 양이 서로 바뀌어 교차한다는 뜻이 들어 있다.

(揲蓍)에서 구(九)와 육(六)이 변하는 것과 같은 것이 아니니, 예컨대 〈건괘〉에서 용이 잠기고〔潛〕 드러나고〔見〕 두려워하고〔惕〕 뛰어오르는〔躍〕 등 때에 따라 변하는 것이 바로 이 동(動)인 것입니다. 〈곤괘〉의 육이(六二)로 말하면, 유순(柔順)하고 중정(中正)한 것이 곤(坤)의 주체가 되어 다른 효(爻)와는 같지 않습니다. 이것이 바로 곤의 동(動)이라고 하는 것인데, 직(直 곧음)이라고 하고 방(方 방정)이라고 하는 것이 곤의 전덕(全德)이기 때문에 여기에서 그렇게 말한 것이니, 이에 입각해서 살펴본다면 다른 것도 모두 유추할 수 있을 것입니다.

〔문〕 〈몽괘(蒙卦)〉에서 "처음 묻거든 일러 준다.〔初筮告〕"라고 한 것[117]은 무슨 의미입니까? 이것은 점(占)을 가지고 말한 것이니 '몽매한 자를 길러 주거나 몽매한 자가 스스로 기를 적에〔養蒙與蒙者之自養〕'[118] 점서(占筮)를 두 번 세 번 하면 참으로 번독(煩瀆)하다고 하겠습니다만, 몽매한 자를 계발시키는 방법에 있어서 일체 처음 묻는 것으로만 기준을 삼는다면, 혹 정리(情理)에 가깝지 않은 점은 없겠습니까? 그리고 단사(彖辭)에 이르기를 "처음 묻거든 일러 준다

117 몽괘(蒙卦)에서……것 : 《주역》 〈몽괘(蒙卦)〉 괘사(卦辭)에 "처음 묻거든 일러 주지만, 두 번 세 번 물으면 번독한지라, 번독하면 고해 주지 않는 것이니, 정(貞)함이 이롭다.〔初筮告 再三瀆 瀆則不告 利貞〕"라는 말이 나온다. 처음 묻는다는 것은 마치 처음으로 시초점을 쳐서 신에게 묻는 것처럼 한다는 말이다. 그리고 그 단사(彖辭)에 "처음 묻거든 일러 줌은 강중(剛中)하기 때문이다.〔初筮告 以剛中也〕"라는 말이 나오는데, 여기서 강중하다는 것은 양효(陽爻)로서 2효의 자리를 차지한 것을 말한다.

118 몽매한 자를……적에 : 《주역》 〈몽괘〉 괘사의 본의(本義)에 "밝은 자가 몽매한 자를 길러 주는 것과 몽매한 자가 스스로 자기를 기르는 것이, 또 모두 바른 도리를 취하는 것이 이롭다.〔明者之養蒙與蒙者之自養 又皆利於以貞也〕"라는 말이 나온다.

고 한 것은 강중(剛中)하기 때문이다.〔初筮告 以剛中也〕"라고 하였으니, 그렇다면 "처음 묻거든 일러 준다."라고 한 것은 구이(九二)가 일러 주는 것에 불과할 뿐입니다. 그런데 〈비괘(比卦)〉에서 원서(原筮)도 강중하기 때문이라고 하였으니,[119] 강중이 동일한 〈감괘(坎卦)〉의 효(爻)인 것을 감안한다면, 초(初)라고 하고 원(原)이라고 할 때의 그 초는 처음 점치는 것이 되고 그 원은 다시〔再〕 점치는 것이 되는 것은 단지 괘(卦)의 상하(上下)의 위치에 따라 다르게 명명한 것으로 보아도 되겠습니까?

〔답〕 초서(初筮)라고 하고 재삼(再三)이라고 한 것은, 단지 서(筮)를 차용해서 그 뜻이 참되고 한결같은지〔誠一〕 그렇지 않은지를 말하려고 한 것일 뿐이지, 몽매한 자를 계발시킬 적에 처음 묻는 자에게만 일러 주고 두 번 세 번 묻는 자에게는 일러 주지 않는다는 말이 아닙니다. 대개 구도(求道)의 뜻이 성일(誠一)하면 비록 두 번 세 번 묻더라도 초서인 것이고, 구도의 뜻이 성일하지 못해서 범범하게 물으며 절실하지 못하다면 비록 처음 묻더라도 두 번 세 번 묻는 것이니, 정녕 문자에 구애되어 글을 보면 안 될 것입니다. 〈비괘〉의 원서도 다시 생각하여〔再思〕 스스로 살피라는 말이니, 이는 자기 몸을 돌이켜서 스스로 성찰하는 일이기 때문에 '원(原)'이라는 글자를 놓은 것입니다. 그리고 "괘(卦)의 상하(上下)의 위치에 따라 다르게 명명했다.……"라고 한 것은

119 비괘(比卦)에서……하였으니 : 《주역》 〈비괘 단(彖)〉에 "원서(原筮)하여 크고 떳떳하고 올곧아야 허물이 없다고 한 것은 강중(剛中)하기 때문이다.〔原筮元永貞无咎 以剛中也〕"라는 말이 나오는데, 주희의 본의(本義)에서는 원서를 다시 점치는 것〔再筮〕으로 풀이하였다. 강중은 구오(九五)가 강(剛), 즉 양효(陽爻)로서 중정(中正)한 구오의 자리에 처한 것을 말한다.

고명(高明)의 말씀이 혹 그럴듯도 합니다.

〔문〕〈몽괘(蒙卦)〉 상구(上九)의 "침략을 하는 것은 이롭지 않다.〔不利爲寇〕"[120]에 대하여

〔답〕 이 대목은 정전(程傳)의 해석이 간단하면서도 통창(通暢)하여 의심할 것이 없는데, 이것을 버리고 별도로 의심을 낸다면 어찌 되겠습니까. 순(舜)과 주공(周公), 그리고 진 시황(秦始皇)과 한 무제(漢武帝)의 비유를 든 것은 더욱 명백하여 기뻐할 만합니다. 그 뜻이 이러하고 보면 '침략을 한다〔爲寇〕'는 두 글자가 진실하고 친절하기만 한데, 어째서 좋지 않다고 말하는 것입니까.

본의(本義)는 그다지 명백하지 않아서 따르기 어려울 것 같기도 합니다만, 《어류(語類)》를 보면 "가령 어떤 사람이 열다섯 대를 맞아야 할 경우에, 단지 그에게 열다섯 대만 때리면 그도 할 말이 없어서 충분히 침략을 막을 수 있지만, 다섯 대를 더 때리면 너무 과해서 오히려 사람을 해치게 되니, 위구(爲寇)라는 것은 사람을 해치는 것이요, 어구(禦寇)라는 것은 사람이 해치는 것을 막는 것이다.〔如人合喫十五棒 若只決他十五棒則彼亦無辭 而足以禦寇 若再加五棒則太過而反害人矣 爲寇者 爲人之害也 禦寇者 止人之害也〕"[121]라는 말이 나오는데, -《어류》〈간괘(艮卦)〉에 자세히 보인다.- 이 설명이 지극히 좋으니, 그 내용이 정전(程傳)과 부합됩니다.

120 침략을……않다 : 《주역》〈몽괘 상구(上九)〉에 "몽매함을 침이니, 침략을 하는 것은 이롭지 않고, 침략을 막는 것은 이롭다.〔擊蒙 不利爲寇 利於寇〕"라는 말이 나온다.

121 가령……것이다 : 《주자어류(朱子語類)》 권73 〈역(易)9 간(艮)〉에 나온다.

병(兵)을 쓰는 것과 형(刑)을 쓰는 것 모두 몽매함을 치는 것〔擊蒙〕이요,-초육(初六)의 발몽(發蒙)은 형(刑) 중의 작은 것이요, 격몽(擊蒙)은 형 중의 큰 것이다.- 위구(爲寇)와 어구(禦寇)라는 것도 '격(擊)'이라는 글자에서 근본한 것이니, 병(兵)을 가지고 유추하면 형(刑)에 대해서도 알 수 있을 것입니다.

〔문〕〈소축괘(小畜卦)〉에서 "덕을 숭상하여 가득 쌓이게 되었다.〔尙德積載〕"[122]라고 하였습니다. 이는 손체(巽體)[123]에 속하는데, 《역(易)》 가운데에서 이처럼 성대하게 음(陰)의 공(功)을 찬미한 경우는 보지 못하였습니다. 더군다나 "성신(誠信)함이 있는지라 손으로 끌어당기듯 한다.〔有孚攣如〕"[124]라고 한 것은, 분명히 '양(陽)이 5효(爻)에 처하여 형통한 것〔剛中而亨〕'인 데야 더 말할 것이 있겠습니까. 그런데 여기에 와서 "축(畜)이 극에 달하여 이루어진 것이다.〔畜極而成〕"[125]라고 하였으니, 아직 믿음이 가지 않습니다. 그리고 부인

122 덕을……되었다 : 《주역》〈소축괘(小畜卦) 상구(上九)〉에 "이미 비가 오고 이미 비가 그쳤다. 이는 덕을 숭상하여 가득 쌓이게 된 것이니, 부인이 견고하게 이것을 지키면 위태로울 것이다. 달이 거의 보름이 되었으니 군자가 동하면 흉하리라.〔旣雨旣處 尙德載 婦貞 厲 月幾望 君子征 凶〕"라고 하였고, 그 상(象)에 "이미 비가 오고 이미 비가 그친 것은 덕이 쌓여 가득한 것이요, 군자가 동하면 흉하다고 한 것은 의심할 것이 있어서이다.〔旣雨旣處 德積載也 君子征凶 有所疑也〕"라고 하였다.

123 손체(巽體) : 풍천소축(風天小畜)에서 풍(風)이 손(巽)으로 상괘(上卦)를 이루었기 때문에 이렇게 말한 것이다.

124 성신(誠信)함이……한다 : 《주역》〈소축괘 구오(九五)〉에 "성신함이 있는지라 손으로 끌어당기듯 하여, 부자로 살되 그 이웃과 함께한다.〔有孚攣如 富以其鄰〕"라고 하였다.

이 견고하게 이것을 지키는 것〔婦貞〕과 달이 보름이 되는 것〔月望〕은 또 서로 맞지 않으니, 어떻게 통할 수가 있겠습니까.

〔답〕 '국니(局泥)'나 '체애(滯碍)' 등의 글자야말로 글을 읽을 때 가장 크게 경계해야 할 것들입니다. 다른 책들도 모두 그러한데, 더군다나 전요(典要)[126]로 삼을 수 없고 오직 변화하여 나아갈 뿐인 《역(易)》에 있어서야 더 말할 나위가 있겠습니까.

무릇 괘(卦)는 극(極)에 이르면 변하기 마련입니다. 그런데 〈대축(大畜)〉은 쌓아서 사나움〔猛〕[127]을 얻었기 때문에 극에 이르러 통(通)하는 것이요, 〈소축(小畜)〉은 양(陽)이 위로 나아가서 쌓을 수 없기〔畜不住〕 때문에 극에 이르러서야 비로소 이루어지는〔成〕 것입니다.

그러나 축(畜)이 비록 이루어졌다고 하더라도, 그 축(畜)은 손순(巽順)한 도(道)를 가지고 강포(强暴)한 성질을 유순하게 해서 '길들여 매어 놓은〔擾係〕' 것에 불과할 뿐이요 '강경하게 통절히 막아 버린〔索性畜止〕' 것은 아니기 때문에 〈소축〉이라고 한 것입니다.

음양(陰陽)은 선악(善惡)을 말하는 경우도 있고, 군신(君臣)을 말하

125 축(畜)이……것이다 : 《주역》 〈소축 상구(上九)〉의 정전(程傳)에 "대축은 쌓인 것이 크므로 극에 달하면 흩어지고, 소축은 쌓인 것이 작으므로 극에 달하면 이루어진다.〔大畜 畜之大 故極而散 小畜 畜之小 故極而成〕"라고 하였다.

126 전요(典要) : 불변의 법칙을 말한다. 《주역》 〈계사전 하(繫辭傳下)〉 8장에 "역(易)은 오르내림에 일정함이 없고, 강양(剛陽)과 유음(柔陰)이 서로 바뀌어, 전요로 삼을 수 없고, 오직 변화하여 나아갈 뿐이다.〔上下无常 剛柔相易 不可以典要 唯變所適〕"라는 말이 나온다.

127 사나움 : 《주역》 〈대축괘(大畜卦) 육오(六五)〉에 나오는 '거세한 멧돼지〔豶豕〕'에 대해서 정이(程頤)가 '조급하며 사납다〔躁猛〕'고 하고, 또 그 어금니가 '사납고 날카롭다〔猛利〕'고 표현한 것을 녹문이 전용(轉用)한 것으로 보인다.

는 경우도 있고, 부부(夫婦)를 말하는 경우도 있으니, 일괄적으로 말할 수는 없습니다.

가령 문왕(文王)이 주(紂)에 대해서 손순(巽順)한 도리로 강포한 기세를 축지(畜止 저지)하여 유리(羑里)의 감옥에서 빠져나오고 궁시(弓矢)와 부월(鈇鉞)을 내려 받아 서백(西伯)이 되는 상황에 이르렀고 보면, 이는 곧 축(畜)이 성(成)을 얻었다고 말할 수 있습니다.-주가 자기의 악행을 뉘우치지 않아서 문왕이 유리에 갇혀 있었던 당시는 양(陽)이 위로 올라가서 쌓을 수 없었던〔畜不住〕 때라고 말할 수 있는데, 이런 경우의 음양은 단지 군신으로 보아야 할 것입니다.- 그러나 끝내는 굳게 막을 수가 없었으므로 형세가 절박해지면서 위태로운 정도가 심하였으니, 이것이 바로 "부인이 견고하게 지키면 위태롭다.〔婦貞厲〕"라고 하는 것입니다.

〈소축(小畜)〉을 이야기하는 자들은 양(陽)이 위로 올라가는 때에 있어서는 군자(君子)와 소인(小人)의 비유로 간주하고-예컨대 여범(呂范)이 화해한 것[128]은 축(畜)이 이루어진 것과 방불하게 근사하다고 하겠다.- 손체(巽體)의 축(畜)이 이루어진 경우에는 문왕과 주의 종류로 간주하는데, 정신과 뜻이 융회(融會)하여 유전(流轉)하며 활동(活動)한 뒤에야 우리가 이와 함께 편견 없이 느긋하게 노닐면서 어느 곳에서나 시원하게 통하지 않음이 없게 될 것입니다.

지금 군자와 소인에 해당되는 곳에서 소인은 손체가 되기에 부족하

128 여범(呂范)이 화해한 것 : 송(宋)나라 인종(仁宗) 때 범중엄(范仲淹)과 여이간(呂夷簡)이 곽후(郭后)의 폐출(廢黜) 문제로 사이가 나빠졌다가 나중에 화해하고 동심협력하여 국정에 진력한 것을 말한다. 구양수(歐陽脩)가 지은 범중엄의 신도비명(神道碑銘)에 이 내용이 나오는데, 주희도 이 고사를 인용하며 비평한 내용이 있다.《朱書節要 卷7 答周益公》

다고 의심하고, 문왕과 주에 해당되는 곳에서 주는 견복(牽復)[129]할 수 없다고 의심하는 것 같은데, 이와 같이 구애되고 응체(凝滯)된 나머지 자칫 자꾸만 막혀 버린다면, 모든 천하의 심오한 이치〔賾〕와 천하의 변동 상황〔動〕에 대해서 어떻게 끝까지 구명하고 회통(會通)하여 사성(四聖)[130]이 다 하지 못한 뜻을 드러내 밝히겠습니까.

내주(來註 내지덕(來知德) 의 해설)에서 삼양(三陽)을 가지고 상덕(尙德)을 풀이한 것은 그냥 몰아가며 억지로 끌어다 붙인 것으로 정말 말이 되지 않으니, 응당 경계하여 본받지 말아야 할 것입니다.-비록 '기처(旣處)'를 '비가 그쳤다〔雨止〕'로 해석했다 하더라도, 이에 앞서서 이미 '기우(旣雨)'라고 하였고 보면 비가 안 오던 것이 비가 온 것입니다. 양(陽)이 올라가는 것을 숭상하여〔尙往〕 그 극(極)에 이르렀다면 처음에 잔뜩 구름이 끼었던 것도 이제는 해가 나와서 쨍쨍 내리쬐여야 할 터인데, 지금 거꾸로 비가 온 것은 어째서입니까? 내주는 하단(下段)에서 '기우'라는 글자를 빼놓고는, 단지 "비가 그치면서 양(陽)이 올라갔으나 그 양이 비를 흩어 버릴 수 없었으므로 거꾸로 비가 그치기를 기다려서 비로소 올라간 것이다.〔雨止陽往 陽不能散雨 而反待雨止而乃往〕"라고 하였습니다. 이는 너무도 나약(懦弱)하다고 말해야 할 것이니, 어떻게 형통하다〔亨〕고 말할 수가 있겠습니까. 이에 대해서 분명히 착안(着眼)하시기 바랍니다.- '덕을 숭상하여 가득 쌓였다〔尙德積載〕'고 한 것은 단지 손체(巽體)를 형용한 것으로, 손(巽)이 극(極)한 까닭에 아래에 쌓인 것이니, '재(載)'라는 글자에 성대하게 찬미한

129 견복(牽復) : 이끌어 잡고 인도하여 정도(正道)로 되돌아오게 하는 것을 말한다. 《주역》〈소축괘(小畜卦) 구이(九二)〉에 "구이는 견복이니, 길하다.〔九二 牽復 吉〕"라는 말이 나온다.

130 사성(四聖) : 《주역》을 체계화한 복희씨(伏羲氏)・문왕(文王)・주공(周公)・공자(孔子)를 말한다.

뜻은 보이지 않습니다. 더군다나 아래에서 바로 '부려정흉(婦厲征凶)'[131] 이라고 하여 경계하는 뜻을 보였는 데야 더 말해 무엇하겠습니까.

〔문〕〈이괘(履卦)〉에서 "유(柔)가 밟아도 강(剛)이 온순하다.〔柔躡剛順〕"라고 하는 것은 '유(柔)로서 강(剛)에게 밟힌다〔以柔履剛〕'[132] 고 하는 것만 같지 않으니, 뜻으로 보면 둘 다 구애될 것이 없습니다. 육삼(六三)의 범의 꼬리〔虎尾〕는 범의 입〔口〕이지 꼬리가 아닙니다. 단(彖)의 호미(虎尾)는 태(兌)를 간(艮)으로 착종(錯綜)한 것이니, 그러면 꼬리라고 말할 수도 있겠습니다만, 육삼의 뜻은 설명이 되지 않으니, 어떻게 해야 합니까?

〔답〕 정전(程傳)과 본의(本義) 모두 건(乾)을 범〔虎〕으로 여기고 있습니다. 만약 태(兌)를 범으로 삼는다면, 밟는 것이든 밟는 것이 아니든 따질 것 없이 모두 뜻이 통할 수가 없습니다. 대개 정전에서 "유(柔)가 강(剛)에게 밟힌다.〔柔履剛〕"라고 한 것은 경문(經文)의 "범의 꼬리를 밟는다.〔履虎尾〕"라는 것을 풀이하기 위한 것입니다. 그런데 지금 태(兌)를 범으로 삼아서 삼(三)을 호구(虎口)라고 하고 또 삼(三)이 이(二)를 밟는 것을 '유가 강에게 밟히는 것'으로 한다면, 이는 범의 입을 가지고 범의 꼬리에 밟히는 것으로 하는 것입니다.-이(二)는 등〔背〕이 되

131 부려정흉(婦厲征凶) : 《주역》 〈소축괘(小畜卦) 상구(上九)〉의 "부인이 견고하게 이것을 지키면 위태로울 것이다. 달이 거의 보름이 되었으니 군자가 동하면 흉하리라.〔婦貞 厲 月幾望 君子征 凶〕"라는 말을 압축한 것이다.

132 유(柔)로서 강(剛)에게 밟힌다 : 《주역》 〈이괘(履卦)〉의 정전(程傳)에 "어떤 것에 밟히는 것이 자(藉)이니, 유(柔)로서 강(剛)에게 깔렸으므로 이(履)라고 한 것이다.〔履於物爲藉 以柔藉剛 故爲履也〕"라는 말이 나온다.

면 되었지 꼬리는 되지 못합니다.- 그러나 사람이 범의 꼬리를 밟는 것으로 하지 않는다면, 이것이 어찌 말이 되겠습니까.

진(震)이 용(龍)이고 건(乾)이 마(馬)가 되지만 〈건괘(乾卦)〉에서는 서슴없이 육룡(六龍)을 설하고, 곤(坤)이 우(牛)이지만 〈이괘(離卦)〉와 〈둔괘(遯卦)〉에서도 빈우(牝牛)와 황우(黃牛)를 설하고 있으니, 만약 일일이 〈설괘(說卦)〉를 기준으로 한다면 통하지 않는 것이 많을 것입니다.-간(艮)이 범이라는 것은 또 〈설괘〉에 있는 것도 아닙니다. 태(兌)에 대해서 또 간(艮)을 취하여 착종했다고 한다면 더욱 엉뚱한 말이 될 것입니다.- 범은 강맹(剛猛)한 동물이니, 건(乾)으로 표상(表象)한다고 해서 안 될 것이 뭐가 있겠습니까.

〔문〕 〈겸괘(謙卦)〉의 명겸(鳴謙)[133]을 '겸손함으로 소문이 난 것〔以謙有聞〕'으로 해석하였으니, 그렇다면 상육(上六)의 명(鳴)은 병폐로 여겨야 하지 않겠습니까. 육이(六二)가 구삼(九三)에 비(比)[134]가 되고, 상육(上六)이 구삼(九三)과 응(應)이 되니, 명(鳴)에 원인이 없는 것이 아닙니다. 비록 음(陰)이 수창(首唱)하고 양(陽)이 화답(和答)하는 것을 명(鳴)이라 한다고 해도 안 될 것이 또 뭐가 있겠습니까.

133 명겸(鳴謙) : 《주역》 〈겸괘(謙卦)〉 육이(六二)와 상육(上六)의 효사(爻辭)에 나오는 말이다. 겸을 울린다는 말로, 겸손한 덕으로 세상에 알려진다는 뜻이다.

134 비(比) : 상하로 서로 이웃한 효의 음양의 상응 관계를 살필 때 쓰는 《주역》 용어이다. 즉 초(初)와 2, 2와 3, 4와 5, 5와 상(上)의 효는 서로 친비(親比)하는 효가 된다. 한편 하괘(下卦)와 상괘(上卦)의 관계, 즉 초와 4, 2와 5, 3과 상의 음양 상응 관계를 말할 때에는 응(應)이라고 한다.

〔답〕 이미 "겸손함이 지극하여 알려짐이 있게 되었다.〔謙極有聞〕"라고 하였고 보면, 상육(上六)의 명겸(鳴謙)도 병폐가 되지 않음을 알 수 있습니다. "뜻을 얻지 못했다.〔志未得〕"라고 한 것은 지위가 없는〔無位〕 자리에 거하기 때문일 뿐입니다. 그러나 명겸의 뜻에 대한 내주(來註 내지덕(來知德)의 해설)는 음미할 여지가 있는 듯하니, 그가 "〈소과괘(小過卦)〉와 함께 날아가는 새〔飛鳥〕의 상(象)이 들어 있다."라고 한 것은 견해가 매우 좋습니다. 고명(高明)의 의견이 나의 생각과 같은 것 같아서 기쁩니다.

〔문〕 〈수괘(隨卦)〉 상육(上六)에 나오는 구계(拘係)의 계(係)는 바로 '장부에 얽매인다〔係丈夫〕'고 했을 때의 그 계(係)이니, 사향(祀享 제향)을 하는 것은 이것과 상관이 없을 듯합니다.[135] 여섯 개의 효(爻)가 응여(應與)를 논할 것 없이 차례차례 따라가서 상육에까지 이른다는 것은 내씨(來氏)가 처음 제기한 설인데, 그 말에 일리가 없지 않습니다. 〈수괘(隨卦)〉와 〈고괘(蠱卦)〉는 반대(反對)로 되어 있는데,[136] 상육(上六)에서 말한 '서산(西山)의 형(亨)'은 구오(九

135 수괘(隨卦)……듯합니다 : 《주역》 〈수괘 상육(上六)〉에 "잡아 묶고 따라서 동여매니, 왕이 서산(西山)에서 형통하도다.〔拘係之 乃從維之 王用亨于西山〕"라고 하였는데, 주희는 본의(本義)에서, 형우서산(亨于西山)의 형(亨)을 제향(祭享)의 향(享)으로 바꿔서 해석해야 한다고 하였다. 장부에 얽매인다는 것은 〈수괘 육삼(六三)〉에 나오는 말이다.

136 수괘(隨卦)와……있는데 : 택뢰수(澤雷隨)를 거꾸로 뒤집어 놓은 괘가 산풍고(山風蠱)인데, 이런 괘를 도괘(倒卦) 혹은 반대괘(反對卦)라고 한다. 64괘 가운데 도괘는 모두 28개이다.

五)의 부가(孚嘉)[137]에서 연유한 것이니, 이는 일면 "왕후(王侯)를 섬기지 않고 자기의 지조를 고상히 한다.〔不事王侯 高尚其事〕"[138]라고 한 것과 흡사합니다. 모르겠습니다만 어떻게 생각하십니까?

〔답〕 구계(拘係)의 뜻으로 말하면, 정전(程傳)에서 태왕(太王)이 빈(豳)을 떠난 고사를 인용한 것이 지극히 좋습니다. 여기에서 왕은 구오를 가리킵니다. 형(亨)에 대해서 말하자면, 《역(易)》 가운데에서 이런 대목은 모두 향(享)으로 처리하는 것이 마땅한 만큼, 본의(本義)의 설이 실로 분명한 근거가 있으니 이를 어기면 안 될 것입니다. 굳게 단결한 민심이 이와 같기 때문에 '태왕이 서산에서 제향을 올리며〔享于西山〕' 왕업(王業)을 처음 열 수 있었던 것이니,-구계는 동여매어 공중에 매다는 것이니, 인심이 굳게 단결한 뜻을 말합니다. 그래서 왕향서산(王享西山)에 대해서 태왕의 고사를 인용하여 실증한 것입니다. 구계와 향산(享山)은 괘(卦) 안에 모두 그 상(象)이 들어 있습니다.- 반드시 형통(亨通)하다는 뜻을 취한 뒤에야 통할 수 있는 것은 아닙니다. 내주(來註)에서 고괘를 원용(援用)하고 착종(錯綜)해서 산으로 돌아가는〔歸山〕 뜻으로 해설한 것은 우회(迂晦)해서 말이 되지 않는데, 고명(高明)이 그 설을 따르려 하는 것은 어째서입니까?

〔문〕 〈고괘(蠱卦)〉의 선갑후갑(先甲後甲)에 대해서 정현(鄭玄)이 말한 신정(辛丁)의 설[139]을 정전(程傳)과 본의(本義)에서 모두 취했

137 부가(孚嘉) : 부우가(孚于嘉)의 준말로, 선(善)에 진실하다는 뜻이다.

138 왕후(王侯)를……한다 : 《주역》 〈고괘(蠱卦) 상구(上九)〉의 효사이다.

139 신정(辛丁)의 설 : 《주역》 〈고괘(蠱卦)〉 괘사(卦辭)의 "갑으로 먼저 3일이요,

습니다만, 그 뜻이 매우 얕고 촌스럽습니다. 대개 고(蠱)라는 것은 무너진 것〔壞〕을 뜻하니, 아직 일을 다스릴 단계에 이른 것은 아닙니다. 만약 선후(先後)의 갑(甲)을 가지고 논한다면 이는 곧 간(艮)과 손(巽)의 위(位)를 말한 것이고, 삼일(三日)은 곧 상하(上下)의 삼효(三爻)를 말한 것입니다. 이는 그냥 고(蠱)의 뜻을 설명한 것일 뿐이니, 다스리려고 착수한 실상을 언급한 것이 뭐가 있겠습니까. 공자(孔子)가 단사(彖辭)에서 "끝나면 시작이 있는 것이 하늘의 운행이다.〔終則有始 天行也〕"라고 하였는데, 이것은 고의 무너짐〔蠱壞〕을 처음 정돈한다는 뜻입니다. 수(隨)와 고(蠱)는 그 체(體)가 동일합니다. 택뢰(澤雷)의 진(震)이 와서 그 처음을 회복하자 손나(巽懦)가 지식(止息)한 끝에 진동(震動)하고 분발(奮發)하는 공을 크게 베푸는 것이니, 이는 천행(天行)에 있어서도 갑(甲)이 꼭 〈고괘(蠱卦)〉에 나오고 경(庚)이 꼭 〈손괘(巽卦)〉에 나오는 것[140]과 거의 들어맞게 됩니다. 〈고괘〉는 중효(中爻)가 진(震)으로 목(木)에 해당하고〔中爻震木〕, 〈손괘〉는 착종(錯綜)한 것이 태(兌)로 금(金)에 해당한다는〔綜兌金〕 내씨(來氏)의 설이 그럴듯합니다.

〔답〕 선후(先後)의 갑(甲)의 뜻으로 말하면, 정전(程傳)의 '고(蠱)를

갑으로 뒤에 3일이다.〔先甲三日 後甲三日〕"라는 말을 해설한 것인데, 선갑삼일(先甲三日)은 십간(十干)의 순서상 갑일(甲日)을 기준으로 그보다 3일 전인 신일(辛日)에 해당하고, 후갑삼일(後甲三日)은 갑일보다 3일 뒤인 정일(丁日)에 해당한다는 주장이다. 정전(程傳)과 본의(本義)에서 모두 인정했다고 한 것은 이민보(李敏輔)의 착오이다. 주희(朱熹)는 이 설을 채택했지만, 정이(程頤)는 무시하였다.

140 경(庚)이……것 : 《주역》 〈손괘(巽卦) 구오(九五)〉에 "시작은 없고 끝은 있다. 경(庚)으로 3일을 먼저하고 경으로 3일을 뒤에 하면 길하리라.〔无初有終 先庚三日 後庚三日 吉〕"라는 말이 나온다.

다스리는 도리는〔治蠱之道〕'부터 아래로 '후일의 이익을 장구히 할 수 있다〔後利可久〕'까지의 해설이 매우 좋을뿐더러 대단히 의미가 있습니다. 단전(彖傳)에서 "끝나면 시작이 있다.〔終則有始〕"라고 말한 '시(始)' 자는 바로 이 '갑(甲)' 자를 가리킵니다. 본의(本義)에 나오는 신정(辛丁)의 설에 대해서는 나도 의아하게 생각합니다. 선후 삼일(三日)이 대개 간(艮)과 손(巽)을 연유하여 입언(立言)한 것이긴 합니다만,-선경(先庚)에 대해서는 소주(小註)에 나오는 운봉(雲峯)[141]의 설이 취할 만하다.- 그렇다고 해서 간(艮)과 손(巽)에서 뜻을 취한 것도 아닙니다. 그리고 이미 "형통하니 큰 내를 건너는 것이 이롭다.〔亨利涉大川〕"라고 말하고 나서 바로 뒤에 '선갑후갑(先甲後甲)'을 말했고 보면, 이는 고(蠱)의 상태를 응당 이와 같이 다스려야 함을 의미하는 것입니다. 따라서 내주(來註)에서 전적으로 '고의 무너짐〔蠱壞〕'에만 소속시킨 것은 옳지 않은 듯하고 "진목 태금……(震木兌金……)"이라고 한 것 역시 천착한 것이 아닌가 여깁니다. 손(巽)이 원래 목(木)에 해당하는데, 멀리 '착종한 태〔綜台〕'를 가져다가 그 뜻을 밝힐 필요가 뭐가 있습니까. 고(蠱)는 일을 주관하는 것입니다. 그래서 전사(前事)가 이미 무너지고 나서 일을 바야흐로 시작하기〔方始〕 때문에 갑(甲)에서 그 뜻을 취한 것이니, 갑(甲)이라는 것은 일의 시초를 말합니다. 손(巽)은 명령(命令)을 주관하는 것입니다. 명령이 오래되어 장차 폐해지려 하면 바꾸지 않을 수 없기 때문에 경(庚)에서 그 뜻을 취한 것이니, 경(庚)이라는 것은 명령의 변경을 의미합니다. 이미 무너진 뒤에 고(蠱)를 다스리기 때문에 "끝나면 시작이 있다.〔終則有始〕"라고 말한 것이요,

141 운봉(雲峯) : 원(元)나라 호병문(胡炳文)이다.

장차 폐해지려 할 때에 명령을 바꾸기 때문에 “시작은 없고 끝은 있다.〔無初有終〕”라고 말한 것입니다. 갑(甲)과 경(庚)으로 말을 한 것에도 반드시 취한 바의 상(象)이 있겠습니다만, 감히 강변(强辯)하지는 못하겠습니다.

〔문〕〈임괘(臨卦)〉의 팔월(八月)에 대한 하정(夏正)과 주정(周正)의 설[142]은 이해할 수 없는 점이 있습니다. 달이 8이 되는 것은 달수를 세는 것인데, 그것이 하나라・주나라의 정삭(正朔)과 무슨 관계가 있단 말입니까.

〔답〕 달로 헤아릴 경우, 〈임괘(臨卦)〉에서 〈둔괘(遯卦)〉까지는 7이지 8이 아니고, 〈임괘〉에서 〈관괘(觀卦)〉까지도 9지 8이 아니기 때문에, 주정과 하정으로 말한 것입니다. 그러나 역(易)은 반대(反對)[143]를 중히 여기고 보면, 8월이라고 하는 것은 관(觀)이지 둔(遯)이 아닙니다. 본괘(本卦)를 제외하고 헤아릴 경우에는 인(寅)에서 유(酉)까지가 바로 팔삭(八朔)이니, 고명(高明)의 말씀이 옳습니다.

142 임괘(臨卦)의……설 : 《주역》〈임괘(臨卦)〉 괘사(卦辭)에 “8월에 이르면 흉함이 있으리라.〔至于八月 有凶〕”라는 말이 나오는데, 이와 관련하여 일양(一陽)의 달인 복괘(復卦)로부터 이음(二陰)의 달인 둔괘(遯卦)에 이르는 것이라는 해석과 태괘(泰卦)에서 관괘(觀卦)에 이르는 것이라는 두 개의 해석 중 어느 것이 옳으냐는 질문을 주희가 받고 “앞의 설은 주정(周正) 8월이고, 뒤의 설은 하정(夏正) 8월이다.〔前說是周正八月 後說是夏正八月〕”라고 대답한 것을 말한다.《朱子語類 卷70 易6》 주정은 주(周)나라의 정삭(正朔)이라는 말로 자월(子月)인 11월을 세수(歲首)로 삼고, 하정은 인월(寅月)인 1월을 세수로 삼는다. 둘 사이에는 2개월의 격차가 있는데, 지금 쓰는 음력은 하력(夏曆)에 근거한 것이다.

143 반대(反對) : 도괘(倒卦), 즉 거꾸로 뒤집은 괘를 말한다. 임괘의 도괘는 관괘이다.

〔문〕〈관괘(觀卦)〉의 단전(彖傳)에 “사시가 어긋나지 않는다.〔四時不忒〕”라고 하였는데, 하나의 괘(卦) 안에 임(臨)・장(壯)・관(觀)・둔(遯)의 사계절이 모두 갖추어졌으니,[144] 착종(錯綜)의 묘함이 과연 이와 같습니다. 구오(九五)의 관아(觀我)와 상구(上九)의 관(觀)[145]을 주(註)에 의거해서 독해하려니 끝내 매끄럽지 못한 아쉬움이 남습니다.

〔답〕착종의 묘함에 대해서 고명처럼 유추(類推)하여 설하는 것도 좋겠습니다만, 이 장(章)의 묘처(妙處)는 참으로 여기에 있지 않습니다. ‘수래동화(綏來動和)’,[146] ‘수기이안백성(修己以安百姓)’,[147] ‘독공이천하평(篤恭而天下平)’,[148] ‘동일신화(同一神化)’[149] 등과 함께 묵묵히 인

144 관괘(觀卦)의……갖추어졌으니 : 가을철 8월 괘인 풍지관(風地觀)을 거꾸로 뒤집으면〔綜〕 겨울철 12월 괘인 지택림(地澤臨)이 되고, 풍지관의 음양을 뒤바꾸면〔錯〕 봄철 2월 괘인 뇌천대장(雷天大壯)이 되고, 다시 뇌천대장을 거꾸로 뒤집으면 여름철 6월 괘인 천산둔(天山遯)이 되는 것을 말한다.

145 구오(九五)의……관(觀) : 《주역》〈풍지관(風地觀)〉의 구오(九五)와 상구(上九)에 각각 “내가 내는 것을 본다.〔觀我生〕”와 “그 내는 것을 본다.〔觀其生〕”라는 말이 나온다.

146 수래동화(綏來動和) : 성현이 덕으로 사람들을 감화시키는 것을 말한다. 《논어》〈자장(子張)〉에 “편안하게 해 주매 사람들이 따라오고, 고무시키매 사람들이 화기로워진다.〔綏之斯來 動之斯和〕”라고 공자(孔子)를 찬양한 자공(子貢)의 말에서 나온 것이다.

147 수기이안백성(修己以安百姓) : 자로(子路)가 군자의 일에 대해서 묻자, 공자가 “경에 입각하여 자기를 닦는 것이다.〔修己以敬〕”라고 대답하였는데, 자로가 그것뿐이냐고 계속해서 다시 묻자 “자기를 닦아서 남을 안정시키는 것이다.〔修己以安人〕”라고 대답하고, 또 “자기를 닦아서 백성들 모두를 안정시키는 것이다.〔修己以安百姓〕”라고 대답한 고사가 《논어》〈헌문(憲問)〉에 나온다.

148 독공이천하평(篤恭而天下平) : “군자는 스스로 독실하고 공경하게 행함으로써

식하고 체험하여 완미하면 그 맛이 무궁할 것이니, 다시 체험하시기 바랍니다. 관생(觀生)의 뜻은 매번 읽을 때마다 통쾌하지 않습니다만, 달리 통하게 할 만한 설도 없으니 그저 본문에 의거해서 독해할 따름입니다.

〔문〕〈이괘(頤卦)〉의 육이(六二)와 육오(六五)가 불경(拂經 경도(經道)를 위배함)한 것[150]은 결코 우연(偶然)이 아니니, 먼저 불경의 뜻을 구명한 뒤에야 효사(爻辭)에 대해서 논할 수 있을 것입니다. 육이(六二)가 초구(初九)에 전도되어 길러 주기를 구하고 육오가 상구(上九) 덕분에 길러진다고 하더라도, 그것이 어찌 경상(經常)의 도리를 위배하는 지경에 이르기야 하겠습니까. 그리고 육삼(六三)이 본시 중정(中正)하지 못해서 불이(拂頤 기르는 도를 위배함)의 경고를 받았

세상 사람들이 이를 본받아 안정되게끔 한다.〔君子 篤恭而天下平〕"라는 말이 《중용장구》 제33장에 나온다.

149 동일신화(同一神化) : 동일은 인동일시(仁同一視)의 준말로, 일시동인(一視同仁)과 같다. 신화는 성인이 이르는 곳마다 백성들 모두가 감화되어 영원히 그 정신의 영향을 받게 되는, 이른바 과화존신(過化存神)의 교화를 말한다. 《맹자》〈진심 상(盡心上)〉의 "지나가는 곳마다 교화가 되고, 머물러 있는 곳마다 신령스럽게 변화된다.〔所過者化 所存者神〕"라는 말에서 나온 것이다.

150 이괘(頤卦)의……것 : 《주역》〈이괘(頤卦) 구이(九二)〉에 "전도되어 길러 주기를 구하면 경도(經道)에 어긋나고, 언덕에 길러 주기를 구하면 가서 흉하리라.〔顚頤拂經 于丘頤 征凶〕"라는 말이 나오고, 구오(九五)에 "경도에 위배되나 정고(貞固)함에 거하면 길하거니와 대천을 건너면 안 된다.〔拂經 居貞吉 不可涉大川〕"라는 말이 나온다. 이 번역은 본의(本義)의 해설에 따른 것인데, 이민보는 이 해설을 비판하며 내주(來註)를 옹호하고 있다. 경도는 정상적인 도리를 말한다.

다고 하더라도, 특별히 다른 말도 없이 곧장 “10년이 되어도 쓰지 말라.〔十年勿用〕”라고 단안(斷案)을 내리다니, 왜 이렇게 심하게 했단 말입니까. 육사(六四)는 초구와 상응(相應)하기 때문에 전이(顚頤)해도 길(吉)하다고 하는가 하면, 심지어 ‘호시탐하(虎視眈下)’[151]의 말을 가지고 입증하면서 ‘상시(上施)’[152]의 소상(小象)을 곡해(曲解)하기까지 하니, 의심이 드는 것이 한두 가지가 아닙니다. 그런 해설보다는 차라리 양산(梁山)[153]의 설을 모두 따름으로써, 멋대로 결정한다는 탄식이 없게 하는 것이 낫지 않겠습니까. 그리고 구이(丘頤)의 한 단락에 대해서도 그 해설을 가지고는 처치할 수가 없습니다. 한편 생각해 보건대 주공(周公)이 글을 지을 적에는 한 문장에 똑같은 표현이 거듭 나와도 상관하지 않는 것을 자신의 용례(用例)로 삼았던 것이 아닌가 싶기도 한데, 마치 시인(詩人)이 달을 노래할 적에 이미 빙륜(氷輪)을 거론해 놓고는 곧장 섬토(蟾兎)를 칭하면서도 병통으로 여기지 않는 것처럼, 주공이 이미 전도되어〔顚〕 위배된다〔拂〕고 말해 놓고는 또다시 언덕에 가면 흉하다〔丘征凶〕고 경계하면서도 충분히 문리(文理)를 이뤘다고 여겼을 가능성도 있는 것입니다. 고명(高明)께서 〈소과괘(小過卦)〉를 처치한 전례(前例)대로 근

151 호시탐하(虎視眈下) : 주희가 《주역》 〈이괘(頤卦) 육사(六四)〉의 본의(本義)에서 “호시탐탐은 아래에 대해 전일한 것이다.〔虎視耽耽 下而專也〕”라고 해설한 것을 말한다. 아래는 육사의 응여(應與)인 초구(初九)를 가리킨다.

152 상시(上施) : 《주역》 〈이괘 육사 상(象)〉에 “전이(顚頤)의 길함은 위에서 베푸는 것이 빛나기 때문이다.〔顚頤之吉 上施光也〕”라는 말이 나온다.

153 양산(梁山) : 《주역집주(周易集註)》의 저자인 내지덕(來知德, 1525~1604)을 말한다. 그의 고향이 사천(四川) 양산이기 때문에 그의 별칭으로 쓰이게 되었다.

거할 만한 조리(條理)를 잘 지시해 주신다면 응당 신복(信服)하며 흠송(欽誦)하겠습니다만, 그렇지 않으면 형세상 장차 양산의 문 안으로 엉금엉금 기어들어 가야 할 것입니다.

〔답〕〈이괘(頤卦)〉의 대의(大義)는 단전(彖傳)의 3구(句)를 벗어나지 않습니다. 관이(觀頤)는 사람을 기르는 것을 보는 것이니 상괘(上卦)의 3효(爻)를 가리키고, 자구구실(自求口實)은 스스로 기르는 것을 보는 것이니 하괘의 3효를 가리키고, 이정길(頤貞吉)은 상괘와 하괘를 통틀어 말한 것입니다. 하괘는 진체(震體)인 까닭에 3효가 모두 흉(凶)하니 이는 그 바름을 잃은 것이요, 상괘는 간체(艮體)인 까닭에 3효가 모두 길(吉)하니 이는 그 바름을 잃지 않은 것입니다. 이에 대해서 긍정(肯定)할 수 있으면, 1괘(卦) 6효에 대해서 절반 이상은 안다고 할 것입니다.

"육이(六二)와 육오(六五)가 불경(拂經)한 것은 결코 우연이 아니니, 먼저 불경의 뜻을 구명한 뒤에야 효사(爻辭)에 대해서 논할 수 있다.……" 하셨는데, 이는 참으로 옳은 말씀입니다. 육이와 육오가 비록 음양(陰陽)의 정응(正應)은 아닐지라도 동덕(同德)으로 서로 함께하며 보거(輔車 음식을 씹는 광대뼈와 턱)처럼 서로 돕는 관계에 있습니다. 그리고 '천지가 만물을 기르는 것〔天地養萬物〕'에는 하늘과 땅이 화합하는〔天地訢合〕[154] 상(象)이 있고,-하늘과 땅은 초(初)와 상(上)의 2효를 가리키고, 이(二)와 오(五)가 주(主)가 됩니다.- '성인이 현자를 길러 만백성에

154 하늘과 땅이 화합하는 : 《예기(禮記)》〈악기(樂記)〉의 "하늘과 땅이 화합하고, 음과 양이 조화된다.〔天地訢合 陰陽相得〕"라는 말을 발췌한 것이다. 대본은 '天地訴合'으로 되어 있는데, '訴'는 '訢'의 잘못이기에 바로잡아 번역하였다.

게 혜택이 미치게 하는 것〔聖人養賢 以及萬民〕'에는 임금과 신하가 제대로 만나는〔君臣際會〕 상이 있습니다.

육이를 가지고 말하건대, 청정함을 지키고〔守靜〕 덕을 기르면서〔養德〕, 육오가 와서 구하기를 기다리니 경(經)과 정(正)에 해당합니다. 그렇지만 진체(震體)가 조급하게 발동하는〔躁動〕 탓으로 초구(初九)와 친비(親比)해서 그쪽으로만 나아가려고 꾀하여, 상(上)을 기다리지 않고 하(下)에서 구하기 때문에, 전이(顚頤)라고 말하고 또 불경이라고 말한 것입니다.

육오를 가지고 말하건대, 존위(尊位)에 거하고 육이에 응하면서, 현자를 기르고 백성을 길러 그 교화를 이루니 경(經)과 정(正)에 해당합니다. 그렇지만 음유(陰柔)의 재질이 부족해서 혼자 해낼 수 없는 탓으로 상구(上九)에 친비하며 길러 주기를 구해서 그 도움으로 아래에 혜택이 미치게 하는데, 이는 인군(人君)이 정치를 내는 상도(常道)에 위배되는 점이 있기 때문에 역시 불경이라고 말하였으니, 예컨대 태갑(太甲)과 성왕(成王)이 이윤(伊尹)과 주공(周公)의 도움을 받고, 촉(蜀)의 후주(後主)가 공명(孔明)의 도움을 받은 것과 같아서 선하지 않은 것은 아니지만 필경 상법(常法)은 아닌 것과 같습니다. 그러나 비록 불경이라고 말은 했어도, 그 도움을 받아 그 덕을 양성(養成)해서 천하에 혜택을 끼치는 것은 실로 경(經)에 어긋남이 없는 것으로, 이른바 상도에는 위배되지만 의리에는 합치되는 것〔反經合道〕과 같기 때문에 길(吉)이 되는 데에는 아무 상관이 없는 것입니다.

육사(六四)는 대신(大臣)의 지위에 거하니 임금을 보좌하여 백성을 길러야 마땅하겠습니다만, 이 또한 재질이 유약(柔弱)해서 해낼 수 없는 탓으로 초구(初九)에 길러 주기를 구하기 때문에 역시 전이(顚頤)

라고 말한 것입니다. 그러나 이 전(顚)은 덕을 길러 아래에 베풀려고 구하는 것으로, 육오(六五)가 상구(上九)의 도움을 받아 천하에 혜택을 끼치는 것과 역시 같기 때문에, 비록 육이(六二)와 똑같이 전이(顚頤)이긴 하지만 그래도 길흉(吉凶)은 다른 것입니다. 그리고 소상(小象)의 상시광(上施光)에 대한 해설도 지극히 좋고 대단히 의미가 있는데, 어째서 의심스럽다고 말하는 것입니까?

초구(初九)와 육삼(六三)으로 말하면, 청정함을 지키며 기다리지 못하는 점에서는 육이와 같다고 하겠지만 구하는 대상이 정응(正應)이기 때문에 비록 흉하긴 해도 불경(拂經)이라고 말하지 않았습니다. 다만 육삼의 경우는 자질이 이미 음유(陰柔)한 데다 또 중(中)이 못되고 정(正)이 못 되는 상태로 동(動 하괘인 진(震))의 극(極)에 거해서, 탐비(貪鄙)하고 조경(躁競)하는 것이 초구나 육이보다 갑절이나 더하기 때문에, 비록 불경이라고 말하지는 않았어도 곧장 불이(拂頤)라고 말함으로써 스스로 기르는〔自養〕 도를 완전히 잃은 것을 지적하였습니다. 따라서 그 흉한 것이 불경에 비해 더욱 심하기 때문에, 그 점(占)에서 '십년물용(十年勿用)'이라고까지 한 것이고, 소상에서도 "도가 크게 어긋났다.〔道大悖也〕"라고 말한 것입니다.

내주(來註)는 풍씨(馮氏)[155]의 설을 주워 모아서 너무도 지나치게 유추하고 있습니다. 심지어 하(下)는 하체(下體)를 따르고 상(上)은

155 풍씨(馮氏) : 남송(南宋)의 학자요 교육자로, 남강(南康), 즉 강서(江西) 도창(都昌) 출신인 풍의(馮椅)를 가리킨다. 호는 후재(厚齋)이고, 자는 기지(奇之) 혹은 의지(儀之)이다. 세상에서 후재 풍씨(厚齋馮氏)로 칭해졌다. 일찍이 주희에게 수업을 받았으며, 《후재역학(厚齋易學)》 등의 저서가 있다.

상체(上體)를 따르는 것으로 경(經)을 삼고, 거꾸로 정응을 따르는 것을 불경이라고 하는 등, 마구 몰아가며 강변(强辯)하는 등 도무지 말이 되지 않는데, 시험 삼아 대략 그 잘못을 지적해 보겠습니다.

본괘(本卦)는 이(頤 기름)를 상징하는 것으로, 보거(輔車 광대뼈와 턱)가 서로 응한 뒤에야 서합(噬嗑 이로 씹어 먹는 것)을 이루니, 서합을 한 뒤에야 몸을 기를 수가 있는 것입니다. 만약 보거가 각자 떨어져서 멋대로 작동하여 마치 등뼈를 벌려 놓은 것〔列其夤〕[156]과 같이 서로 교합(交合)하지 않는다면 어떻게 기르는 것을 이룰 수 있겠습니까. 이것이 바로 말도 되지 않는 첫 번째 잘못입니다.

천지(天地)가 만물을 기르고 성인(聖人)이 현자를 길러 만백성에게 혜택을 끼칠 적에, 천지가 교합하지 않고 상하가 교합하지 않는다면 어떻게 기를 수가 있겠습니까. 이것이 바로 말도 되지 않는 두 번째 잘못입니다.

내괘(內卦)와 외괘(外卦)가 정응이 되는 것이 바로 64괘 384효의 통례(通例)인데, 무슨 까닭에 이 괘만 유독 이 통례와 반대로 하여 각각 자기의 괘체(卦體)를 따르면 오히려 경(經)이 되고 정응이 되면 오히려 불경이 된단 말입니까. 그런 설이 어떤 사람에게서 나왔으며, 그런 뜻이 어떤 경(經)에 근원하는 것입니까. 이것이 바로 근거 없이 조작하여 말도 되지 않는 세 번째 잘못입니다.

무릇 경(經)을 해석할 때에는 반드시 정리(情理)에 맞아야만 비로소 통하는 법입니다. 만약 내주(來註)처럼 한다면, 아래에 있는 자는 임금과 상관없이 반드시 아래에서 기름을 구해야 하고, 위에 있는 자는

156 등뼈를……것 : 《주역》 〈간괘(艮卦) 구삼(九三)〉의 효사(爻辭)에 나오는 말이다.

백성과 상관없이 반드시 위에서 도움을 받아야만 비로소 경상(經常)의 도(道)라고 말할 수 있을 것이니, 이런 것이 도대체 무슨 도리란 말입니까. 이것이 바로 사리(事理)를 헤아리지 않고 억지로 끌어다 붙여 그럴듯하게 꾸며서 말도 되지 않는 네 번째 잘못입니다.

그리고 육이(六二)의 전(顚)과 구(丘)를 모두 상(上)에 소속시킨 것[157]으로 말하면, 조금만 문리(文理)를 알아도 분명히 이런 설을 내놓지는 않을 것입니다. 이는 너무 자신의 주장만 고집하다가 빚어진 잘못이니, 또 붓끝에 거론할 가치가 뭐가 있겠습니까. 그럼에도 내유(來諭 보내온 글)에서 오히려 시인이 달을 노래하는 비유를 들어서, 내주가 반드시 통하게 하려고 애를 쓰고 계시니, 이는 이수옹(李壽翁)이 대사유(戴師愈)에게 미혹된 것[158]과 비슷하지 않겠습니까. 다시 생각해 보시기 바랍니다.

〔문〕〈대과괘(大過卦)〉의 구이(九二)와 구오(九五)가 각각 초육(初六)으로 내려가서 뿌리가 생기고〔生稊〕, 상육(上六)으로 올라가서 꽃이 피는〔生華〕 그 상(象)이 또한 묘합니다. 손(巽)의 착괘(錯卦

157 육이(六二)의……것 : 정이와 주희는 육이효의 전이불경(顚頤拂經)과 우구이정흉(于丘頤征凶)을 각각 초구(初九)와 상구(上九)에 나누어 소속시켜서 해설하였는데, 내지덕은 둘 다 모두 상구에 연결해서 해설한 것을 말한다.

158 이수옹(李壽翁)이……것 : 대사유(戴師愈)는 주희와 동시대 사람으로 남강(南康)의 주부(主簿)를 지냈으며, 마의도자(麻衣道子)의 이름을 가탁(假託)하여 《역설(易說)》을 지었는데, 세상에서 그 책을 《마의역(麻衣易)》이라고 불렀다. 수옹은 이춘(李椿, 1111~1183)의 호인데, 그가 《마의역》에 심취했다가 왕염(王炎)에게 힐책을 당하고는 아무 말도 못했다는 고사가 전한다. 《文獻通考 卷176 經籍考3 易》

음양을 뒤바꾼 괘)인 진(震)이 노부(老夫)가 되고 응효(應爻)인 태(兌)가 소녀(少女)가 되며, 태(兌)의 착괘인 간(艮)이 사부(士夫 젊은 남편)가 되고 응효인 손(巽)이 노녀(老女)가 됩니다. 이 도리는 본래 심오(深奧)한 것도 아닌데, 양산(梁山 내지덕(來知德))이 홀로 제대로 드러냈으니 기특하다고 하겠습니다. 너무 번쇄하고 괴이한 것은 당연히 삭제해야 하겠습니다만, 상(象)을 취하는 일만은 일체 그의 설을 따르지 않을 수 없습니다.

〔답〕〈대과괘〉의 구이와 구오 역시 〈이괘(頤卦)〉의 육이(六二)와 육오(六五)의 경우처럼 모두 비효(比爻 친비(親比)하는 효)를 가지고 뜻을 취하였으니, 이를 비교해서 관찰해도 참으로 묘합니다.

여처(女妻 젊은 아내)와 사부(士夫)는 내유(來諭)와 같다고도 하겠습니다만, 화(華 꽃)와 제(稊 뿌리)의 뜻은, 초육이 구이의 아내가 되고 구오가 상육의 남편이 되는 것을 의미합니다. 대개 음(陰)과 양(陽)이 친비할 경우에 혼인과 관련짓는 설은 최근에 처음 나온 것이 아닙니다. 만약 장(長)과 소(少)가 짝으로 응한다면서 부회(附會)하여 설한다면 뜻이 우활하고 국한될 것입니다.

내주(來註)에서 상(象)을 취한 것으로 말하면, 스스로 성현이 전하지 않은 비법(秘法)을 터득했다고 말합니다만, 너무도 천착(穿鑿)하고 너무도 견강부회(牽强附會)하기 때문에, 취할 만한 것도 물론 많지만 근사하지 않은 것도 적지 않습니다. 대개 이른바 '중효를 착종한다〔錯綜中爻〕'는 방법을 가지고 거꾸로 뒤집고〔顚倒〕 억지로 꿰어 맞추며〔揑合〕 종횡(縱橫)으로 배비(排比)하다 보면 어떤 상황이든 통하지 않는 것이 없을 것도 당연한 일입니다. 하지만 성인(聖人)의 본의(本意)가 꼭 그렇다고 할 수도 없고, 오히려 대의(大意)를 혼란하게 하고 정리

(正理)를 어둡게 할 걱정도 있기 때문에, 나는 대체(大體)가 환히 드러나서 자연히 부합(符合)하는 것 이외에는 새로운 견해라고 반기면서 마구 받아들이면 안 된다고 생각합니다. 이에 대해서 어떻게 생각하십니까?

〔문〕〈감괘(坎卦)〉 구오(九五)의 감불영(坎不盈)에 대해서[159]
〔답〕 불영(不盈)은 단지 구덩이를 채우지 못해 '아직 험난한 가운데에서 벗어나지 못했다〔未出中〕'[160]는 뜻일 뿐이니, 구덩이를 채우면 평평해져서 벗어나게 될 것입니다. 따라서 채우지 못한 것〔不盈〕은 현재의 일을 설한 것이고, 행유상(行有尙)[161]과 지기평(祇旣平)은 장래의 일을 설한 것입니다. 대개 불영이라고 말은 했지만 양강(陽剛)이 중실(中實)하여 험난한 속에서 움직이며 신실(信實)한 상덕(常德)이 있어서 형통한 도를 잃지 않으니, 이와 같이 오래 지속하며 중덕(中德)을 크게 확충하면 자연히 평평해지는 데에 이르러 험난한 지경에서 벗어날 수

159 감괘(坎卦)……대해서 : 《주역》〈감괘 구오〉의 "감불영 지기평 우구(坎不盈 祇旣平 尤咎)"라는 말에 대해서, 정전(程傳)은 "구덩이가 채워지지 않아서 아직 험난하니, 이것이 채워져서 평평해짐에 이르면 허물이 없으리라."라고 해석하였고, 본의(本義)는 "구덩이가 채워지지 않았으나 이미 평평함에 이르렀으니, 허물이 없다."라고 해석하였는데, 녹문은 정전의 해석을 따랐다.

160 아직……못했다 : 《주역》〈감괘 구이 상(象)〉에 "구함을 조금 얻는다고 한 것은 아직 험난한 가운데에서 벗어나지 못한 것을 말한다.〔求小得 未出中也〕"라는 말이 나온다.

161 행유상(行有尙) : 《주역》〈감괘〉 괘사(卦辭)의 "습감은 신실함이 있어서 마음만은 형통하니, 계속 나아가면 가상(嘉尙)함이 있으리라.〔習坎 有孚 維心亨 行有尙〕"라는 말에서 발췌한 것이다.

있는 것입니다. 모설(毛說)[162]은 잘못입니다. 그리고 구오 소상(小象)의 소주(小註)에 나오는 주자(朱子)의 설도 확정하기 이전의 설인 듯합니다.

〔문〕 〈해괘(解卦)〉의 "빠른 것이 길하다.〔夙吉〕"라는 말에 대해서 모두 "갈 일이 있으면 일찍 가는 것이 좋다."라고 해석하였는데, 이는 옳지 않을 듯합니다. 돌아오는 것〔來復〕이 길한 것은 바로 건(蹇)과 감(坎)이 중(中 구오(九五))을 얻은 것을 가리키는 것이고 보면, 숙길(夙吉)은 건(蹇)에 기인하여 그렇게 말한 것임을 알겠습니다. 반대(反對 도괘(倒卦))의 중(中)이 내왕(來往)하는 것이 교묘한데, 정전(程傳)과 본의(本義)에서 취하지 않았으니, 이는 무엇 때문입니까?

〔답〕 〈건괘(蹇卦)〉와 〈해괘(解卦)〉의 내왕에 대한 내주(來註 내지덕(來知德)의 해설)가 물론 일리 있습니다만, 숙길의 뜻은 정전과 본의의 해설이 분명하니 의심할 것이 없을 듯합니다. 이는 대개 갈 일이 없으면 안으로 돌아와서 안정(安靜)을 취하고, 그래도 갈 일이 있으면 응당 일찍 가서 빨리 풀어야지 늦추면 안 된다는 것입니다. '갈 일이 없다〔無所往〕'와 '갈 일이 있다〔有攸往〕'의 두 '왕(往)' 자는 바로 '가서 무리를 얻는다〔往得衆〕'의 왕(往)이니, 모두 구사(九四)를 가리킵니다. 내유(來諭)에서 "건(蹇)에 기인하여 그렇게 말했다.……"라고 하신 것은 어쩌면 구이(九二)로 보고 싶어서 그런 것이겠지요?[163]

162 모설(毛說) : 송(宋)나라 모박(毛璞)의 설을 말하는데, 《주역》 〈감괘 구오(九五)〉 효사의 소주(小註)에 나온다. 모박의 자(字)는 백옥(伯玉)이고 호는 노천(瀘川)인데, 세상에서 노천 모씨(瀘川毛氏)라고 칭하였다.

〔문〕〈익괘(益卦)〉 초구(初九)에 "원길무구(元吉无咎)"[164]라고 하였습니다. 일의 길흉(吉凶)이 하늘에 달려 있는 것이라면 자기에게 책임을 물을 수 없는 것이고, 일은 길한데 이치가 어긋났다면 '원길무구'라고 말할 성격의 것이 아닙니다. 만약 또 "원길(元吉)해야만 비로소 무구(无咎)할 수 있다."라고 해석한다면, 길흉(吉凶)이 나에게 달려 있지 않은데 어떻게 기필(期必)할 수가 있겠습니까. 〈췌괘(萃卦)〉 구사(九四)의 "대길무구(大吉无咎)"[165]도 그러한 경우인데, 모르겠습니다만 어떻게 해야 그 옳은 뜻을 얻겠습니까? 육삼(六三)의 "고공용규(告公用圭)"[166]에서 육사(六四)의 대신(大臣)의 직임(職任)을 공(公)이라고 한다면, 육사(六四)의 "고공종(告公從)"[167]은 또 육오(六五)에게 고해서 천국(遷國 서울을 옮기는 것)을 따르는 것을 말하는 것입니까, 아니면 군상(君相)이 있는 곳이면 통틀어 공(公)이라고 칭해도 상관없는 것입니까?

163 건(蹇)에……것이겠지요 : 뇌수해(雷水解)의 반대(反對), 즉 도괘(倒卦)가 수산건(水山蹇)인데, 해(解)의 구이(九二)가 건(蹇)의 구오(九五)이므로 녹문이 이렇게 말한 것이다.

164 원길무구(元吉无咎) : 정전(程傳)과 본의(本義) 모두 "크게 선해서 길해야만 허물이 없을 것이다."라고 풀었는데, 이민보와 녹문 모두 이 해석에 이의를 제기하고 있다.

165 대길무구(大吉无咎) : 정전과 본의는 "대길해야 허물이 없다."라고 풀었는데, 녹문의 주장에 따르면 '대길하고 허물이 없다'로 풀어야 한다. 그 상(象)에 "대길무구는 그 자리가 마땅하지 않기 때문이다.〔大吉无咎 位不當也〕"라는 말이 나온다.

166 고공용규(告公用圭) : 정전은 "공에게 아뢸 때에 규(圭)를 쓰듯 하리라."라고 해석하였고, 본의는 "공에게 고하되 규(圭)로써 해야 한다."라고 해석하였다. 규(圭)는 신표(信標)이다.

167 고공종(告公從) : '공에게 고하고 나서 그 말을 따른다'는 뜻이다.

〔답〕《역(易)》에서 "원길무구(元吉无咎)"나 "길무구(吉无咎)"라고 말한 곳이 매우 많지만 모두 '길하고 허물이 없다'의 뜻으로 썼으니, 이 대목에 대해서만 다르게 해석하면 안 될 것입니다. 그래서 내유(來諭)에서 언급한 "길흉이 하늘에 달려 있다.……"라고 한 부분만 의심스러운 것이 아니기에, 내가 마음속으로 계속해서 의심을 품어 오다가, 이번에 내유를 계기로 며칠 동안 정밀하게 사색한 결과 얼음 녹듯 시원하게 풀 수 있었습니다.

"일을 크게 일으키는 것이 이롭다.〔利用爲大作〕"[168]라고 한 것은 바로 단전(彖傳)에서 "위에서 아래로 내려 준다.〔自上下下〕"[169]라고 말한 뜻으로, 윗사람이 아래에 명하고 아랫사람이 위의 명을 받들어 백성을 위한 큰 역사(役事)를 일으키는 것이니,-예컨대 토지 정리나 치수(治水)와 같은 일이다.- 아래에 있는 자가 위의 지시를 받지 않고서 혼자 멋대로 하는 것이 아닙니다.

대개 육사(六四)는 유순(柔順)함으로 정(正)을 얻었고 초구(初九)는 양강(陽剛)함으로 정(正)을 얻었으므로, 아래는 자기를 낮춰 처신하고 위는 자기를 비워 위임(委任)하여, 우레가 치고 바람이 몰아치듯 공을 쌓아 이루기 때문에 "백성의 기쁨이 무궁하다.〔民說无疆〕"라고 하고 "그 도가 크게 빛난다.〔其道大光〕"라고 한 것입니다.

대저 주관하는 자가 위에 있고 아래에 있지 않기 때문에 '원길무구

168 일을……이롭다 : 《주역》〈익괘(益卦) 초구(初九)〉의 효사에 나오는 말이다.
169 위에서 아래로 내려 준다 : 《주역》〈익괘 단(彖)〉에 "익은 위를 덜어서 아래에 더해 주니 백성의 기쁨이 무궁하고, 위에서 아래에 내려 주니 그 도가 크게 빛난다.〔益損上益下 民說无疆 自上下下 其道大光〕"라고 하였다.

(元吉无咎)'라고 하고, 소상(小象)에서도 "아래에 있는 자가 큰일을 담당하지 않기 때문이다.〔下不厚事也〕"라고 한 것이니, 만약 아래에 있는 자가 큰일을 담당하면서 위의 명령을 따르지 않는다면 흉구(凶咎)가 뒤따를 것인데, 어떻게 '원길무구'가 될 수 있겠습니까.

공자(孔子)가, 후인(後人)이 '아랫사람 자신이 큰일을 담당하는 것'으로 인식할까 걱정했기 때문에 특별히 이런 뜻을 드러낸 것이니, 원길(元吉)한 뒤에야 무구(无咎)함을 말한 것이 아닙니다. 〈비괘(否卦) 육이(六二)〉 소상(小象)에서 "효사(爻辭)에서 '대인(大人)은 비색(否塞)한 때를 당하여 자신의 도를 지키니 형통하다.'라고 하였는데, 이는 소인의 무리에게 어지럽혀지지 않기 때문이다.〔大人否亨 不亂群也〕"라고 말한 어법(語法)도 바로 여기와 동일합니다.

대인의 몸이 비색한 때를 당해서도 형통한 것은 그가 나에게 포승(包承)[170]한다고 해서 혹시라도 소인의 무리에게 어지럽혀지지 않기 때문이요, 크게 역사(役事)를 일으키는데도 원길무구한 것은 권한이 위에 있고 아래는 큰일을 담당하지 않기 때문입니다.

〈췌괘(萃卦)〉의 "대길무구(大吉无咎)"도 마찬가지입니다. 소상(小象)에서 "대길무구는 그 자리가 마땅하지 않기 때문이다.〔大吉无咎 位不當也〕"라고 하였고 보면, '대길무구'한 이유는 그 자리〔位〕가 마땅하지 않기 때문이라는 말이지, 대길(大吉)해야만 그 뒤에 무구(无咎)하다는 말이 아닙니다. 〈췌괘〉의 구사(九四)는 대개 양강(陽剛)으로 무

170 포승(包承) : 《주역》 〈비괘(否卦) 육이(六二)〉에 나오는 말인데, 정전은 '가슴에 품은 뜻이 순순히 위를 받드는 것'이라고 풀었고, 본의는 '포용하여 순순히 받드는 것'이라고 풀었다.

리의 마음을 얻고, 지위가 또 구오(九五)와 가까워서 형세가 위태로운데, 다만 거하는 곳이 자리를 얻지 못한 까닭에 강유(剛柔)가 상제(相濟)하며 근신(謹愼)하고 외구(畏懼)할 수 있게 되었으므로 '대길무구' 한 것이요, 그렇지 않으면 흉하게 될 것은 필연적인 사실입니다.

〈태괘(兌卦) 구오(九五)〉의 소상(小象)에서 "효사(爻辭)에서 '양(陽)을 해치는 상육(上六)을 믿으면 위태로움이 있으리라.〔孚于剝有厲〕'라고 하였는데, 이는 자리가 바로 여기에 해당하기 때문이다.〔孚于剝 位正當也〕"라고 말한 것이 여기의 '자리가 마땅하지 않은 것〔位不當〕'과 정반대가 됩니다. '부우박유려(孚于剝有厲)'는 자리〔位〕가 정당(正當)하여 믿을 곳이 있기 때문이요, '대길무구'는 자리가 부당(不當)하여 두려워하며 조심하기 때문이니, 어의(語意)가 흡사합니다.

나의 생각은 이와 같은데 과연 어떨지 모르겠습니다. 한스러운 것은 주문(朱門)에 물어서 확인할 수 없는 것입니다. '고공(告公)'의 공(公)은 모두 군상(君上)을 가리킵니다.

〔문〕〈구괘(姤卦)〉 구오(九五)의 "하늘에서 떨어짐이 있는 것은 마음속으로 천명(天命)을 버리지 않았기 때문이다.〔有隕自天 志不舍命〕"[171]에 대해서

171 하늘에서……때문이다 : 《주역》〈구괘(姤卦) 구오(九五)〉의 효사(爻辭)에 "기나무 잎으로 오이를 감싸는 것이니, 아름다움을 머금고 있으면 하늘에서 떨어짐이 있으리라.〔以杞包瓜 含章 有隕自天〕"라고 하였는데, 그 상(象)에 "구오의 함장(含章)은 중정(中正)해서이고, 하늘에서 떨어짐이 있는 것은 마음속으로 천명을 버리지 않았기 때문이다.〔九五含章 中正也 有隕自天 志不舍命〕"라고 하였다. 이는 높이 위에 있는 기나무의 잎으로 땅에 있는 오이를 감싸는 것처럼, 임금의 지위에 있는 구오(九五)가

〔답〕 '기과운천(杞瓜隕天)'에 대해서는 본의(本義)의 해설에 의심할 것이 없는 듯합니다. 지불사명(志不舍命)은 종일건건(終日乾乾)[172]이라고 말한 것과 같으니, 일동(一動)·일정(一靜)과 일정(一政)·일령(一令)의 사이에서, 아무리 바쁘고 위급한 상황이라도 천명(天命)의 바름을 어기지 않는다는 의미입니다. 이와 같이 하면 사람의 공이 지극해져서 조화(造化)의 묘함을 뺏을 수도 있으니, 꾸러미 속의 오이〔包中之瓜〕가 하늘 아래의 바람〔天下之風〕[173]으로 변화하여 홀연히 모르는 사이에 그 도가 크게 행해질 것이라는 말입니다. '유운자천(有隕自天)'은 응당 단전(彖傳)의 "천하에 크게 행해질 것이다.〔天下大行〕"라는 말과 연결해서 보아야 할 것입니다.

〔문〕 〈정괘(鼎卦)〉 구삼(九三)의 "솥귀가 변하였다.〔鼎耳革〕"[174]와

자기의 아름다움을 속에 간직하고서 아래의 구이(九二)에 있는 현인을 받아들이면, 갑자기 하늘에서 선물이 떨어지듯 세상에 덕화가 크게 행해질 것이라는 말이다.

172 종일건건(終日乾乾) : 《주역》 〈건괘(乾卦) 구삼(九三)〉 효사(爻辭)의 "군자가 해가 지도록 건실한 자세를 유지하고, 해가 지면 또 두려워하는 마음으로 조심하면 비록 위태로운 지경을 당할지라도 허물이 없게 될 것이다.〔君子 終日乾乾 夕惕若 厲無咎〕"라는 말을 발췌한 것이다.

173 하늘 아래의 바람 : 구괘(姤卦)가, 상괘(上卦)는 건(乾), 즉 하늘이고 하괘(下卦)는 손(巽), 즉 바람이기 때문에 이렇게 말한 것이다.

174 솥귀가 변하였다 : 《주역》 〈정괘(鼎卦) 구삼(九三)〉에 "솥귀가 변하여 갈 길이 막혔으므로 꿩의 기름진 고기를 먹지 못하지만, 결국에는 음양이 화합하여 비가 내려서 후회(後悔)를 줄이고 끝내 길하게 될 것이다.〔鼎耳革 其行塞 雉膏不食 方雨 虧悔終吉〕"라고 하였고, 그 상(象)에 "정이혁(鼎耳革)은 그 의(義)를 잃었기 때문이다.〔鼎耳革失其義也〕"라고 하였다.

관련하여 "육오(六五)가 바로 솥귀〔鼎耳〕이고 상구(上九)가 바로 솥귀고리〔鉉〕이다. 구삼(九三)은 상구의 현(鉉)에 응하는데, 여기에서 '솥귀가 변하여 갈 길이 막힌 처지〔耳革行塞〕'가 된 것은 상구가 손목(巽木) 이화(離火)[175]의 꼭대기에 처해서 삶고 익히는〔烹飪〕 도리를 잃었기 때문이다."라고 한 내주(來註 내지덕(來知德)의 해설)가 비록 천근(淺近)하다고는 해도 그런대로 말은 되지 않겠습니까.

〔답〕 〈정괘(鼎卦)〉의 구삼과 구사(九四) 두 효(爻)는 한 괘(卦)의 가운데에 위치하여 상괘(上卦)와 하괘(下卦)가 변환하는 시점에 처해 있습니다. 그런데 구삼은 하괘의 맨 위에 거하여 육오(六五)와 상응(相應)하지 않으니 솥귀가 없는 것〔無耳〕과 비슷한 점이 있고, 3효에서 5효까지의 호괘(互卦)인 태(兌)에서 태의 상효(上爻)가 바로 솥귀의 처소에 해당하는데 태가 훼절(毁折)이 되는 까닭에 귀가 변혁하는〔耳革〕 상(象)이 있는 것입니다. 그리고 구사는 상괘의 아래에 거하여 아래로 '솥발〔鼎足〕이 엎어지는〔顚趾〕' 초육(初六)에 응하니 솥발이 없는 것〔無足〕과 비슷한 점이 있고, 하괘의 반대(反對 도괘(倒卦))인 태(兌)에서 태의 상효(上爻)도 바로 솥발의 처소에 해당하는데 태가 훼절이 되는 까닭에 다리가 부러지는〔折足〕 상(象)이 있는 것입니다.

한편 상하(上下)의 괘체(卦體)를 가지고 각기 말한다면, 하체(下體)는 발은 있고 귀는 없기 때문에 구삼(九三)에서 이혁(耳革)이라고 하였고, 상체(上體)는 귀는 있고 발이 없기 때문에 구사(九四)에서 절족(折足)이라고 말했다고 하는 것이 서계 이씨(西溪李氏)[176]의 설인데, -초

175 손목(巽木) 이화(離火) : 정괘(鼎卦)를 말한다. 하괘(下卦)가 손(巽)으로 목(木)을 상징하고, 상괘(上卦)가 이(離)로 화(火)를 상징하기 때문이다.

육(初六)의 소주(小註)에 보인다.- 이 설도 일리가 있는 듯하니 함께 참작해서 상호 발명(發明)해도 무방할 것입니다.

그리고 가령 내주(來註)처럼 '이혁(耳革)'을 '목(木)이 극(極)하고 화(火)가 극(極)하여 귀〔耳〕까지 뜨겁게 타오른 것이다.'라고 해석하고, '방우휴회(方雨虧悔)'를 '물을 써서 불을 끈 것이다.'라고 해석한다면, 그 설이 매우 새롭고 교묘하긴 하지만 실제로 의의(意義)는 발견할 수가 없습니다. 그래서 나 역시 일찍이 그 설을 반긴 적도 있었지만 지금은 감히 따르지 않고 있습니다.

구삼의 소상(小象)에서 "정이혁(鼎耳革)은 그 의(義)를 잃었기 때문이다.〔鼎耳革 失其義也〕"라고 하였는데, 이 '의(義)' 자는 '불사무의(不仕無義)'[177]의 '의(義)' 자와 같습니다. 그리고 선유(先儒)가 〈정괘(鼎卦)〉의 구삼과 〈정괘(井卦)〉의 구삼을 함께 언급하기도 했지만 여기에는 조금 같지 않은 점이 있습니다. '우물을 치웠는데도 안 먹는 것〔井渫不食〕'은 그 허물이 위에 있기 때문에 "왕이 밝으면 함께 그 복을 받는다.〔王明竝受其福〕"라고 한 것[178]이고, '치고불식(雉膏不食)'은 그 허물이 아래에 있기 때문에 '방우휴회'라고 하였고 또 '실기의야(失其義

176 서계 이씨(西溪李氏) : 대본에는 '西山李氏'로 되어 있는데, 《주역》 경문에 의거하여 '山'을 '溪'로 바로잡아 번역하였다. 송(宋)나라 사람으로, 성명은 이과(李過)이고 자는 계변(季辨)이며 서계(西溪)는 그의 호이다.

177 불사무의(不仕無義) : 벼슬하지 않는 것은 의(義)가 없는 일이라는 뜻으로, 자로(子路)가 은자(隱者)인 하조장인(荷蓧丈人)을 만나고 나서 평한 말이다. 《論語 微子》

178 우물을……것 : 《주역》 〈정괘(井卦) 구삼(九三)〉에 "우물을 깨끗이 청소했는데도 먹어 주지 않아서 나의 마음이 안타깝다. 내가 그 물을 길어 줄 수 있으니, 구오의 임금이 현명하면 함께 그 복을 받으리라.〔井渫不食 爲我心惻 可用汲 王明竝受其福〕"라는 말이 나온다.

也)'라고 한 것이니, 후회하는 것〔悔〕도 구삼이 후회하는 것이요, 잘못한 것〔失〕도 구삼이 잘못한 것입니다.

구삼의 재덕(才德)이 가운데에 채워져서 세상을 구제할 수 있는데도 뜻이 오히려 밖에 있어서-과강(過剛)하고 부중(不中)하여 구오(九五)를 건너뛰어 상구(上九)에 응하는 것을 말한다.- 벼슬하려고 하지 않습니다. 그런데 벼슬을 하는 목적은 그 도를 행하기 위해서입니다. 따라서 벼슬을 하지 않는 것은 마치 솥〔鼎〕이 스스로 솥귀를 훼손하여 가는 길을 막음으로써 기름진 꿩고기〔雉膏〕를 사람들이 먹지 못하게 하는 것과 같으니, 이것이 바로 후회할 일이 되고 잘못한 일이 되는 것입니다.

그렇긴 하지만 황이(黃耳)[179]가 문명(文明)의 상징으로서 정(鼎)의 주체가 되는 만큼, 구삼의 치고(雉膏)가 자기에게도 있는 그 위의 옥현(玉鉉)[180]으로 나아가서 동덕(同德)으로 상여(相與)하게 되니, 처음에는 비록 길이 막히더라도 결국에는 등용 되게 마련입니다. 그리하여 때가 이르면 같은 기운끼리 서로 구하듯[181] 음(陰)과 양(陽)이 화합해

179 황이(黃耳) : 누런 솥귀라는 뜻으로, 《주역》 〈정괘(鼎卦) 구오(九五)〉 효사(爻辭)의 "솥의 누런 귀와 황금 귀고리이니, 정고(貞固)함이 이롭다.〔鼎黃耳金鉉 利貞〕"라는 말에서 나온 것이다.

180 옥현(玉鉉) : 옥으로 만든 솥 귀고리라는 뜻으로, 《주역》 〈정괘(鼎卦) 상구(上九)〉 효사의 "솥의 옥으로 만든 귀고리이니, 크게 길하여 이롭지 않음이 없다.〔鼎玉鉉大吉无不利〕"라는 말에서 나온 것이다.

181 같은……구하듯 : 임금과 신하가 서로 의기투합(意氣投合)하는 것을 뜻한다. 《주역》 〈건괘(乾卦) 문언(文言)〉의 "같은 소리끼리 서로 감응하고, 같은 기운끼리 서로 구한다. 그래서 물은 습한 곳으로 흐르고, 불은 건조한 곳으로 나아가며, 구름은 용을 따르고, 바람은 범을 따르는 것이다.〔同聲相應 同氣相求 水流濕 火就燥 雲從龍 風從虎〕"라는 말에서 나온 것이다.

서, 집유(縶維)하여 둔사(遁思)를 재고하게 하고, 효효(囂囂)히 자족하면서 빙폐(聘幣)를 사양하던 뜻을 바꾸게 하면,[182] 도(道)가 행해지고 의(義)가 얻어져서 후회하던 일이 끝내는 길하게 되는 것입니다.

〔문〕〈여괘(旅卦)〉 육오(六五)의 "석치일시망(射雉一矢亡)"[183]에 대해서

〔답〕 먼저 석치(射雉)의 뜻에 대해서 명백하게 이해하게 되면, 예명상

182 집유(縶維)하여……하면 : 임금이 인재를 아껴 적극적으로 만류함으로써, 홀로 자족하며 은둔할 생각을 접고 국정에 참여하게 하는 것을 말한다. 집유는 인재를 붙잡아 매어 둔다는 뜻이고, 둔사(遁思)는 은둔하려는 생각을 말하는데, 《시경》〈소아(小雅) 백구(白駒)〉의 "그대의 흰 망아지가 내 밭의 콩잎을 먹었다 핑계 대고는, 붙잡아 매어 두고 오늘밤을 길게 늘여, 저 훌륭한 사람을 나의 좋은 손님이 되게 하려다.〔皎皎白駒 食我場藿 縶之維之 以永今夕 所謂伊人 於焉嘉客〕"라는 말과 "그대를 공(公)으로 삼고 그대를 후(侯)로 삼아, 편하고 즐거움을 무궁하게 해 주리니, 그대는 한가롭게 놀기를 삼가고, 그대는 은둔하려는 생각을 재고하라.〔爾公爾侯 逸豫無期 愼爾優游 勉爾遁思〕"라는 말에서 나온 것이다. 빙폐(聘幣)는 빙례(聘禮) 때 쓰는 폐백(幣帛), 즉 예물을 말한다. 탕왕(湯王)이 사람을 이윤(伊尹)에게 보내 폐백을 가지고 빙문(聘問)하게 하자, 이윤이 자기의 생활을 자족하며 사양하다가, 탕왕이 거듭 정성을 다해 초빙하자 요순(堯舜)의 시대를 만들어 보겠다면서 그 요청에 응한 고사가 《맹자》〈만장 하(萬章下)〉에 나온다.

183 석치일시망(射雉一矢亡) : 《주역》〈여괘(旅卦) 육오(六五)〉의 "석치일시망 종이예명(射雉一矢亡 終以譽命)"에 대해서, 정전(程傳)은 "꿩을 쏘아 맞춰 한 화살에 잡는다. 마침내 명예와 복록을 얻으리라."라고 풀이하였고, 본의(本義)는 "꿩을 쏘아 맞췄다. 한 화살이 없어졌으나 끝내 예명(譽命)을 얻으리라."라고 풀이하였는데, 녹문은 본의의 해석을 따랐다. 그리고 상(象)의 "종이예명(終以譽命)은 상체(上逮)했기 때문이다.〔終以譽命 上逮也〕"라는 말에 대해서, 주희는 "상체는 예명이 위에 알려짐을 말한다."라고 풀었다.

체(譽命上逮)의 뜻도 자연히 분명해질 것입니다.

'석치일시망'은 화살은 없어졌어도 꿩은 잡았다는 말입니다. 예컨대 유 선주(劉先主 유비(劉備))가 형주(荊州)에 기우(寄寓)했을 때에는 나라가 부유하고 군대가 강성하였으며 장사(將士)가 충성을 바쳤으니, 이는 '나그네가 머무는 곳에 나아가 재물을 간직하고 동복(童僕)의 충직함을 얻는다.〔旅卽次 懷其資 得童僕貞〕'[184]에 해당합니다. 그리고 서쪽으로 유장(劉璋)에게 가서 동천(東川)으로 출병(出兵)했을 때에는 '나그네로 거처하면서 재물과 도끼도 얻었으나 자신의 마음은 불쾌하다.〔旅于處 得其資斧 我心不快〕'[185]에 해당합니다. 그러다가 성도(成都)에 회군(回軍)하여 촉(蜀) 전토(全土)를 다 소유했을 때에는 비록 낙봉(落鳳)[186]의 흠은 있었어도 사한배천(祀漢配天)[187]하게 되었으니, 이는 이른바 '꿩을 쏘아 맞췄나니, 한 화살이 없어졌으나 끝내 예명(譽命)을 얻었다.〔射雉一矢亡 終以譽命〕'에 해당합니다.-당(唐)나라 숙종(肅宗)

184 나그네가……얻는다 : 《주역》〈여괘(旅卦) 육이(六二)〉의 효사(爻辭)이다. 동복(童僕)은 시중을 드는 어린 종과 어른 종을 말한다.

185 나그네로……불쾌하다 : 《주역》〈여괘 구사(九四)〉의 효사이다. 도끼는 자기를 지켜 주는 병기를 가리킨다.

186 낙봉(落鳳) : 서천(西川)을 정벌할 때 군사(軍師)인 방통(龐統)이 난전(亂箭)에 맞아 죽은 것을 말한다. 방통의 별호가 봉추(鳳雛)이기 때문에 그가 죽은 곳을 낙봉파(落鳳坡)라고 부르게 되었다고 한다.

187 사한배천(祀漢配天) : 한(漢)나라의 역대 왕을 종묘에서 제사 지내며 천명으로 왕이 되었음을 밝혔다는 말이다. 이는 하우(夏禹)의 6세손인 소강(小康)이 사방 10리 되는 땅과 500명의 병력으로, 과(過)와 과(戈)를 멸망시키고 우왕(禹王)의 기업을 회복하여 사하배천(祀夏配天)했다는 고사를 전용(轉用)한 말이다.《春秋左氏傳 哀公 元年》《史記 卷2 夏本紀》

과 덕종(德宗)이 파천(播遷)해서 외방에 있다가 끝내 회복(恢復)할 수 있었던 것도 여기에 해당합니다. 그러나 동진(東晉)과 남송(南宋)의 경우는 일생 동안 나그네로 보냈을 뿐 끝내 꿩을 쏘아 맞추지 못했습니다.- 그 밖에 한(漢)나라 주보언(主父偃)과 서악(徐樂), 그리고 당(唐)나라 마주(馬周)가 나그네로 경사(京師)에 노닐다가 상서(上書)하여 벼슬을 얻은 것 등도 모두 이 경우와 비슷하다고 하겠습니다.

그리고 꿩이 문명(文明)을 상징하는 물건이기 때문에 '예명'의 상(象)이 있게 된 것인데, '상체(上逮)'의 뜻은 본의(本義)에서 "위에 알려짐을 말한다.……"라고 한 것이 좋은 것 같습니다. 인신(人臣)의 입장에서 말하면 상(上)이 바로 군(君)이고, 인군(人君)의 입장에서 말하면 상(上)이 바로 천(天)이기 때문에 "위에 알려져 예명을 얻은 것이다."라고 말한 것이니,-본의(本義)에서는 예명을 명예(名譽)로 간주한 것 같은데 의문이 듭니다.- 일단 예명을 얻고 나면 그 뒤에는 나그네 신세를 면하는 것입니다.

〔문〕 〈손괘(巽卦)〉에서 "용사무분약(用史巫紛若)"[188]이라고 하였는데, 초육(初六)의 '무인(武人)'이 진출하여 구이(九二)의 '사무(史

188 용사무분약(用史巫紛若) : 《주역》 〈손괘(巽卦) 구이(九二)〉의 효사(爻辭)에 "공손하여 상(床) 아래에 있으니, 사무(史巫)를 쓰기를 많이 하면 길하고 허물이 없으리라.〔巽在床下 用史巫紛若 吉无咎〕"라고 하였는데, 정전(程傳)은 "사무는 신명에게 성의를 통하는 자를 말하고, 분약(紛若)은 많다는 뜻이다.〔史巫者 通誠意於神明者 紛若多〕"라고 풀었고, 본의(本義)는 "지나칠 정도로 공손하게 그 말을 정녕히 하고 번거롭게 다하여 자신의 성의를 전달하는 것이다.〔過於巽 而丁寧煩悉其辭 以自導達〕"라고 풀었다.

巫)'가 된 것에 어찌 그 까닭이 없겠습니까. '무(巫)'라는 하나의 글자가 능히 강신(降神)을 하기 때문에 "신명에게 성의를 통한다.〔通誠意於神明〕"라고 말하기도 하고 "그 말을 번거롭게 다하여 자신의 성의를 전달한다.〔煩悉其辭 以自導達〕"라고 말하기도 했습니다만, 정성을 다하여 신명을 감응케 하는 것이 어찌 그런 분약(紛若)의 해석으로 가능하겠습니까. 과손(過巽 지나친 공손)한 것이 비록 정리(正理)는 아니라고 할지라도 치욕(恥辱)을 멀리하는 점에서는 지극하다고 할 것이니, 신명을 제향(祭享)하는 데에 또 무슨 부족함이 있겠습니까. 내주(來註 내지덕(來知德)의 해설)에서 "두수(抖擻 분발)하고 진발(振發 진작)하는 것이다.……"라고 하였는데, 이 해설이 어떨지 모르겠습니다. 그리고 상(床) 아래에 있는〔床下〕 손(巽)이 초육의 용례(用例)에 의한 것이라면, 육사(六四)도 상구(上九)와 관련하여 형세상 당연히 상하(床下)의 상(象)이 되어야 할 것인데, 이 해설 말고는 달리 결론을 낼 수가 없으니, 내주(來註)를 무시하면 안 될 것입니다.

〔답〕 구이(九二)가 손(巽)의 때를 당하여 유(柔)의 자리에 거하면서 하괘(下卦)에 처하여 지나치게 비손(卑巽)하기 때문에 상(床) 아래로 내려가는 상(象)이 있고, 또 2효에서 4효까지 호괘(互卦)인 태(兌)가 되어 무(巫)가 되는 상(象)이 있으니, 이는 스스로 비손에 처하여 사람으로 하여금 자기의 성의를 구오(九五)에 도달(導達)하게 하는 상(象)이 됩니다. 대개 구이(九二)가 구오에 대해서 상여(相與)하는 뜻이 없이 상항(相抗 대항)하는 형세가 있기 때문에 반드시 이렇게 한 뒤에야 비로소 성의가 위에 미쁨을 받아 길하고 허물이 없을 수 있게 되는 것인데, 이렇게 할 수 있는 소이(所以)는 바로 그 양강(陽剛)이 중(中 2효의 자리)을 얻은 까닭에 강강(强剛)하면서도 대항하지 않고 손순(巽

順)하면서도 아첨하지 않아서 그런 것입니다.

'사무분약(史巫紛若)'은 대개 제사(祭祀)를 가지고 말한 것이니,-《주례(周禮)》에, 남무(男巫)는 망제(望祭)·망연(望衍)·수호(授號)를 관장하는데 사방에서 널리 불러 모은다고 하였고, 여무(女巫)는 가뭄이 들면 기우제(祈雨祭)를 지내며 춤춘다고 하였는바, 《초사(楚辭)》의 〈구가(九歌)〉는 바로 그 뜻을 이어받은 것입니다. 사(史)는 복일(卜日)을 관장합니다.- 신하가 군상(君上)에게 성의를 도달하게 하는 것은 사람이 신명에게 성의를 도달하게 하는 것과 같은 것입니다.

가령 설류(泄柳)와 신상(申詳)이 목공(繆公)의 곁에 사람이 없으면 자기들의 몸을 불안하게 여긴 것[189]이나, 장 위공(張魏公 남송(南宋)의 장준(張浚))이 외방에서 병권(兵權)을 쥐고 있을 적에 자주 남헌(南軒 장식(張栻))과 진준경(陳俊卿)에게 가서 상주(上奏)하여 소회를 갖추 진달하게 한 일이 이런 경우에 해당합니다.

분약(紛若)은 정녕(丁寧)히 하고 번실(煩悉)하게 한다는 뜻입니다.-예컨대 노래하고 춤추어 강신(降神)하는 것 등이다.- 내주(來註)에서 "두수……(抖擻……)"라고 한 것은 자의(字義)가 적합하지 않을 뿐만이 아닙니다. 초육(初六)이 음(陰)으로 아래에 거하기 때문에 무인(武人)처럼 결단해야 한다는〔武貞〕 경계가 있었으니, 구이(九二)가 양강(陽剛)으로 중(中)에 거하는 처지에서 징치고 북치며 불러일으킨다면 제

189 설류(泄柳)와……것 : 노(魯)나라 목공(繆公) 때에 "설류와 신상(申詳)이라는 현인은 목공의 곁에 자기를 알아주는 사람이 있어서 일을 주선해 주지 않으면 자기들의 몸을 불안하게 여겼다.〔泄柳申詳無人乎繆公之側 則不能安其身〕"라는 기록이 《맹자》 〈공손추 하(公孫丑下)〉에 나온다.

목과 걸맞지 않은 점이 없겠습니까. 최근에 다시 추구(推究)하여 내용을 새로 풀어 본 것이 이와 같은데, 자못 분명한 듯도 합니다만 어떨지 모르겠습니다. 상구(上九)가 손(巽)의 꼭대기인 음유(陰柔)의 자리에 거하기 때문에 역시 상(牀) 아래에 있는 상(象)이 있게 되었으니, 이는 구이의 경우와 동일합니다.-손(巽)에 원래 상(牀)의 상(象)이 있는 것은 〈박괘(剝卦)〉에서 확인할 수 있으니, 이는 내주(來註)가 옳다.-

〔문〕〈환괘(渙卦)〉 구이(九二)의 "분기궤(奔其机)"[190]에 대해서 초육(初六)의 '용증(用拯)'[191]을 가지고 유추해 보건대, 환(渙)의 때를 당해서는 구오(九五)로 달려가는 것이 이치로 보나 형세로 보나 필연적인 일이니 '구가 달려가고 이가 궤이다.〔九奔而二机〕'라는 해설은 감히 믿지 못할 점이 있습니다.

〔답〕〈절괘(節卦)〉의 구오(九五)가 와서 〈환괘(渙卦)〉의 구이(九二)가 되었는바,[192] 외괘(外卦)에서 와서 중(中)의 자리를 얻어 편안히 거하기 때문에 '분기궤(奔其机)'라고 한 것이니, 궤(机)라는 것은 몸을

190 분기궤(奔其机) : 환산(渙散)하는 때를 당하여 '몸을 의지할 수 있는 궤안(机案)으로 달려간다'는 뜻인데, 본의(本義)에 "이는 대개 구(九)가 달려가고 이(二)가 궤이기 때문에 그런 것이다.〔蓋九奔而二机也〕"라는 해설이 나온다. 여기에서 구(九)와 이(二)는 구이(九二) 자신의 구와 이를 가리킨다.

191 용증(用拯) : 환산하는 초기를 당하여 '어떻게 해서든 몸을 끌어올리려 한다'는 뜻인데, 그 뒤에 "말이 건장하니 길하다.〔馬壯 吉〕"라는 말이 이어진다. 대본은 '用極'으로 되어 있는데, 《주역》 경문에 의거하여 '極'을 '拯'으로 바로잡아 번역하였다.

192 절괘(節卦)의……되었는바 : 환괘(渙卦)는 절괘의 도괘(倒卦)인데, 절괘의 외괘(外卦)인 구오(九五)가 환괘의 내괘(內卦)인 구이(九二)로 된 것을 말한다. 뒤의 '반대(反對)의 문자'라는 것도 바로 이 도괘를 말한다.

편안히 하는 물건이요 휴식을 취하는 곳입니다. 단전(彖傳)에 "양강(陽剛)이 와서 궁색(窮塞)하지 않다.〔剛來而不窮〕"라고 한 것도 바로 이를 가리키니 의심할 것이 없을 듯합니다. 내유(來諭)가 매양 반대(反對)의 문자를 설하기를 좋아하는데, 여기에서는 오히려 살피지 않은 것은 어찌된 일입니까?

내가 시험 삼아 전대(前代)의 일을 가지고 한번 채워 보건대, '분기궤'는 한조(漢祖 유방(劉邦))가 관중(關中)에 간 것과 광무(光武 유수(劉秀))가 하내(河內)에 간 것이고, '환기궁(渙其躬)'[193]은 한조가 부녀를 가까이하지 않고 재물을 취하지 않고서 패상(灞上)으로 회군(回軍)한 것이며, '환군유구(渙群有丘)'[194]는 조(趙)와 제(齊)와 초(楚)를 평정하여 통일(統一)의 공업(功業)을 이룬 것이고, '대호왕거(大號王居)'[195]는 무왕(武王)이 크게 무성(武成)을 고하고는 재물을 흩어 주고 곡식을

193 환기궁(渙其躬) : 《주역》 〈환괘(渙卦) 육삼(六三)〉의 "환기궁 무회(渙其躬 无悔)"라는 말에서 나온 것인데, 정전은 "환산할 때에 그 몸만 뉘우침이 없다."라고 풀었고, 본의는 "자기 몸의 사사로움을 환산함이니, 뉘우침이 없으리라."라고 풀었다. 녹문은 본의를 따랐다.

194 환군유구(渙群有丘) : 《주역》 〈환괘 육사(六四)〉의 "환기군 원길 환유구 비이소사(渙其群 元吉 渙有丘 匪夷所思)"라는 말에서 발췌한 것이다. 정전은 "환산할 때에 무리를 이루어 크게 길함이니, 환산할 때에 언덕처럼 많이 모이는 것은 범인이 생각할 바가 아니다."라고 풀었고, 본의는 '환기군(渙其群)'을 "붕당의 무리를 환산하는 것이다."라고 풀었는데, 녹문은 본의를 따랐다.

195 대호왕거(大號王居) : 《주역》 〈환괘 구오(九五)〉의 "환 한기대호 환왕거 무구(渙 汗其大號 渙王居 无咎)"라는 말을 발췌한 것인데, 녹문은 "환산할 때에 큰 호령을 내되 땀에 흠뻑 젖게 하며 왕자의 쌓아 놓은 재물을 환산하면 허물이 없으리라."라는 본의의 해석을 따랐다.

꺼내 준 것[196]이 아닐까 합니다. 모르겠습니다만 어떻게 생각하십니까?

〔문〕〈소과괘(小過卦)〉의 뜻에 대해서는 내씨(來氏)가 먼저 도저(到底)한 견해를 보였습니다만, 그래도 성론(盛論 고명(高明)의 설)이 -《역차(易箚)》에 보인 것을 말한다.- 정미(精微)하고 주밀(周密)한 것보다는 못합니다. 그런데 고명(高明)이 허다한 괘(卦)에 나오는 '우(遇)' 자를 인용하며 의례(義例)를 바로잡았으면서도, 상육(上六)과 구삼(九三)의 관계에 대해서만은 그만 "비록 응(應)하는 효(爻)가 있다고 하더라도 서로 만난 것〔遇〕은 아니다."라고 하셨습니다. 그러다 보니 똑같은 우(遇)인데도 이처럼 상하(上下)가 막혀서 통하지 않는 흔단(釁端)이 생기고 말았으니, 그보다는 차라리 내씨가 말한 대로 비(比)를 우(遇)로 삼는다고 해서 안 될 것은 없으리라 여깁니다.

〔답〕만나야 하는데 만나지 못한 뒤에야 불우(不遇)라고 하는 것이니, 만약 애당초 만나야 할 경우가 아니었다면 어떻게 우(遇)와 불우(不遇)를 말할 수 있겠습니까. 가령 〈구괘(姤卦)〉 구사(九四)의 "무어(無魚)"도 응당 있어야 하는데 없기 때문에 "어물(魚物)이 없다.〔无魚〕"라고 한 것입니다. 만약 애당초 있어야 할 것이 아니었다면 다른 효(爻)와 똑같을 것이니 어찌 꼭 '무어'라고 말할 것이 있겠습니까. 이 밖에도

196 무왕(武王)이……것 : 무왕이 은(殷)나라를 멸하고 나서 "불을 태워 하늘에 제사하고 산천에 망제(望祭)를 지내어 크게 무성(武成)을 고유하였으며〔柴望大告武成〕", 또 "녹대(鹿臺)의 재물을 흩어 주고 거교(鉅橋)의 곡식을 풀어서 크게 사해에 베풀어 주니 만백성이 기뻐하여 복종하였다.〔散鹿臺之財 發鉅橋之粟 大賚于四海 而萬姓悅服〕"라는 말이 《서경》〈무성(武成)〉에 나온다. 무성은 군사상의 승리를 말한다. 거교는 은나라 주왕(紂王)이 양곡을 저장했던 창고의 이름이고, 녹대는 주옥(珠玉)과 전백(錢帛) 등을 저장했던 누대의 이름이다.

응해야 하는데 응하지 않는 것들을 또 어떻게 다 셀 수 있겠습니까.

그리고 내주(來註)가 비(比)를 우(遇)라고 하는 것은, 비록 근거가 없는 것이기는 하지만 그래도 통할 수는 있습니다. 그렇지만 상육(上六)과 구사의 관계와 같은 것은 아예 비(比)가 성립되지도 않는데, 어떻게 육오(六五)를 뛰어넘어 구사를 취한다고 하여 불우(不遇)라고 말한단 말입니까. 또 만약 음(陰)이 양(陽)에 비(比)하고 양이 음에 비한 연후에 우(遇)가 된다고 한다면, 육이(六二)와 초육(初六)의 관계는 바로 음(陰)이 음(陰)에 비(比)한 것인데 우(遇)라고 말하는 것은 어째서입니까? 또 구사가 육오를 만난 것이라고 한다면, 이는 올라가는 것이지 내려오는 것이 아니니 어떻게 '허물이 없는 것〔无咎〕'이 될 수가 있겠습니까. 여러 가지로 엉성하고 잘못된 것이 한두 가지가 아니니 다시 상량(商量)하지 않으면 안 될 것입니다. 어떻게 생각하십니까?

'사무분약(史巫紛若)'에 대한 성의(盛意)는 또 어떠합니까? 이 두 괘(卦)는 모두 내유(來諭)가 문제를 제기한 것을 계기로 해서 뜻이 통할 수 있게 되었는데, 나 자신은 막힘없이 시원하게 뚫렸다고 생각합니다만, 고견(高見)은 어떠한지 듣고 싶습니다.

〔문〕〈미제괘(未濟卦)〉 초육(初六)의 '꼬리를 적시는 것〔濡其尾〕'과 구이(九二)의 '수레바퀴를 뒤로 끄는 것〔曳其輪〕'은 〈기제괘(旣濟卦)〉의 초효(初爻)에서 나란히 거론한 것을 나누어서 사용한 것인데,[197] 소주(小註) 안에 이렇게 된 까닭이 대략 나와 있습니다만,

197 미제괘(未濟卦)……것인데 : 《주역》〈기제괘(旣濟卦) 초구(初九)〉에 "수레바퀴를 뒤로 끌며 꼬리를 적시면 허물이 없다.〔曳其輪 濡其尾 无咎〕"라고 하였는데, 이 말을 〈미제괘〉 초육(初六)과 구이(九二)에서 각각 하나씩 거론한 것을 말한다.

그 설이 이 정도로만 그치는 것이겠습니까. 대저 여우가 물을 건넘에 있어서 장차 건너려 하든 아직 건너지 않았든 간에 단지 그 꼬리만 적셨다는 것입니다마는, 만약 꼬리를 적셨다는 것이 혹자(或者)의 설처럼 물속에 완전히 빠진 것이라면, 어떻게 허물이 없이〔无咎〕 부끄럽기만〔吝〕 할 뿐이겠습니까. 다만 괘사(卦辭)에서 꼬리 적신 것을 "이로울 것이 없다.〔无攸利〕"라고 단정하였으니,[198] 이는 비록 흉회(凶悔)와는 차이가 있다고 하더라도 길사(吉事)가 아닌 것만은 확실합니다. 그렇다면 〈기제(旣濟)〉의 무구(无咎)와 〈미제(未濟)〉의 인(吝)은 너무 헐후(歇後)한 것이 아니겠습니까.

〔답〕 〈기제괘(旣濟卦)〉와 〈미제괘(未濟卦)〉에서 예륜(曳輪)과 유미(濡尾)를 합쳐서 말하고 나누어서 말한 이유는 대개 소주(小註)의 설과 같습니다. 다만 〈기제(旣濟)〉의 초구(初九)는 양강(陽剛)으로 정(正)을 얻고 〈기제〉의 초효(初爻)에 거하여, 근신하며 무턱대고 나아가지 않는 상(象)이 있으며 꼬리〔尾〕와 수레바퀴〔輪〕가 모두 초효의 상이 되기 때문에 합쳐서 말을 하여 그 점(占)이 무구(无咎)하게 되었습니다. 반면에 〈미제(未濟)〉의 초육(初六)은 음유(陰柔)로 중정(中正)하지 못하여 함부로 나아가 건너지 못하는 상(象)이 있으며, 수레바퀴는 또 음(陰)의 상이 아니기 때문에 구이(九二)에서 별도로 말하고 단지 새끼 여우가 꼬리를 적신 것만을 말해서, 그 점이 인(吝)이 된 것입니다. 꼬리를 적신 것은 동일하다고 해도, 하나는 건널 수 있는

198 괘사(卦辭)에서……단정하였으니 : 《주역》 〈미제괘(未濟卦)〉 괘사에 "새끼 여우가 과감하게 건너다가 꼬리를 적심이니, 이로울 것이 없다.〔小狐汔濟 濡其尾 无攸利〕"라는 말이 나온다.

데도 건너지 않았고 하나는 재질이 유약해서 건너지 못했기 때문에 이와 같이 다르게 된 것입니다.

그리고 구이는 양강(陽剛)으로 중(中)을 얻고 음유(陰柔)의 자리에 거하여 육오(六五)에 응(應)함으로써 겸공(謙恭)하며 지중(持重)하는 상(象)이 있으며, 또 수레바퀴가 땅에 구르는 물건이기 때문에 역시 〈기제(旣濟)〉에 나오는 예륜(曳輪)의 말을 사용한 것이니, 점을 치면 〈기제〉에 비해서 더욱 길하게 되는 것입니다. 그러니 말을 나누고 합친 것과 길하고 흉하게 된 것은 효(爻)의 음양(陰陽)에 따라서 그렇게 된 것입니다.

〈미제(未濟)〉의 하괘(下卦)는 감(坎)의 험난한 가운데에 있어서 구제할 수 없는 때이기 때문에, 괘사(卦辭)에서 무유리(无攸利)라고 한 것은 구이를 합쳐서 말한 것이고, 단전(彖傳)에서도 "험난한 가운데에서 벗어나지 못한 것이다.〔未出中也〕"라고 말한 것입니다.-〈감괘(坎卦)〉 구이(九二)의 경우와 동일하다.- 그리고 형통하다〔亨〕라고 한 것은 대개 장래(將來)에 있을 일이고 구이의 정길(貞吉)도 장래에 대한 말이기 때문에 단전(彖傳)의 말과 다르게 된 것입니다. 반면에 무유리라고 한 것은 단지 목전의 건너지 못하는〔未濟〕 상황을 말한 것일 뿐이니, 흉구(凶咎)와는 다르다고 하겠습니다.

〔문〕 〈계사(繫辭)〉에 "음(陰)과 양(陽)의 헤아릴 수 없음을 신(神)이라고 한다.〔陰陽不測之謂神〕"라고 하였는데, 신(神)이라는 것은 이(理)의 묘용(妙用)이니 음(陰)에 있든 양(陽)에 있든 그 신(神)이 헤아릴 수 없다는 말입니까? 장자(張子)는 "양자(兩者)가 있기 때문에 헤아릴 수 없게 되는 것이다.〔兩在故不測〕"라고 하였는데, 이는

음 안에 양이 있고 양 안에 음이 있어서 음과 양의 변화가 양쪽 모두 헤아릴 수 없다는 말입니까?[199]

〔답〕 단지 하나의 물사(物事)이지만 그 안에 음이 있고 또 양이 있어서, 홀연히 동(動)하고 또 홀연히 정(靜)하며 하늘을 채우고 땅을 채우며, 유(幽)와 명(明)에 모두 통하고 고(古)와 금(今)에 유행하면서 끝없이 감응(感應)하기 때문에 '양재(兩在)'라고 하고 또 '불측(不測)'이라고 한 것입니다.

'음(陰) 안에 양(陽)이 있고 양 안에 음이 있다'는 말씀은 '음(陰)은 양(陽)을 뿌리로 하고 양은 음을 뿌리로 한다〔陰根陽 陽根陰〕'[200]는 뜻으로 말한 것입니까? 주자(朱子)가 이 '음근양 양근음(陰根陽 陽根陰)'을 가지고 '동이무동 정이무정(動而無動 靜而無靜)'[201]의 뜻을 해석하였는데, 그것은 즉 동(動)하되 정(靜)의 이(理)가 그 안에 있기 때문에

199 계사(繫辭)에……말입니까 : 〈계사〉의 말은 《주역》〈계사전 상(繫辭傳上)〉 제5장에 나온다. 장자(張子)는 장재(張載)의 존칭으로, 그가 지은 《정몽(正蒙)》〈삼양편(參兩篇)〉에 신(神)에 대해 해설한 이 말이 나온다.

200 음(陰)은……한다 : 주돈이(周敦頤)의 〈태극도설(太極圖說)〉에 나오는 "태극(太極)이 동(動)하여 양(陽)을 낸다. 동(動)이 극에 이르면 정(靜)하게 되는데, 이 정한 상태에서 음(陰)을 낸다. 정(靜)이 극에 이르면 다시 동(動)하게 되나니, 이처럼 한 번 동하고 한 번 정하는 것이 서로 뿌리가 된다.〔太極動而生陽 動極而靜 靜而生陰 靜極復動 一動一靜 互爲其根〕"라는 말에서 나온 성리학의 명제(命題)이다.

201 동이무동 정이무정(動而無動 靜而無靜) : 동(動)하되 동하지 않고 정(靜)하되 정하지 않는다는 뜻인데, 주돈이(周敦頤)의 《통서(通書)》 제16 〈동정(動靜)〉에 나오는 "동(動)하면 정(靜)이 없고 정하면 동이 없는 것은 물(物)이다. 동하되 동하지 않고 정하되 정하지 않는 것은 신(神)이다. 물(物)은 국한되어 통하지 못하지만, 신(神)은 만물 속에서 묘하게 작동한다.〔動而無靜 靜而無動者 物也 動而無動 靜而無靜者 神也 物則不通 神妙萬物〕"라는 말을 발췌한 것이다.

'동이무동(動而無動)'이라고 말하였고 정(靜)하되 동(動)의 이(理)가 그 안에 있기 때문에 '정이무정(靜而無靜)'이라고 말했다는 것입니다. 이처럼 '동이무동'하고 '정이무정'하기 때문에 "신(神)은 일정한 방소가 없다.〔神無方〕"라고 하고, 또 "신(神)은 만물 속에서 묘하게 작동한다.〔神妙萬物〕"라고 한 것이니, 《통서(通書)》와 《정몽(正蒙)》은 단지 하나의 뜻을 말한 것일 뿐입니다.

〔문〕 애오(愛惡)가 서로 부딪치고, 원근(遠近)이 서로 취하고, 정위(情僞)가 서로 감촉하는 것에 대하여[202]

〔답〕 원근은 효(爻)의 멀고 가까움을 말합니다. 애오와 원근과 정위에는 각각 길흉(吉凶)과 회린(悔吝)과 이해(利害)의 일단(一端)이 들어 있는데, 그중에서도 가까이 있으면서 서로 맞지 않는 경우에는, 흉하고 해로운 일과 후회하며 부끄러워하는 일이 한꺼번에 들이닥치니, 이는 대개 점법(占法)에서 가장 꺼리는 것입니다.

202 애오(愛惡)가……대하여 : 《주역》 〈계사전 하(繫辭傳下)〉 말미에 "사랑과 미움이 서로 부딪쳐서 길(吉)과 흉(凶)이 생기고, 멀고 가까움이 서로 취하여 회(悔)와 인(吝)이 생기고, 진정과 허위가 서로 감촉하여 이(利)와 해(害)가 생긴다. 무릇 역(易)의 실정으로 말하면, 가까이 있으면서 서로 맞지 않으면 흉하거나 해롭고 후회하며 부끄러운 일이 있게 되는 것이다.〔愛惡相攻而吉凶生 遠近相取而悔吝生 情僞相感而利害生 凡易之情 近而不相得 則凶或害之 悔且吝〕"라는 말이 나온다.

이백눌에게 답하는 글

答李伯訥

〔문〕〈환괘(渙卦)〉의 궤(机)의 설[203]에 대하여 내유(來諭)에서 "만약 구오(九五)를 궤로 삼는다면, 궤는 몸을 구부려 의지하는 물건인데, 어떻게 위를 쳐다보며 손으로 더듬겠는가."라고 하였습니다만, 그렇다면 나는 또 "몸을 구부려 의지하여 몸을 편안히 하는 곳에 어떻게 달려간다는 '분(奔)' 자를 놓을 수 있겠는가."라고 하겠습니다. "구(九)가 달려가고 이(二)가 궤이기 때문이다.〔九奔而二机〕"라는 해설을 가지고는 아무래도 편안치 못할 것 같기에 구이(九二)를 분석(分析)한 것이니, 이는 부득이해서 나온 결과입니다. 군위(君位 구오효)에는 손괘(巽卦)의 목(木)의 상(象)이 있으니, 비록 《산해경(山海經)》에서나 이 궤목(机木)[204]을 간신히 찾아낼 수 있다고 하더라도,

203 환괘(渙卦)의 궤(机)의 설 : 《주역》〈환괘 구이(九二)〉의 "궤로 달려간다.〔奔其机〕"라는 효사(爻辭)에 대해서, 정전(程傳)은 구이가 초육(初六)을 궤안(机案)으로 삼아서 이것을 의지해 편안하다고 해설하였고, 본의(本義)는 구이 자신이 바로 궤안이니 양강(陽剛)이 이곳에 들어와 편안하다고 해설하였다. 이에 반하여 내지덕(來知德)은 구이가 구오(九五)의 궤나무〔机木〕로 달려가는 것이라고 해석하였는데, 이백눌(李伯訥), 즉 이민보(李敏輔)는 내씨(來氏)의 설을 따랐다. 472쪽 주190과 그 본문을 참조.

204 궤목(机木) : 《산해경(山海經)》〈북산경(北山經)〉에 보이는 나무 이름인데, 그 주(註)에 "느릅나무 비슷한데 태워서 벼논에 거름으로 쓸 수 있다.〔似楡 可燒以糞稻田〕"라고 하였다. 내지덕이 《주역》〈환괘(渙卦) 구이(九二)〉의 "궤로 달려간다.〔奔其机〕"라는 효사(爻辭)에 대해 "궤(机)는 나무이다. 촉중(蜀中)에서 생산되는데 느릅나무와 비슷하며 그것을 태워서 벼논에 거름으로 쓸 수 있다. 《산해경》에 '대요(大堯)

이 나무가 있다면 어찌 그 나무를 취해서 비유하지 않겠습니까. 너무 괴벽(乖僻)하게 쓴 잘못이 주공(周公)에게 있으니, 내생(來生 내지덕(來知德))의 죄는 아니라고 생각합니다. 껄껄껄.

〔답〕 단사(彖辭) 중에는 효사(爻辭)와 합치하지 않는 것도 더러 있습니다. 그러나 〈환괘(渙卦)〉의 경우는 "강(剛)이 와서 궁색(窮塞)하지 않다.〔剛來而不窮〕"[205]와 "유(柔)가 밖에서 자리를 얻어 위와 같이 하기 때문이다.〔柔得位乎外而上同〕"[206]라는 단사의 두 구절이 모두 효사의 뜻과 서로 딱 들어맞습니다. 그리고 "구(九)가 달려가고 이(二)가 궤이다.〔九奔二机〕"라는 해설도 여기에서 나왔으니, 이는 강(剛)이 구(九)로서 내분(來奔)하고 궁색하지 않은 것〔不窮〕이 이(二)이기 때문입니다. 반복(反復)해서 추구(推究)해 보아도 의심할 것이 전혀 없는데, 무슨 이유로 이것을 버리고 다른 곳으로 달려가는 것입니까.

맹지반(孟之反)이 달려와서〔奔〕 문으로 들어왔는데[207] 일단 문에 들

위에 송백(松柏)이 많고 궤목(机木)이 많다.'라고 한 것이 이것이다.……궤(机)는 구오(九五)를 가리킨다.〔机木也 出蜀中 似楡 可燒以糞稻田 山海經云 大堯之上多松栢多机木是也……指五也〕"라고 해설한 내용이 그가 지은 《주역집주(周易集註)》 권12에 나온다.

205 강(剛)이……않다 : 양강(陽剛)이 하괘(下卦)인 구이(九二)로 와서 궁색하지 않다는 뜻이다. 대본은 '剛來不窮'으로 되어 있으나, 《주역》 경문에 의거하여 '來' 뒤에 '而'를 보충하여 번역하였다.

206 유(柔)가……때문이다 : 유음(柔陰)이 외괘(外卦)의 4효 자리를 얻어서 위로 구오(九五)와 상구(上九)의 양강에 동조한다는 뜻이다.

207 맹지반(孟之反)이……들어왔는데 : 맹지반은 춘추 시대 노(魯)나라의 대부이다. 《논어》 〈옹야(雍也)〉에 "맹지반은 자랑하지 않았다. 후퇴하여 달려올 때 군대 후미에 있었는데, 도성 문을 들어가려 할 적에 말에 채찍질을 하며 '내가 용감해서 뒤에 있었던

어왔으면 몸이 편안해진 것입니다. 한조(漢祖 유방(劉邦))가 형양(滎陽)에서 패한 뒤에 달아나 관중(關中)으로 돌아와서 병력을 수습하여 다시 나갔으니, 분(奔)한 것이 몸을 편안히 하는 데에 무슨 해가 되겠습니까. 그리고 저 궤목(机木)으로 말하면, 그것이 어떻게 생겼는지는 모르겠습니다만, 벼논〔稻田〕에 거름으로 쓸 수 있는 것이 구오(九五)와 무슨 관계가 있으며 환(渙)의 때를 구제하는 데에 무슨 도움이 된단 말입니까. 괴벽한지 괴벽하지 않은지는 따질 것 없이 그의 설은 너무나도 귀착(歸着)되는 곳이 없습니다. 더군다나 구이(九二)와 구오(九五)는 본래 정응(正應)이 아닐뿐더러 괘사(卦辭)와 효사에도 모두 근거할 것이 없는 데야 더 말할 것이 있겠습니까.

〔문〕 〈소과괘(小過卦)〉를 설하신 것을 보건대, 전괘(全卦)의 수미(首尾)를 꿰뚫어 해석한 그 의리(義理)가 통창(洞暢)하여 체(體)와 상(象)의 뜻이 모두 드러났습니다. 신기(新奇)한 면은 양산(梁山 내지덕(來知德))에게 양보한다 하더라도, 의미(意味)는 더욱 깊은 것을 느끼겠으니, 각각 하나의 의례(義例)로 비치해도 서로 어긋나지 않을 것입니다. 어떻게 생각하십니까?

〔답〕 나의 〈소과(小過)〉의 설에 대해서 인가(印可)를 받지 않았다고 말할 수도 없겠습니다만, 시간이 지나면 자연히 분명해질 때가 있을 것이니 더 이상 왈가왈부할 필요는 없을 것입니다. 그러나 그중 몇 조목에 대해서는 또한 결말을 내지 않으면 안 될 점이 있기에 감히

것이 아니요, 말이 빨리 달리지 않았을 뿐이다.'라고 하였다.〔孟之反不伐 奔而殿 將入門 策其馬 曰 非敢後也 馬不進也〕"라는 공자(孔子)의 말이 나온다.

다시 말해 볼까 합니다.

나도 양산(梁山)에게서 얻은 것이 매우 많습니다. 괘변(卦變)에 관한 하나의 의례(義例)를 전국(全局)에 승용(承用 연용(沿用))한 것은 물론이요, 〈함괘(咸卦)〉의 지말(志末)[208]과 〈기제괘(旣濟卦)〉의 약제(禴祭)[209]와 같은 것도 문의(文義)가 자못 큰데, 내주(來註 내지덕(來知德)의 해설)를 죄다 적용하지는 않았어도 모두 내주를 계기로 발단(發端)하여 통할 수 있었으니, 이러한 것들은 거의 손꼽아 헤아릴 수 없을 정도입니다. 그러나 〈소과괘(小過卦)〉의 경우는 실로 고명(高明)이 문제를 제기한 데에 따라서 다시 생각하게 된 것이니, 내주에서 얻은 것은 있지 않습니다.

내주를 자세히 살펴보면 매우 요령(要領)이 없을뿐더러 곡해(曲解)한 것이 많고 강변한 것이 많습니다. 가령 육오(六五)가 비(妣)에 해당한다는 것은 〈진괘(晉卦)〉와 〈고괘(蠱卦)〉에서도 증명이 되니 이는 너무나도 명백한 것입니다.[210] 또 〈가인괘(家人卦)〉로 말하더라도, 육

208 함괘(咸卦)의 지말(志末) : 《주역》 〈함괘(咸卦) 구오(九五)〉의 상(象)에 "그 등살에 감동하는 것은 뜻이 낮기 때문이다.〔咸其脢 志末也〕"라는 말이 나온다.

209 기제괘(旣濟卦)의 약제(禴祭) : 《주역》 〈기제괘(旣濟卦) 구오(九五)〉에 "동쪽 이웃에서 소를 잡아 성대히 제사 지낸 것이 서쪽 이웃의 약제가 실제로 그 복을 받는 것만 못하다.〔東鄰殺牛 不如西鄰之禴祭 實受其福〕"라는 말이 나온다. 약제는 박제(薄祭), 즉 검소한 제사를 말한다.

210 육오(六五)가……것입니다 : 《주역》 〈소과괘(小過卦) 육이(六二)〉에 "그 조(祖)를 지나 그 비(妣)를 만난다.〔過其祖 過其妣〕"라는 말이 나오는데, 정전(程傳)에서는 육이의 상(上)인 구삼(九三)을 부(父), 구사(九四)를 조부(祖父), 육오(六五)를 조비(祖妣)로 해석하였다. 또 〈진괘(晉卦) 육이(六二)〉에 "이 큰 복을 왕모(王母)에게서 받으리라.〔受茲介福于其王母〕"라고 하였는데, 왕모, 즉 조모는 육오를 가리킨다.

사(六四)가 모(母)의 자리이고 초구(初九)는 자녀(子女)의 자리입니다. 그런데 지금 내주에서는 무턱대고 초효(初爻)를 모(母)로 삼고 있습니다. 초효에 발〔趾〕이나 꼬리〔尾〕의 상(象)은 있어도 어느 곳에 모(母)의 상이 있단 말입니까. 더군다나 2효의 입장에서 말한다면 초효는 바로 손아래〔手下〕에 해당하는데, 비록 《역(易)》에는 정해진 기준〔典要〕을 둘 수 없다고 하더라도,[211] 어떻게 자식이 위에 있고 어미가 아래에 있는 식으로 존비(尊卑)가 도치(倒置)될 수 있겠습니까.

그리고 내주(來註)에서 "자기본분……(自己本分……)"이라고 한 것도 본의(本義)의 해설에서 두 글자를 두찬(杜撰)한 것인데,[212] 내서(來書 보내온 글)에서 제시한 궤목(机木)의 예(例)를 가지고 예로 들었다면 주자(朱子)도 인정하면서 실로 웃음을 터뜨렸을 법도 합니다. 그러나 본의의 이 단락은 말이 매우 미묘(微妙)한데, 고명(高明)이 조리도 없는 내주의 설에 먼저 빠져든 나머지, 조금이라도 찬찬히 연구해 보지

또 〈고괘(蠱卦) 구이(九二)〉에 "모(母)의 일을 자식이 주간한다.〔幹母之蠱〕"라고 하였는데, 이 모도 육오를 가리킨다. '비(妣)' 자는 모(母), 조모(祖母), 증조모(曾祖母) 등 모든 모(母)에 통용되는 말이다.

211 역(易)에는……하더라도 : 《주역》 〈계사전 하(繫辭傳下)〉에 "역은 오르내림이 무상하고 강유가 교역하기 때문에 전요로 삼을 수 없고 오직 변화하여 나아갈 뿐이다.〔上下无常 剛柔相易 不可爲典要 唯變所適〕"라는 말이 나온다.

212 내주(來註)에서……것인데 : 《주역》 〈소과괘 육이(六二)〉의 본의(本義)에 "육이(六二)가 유순중정(柔順中正)하므로……육오(六五)에 미치지 않고 스스로 그 분수를 얻는 것이다.〔六二柔順中正……不及六五 而自得其分〕"라는 주희의 해설이 나온다. 두찬(杜撰)은 전거를 밝히지 않고 아무렇게나 사용하는 것을 말한다. 두 글자는 '자(自)'와 '분(分)'을 가리킨다. 이백눌과 녹문 양자의 글에 모두 해학적인 뜻이 다분히 들어 있다.

않는 것이 애석할 따름입니다.

초효(初爻)와 상효(上爻)의 흉(凶)에 대해서는 나의 해설에서 이미 분명하게 밝혔으니 지금 특별히 말씀드릴 의례(義例)는 없습니다. 대저 〈소과괘(小過卦)〉의 대의(大義)는 '내려오는 것이 마땅하고 올라가는 것은 마땅하지 않다〔宜下 不宜上〕'[213]라는 것입니다. 초효와 상효가 모두 날아오르고 빨리 달려가는 것을 위주로 합니다만, 상효의 경우는 처지가 이미 지극히 높은 데다가 또 과(過)의 꼭대기에 거하여 위로 나아가는 것이 급한 나머지 아래에 있는 응효(應爻)를 돌아보지 않기 때문에, 흉하고 또 흉한 것이 초효에 비해서 더욱 심한 것입니다. 그런데 내주(來註)에서는 "응여(應與)가 대적(對敵)하기 때문이다.……" 라고 하였으니, 이보다 더 우활한 말은 있지 않을 것입니다. 가령 상육(上六)이 과연 아래로 구삼(九三)에 응(應)할 수 있다면, 어떻게 이와 같이 흉한 지경에 이르겠습니까.

내주에서 "왕려영정……(往厲永貞……)"[214]이라고 한 것 역시 옳지 않은 듯합니다. 응효(應爻)가 함께 가는 의례는 다양하게 찾아볼 수가 있습니다. 가령 〈풍괘(豐卦)〉의 구사(九四)는 초구(初九)를 기다려서 함께 가기 때문에 소상(小象)에서 "대등한 상대를 만남은 길한 데로 가는 것이다.〔遇其夷主 吉行也〕"라고 한 것이니, 이 '행(行)'이라는 글자가 초구의 '왕(往)'이라는 글자에서 왔으므로 이것을 중니(仲尼)가

213 내려오는……않다 : 《주역》 〈소과괘(小過卦)〉의 괘사(卦辭)에 이 내용이 나온다.

214 왕려영정(往厲永貞) : 《주역》 〈소과괘 구사(九四)〉의 "가면 위태로울 것이니 반드시 경계해야 하고, 오래도록 이 상태를 고수하지는 말아야 한다.〔往厲必戒 勿用永貞〕"라는 말을 줄인 것이다.

특별히 써서 보여 준 것입니다. 이 〈소과괘〉도 구사가 동체(動體)에 거하여 초육(初六)과 상응(相應)하기 때문에 서로 따라서 함께 나아갈까 걱정하여 이렇게 경계하는 말이 있게 된 것이니 모쪼록 다시 생각해 보시기 바랍니다.

〔문〕〈계사(繫辭)〉의 "길하고 흉함이 생긴다.〔吉凶生矣〕"라는 것과 "변화가 나타나 있다.〔變化見矣〕"라는 것에 대해서[215]

〔답〕길흉(吉凶)은 괘(卦)와 효(爻)를 합쳐서 말한 것이고, 변화(變化)는 단지 효(爻)만을 말한 것입니다. 그래서 길흉을 먼저 말하고 변화를 뒤에 말한 것인데, 하장(下章)도 마찬가지입니다.

〔문〕"천하의 동(動)은 항상 일(一)에 귀속된다.〔天下之動 貞夫一者也〕"라는 것에 대해서[216]

〔답〕천하의 동(動)은 바르면 항상 길하고 바르지 않으면 항상 흉하니, 이것이 소위 '정승(貞勝)'[217]이라는 것입니다. 따라서 군자가 움직일 때

215 계사(繫辭)의……대해서 : 《주역》〈계사전 상(繫辭傳上)〉 1장에 "방향에 따라 종류대로 모이고, 만물은 무리에 따라 분류되니, 여기에서 길하고 흉함이 생긴다. 하늘에는 일월성신 등의 상(象)이 이루어져 있고, 땅에는 산천초목 등의 형(形)이 이루어져 있으니, 여기에 역리(易理)의 변화가 나타나 있다.〔方以類聚 物以群分 吉凶生矣 在天成象 在地成形 變化見矣〕"라는 말이 나온다.

216 천하의……대해서 : 《주역》〈계사전 하(繫辭傳下)〉 1장에 "천지(天地)의 도는 일관되게 보여 주는 것이요, 일월(日月)의 도는 언제나 밝은 것이요, 천하의 동(動)은 항상 일(一)에 귀속되는 것이다.〔天地之道 貞觀者也 日月之道 貞明者也 天下之動 貞夫一者也〕"라는 말이 나온다.

217 정승(貞勝) : "천지지도 정관자야(天地之道 貞觀者也)"의 바로 앞에 나오는 말

마다 반드시 바르게 하면 장차 길한 일만 있고 흉한 일은 없을 것입니다. 그렇다면 '천하의 동(動)'이라고 하는 것도 천지(天地)의 도나 일월(日月)의 도와 함께 모두 하나의 '정(正)' 자일 뿐이니, 이것이 바로 "귀결점은 같은데 가는 길이 다르고, 모두 하나로 돌아가는데 생각은 백 가지이다.〔同歸而殊塗 一致而百慮〕"[218]라고 하는 것이요 "만물 전체가 하나의 태극이다.〔萬物統體一太極〕"[219]라고 하는 것입니다.

〔문〕 "익(益)은 장유(長裕)하고 설(設)하지 않는다.〔益長裕而不設〕"에 대해서[220]

로, 주희는 본의에서 "정(貞)은 바르고 항상 그러한 것이다.〔貞 正也常也〕"라고 하여, 길과 흉이 "언제나 서로 이기려고 다투는 일이 그치지 않는다.〔常相勝而不已也〕"라고 풀었는데, 녹문도 이 설을 따랐다. 한편 녹문은 〈주일명(主一銘)〉의 서론에서 "일(一)은 성(誠)이요, 주일(主一)은 경(敬)이니, 성(誠)과 경(敬)은 하나이다.〔一者誠也 主一者敬也 誠敬一也〕"라고 하여 일(一)을 성(誠)으로 풀기도 하였다.《鹿門集 卷22 主一銘, 韓國文集叢刊 228輯》

218 귀결점은……가지이다 :《주역》〈계사전 하〉 5장에 나오는 말이다.

219 만물……태극이다 :《근사록(近思錄)》 권1 〈도체(道體)〉에 "대개 합해서 말하면 만물(萬物) 전체가 하나의 태극이요, 나누어 말하면 일물(一物)마다 하나씩 태극을 갖추고 있다.〔蓋合而言之 萬物統體一太極也 分而言之 一物各具一太極也〕"라는 주희의 말이 나온다.

220 익(益)은……대해서 :《주역》〈계사전 하〉 7장에 나오는 말로, 〈익괘(益卦)〉의 전체적인 뜻을 요약한 말이다. 이에 대한 해석이 다양하지만, 〈익괘〉 자체에 대한 이해는 물론이고, 이 말 전후에 나오는 "익은 덕의 유이다.〔益德之裕也〕"라는 말과 "익으로써 이(利)를 흥한다.〔益以興利〕"라는 말을 함께 감안해야 할 것인데, 녹문 역시 하나로 단정하지 않고 다른 경우를 예로 들어서 이해하려는 노력을 보이고 있다. 주희는 이를 "다만 보충하여 증장할 뿐, 인위적으로 조작을 가하지 않는다.〔但充長而不造作〕"라고 하여, 개인의 덕성 함양을 위주로 풀었다.

〔답〕 자기 한 몸의 측면에서 설한다면, 개과천선(改過遷善)하여 날마다 알고 달마다 잊지 않으면서 우유침지(優遊浸漬)하며 조장(助長)하지 않는 것입니다.[221] 백성을 새롭게 하는 측면에서 설한다면, 보익(輔翼)하고 광직(匡直)하여 자득(自得)하게 함으로써,[222] 백성이 날로 선(善)으로 옮겨 가면서도 그렇게 해 주는 것을 알지 못하게 하는 것입니다. 백성을 위해 이로운 일을 일으키는 측면에서 설한다면 "내 밭 갈아 밥을 먹고 내 우물 파서 물 마시니 임금님의 힘이 나에게 무슨 상관인가."[223]라고 노래하게 하는 것입니다.

〔문〕 정자(程子)가 "천하에는 단지 감(感)과 응(應)이 있을 뿐이다."[224]

221 자기……것입니다 : 녹문이 내지덕(來知德)의 해설을 참고한 것이 아닌가 한다. 《주역집주(周易集註)》 권14에 "익(益)과 관련하여, 날마다 모르는 것을 알고 달마다 능한 것을 잊지 않으면 장유(長裕)라고 이를 만한데, 그렇지만 이를 조장하는 것은 아니다.〔益則日知其所亡 月無忘其所能 可謂長裕矣 然非助長也〕"라는 말이 나온다. 우유침지(優遊浸漬)는 우유함영(優遊涵泳)과 같은 말로, 조급히 서둘지 않고 여유 있게 한가로이 오래도록 탐구하여 자기 몸에 물이 배어들 듯이 완전히 내 몸의 일부가 되게 하는 것을 말한다. 《논어》 〈자장(子張)〉에 "날마다 모르는 것을 알며 달마다 능한 것을 잊지 않으면 호학(好學)이라고 이를 만하다.〔日知其所亡 月無忘其所能 可謂好學也已矣〕"라는 자하(子夏)의 말이 나온다.

222 보익(輔翼)하고……함으로써 : 《맹자》 〈등문공 상(滕文公上)〉에 "백성을 위로하여 나에게 오게 하고, 바로잡아 정직하게 해 주고, 도와주고 이끌어 주어 자득하게 한다.〔勞之來之 匡之直之 輔之翼之 使自得之〕"라는 요(堯) 임금의 말이 인용되어 나온다.

223 내 밭……상관인가 : 태평 시대를 비유하는 말인데, 자세한 내용은 381쪽 주37 참조.

224 천하에는……뿐이다 : 정명도(程明道)의 "천지 사이에는 단지 하나의 감과 응이 있을 뿐이니, 또 무슨 일이 있겠는가.〔天地之間 只有一箇感與應而已 更有甚事〕"라는 말이 《근사록(近思錄)》 권1 〈도체(道體) 34〉에 실려 있다.

라고 하였는데, 감응(感應)의 뜻이 아직도 명료하지 않습니다.

〔답〕 적자(赤子)가 우물로 기어들어 가는 것이 굴(屈)과 감(感)이 되고, 깜짝 놀라 달려가서 구하는 것이 신(伸)과 응(應)이 될 것입니다만, 달려가 구해서 일단 안정되고 나면 달려가 구하는 것이 다시 굴과 감이 되고 적자의 부모가 와서 사례하는 것이 신과 응이 될 것이니, 〈계사(繫辭)〉에 나오는 왕래(往來)·굴신(屈伸)의 설을 가지고 유추(類推)해 보면 응당 이렇게 될 듯합니다. 인사(人事)는 감응하는 데에 한계가 있는 만큼 끝없이 유추해 볼 수는 없겠습니다만, 응(應)이 다시 감(感)으로 되는 뜻은 여기에서도 대개 볼 수가 있습니다.

이백눌에게 답하는 글

答李伯訥

무호(无號)[225]의 뜻과 관련하여-그 설은 〈녹사잡영(鹿舍雜詠)〉에 보인다.- 생각지도 못하게 일득(一得)의 우견(愚見)[226]이 외람되게 고명(高明)의 의견과 서로 부합하였으니, 참으로 매우 다행입니다.

대개 《역(易)》의 주해(註解)는 사서(四書)의 주해와 같지 않으니, 정전(程傳)과 본의(本義)를 막론하고 모두 유감스러운 점이 있습니다. 이천(伊川 정이(程頤)) 자신이 말한 "7분(分)의 책……"이라고 한 것[227]은 그야말로 진심에서 나온 말이지 스스로 겸양한 말이 아닙니다.

225 무호(无號) : 《주역》 〈쾌괘(夬卦) 상육(上六)〉에 "무호 종유흉(无號 終有凶)"이라는 말이 나오는데, 정전(程傳)에서 정이(程頤)는 "소인의 형세가 반드시 소진할 것이다. 그래서 '울부짖으며 두려워할 필요가 없다. 소인에게 끝내 흉함이 분명 있을 것이다.'라고 한 것이다.〔其勢必須消盡 故云无用號咷畏懼 終必有凶也〕"라고 하였고, 본의(本義)에서 주희(朱熹)는 "소인의 패거리가 이미 없어져서 불러 모을 수가 없으니 소인에게 끝내 흉함이 분명 있을 것이다.〔黨類已盡 无所號呼 終必有凶也〕"라고 하였다. 그러나 녹문은 이들과 달리 소인을 군자로 대체하여 "군자가 동지를 불러 모아 소인의 음(陰)을 막을 수 없으니, 끝내 흉함이 있으리라."라고 해석하였는데, 〈녹사잡영(鹿舍雜詠)〉의 주(註)에 내용이 자세히 나온다. 《鹿門集 卷26 鹿舍雜詠, 韓國文集叢刊 228輯》

226 일득(一得)의 우견(愚見) : "어리석은 자도 생각을 많이 하다 보면 한 가지쯤 좋은 꾀를 낼 수 있다.〔愚者千慮 必有一得〕"라는 말을 요약한 것으로, 보통 겸사로 쓰인다.

227 이천(伊川)……것 : 《근사록(近思錄)》 권3 〈치지(致知)〉에, 이천이 문인에게 《역전(易傳)》을 보여 주면서 "이 책은 단지 7분(分)만 설명했을 뿐이니, 뒷사람들이 다시 스스로 체득해서 연구해야 할 것이다.〔只說得七分 後人更須自體究〕"라고 말한 내용이 실려 있다. 7분은 7할(割)이라는 말과 같다.

따라서 의리(義理)의 대체(大體)와 복서(卜筮)의 대강(大綱) 등 달리 바꿀 수 없는 것들을 제외하고, 사소한 문의(文義)를 미처 살피지 못한 곳에 대해서는, 후세의 독자가 각자 소견에 따라 상량(商量)해 보는 것도 무방할 것입니다. 이런 곳에 대해서까지 감히 입을 뻥긋도 하지 못한다면, 이는 바로 정자(程子)가 말한 "옛날에 겨를이 없어서 못했던 일을 지금 다시 행할 수 없게 하고, 예전에 옳지 않았던 일을 나중에 다시 바로잡을 수 없게 한다."[228]라고 하는 것이니, 어찌 그래서야 되겠습니까.

내주(來註 내지덕(來知德)의 해설)에서 말한 종괘(綜卦)[229]의 한 의례(義例)로 말하면 참으로 전인(前人)이 드러내지 못한 것을 드러낸 것으로, 《역(易)》의 해명에 그 공이 크다고 말할 만합니다. 그렇지만 그 밖에 상(象)을 설하고 문의(文義)를 설한 것을 보면, 상(象)이 그 뜻을 전하지 않음이 없다고 스스로 말하면서도 있는 힘을 다하여 말을 늘어놓고 있는데, 이들 중에는 공연히 뚫고 파고 부수고 구부린 곳이 왕왕 많이 보입니다. 비록 그 사이에 취할 만한 것이 있다고 하더라도, 거의 대부분은 득실(得失)이 반반씩이고 시비(是非)가 뒤섞여 있기

228 옛날에……한다 : 이천이 송(宋)나라 철종(哲宗) 원우(元祐) 2년(1087)에 올린 〈논개악어연주장(論開樂御宴奏狀)〉에 "조종(祖宗)의 고사(故事)는 모두 고칠 수 없다고 한다면, 이는 옛날에 겨를이 없어서 못했던 일을 지금 다시 행할 수 없게 하고, 예전에 옳지 않았던 일을 나중에 다시 바로잡을 수 없게 하는 것으로, 조정의 일을 다시는 변통할 수 없게 될 것이니, 어찌 옳다고 할 수 있겠는가.〔祖宗故事 若以爲皆不可改 則是昔所未遑 今不得復作 前所未安 後不得復正 朝廷之事 更無損益之理 得爲是乎〕"라는 말이 나온다. 대본은 '……後不得復作……'으로 되어 있는데, 《이정문집(二程文集)》에 의거하여 '後'를 '今'으로 바로잡아 번역하였다.

229 종괘(綜卦) : 중효(中爻)를 착종(錯綜)하여 합성한 괘를 말한다.

때문에, 전체의 단락이 완전하여 해설용으로 끌어다 쓸 수 있는 것은 겨우 몇 개 정도일 뿐 전혀 없다시피 하니 참으로 괴이한 일입니다.

그리고 가장 가증스러운 것은 그의 주해(註解) 중에 선유(先儒)의 설을 끼워 넣은 것이 많다는 점입니다. 다른 것은 따질 것도 없이 가령 소주(小註)의 제설(諸說) 중에서 좋게 여기는 한두 구절이 조금 보이면 번번이 모두 가져다 이용하면서 자기의 설인 것처럼 끌어다 쓰기만 하고 선유의 성씨(姓氏)는 일절 거론하지 않고 있으니, 이것이 과연 무슨 뜻이란 말입니까.

내유(來諭 보내온 글)에서 "정밀한 의례(義例)를 채취(采取)하였다. ……"라고 하였습니다만, 이는 본디 천루(淺陋)한 내가 감히 감당할 바가 아니요, 또 그렇게 해 보고 싶어도 실제로 손을 대기가 어렵습니다. 하지만 오직 이와 같이 왕복한 글들이 혹 없어지지만 않는다면, 후세 사람들이 스스로 알게 될 수도 있을 것입니다. 어떻게 생각하십니까?

지은이 **임성주(任聖周)**

1711년(숙종37)~1788년(정조12). 조선 후기의 학자로, 본관은 풍천(豐川), 자는 중사(仲思), 호는 녹문(鹿門)이다. 도암(陶庵) 이재(李縡)의 문인이며, 송명흠(宋明欽)·송문흠(宋文欽)·김원행(金元行) 등과 교유하였다. 1733년 사마시에 입격하였다. 1750년 익위사 세마가 되었고 이어 익위사 시직, 공조 좌랑, 임실 현감 등을 지냈다. 1758년 공주 녹문(鹿門)에 은거하였다. 1762년 익위사 위솔이 되어 세손이었던 정조(正祖)를 보도하였다. 이후 사옹원 주부, 전주 판관, 성주 부사 등을 역임하였다. 1774년 사직하고 공주 녹문, 원주 산호(山湖) 등지에서 은거하며 학문에 전념하였다. 초년에는 스승인 이재의 인물성동론(人物性同論)에 동조하였으나, 점차 기존 학설을 비판하고 이기동실(理氣同實)의 이기론(理氣論)을 정립하여 조선 성리학 6대가의 한 사람으로 일컬어진다. 1845년 대사헌 겸 성균관좨주에 추증되었다. 저서로 《녹문집》 등이 있다. 시호는 문경(文敬)이다.

옮긴이 **이상현(李相鉉)**

1949년 전주에서 태어났다. 서울대학교 종교학과를 졸업하고, 동국대학교 불교대학원 석사 과정을 마쳤으며, 민족문화추진회 국역연수원 상임연구부를 졸업하였다. 한국고전번역원 수석연구위원을 역임하였으며, 고전번역교육원에서 《제자선독》을 강의하고 있다. 저서로 《역사의 고향》, 논문으로 〈추사의 불교관〉 등이 있다. 조선왕조실록 번역에 참여하였으며, 문집 번역서로 《목은집》, 《택당집》, 《계곡집》, 《포저집》, 《간이집》, 《가정집》, 《도은집》, 《계원필경집》, 《고운집》, 《고산유고》, 《원감국사집》, 《대각국사집》, 《죽석관유집》, 《침굉집》, 《기암집》, 《부휴당대사집》, 《사명당대사집》 등이 있다.

녹문집 1

임성주 지음 | 이상현 옮김

2015년 12월 30일 초판 1쇄 발행

발행인 이명학 | 발행처 한국고전번역원
등록 2008. 3. 12. 제300-2008-22호
주소 (03000) 서울시 종로구 비봉길 1
전화 02-6263-0464 | 팩스 02-6339-0724 | 홈페이지 www.itkc.or.kr

번역 이상현
연구총괄 박재영 | 연구기획 장희성

책임편집 강옥순 | 편집진행 서인숙 · 박현애
편집교정 김상순 · 유정님 | 조판 김지현 | 제작 김형석
디자인 씨디자인 | 인쇄 (주)현대아트컴

값 20,000원
ISBN 978-89-284-0318-9 94810
978-89-284-0317-2 (세트)
* 이 책은 2015년도 교육부 고전번역사업비로 출간한 것임.